国家社科基金项目（项目批准号：08BFX023）

民法总论
疑难问题研究

Research on Knotty Problems in General Theory of Civil Law

汪渊智 著

商务印书馆
The Commercial Press

2014年·北京

图书在版编目(CIP)数据

民法总论疑难问题研究/汪渊智著.—北京:商务印书馆,2014
ISBN 978-7-100-07246-5

Ⅰ.①民… Ⅱ.①汪… Ⅲ.①民法—研究—中国 Ⅳ.①D923.04

中国版本图书馆 CIP 数据核字(2014)第 037546 号

所有权利保留。
未经许可,不得以任何方式使用。

民法总论疑难问题研究
汪渊智 著

商 务 印 书 馆 出 版
(北京王府井大街36号 邮政编码100710)
商 务 印 书 馆 发 行
山 西 省 美 术 印 务
有 限 责 任 公 司 印 刷
ISBN 978-7-100-07246-5

2014年3月第1版　　开本787×1092　1/16
2014年3月山西第1次印刷　印张 24⅛
定价:49.00元

目 录

导 论 ·· 1

第一章 公权力与私权利的关系及其欧盟私法法典化 ··················· 11
 第一节 公权力与私权利关系的理性思考 ······································ 12
  一、公权力和私权利关系的历史考察 ··· 12
  二、公权力和私权利关系的理论探索 ··· 16
  三、我国社会中公权力和私权利关系的现状分析 ······················· 19
  四、和谐社会中公权力和私权利关系的协调 ······························ 21
 第二节 欧盟私法法典化与我国民法典的制定 ······························ 27
  一、欧盟私法法典化的背景 ·· 27
  二、欧盟私法法典化的理论准备 ·· 30
  三、欧盟私法法典化的进程 ·· 33
  四、欧盟私法法典化的特征 ·· 35
  五、我国现行民事立法及制定民法典的意义 ······························ 37
  六、欧盟私法法典化对我国制定民法典的启示 ·························· 42

第二章 我国事业单位法人制度的反思 ··· 47
 第一节 事业单位法人概念的存与废 ·· 48
  一、问题的提出 ·· 48
  二、事业单位法人概念的生成：一个历史性的错误 ··················· 49
  三、事业单位法人的法律属性：一个无法澄清的问题 ··············· 53
  四、事业单位法人分类改革实践：凸显概念自身的逻辑矛盾 ···· 56
  五、社会公益类事业单位法人：并非立法理想的概念选择 ······· 58

        六、结论：我国应放弃事业单位法人概念 …………………………… 61
    第二节　事业单位法人制度的困惑与出路 …………………………… 62
        一、事业单位法人的特征 …………………………………………… 62
        二、事业单位法人的混合身份 ……………………………………… 63
        三、事业单位法人自主性与独立性的缺失 ………………………… 65
        四、事业单位法人的民事能力受到制约 …………………………… 68
        五、事业单位法人制度的出路 ……………………………………… 70
        六、事业单位法人的治理模式 ……………………………………… 71
        七、我国事业单位法人制度的立法构想 …………………………… 82

第三章　人格权的保护与合理限制 …………………………………… 87
    第一节　人格权的发展与我国的人格权立法 ………………………… 88
        一、人格权及人格权法的现代发展 ………………………………… 88
        二、我国未来民法典中人格权的立法体例 ………………………… 98
        三、我国未来民法典中人格权制度的具体构想 …………………… 105
    第二节　人格权中财产利益的保护 …………………………………… 113
        一、人格权财产利益的法理分析 …………………………………… 113
        二、人格权财产利益保护的立法比较 ……………………………… 122
        三、我国对人格权财产利益的法律保护现状 ……………………… 145
        四、我国人格权财产利益的保护模式 ……………………………… 148
        五、我国保护人格权财产利益之立法构想 ………………………… 154
    第三节　人格权的合理限制 …………………………………………… 160
        一、人格权合理限制的正当性依据 ………………………………… 160
        二、人格权限制的限制 ……………………………………………… 168
        三、人格权合理限制的典型类型分析 ……………………………… 172
        四、我国合理限制人格权存在的问题与立法建议 ………………… 182

第四章　法律行为的效力根源及其国家强制 ………………………… 191
    第一节　法律行为效力的根源 ………………………………………… 191

一、探寻法律行为效力根源的意义 …………………………… 191
　　二、法律行为效力根源的学说及评析 ………………………… 193
　　三、利益是法律行为效力的根源 ……………………………… 198
　　四、利益说与法律行为效力的类型化 ………………………… 202
　　五、利益作为法律行为效力根源的意义 ……………………… 205
　第二节　法律行为中的国家强制 ………………………………… 208
　　一、法律行为中国家强制的正当性 …………………………… 208
　　二、法律行为中国家强制的途径 ……………………………… 214
　　三、我国法律行为制度中的引致规范 ………………………… 227
　　四、法律行为中国家强制的限制 ……………………………… 231

第五章　经济全球化背景下我国代理法律制度的完善 ………… 239
　第一节　经济全球化与代理法律制度的发展 …………………… 240
　　一、经济全球化与法律的趋同化 ……………………………… 240
　　二、代理法律制度的趋同与融合 ……………………………… 242
　第二节　我国代理法律制度的立法现状及存在的问题 ………… 259
　　一、我国代理法律制度的立法现状 …………………………… 259
　　二、我国代理法律制度存在的问题 …………………………… 261
　第三节　完善我国代理法律制度的指导思想 …………………… 264
　　一、我国的代理制度力求与国际代理立法保持一致 ………… 264
　　二、妥善处理好法律移植与法律本土化的关系 ……………… 264
　　三、代理法律制度的立法应坚持民商合一 …………………… 265
　　四、代理法律制度的构建应以大陆法为体、英美法为用 …… 266
　第四节　完善我国代理法律制度的立法建议 …………………… 267
　　一、关于代理权规定的建议 …………………………………… 267
　　二、关于代理行为规定的建议 ………………………………… 275
　　三、关于表见代理与无权代理规定的建议 …………………… 283

第六章　取得时效制度的构建与侵权诉讼时效 ………………… 291
　第一节　我国取得时效制度的构建 ……………………………… 291

一、我国建立取得时效制度的理由 ………………………………… 291
二、我国建立取得时效制度的法律意义 …………………………… 296
三、我国取得时效制度的立法例选择 ……………………………… 299
四、取得时效在我国的适用范围 …………………………………… 302
五、取得时效的构成要件 …………………………………………… 308
六、取得时效完成的效力 …………………………………………… 314
七、取得时效的中断 ………………………………………………… 317
第二节 侵权责任请求权的诉讼时效 ……………………………………… 319
一、可适用诉讼时效的侵权责任请求权 …………………………… 319
二、侵权责任请求权的诉讼时效期间 ……………………………… 325
三、侵权责任请求权诉讼时效期间的起算 ………………………… 334
四、侵权诉讼时效与刑法追诉时效 ………………………………… 359
五、侵权责任请求权诉讼时效完成之限制 ………………………… 362

参考文献 …………………………………………………………………… 369
致　谢 ……………………………………………………………………… 379

导论

新中国成立以来，与计划经济体制相适应，我国在民法理论上全盘接受了苏联的学说。随着改革开放的深入，尤其是市场经济体制的确立，旧的民法理论已经不能适应经济发展的要求。民法总则中的一些基本制度，如民事主体制度、人格权制度、法律行为制度以及时效制度等，都存在许多理论困扰，亟须在理论上给予正确的阐释。同时，世界经济的全球化客观上推进了法律的全球化，在这一背景下，我国的民法应该采取何种对策适应这一法律发展浪潮，也需要在理论上有充分的准备。基于这一出发点，本书在已经完成的国家社科基金项目"民法总论疑难问题研究"成果的基础上做了进一步修改，主要就公权力与私权利的关系、欧盟私法法典化与我国民法典的制定、事业单位法人制度、人格权的保护与限制、法律行为的效力根源与国家强制、我国代理制度的重构、取得时效制度的构建以及侵权诉讼时效等问题进行了探讨。具体内容和主要观点介绍如下：

一、公权力与私权利的关系及其欧盟私法法典化

人类社会的历史就是公权力与私权利资源在不同阶层按不同方位排列组合的历史，与此同时，不同时期的思想家基于自己的立场对公权力与私权利的关系进行了有益的理论探索。目前我国的权利（力）状况是公权力强、私权利弱、公权力经常侵犯私权利。因此，我国应当明确划分公权力与私权利的界限，确立私权优位主义的指导思想，运用法律协调公权力与私权利的关系，发挥社会组织在公权力与私权利冲突中的润滑剂作用，从而适应市场经济的发展和构建和谐社会的要求。

在私法法典化的问题上，欧盟私法法典化进程虽然存在诸多遗憾与缺陷，但它融合了不同的法律文化与传统，体现了现代私法的最新理念与精神。尽管欧盟私法法典化与我国民法典的制定具有不同的历史背景，但对我国制定民法典具有重要的借鉴价值。第一，虽然民法典是调整私人关系的核心和基础的法律规范，但其同样也是政治家治国的政治选择，因为法典的制订过程无不是一个选择，而每一个选择背后都有支撑其存在的政治主张；第二，欧盟《共同参考框架（草案）》的重要特征就是多元的价值观，即不再将契约自由奉为唯一的价值目标，而旨在追求正义、自由、人权保护、经济福利、团结和社会责任等，我国民法典的编纂，对此也应予以借鉴；第三，欧盟《共同参考框架（草案）》具有高度的开放性，我国应在保证民法典完整性、稳定性的基础上，使其不断适应时代的发展要求，及时调整新生的民事法律关系，力求避免滞后性的弊端；第四，由于《共同参考框架（草案）》仅服务于欧盟自由市场经济，其内容未涉及到人法部分，因而具有很强的工具性色彩，然而，一部民法典不应仅仅立足于规范财产关系，人身关系也是其重要的规范对象，因此，我国未来民法典应当继续保持自罗马法以来所秉承的民法典的体系性和完整性，不能将人身关系与财产关系割裂开来；第五，在欧盟私法法典化过程中，特别注重对指令、条约、条例、建议中的冲突和矛盾进行协调，从而寻找成员国的共同规则。由于我国的现行民事立法除了众多的民事单行法外，还有许多零散的规定存在于行政法规、司法解释中，民事案例指导制度的引进也使得民法的渊源多元化，这与欧盟私法的现状有相同之处，因此，我国在制定民法典时特别要注重法律规范的系统性和统一性。

二、我国事业单位法人制度的反思

（一）我国应放弃事业单位法人概念

第一，我国事业单位法人产生于计划经济时期，是西方法人制度与中国单位制度嫁接的产物，这个嫁接的概念在民法上是一个历史性的错误。第二，我国市场经济的高速发展，为法人组织提供了广阔的发展空间，而事业单位法人既非公法人，也非私法人中的非营利性法人，其法律属性的模糊性，给司法实践造成诸多困惑，不符合市场经济所要求的市场主体权、义、责明确的要求。第三，事业单位法人概念在产生之初，其法律属性相对单一，但是经过20多年的改革变化，已分化为不同性质、不同类型的法人。目前，事业单位法人在分类改革实践中已分化为行政管理类事业单位法人、企业类事业单位法人、社会公益类事业单位法人。这一概念本身已不能反映不同法人组织的共同点，作为历史性的产物，必将退出民法的历史舞台。第四，公益性事业单位法人概念本身并非未来民事立法的理想概念。公益性事业单位法人概念的法律属性也并非单一，我国在事业单位改革实践中对"公益"的认定主要是根据其所从事的事业范围，并非传统大陆法系意义上的公益法人概念。事实上，公益性事业单位法人概念并不能反映法人成员与法人之间的关系，不能反映法人营利与否的特点。所以，未来民法典应放弃此概念，采用传统大陆法系的法人概念构建中国的法人制度。

（二）我国事业单位法人制度的困惑与出路

从理论上讲，所谓事业单位法人，是指国家投资举办的、不以营利为目的，面向全社会提供公共服务，依法独立享有民事权利和承担民事义务的组织，其功能在于做民间不能或不愿做而政府又不便亲自去做的公共服务或独立监督管理事业。但从实践上看，第一，按照我国现行相关立法的规定，部分事业单位不仅要进行事业单位法人的登记，而且还要进行企业法人的登记，使之具有了双重身份，事业单位法人的重叠登记以及功能上的繁杂性，导致其法律属性模糊不清，给我国事业单位法人制度带来了理论上的困惑。第二，我国的事业单位法人，一方面具有公共服务和部分行政管理职能，受行政机关的制约，内部管理体制不合理，缺乏意思自主性；另一方面，无独立的财产，不能独立承担责任，导致事业单位法人存在较严重的"名不副实"的现象，有"法人之名"而无"法人之实"。第三，事业单位法人的民事能力不仅受到各自宗旨和业务范围的限制，而且在特定情况下没有举债能力和破产能力，这极大地阻碍了事业单位法人制度功能的发挥。

鉴于上述困惑，我国事业单位法人制度的出路就在于分类改革，即对承担行政职能的，逐步将其行政职能划归行政机构或转为行政机构；对从事生产经营活动的，逐步将其转为企业；对从事公益服务的，继续将其保留在事业单位序列，强化其公益属性。对于从事公益服务的事业单位法人，也要根据其职责任务、服务对象和资源配置方式等情况区别对待。此外，要建立和健全适合我国国情的事业单位法人治理结构。

三、人格权的保护与合理限制

人格及人格权在罗马法上只是作为统治者调控社会关系、配置社会资源的法技术手段，在近代又被受到强力保护的财产权所遮蔽，只有在现代社会，人格及人格权才真正回归到旨在实现人的全面发展的对人自身伦理价值的关注上来。随着社会的进步、经济的发展和人权意识的日益增强，人格权的保护范围逐渐拓展，人格权的立法形式也由救济性规定发展为权利的宣示性规定。我国未来民法典中人格权的立法，不宜单独成编，应置于自然人项下，其内容除了典型的具体人格权外，还应对一般人格权进行抽象规定。

传统民法理论认为，人格权的客体是人格利益，其权利属性为非财产性权利，但是，进入20世纪以来，体现人的肖像、姓名、声音等人格标识，被广泛使用于推销商品或服务等领域，产生了一定的经济价值，从而使人格权具有了财产利益。对人格权中财产利益的保护，美国法院创设了与隐私权并立的"公开权"制度，德国法院则以基本法为依据发展出了"一般人格权"，日本法院则认可了"商品化权"。我国现行的人格权制度只保护人格权精神利益，对人格权财产利益的保护则没有明确的规定。未来民法典中，我国无须将人格权中财产利益的保护另设新的制度，而应在人格权体系内进行一体保护，并允许人格标识的许可使用、转让和继承。

对人格权的保护不是绝对的，当个人人格利益与社会公共利益发生冲突时，为了实现法律的正义，平衡自由价值的冲突，个人人格利益就应退让，此即对人格权的限制。为了维护新闻监督自由、调查犯罪和改造罪犯以及处理紧急事件，通常要对人格权予以限制。我国在人格权的立法中应当注重对人格权限制的规范，同时也需要行政法、程序法等法律部门的积极配合。不过，对人格权的限制要符合权利位阶秩序，并且要控制在合理的范围内，要遵循法律保留原则和比例原则，防止以"限制"之名行侵害之实。

四、法律行为的效力根源与国家强制

（一）法律行为的效力根源

法律行为之所以能够对行为人产生法律效力，意思说认为，其根源在于行为人的意思本身，是行为人依照自己的理性选择为自己创设的权利义务；信赖说认为，其根源在于意思表示所引起的信赖，而不是意思表示本身；规范说认为，其根源既不是行为人的意思，也不是相对人的信赖，而是法律规范赋予了它这种效力。诸种学说虽有合理之处，但均不能正确阐释法律行为效力的根源。法律行为的效力，从表面上看，是法律赋予的结果，但就其实质而言，是行为人对利益的选择与追求获得了法律的肯定性评价，因而，法律行为的效力来源于法律对利益的确认与判断，是法律对利益冲突进行衡量的结果。有效法律行为是行为人所追求的利益具有正当性，并且与其他利益不发生冲突，因而法律给予了肯定性的评价；无效法律行为是行为人所追求的利益与国家利益、社会公共利益发生了冲突，因而法律做出了否定

性的评价；可撤销法律行为是行为人所追求的利益与相对人的利益发生了冲突，由于这是个体利益之间的冲突，法律不便强行干预，因而赋予相对人以撤销权，由相对人自己决定这一行为的命运；效力待定的法律行为或者是行为人的利益与特定的第三人的利益发生了冲突（如无权处分合同），或者是行为人自己无法做出正确的利益判断（如限制行为能力人所签的合同），也或者是行为人无资格为他人做出利益选择（如无权代理合同），因而法律允许他人对该行为的效力要件进行补正。通过利益衡量来判断法律行为的效力，不仅有助于认识法律行为的效力根源，而且对于法律行为制度的立法与司法实践均有重要的指导意义。

（二）法律行为中的国家强制

基于市场经济主体的理性假设，私法奉行意思自治原则，但过于放纵意思自由又会对市场秩序和公平正义造成危害。为了平衡二者的冲突，私法遂建立法律行为制度，一方面贯彻意思自治，另一方面将意思自治限制在一定轨道上，不至于偏离意思自治的目的，此限制即为法律行为中的国家强制。法律行为中的国家强制不仅体现了私法价值多元化的要求，而且也符合矫正私法自治理论假设缺陷的要求，同时也是化解公法与私法之间的矛盾、保障法律规范的整体性与统一性的手段。法律行为中的国家强制主要通过两种途径来实现，一是民法中的强制性规定，二是民法外的强制性规定。前者是指民法中诸如公序良俗的一般条款以及法律行为的成立要件和生效要件的强制性规定，后者是指民法通过引致规范从公法当中转介而来的强制性规定。民法外的强制性规定不能对法律行为直接产生影响，只能以一种外设的轨道对法律行为的效力进行评价，这种外设的轨道就是民法中的引致规范，此规范承担了公法介入私法的使命。我国私法中的引致规范在表述上较为模糊，导致在司法实践中难以操作，因而需要进一步完善。法律行为中的国家强制，势必会造成对私法自治的冲击，其中尤以民法外国家强制的介入最为明显。为了协调法律行为中私法自治与国家强制的关系，应当对法律行为中的国家强制进行合理、适度的限制。这一合理程度，应当在遵循法律行为有效维护原则的前提下，对法律行为的效力做出多样化设定，如采取部分无效或无效行为的转换、法律行为的有效确认等措施来缓和国家强制的僵硬性。

五、经济全球化背景下我国代理法律制度的完善

代理制度是调整本人、代理人和第三人之间代理关系的一项重要的法律制度，它产生于市场经济，并服务于市场经济。随着国际经济贸易的快速发展和经济全球化进程的加快，客观上要求消除各国之间在代理制度上的差异，建立统一的国际代理法律规范。为推进各国代理法的趋同与融合，国际统一私法协会早在20世纪60年代就起草了《代理统一法公约》和《代理合同统一法公约》，到20世纪80年代又完成了《国际货物销售代理公约》，2004年修订的《国际商事合同通则》增加了关于代理的规定。这些立法为国际代理制度的统一做出了重要贡献。除有关国际组织做出的努力外，鉴于欧盟成员国有关商业代理的国内法之间的差异，欧盟也进行了一系列立法活动：一是1986年通过的《关于协调成员国间有关代理商法律的指令》，二是2002年完成的《欧洲合同法原则》（该《原则》在第三章专章规定了"代理人的权限"），三是2007年完成的《欧洲民法典（草案）》（该草案在第二编第六章专章规定了"代理"）。这些立法活动在一定程度上推动了欧盟地区代理制度的一体化。

我国《民法通则》关于代理的规定以及《合同法》《拍卖法》《证券法》等民事单行法律和其他行政法律法规中的相关规定，构成了我国现行代理法体系。与市场经济发达国家的代理制度相比，我国的立法还存在诸多问题：第一，在整体上呈现出松散、零乱和不统一的状况，没有形成一个完整、严谨和科学的体系；第二，部分规定过于抽象、缺乏可操作性；第三，有些规定相互矛盾，甚至发生冲突；第四，有些规定不合理，不符合市场经济的要求。

鉴于此，我国应当顺应经济全球化的趋势，进一步完善代理法律制度，具体指导思想如下：一是我国的代理制度力求与国际代理立法保持一致，二是妥善处理好法律移植与法律本土化的关系，三是代理法律制度的立法应坚持民商合一，四是代理法律制度的构建应以大陆法为体、英美法为用。基于上述指导思想，我国应当在代理权、代理行为、无权代理以及表见代理等方面做进一步修改和完善。

六、取得时效制度的构建与侵权诉讼时效

（一）我国取得时效制度的构建

取得时效制度是在权利人与占有人之间进行利益衡量的结果，是为了稳定现存的财产秩序，优先保护占有人利益的一项物权变动制度。它与我国的社会主义道德观念不相矛盾，也不会为国家或集体财产的流失留下可乘之机。我国已在司法实践中认可了取得时效，我国未来民法典应当建立取得时效制度。建立取得时效制度，有利于物尽其用、提高财产利用率，也有利于保护交易安全和维护财产秩序，并能够有效降低诉讼成本、提高司法效率。取得时效的立法模式，从理论上讲，分别主义应优于统一主义，但是在我国实行统一主义的立法模式更为现实可行。取得时效在我国的适用范围一般为所有权和用益物权，禁止流通物、国有土地、公有物和公用物、已经登记的不动产以及担保物权、知识产权和人身权等不适用取得时效。取得时效的构成要件为占有动产或未登记的不动产、该动产或未登记的不动产为他人所有、占有状态须持续达到法定的期间。取得时效完成，即可由占有人原始取得该动产或不动产的所有权，原所有权人丧失权利，取得人无不当得利返还责任或侵权损害赔偿责任。取得时效可因占有人自行中止占有、占有人变为不以所有之意思占有、占有被侵夺而不能回复以及由公然占有变为隐秘占有、由和平占有变为强暴占有等原因而中断，取得时效完成后可以由法官主动援用。

（二）侵权诉讼时效

　　侵权诉讼时效的适用范围并不是所有侵权责任的请求权，应当分别而论：为阻止或排除损害的发生而产生的请求权，即停止侵害请求权、排除妨碍请求权、消除危险请求权，不适用诉讼时效；为填补受害人的损失而产生的请求权，原则上财产性的请求权，即返还财产请求权、恢复原状请求权、赔偿损失请求权应当有诉讼时效的限制，而非财产性质的请求权，即赔礼道歉请求权和消除影响、恢复名誉请求权不适宜有诉讼时效的限制。至于侵权诉讼时效的期间，应当长于违约责任请求权的诉讼时效期间，其中，侵害人身权的诉讼时效期间应当长于侵害财产权的诉讼时效期间，侵害物质性人格权的诉讼时效期间应当长于侵害精神性人格权的诉讼时效期间。侵权诉讼时效期间的起算点，不仅具有开始诉讼时效期间的意义，而且还是决定诉讼时效期间长短的灵活的调节器。时效期间较长者，往往采用客观起算点，相反，时效期间较短者，采用主观起算点居多。我国规定的是主观起算点，只是在解释上应当从知道所受损害及责任人时起算，但对于持续性侵权行为、损害继续型侵权行为和损害潜在型侵权行为的诉讼时效例外。确定侵权诉讼时效，要处理好与知识产权保护期的关系，并要与刑法追诉时效相协调。侵权诉讼时效完成后，应当禁止时效完成抗辩权的滥用，在特定情形下侵害人身权益的诉讼时效可以酌情排除，责任竞合下时效完成的效力也应受到限制。

第一章

公权力与私权利的关系及其欧盟私法法典化

众所周知，人类社会生活可以分为两大领域，一是政治国家生活领域，二是市民社会生活领域。对前者予以规范的法律就是公法，比如宪法、刑法、行政法等。对后者予以规范的法律就是私法，私法的主要内容就是民法。与此相对，国家机关依据公法享有公权力，市民依据私法享有私权利，公法强调国家意志，私法强调个人意志，二者既对立又统一。真正实行法治的国家，公权力与私权利应该始终处于平衡状态。否则，公权力的极度膨胀，就是专制，就是中央集权制；私权利的极度泛滥，就是自由主义，就是无政府主义。当前，构建和谐社会的关键是在利益的急剧分化与变动中实现公权力与私权利的平衡。因此，正确处理公权力与私权利的关系，是实现和谐社会目标的核心问题。

在公权力与私权利的关系上，现阶段我国应当树立私权优位主义的理念，优先保护私权利。然而，私权的保护迫切需要尽早出台民法典，通过民法典的规定，明确划定私权利的范围，防止公权力的擅自侵扰。如何制定我国的民法典，制定一部什么样的民法典，欧盟私法法典化提供了可资借鉴的经验。欧盟私法的一体化，虽然具有浓厚的工具主义色彩，但在客观上促进了大陆法系和英美法系、德国法系和法国法系、资本主义法系和社会主义法系的交汇与融合，体现了现代私法的最新理念与精神，其在法典的制定，法典的精神以及法典的结构、内容、统一性方面，对我国民法典的制定具有重要的借鉴意义。

第一节　公权力与私权利关系的理性思考

一、公权力和私权利关系的历史考察

私权利与公权力的分野源于理论状态下市民社会与政治国家的分离。马克思认为，随着社会利益体系分化为私人利益与公共利益两大相对独立的体系，整个社会就分离为市民社会和政治国家两个领域。但是，市民社会与政治国家一直在人类历史的演进中矛盾发展，这种进程在主观理性领域的释放则体现为私权利与公权力的不断纠合、对峙、妥协，这条历史轨迹也决定着不同路径下各民族国家的法治实现方式。正如有的学者所说："人类的发展史，可以说就是一部权利和权力资源在不同阶层按不同方位排列组合的历史。"[①]

（一）古希腊时期公权力与私权利的复合

市民社会在欧洲最早出现在公元前5世纪的古希腊城邦，在那里已经存在私人生活领域与公共生活领域、家族领域与政治领域的区别。古希腊城邦普遍维持着城市生活方式、城市文明，并且在这种理想城市中产生了自由民。一方面，他们是特定城市国家的市民，是属于谋求自身利益的私人，另一方面，他们是特定国家的公民，不属于他自己而属于国家，是一个"公人"，必须在必要时牺牲自己的利益去维护公益。[②] 其国家和市民社会是复合的，公民政治生活和社会生活是相融的。[③] 古典市民社会理论家往往在政治社会的意义上使用市民社会的概念，他们所讲的政治社会即为一种市民社会，是建立在共和政体基础上的一种社会，在他们所描述的古希腊城邦生活状态中，不存在政治国家和市民社会的区分，城邦既是国家又是社会，人们参与城邦生活，就是他们的利

[①] 柯金书《权利与权力的合理定位及其错位之矫正》，《福建学刊》1998年，第1期。
[②] 袁祖社《权利与自由》，中国社会科学出版社，2003年，14页。
[③] 唐士其《国家与社会的关系》，北京大学出版社，1998年，40页。

益得到满足、自我价值得以实现的最理想途径。①人既被看作是"社会动物",又被视为"政治动物",私人生活构成了国家生活的前提和基础,国家生活则使私人生活得到了最高表现和升华,这体现在希腊政治哲学上,就是"人类精神只有在一个精神的共同体中才能获得完美而高尚的生命"②。

（二）古罗马时期公权力对私权利的监护

在作为古希腊文明的传承者和"姐妹文明"的古罗马,产生了公私法的第一次主观划分。罗马法学家乌尔比安认为:"公法是有关罗马国家稳定的法,私法是涉及个人利益的法。事实上,它们有的造福于公共利益,有的则造福于私人。"③公私法的初步划分意味着公权力与私权利各自的存在领域得到了人们的理性界定。

事实上,在古罗马,人们"从不为了公共领域而牺牲私有领域,相反,他们懂得只有在两者共存的形式中,这两种领域才能生存下去"④。国家与市民社会的关系更多地呈现出一种"监护"状态。奴隶制商品经济获得了国家的政治、军事支持与保障而得到繁荣发展,并奠定了罗马帝国的经济和社会基础。"罗马人对国家和个人进行了严格的区分,它们各自有其特定的权利和义务。国家是社会性存在的一种必须的和自然的框架,但是个人而不是国家才是罗马法律思想的中心。与此相应,对于个人权利的保护被认为是国家存在的主要目标,国家因此被视为一个法人,它在确定的界限内行使自己的权力。公民也同样被视为一个法人,他拥有受到法律保护的不受别人以及政府自身非法侵害的权利。"⑤为实现上述目标,注重实践的罗马人在制度层面上架构权利实现和救济的具体途径,从而使得私权的观念固化于法律规范之中,内化为一种社

---

① 何增科《市民社会概念的历史演变》,《中国社会科学》1994年,第5期。
② 〔英〕鲍桑葵《关于国家的哲学理论》,汪淑钧译,商务印书馆,1995年,49页。
③ 〔意〕桑德罗·斯奇巴尼选编《正义和法》,黄风译,中国政法大学出版社,1992年,35页。
④ 〔美〕汉娜·阿伦特《人的条件》,竺乾威等译,上海人民出版社,1999年,46页。
⑤ R. G. Gettell, *History of Political Thought*, New York: Appleton–Century–Crofts, INC., 1924, p. 68. 转引自唐士其《西方政治思想史》,北京大学出版社,2002年,125~126页。

会性的信念，融会于整个法律体系的架构中。查士丁尼的《法学总论》宣称："我们所适用的全部法律，或是关于人的法律，或是关于物的法律，或是关于诉讼的法律。"①其中，"人"是能够行使权利承担义务的实体，"物"是权利和义务本身，"诉讼"则是据以维护权利和义务的救济手段。②显然，有关权利的分配、范围和保护，在罗马法中至少已得到充分的体现，并且在平民与贵族的频繁冲突以及奴隶的不断起义中得以彰显。

（三）中世纪时期公权力对私权利的同化

公元5世纪的蛮族入侵，彻底打碎了罗马文明。继之而来的中世纪是政治国家与市民社会高度重合，公权力对私权利同化、吞噬的黑暗时代。国家从市民社会中夺走全部权利，整个社会生活高度政治化，政治权力的影响无孔不入，市民社会淹没于政治社会之中。古罗马一定程度的权利观念和法律意识随即消失，代之而起的是诉诸神意的裁判方法，是专制者的独断和教会的裁决。在这种"黑幕"之下，一方面是分裂、野蛮和战乱，另一方面是基督教神圣力量的极力扩张。神权、王权和贵族权凭借领主分封制，把政治原则彻底社会化，使得市民社会"直接地具有政治性质"。③私人生活领域、私人利益和要求完全屈从于政治，从而形成了国家对市民社会的包容、吞噬和同化。中世纪的精神可以表述如下：市民社会的等级和政治意义上的等级是同一的，因为市民社会就是政治社会，市民社会的有机原则就是国家的原则，"市民生活的要素，如财产、家庭、劳动方式，已经以领主权、等级和同业公会的形式升为国家生活的要素"④。

但是，与东方专制主义的国家和社会的"同一"关系不同，由于封建"契约"的关系基础存在着多元权力的对立冲突，"神权政治的、君

---

① 〔罗马〕查士丁尼《法学总论——法学阶梯》，张企泰译，商务印书馆，1989年，11页。
② 〔英〕巴里·尼古拉斯《罗马法概论》，黄风译，法律出版社，2000年，59页。
③ 《马克思恩格斯全集》（第1卷），人民出版社，1965年，441页。
④ 同上。

主政治的、贵族政治的和平民政治的信条互相阻挠、斗争、限制和修改，"①从而为近代市民社会的生长和权利伸张，提供了有机土壤和生存空间②。也就是说，国家对市民社会的包容、吞噬和同化，尚具有一定的先天脆弱性，因而是"一种软弱的和多中心的专制主义形式"③。这种软弱性与脆弱性在中世纪后期的城市运动中得到了集中体现：中世纪的城市运动使商人成为城市市民的主体，形成了与封建主的领地、城堡相区别的具有合法地位的自治性社会。于是，市民社会开始同政府分离，而且表现在它对政府、对整个社会的政治生活乃至社会生活的影响和参与。

（四）近代资本主义时期公权力与私权利的完全分离

马克思认为，近代世界是抽象的二元论，即表现为市民社会与政治国家的直接分离和二元对立。随着近代资本主义商品经济的萌芽及发展，市民社会与政治社会的分野日渐凸显，市民社会与政治国家之间开始形成一种紧张的分立、对抗、制约与平衡的关系，而资产阶级革命的胜利和资本主义市场经济体制的确立，使市民社会与政治国家的分离最终成为现实。

近代资本主义是市民社会极显张扬与政治国家消极妥协的自由主义世界。在这个自由世界中，首要的根本构造是"自由的个人"，这些从封建的或绝对主义的统治下解放出来的自由个人成为资本主义市场经济与民主政治的原动力。同时，脱胎于政治国家的、面对绝对主义权力而主张自己获得自由的近代市民社会，是以经济的自律为基础的。这样，市民社会的崛起必然使得财产关系乃至整个经济生活摆脱政治国家的控制，政治社会与市民社会的界限开始明确，公权力与私权利的行使界限开始明晰。私权利获得自己独立的存在空间与合理性基础，并建立起体系化的权利救济途径与开放型的权力对抗路径。

---

① 〔法〕基佐《欧洲文明史》，程洪逵等译，商务印书馆，1998年，24页。
② 马长山《市民社会与政治国家：法治的基础和界限》，《法学研究》2001年，第3期。
③ 〔美〕卡尔·A. 魏特夫《东方专制主义》，徐式谷等译，中国社会科学出版社，1989年，441页。

二、公权力和私权利关系的理论探索

对于市民社会与政治国家的关系，以及公权力与私权利的配置，曾引起了众多思想家的关注。他们站在不同的立场、从不同的角度、依据不同的利益标准进行了有益的理论探索，其中最具代表性并且对后世产生重要影响的，主要有三种理论：一是以洛克为代表的"市民社会先于或外于国家"的理论，二是黑格尔所提倡的"国家高于市民社会"的理论，三是马克思的辩证唯物主义的社会结构理论。

（一）洛克"市民社会先于国家"理论中公权力和私权利的关系

洛克是自由主义的典型代表，他的"市民社会先于国家"理论范式的总体特点为：通过对国家与社会关系的分析，为自由主义和个人本位提供论证，为制约和控制国家政治权力提供学理基础，进而建构起"有限政府"和"有限国家"的近代政治架构和理论范型。

洛克认为，社会是自然的产物，而国家则是人们为了实现某种目的，通过社会契约的形式建构的。在洛克看来，人们生活的自然状态是自由平等的美好境界，人们"在自然法的范围内，按照他们认为合适的办法，决定他们自己的行动和处理他们的财产和人身，而无须得到任何人的许可或听命于任何人的意志"[①]。但是，在自然状态下，缺少一种大家所接受和承认的是非标准和裁判纠纷的共同尺度，缺少依照既定的标准评判争执的公正的裁判者，缺少保障这种判决执行的权力。于是，人们为了克服上述缺陷，解决生活中的冲突和维护其权利而订立了社会契约，缔造了政府。这就是立法和行政权力的原始权利和这两者之所以产生的缘由。而且，市民为了保护自身而通过多数同意的社会契约让渡给国家的只是其部分权利，国家只享有这部分权力，而主权依然在民。倘若国家违背契约而滥用权力侵吞市民社会，后者就可以依凭主权收回曾让渡的权力，推翻旧政权，建立权力体系。因此，国家之于市民社会，

[①]〔英〕洛克《政府论》（下册），叶启芳等译，商务印书馆，1964年，5页。

只具有工具性的功用，是手段而非目的。

　　洛克式的架构，体现了自由主义者对国家和政治权力的极度怀疑和高度不信任。这种构架的基础便是私权利是公权力的本源，因此，这种范式的核心是对国家权力的限制、对个人权利的崇尚。国家权力的内在规定性必然使其与市民社会中的个人权利相冲突，个人权利的不可取消性则构成了国家权威及其权力的限度。这种思想导向的内在逻辑展开便是：既然市民社会的个人权利享有绝对的优先地位，那么，为了避免国家权力本身基于其内张性或政治活动可能具有的特定目的会渗透市民社会，进而侵犯个人权利，人们有权利怀疑并推翻现有的权力权威。"当立法者们图谋夺取和破坏人民的财产或贬低他们的地位使其处于专断权力下的奴役状态时，立法者们就使自己与人民处于战争状态，人民因此就无须再予服从，并通过建立他们认为合适的新立法机关以谋求他们的安全和保障。"同时，透过市民社会外于国家的规范框架，我们可以看到私权利的绝对自由性以及其不需要国家权威干预而自己管理自己的导向。总之，洛克式"市民社会先于国家"的架构，意味着国家对市民社会只限工具性的作用，而且市民社会透过对其自身先于国家的身份之规定或对国家权力源之规定，在根本上构成了对国家侵吞市民社会的可能性的抵抗甚或革命的力量。

　　然而，不可忽略的是，洛克式"市民社会先于国家"的关系范式同时也存在很深的无政府主义倾向。在洛克构筑的框架内，国家只是"守夜人"，整个市民社会的兴衰都取决于盲目性、因果性的"看不见的手"，结果导致经济领域因分配不公而形成的贫富悬殊，因少数垄断的出现而导致的透过经济权力对人的自由的控制——从对私权利绝对保护的维度构置的公权力与私权利配置方案最终导致了私权利内发性的破坏状态。

　　（二）黑格尔"国家高于市民社会"理论中公权力和私权利的关系

　　黑格尔的市民社会与政治国家的理论是近代社会与国家关系的第一

次完整的、系统的理论表现，它集中体现了黑格尔法哲学思想的基本理论倾向。

　　黑格尔认为，市民社会是由非道德的因果规律所支配的，是个人私利欲望驱动的非理性力量所致的状态，是一个由机械的必然性所支配的王国，在伦理层面上表现为一种不自足的状态，而不是由理性人构成的完满的状态。而国家作为"伦理理念的现实"和"绝对自在自为的理性"垄断了一切道义资源。这样，对市民社会这种不自足状况的救济甚或干预，只能诉诸整个社会进程中唯一真正的道义力量，即国家。因此，国家是绝对的，它体现而且只有它才能体现伦理的价值准则。从这个意义上说，黑格尔的理想国家不是维系和完善自然状态的工具，而是对市民社会的保护和超越，因为国家绝对不是一个仅为功利的机构，相反，国家是目的，是相对于市民社会而言的一个更高的新阶段。

　　黑格尔这一"国家高于市民社会"的学理架构，以及他所主张的把国家视为至上独尊的观点，否定了自由主义者将神性国家降至于世俗公益机构的正面意义，从而又将国家笼罩于不可挑战的神性光环之中。同时，黑格尔认定国家或政治的至高地位以及一切问题最终都可诉求国家或依凭政治而获得解决的观点，隐含着国家权力可以无所不至和社会可以被完全政治化的逻辑，而这种逻辑极易被集权统治所利用。在集权统治下，市民社会因被完全政治化而被统合于国家之中，并被彻底扼杀，公权力对私权利的任意干预达到极限，私权利完全被公权力所吞噬。而这种可能性已经由历史无情地做出了验证，20世纪法西斯极权主义将黑格尔这一理论极端化，具体表现为国家绝对至上和国家赤裸裸地全面统合市民社会，公权力对私权利的践踏成为血的事实。

（三）马克思社会结构理论中公权力与私权利的关系

　　马克思市民社会与政治国家关系的理论范式是在批判黑格尔颠倒的思辨法哲学体系的过程中形成的。他通过对黑格尔的市民社会与政治国家的分析工具的批判性改造，创立了历史唯物主义的社会与国家及其相互关系的法哲学分析范式。

马克思运用社会实证和历史实证的方法,从经济关系和社会结构自身历史发展的实际出发,深刻揭示了西方社会现代化过程中国家与社会相互分离、彼此对立的关系性质、经济基础、历史进程及其社会意义。马克思彻底否定了黑格尔提出的政治国家决定市民社会的唯心主义观点,认为,不是政治国家决定市民社会,而是市民社会决定政治国家。市民社会"这一名称始终标志着从生产和交往中发展起来的社会组织,这种社会组织在一切时代都构成国家的基础以及其他观念的上层建筑的基础"①。因此,市民社会是国家的真正构成部分,是国家的现实基础和原动力,是国家存在的必要条件和存在形式。②

政治国家与市民社会的这种关系,从两个方面决定了社会结构的近代形态,也决定了公权力与私权利的配置关系:一方面,在私人利益的整合关系中,社会应形成以实现个体私有财产权利的确立和保障为中心的市民社会组织体,形成个人利益相互对抗和协作的社会机制;另一方面,政治国家的根本目的是维护私人特殊利益的最大化,这是国家得以产生、存在和发展的合理性基础。

三、我国社会中公权力和私权利关系的现状分析

私权利与公权力的学理架构导出了理想状态下的权力(利)配置模式,从纯理性角度讲,这种配置是最优的。但是,社会的发展夹杂着许多非理性因素,公众心理、历史承袭等各种感性因素在历史路径的选择中发挥着重要的作用,也导致了同一目标追求下各民族多元化的建构范式。我国承袭了东方社会典型的历史传统,公权力的发达与私权利的萎缩并存,结果导致公权力对私权利的侵害屡见不鲜,私权利不得不依附于公权力,从而使公权力自身产生异化与蜕变,具体体现为:

第一,公权力的扩张与对私权利的践踏。公权力内生的扩张性需

---

① 《马克思恩格斯全集》(第3卷),人民出版社,1960年,41页。
② 刘旺洪《国家与社会:法哲学研究范式的批判与重建》,《法学研究》2002年,第6期。

要私权利相应的力量予以抗衡，但是我国市民社会的缺失使得政治国家的力量与市民社会的力量严重失衡，从而不能实现私权利与公权力的平衡发展。由于"市民社会横向整合个体关系，纵向阻隔国家对个体自由的侵犯，缺少了市民社会这个有效隔离带，个人无时无刻不生活在国家的阴影下"①。"权力总是趋向于无限地扩张，而权力扩张的最大受害者是人权。"②2002年各大媒体竞相刊载的一则报道引起了社会的广泛关注与思索：延安某地，民警在未经任何合法程序的情况下闯入民宅，将在家看不雅视频的新婚夫妇查处，丈夫张某由于据理力争遭到了一系列的恶性报复。这一事件中，该民警居然未经任何程序公然闯入民宅，对私权利的漠视与践踏可谓达到了极限。公权力的行使应遵循"法无规定即禁止"的原则，缺乏法律依据的公权力的行使必然导致对私权利的侵犯与粗暴干涉，严重影响公民的生活并造成对公民隐私权的侵犯。南京某高校学生小顾与女友于"十一"期间赴安徽旅游，到达目的地后在一家旅社投宿。当晚，几个联防队员冲进房间将正在洗澡的小顾硬从卫生间拖出来，声称小顾没有结婚证同女友开房属于卖淫嫖娼行为，最后处以500元罚款的处罚。这类公权力介入私权利的事件发生频率之高，使得民众对此已习以为常。

第二，公权力的怠用与对私权利的漠视。公权力的存在基础与合理性在于保障私权利的规范、安全行使。当私权利出现危机，可能或正在受到侵害时，公权力应当进行积极的救助，否则将会导致私权利的受损。"权力行为的目的不在于权力主体的利益，而在于公共利益，弃权必使公共利益受损，有违设权力的初衷，所以权力不可放弃。"③但是，一些掌握公权力的部门因涉及上级或自身的利益，怠用甚至放弃手中的公共权力，从而导致公民私权利得不到保护的现象在我国屡见不鲜。

第三，公权力的异化与私权利的萎缩。尽管公权力具有公共性质，这种性质决定了它的公共性能，决定了其运作与公共秩序、公共

---

① 汪太贤、艾明《法治的理念和方略》，中国检察出版社，2001年，236页。
② 程燎原《从法制到法治》，法律出版社，1999年，203页。
③ 周永坤《法理学——全球视野》，法律出版社，2000年，243页。

利益相关联。但权力"具有可交换性,权力可以脱离权力主体、客体而发生异化,以至于发生权力商品化现象"[①]。权力的商品化必然导致其公共性的异化,进而直接侵害私权利的实现。从我国目前现状来看,公权力公共性能的弱化成为普遍现象,而这种公权力公共性能的减弱或丧失直接或间接地导致对公民私权利的侵害。同时,公权力全面渗入私人领域,影响私权生活的各种规则与运转秩序,导致了市民社会应然规则的扭曲和私权利观念的弱化,私权利通过对公权力的依附才能实现的状况又进一步为公权力的过度扩张创造了条件。私权利的萎缩与公权力的扩张,权力(利)的不平衡造成的恶性循环影响着社会的和谐。

四、和谐社会中公权力和私权利关系的协调

和谐社会是一个有能力协调利益冲突,并由此实现利益均衡的社会。从我国目前公权力与私权利的配置状况来看,二者的矛盾与冲突主要是公权力对私权利的侵蚀所导致的公权力的扩张与私权利的过度萎缩之间的矛盾。所以,实现公权力与私权利的平衡,并以此为基础构建和谐社会的关键在于有效控制公权力的过度膨胀,培育私权利的独立力量。

(一)明确划分公法和私法、公权力和私权利是私权保护的前提

公法和私法、公权和私权、公共利益和私人利益的划分,构成了现代法的基本原则和法秩序的基础,是私权保护的前提。当前,我们强调划分公法与私法,目的在于正确认识民法是私法,不是公法,公法之设,目的在于保护私权。由此出发,才能摆正公法与私法、公权力与私权利、国家与市民、政府与社会、政治与经济等重大关系的位置。划分公法与私法,就是要在私法中强调私权神圣,提倡私法自治。所谓私权

[①] 林喆《权力腐败与权力制约》,转引自湛中乐《法治国家与行政法治》,中国政法大学出版社,2002年,24页。

神圣，即是民事主体在市民社会生活领域所享有的权利，非经正当的重大事由是不受公法或公权力的非法剥夺的。所谓私法自治，即在民事生活、经济生活领域，由当事人根据自己的意愿决定自己的行为，任何人都没有权力将自己的意愿强加于他人，即使是国家，也只能在当事人发生纠纷且不能通过协商解决问题时，以仲裁者的身份进行裁决。由此可见，公法与私法的划分，公权力与私权利的划分，对于保障私权具有非常重要的理论意义和实践意义。

（二）我国协调公权力与私权利关系的指导思想应是私权优位主义

在政治国家与市民社会、公法与私法、公权力与私权利的关系上，有两种对立的观点：一种是小社会大国家、公法优于私法、公权力优于私权利的观点；另一种是小国家大社会、私法优于公法、私权利优于公权力的观点。当前，我们需要确立小国家大社会、私法优于公法、私权利优于公权力的指导思想，原因在于：

第一，公权力依附于国家的暴力机器而异常强大，私权利则因无任何可供依附的力量而异常脆弱，而且公权力本身具有的支配性、扩张性和侵略性，使得私权利在与公权力的博弈中往往处于弱势地位，常常受到公权力的侵犯，造成严重的后果，具体表现在：其一，践踏民主和法治，导致国家的专制和集权。由于公权力本身具有的支配性，受权力支配的人必须无条件服从，权力一旦失去制约，权力享有者必然以自己的意志代替法律，随意侵犯权利，使民主法治受到践踏，专制主义得以形成。其二，使社会失去活力，破坏社会经济的发展。在市民社会中，私权是一种自治性的权利，它赋予私人在法定的范围内按照自己的自由意志处理自己的事务的权利，以此来满足每个人不同的需求，呈现人的丰富个性，发挥人的各种才能，使社会充满生机和活力。与此相反，公权力是国家强制性的权力，每个人的行为都由国家预先计划或安排，不利于呈现个人的丰富个性和最大限度地发挥个人的才能。因此，当每个追求以自我利益最大化为目的的私人，受到公权力的过度干预，无法自由行为时，社会的生机和活力必然受到影响，那么，一切有利于社会进步的创新也不会产生。其三，破坏公平正义，激化社会矛盾。由于公权力容易受到腐蚀和异化，成为个别权力享有者或者在社会中某个处于强势地位的阶级和阶层的工具，因而，当公权力过度侵犯私权时，公权力行使的结果就是个别人或个别阶层私利的取得，造成社会分化，激化社会矛盾。因此，公权力强大，私权利弱小，私权受到公权侵犯时，民主法治遭到践踏，公平正义受到破坏，社会生活失去生机和活力。

第二，我国有着几千年的重公权而轻私权的传统，历史传统的影响要求我们加强对私权的保护。在我国，直到近代，私权对国人来说仍然是一个陌生的概念。虽然在古代社会存在着私人利益，但私人利益在制度上、文化上一直受到漠视，私权长期以来没有生长、发展的空间。其一，中国古代是以单一的家庭农业经营为依托、配合以家庭手工业和家庭牧业的自然经济形态为主，没有经常性、大规模的商品交换。"这种小农宗法式自然经济长期运行的主要结果是：主体对他人、对社会的直接依赖服从成为社会关系的主要形态，个体缺乏独立性和自主性，人际关系的维系、调节也无须借助权利契约形式。'三纲五常'的伦理网络才是人们行为规范的指南。"[①] 其二，中国古代的基本政治形态是君主专制下的中央集权。"普天之下，莫非王土，率土之滨，莫非王臣"，"君叫臣死，臣不得不死"。在等级制度下，每一个等级的掌权者都有一定的特权，唯有最下层的民众没有任何权利。其中，皇帝处于整个等级社会金字塔的顶峰，拥有绝对的权力，可随意剥夺任何人的生命和财产。在这样的权力结构下，主体的私权利处于被动、从属、受支配的地位，只能服从和效忠于国家权力。其三，中国古代占统治地位的文化——儒家文化——是一种以义务为导向的规则体系。其行为规则"礼"不是以确认个人的权利而是从规定个人的义务为出

[①] 张丽清《主体权利意识与国家权力意识的进退——浅析中国法治化进程中法治观念的应然性变革》，《唯实》2000年，第4期。

发点，规定臣对君的义务、子对父的义务、妻对夫的义务等。儒家这种以义务为本位的价值取向，压抑了社会成员的权利意识。[1]可以想象，在这样的政治、经济、文化背景下，中国古代根本不存在私权产生和发展的土壤。正如李约瑟所说："中国的政治和伦理的成熟水平远远超过其他制度的发展程度。……个人被鼓励去依附各种首要集团。并且，如果说有一种启蒙性质的伦理法规强调个人对其同伴的职责，那么它同时也禁止对于天赋人权的各种要求。在过去的两千年里，这些状况几乎没有发生变化。"[2]

第三，新中国成立后，我国长期实行的计划经济体制又一度将国家权力推向极致。在以行政管理手段为特征的计划经济体制下，各级行政机关代替企业做出日常经济活动的微观决策，直接管理企业的产供销活动。由于实行计划经济管理体制，个人利益被抽象于国家利益之中。由国家作为各方利益的总代表，来进行直接的调度和安排。

第四，进一步发展市场经济需要加强对私权的保护。市场经济制度是建立在交换的基础上的，所谓交换，实质上就是财产权的交换。如果财产权不明确，交换就无法进行。交换不能进行，资源的优化组合和利用就要受阻。所以，为了交换，就必须对所交换物品享有明确的、排他的、可以自由支配的所有权。首先，所有权的排他性意味着权利的享有者有权选择用财产做什么和如何使用它，并且占有由其决定或产生的收益，承担由此带来的后果。所有权的保护将对财产的选择和选择行为所导致的后果紧密地联系在一起，激励权利的享有者去寻找带来最高利益的资源使用方法，使资源实现优化配置。同样，对所有权可转让性的保护意味着所有者可以按照双方共同决定的条件将其财产转让给他人，获得比原有财产更大的收益，使资源从低生产力所有

---

[1] 高鸿钧《中国公民权利意识的演进》，载夏勇主编《走向权利的时代——中国公民权利发展研究》，中国政法大学出版社，2000年，15页。
[2] 潘吉星主编《李约瑟文集》，辽宁科学技术出版社，1986年，279页。

者向高生产力所有者转移。所以，要完善社会主义市场经济体制，进一步发展生产力，实现资源的优化配置，完善私权（特别是财产权）的保护是必不可少的。

（三）协调公权力与私权利关系的法律途径

1. 完善公法制度加强对公权力的制约

众所周知，私权利的保护需要对公权力予以制约。当前，我国制约公权力的关键在于加快政治体制改革，完善权力的监督和制约机制，建立与社会主义市场经济体制相适应的政治体制。由于政治体制改革涉及敏感区域，短时间内无法完成。从法律上讲，制约公权需要通过完善公法制度的方式予以解决。完善公法制度，就是要明确权力的范围和行使程序。其一，修改和完善行政组织法，明确权力和权力之间的界限，防止重复干预和多头管理对私权造成的多次侵犯。其二，要规范公权力行使的方式。国家机关权力再大，如果其行使是严格、公开、公正、公平的，那么，对私权的侵害也不会太大；相反，即使公权力很小，如果没有程序制约，可以任意行使权力，那么，也会给私权造成重大威胁。所以，要完善行政程序，加快制定行政程序法。其三，要将行政责任法制化，明确各级行政首长的责任，将近年来受到社会普遍好评的"问责风暴"，通过法律的形式予以明确，建立符合市场经济体制要求的责任政府。

2. 完善的私法制度是私权保护的关键

私权的保障是私法和公法共同来完成的，但是，没有私法对私权的内涵和外延的规定，公法对于私权的保护就失去了内在的依据和尺度。因而，完善的私法（民法）是私权保护的关键。但是，新中国建立以来，由于经济体制、指导思想、民法理论等诸多原因，民法典的制定历经"三起三落"，至今仍未颁布。私法制度的缺失，造成了我国私权保护的乏力。因此，我国要尽快颁布民法典，以法典的形式全面地将私权法定化、系统化。"法虽不善，尤善于无法"，只有建立完善的私法制度，私权的保护才能落到实处。

（四）积极发挥社会权力在公权力和私权利冲突中的缓冲作用

西方近代市民社会的发展形成了以角色分化、利益联结及合理性追求为表征的众多社会组织，同业公会、行会组织、城市自治组织、公司、政党及各种利益团体等都是市民社会的组织要素。这些多元化的社会组织对西方法治国家的建立发挥了重要作用。在我国，积极培育并保护这种社会组织的成长，可以有效消解权力的独断单一，制约权力的任意专横，实现社会利益的协调整和，构建和谐社会。

第一，多元化的社会组织有助于实现权力的分化。市民社会体系下的组织是多元化的，"经济领域包含许多行业及工商业公司；宗教领域包含许多教会与教派；知识领域包含许多大学、独立报纸、杂志及广播公司；政治领域包括许多独立的政党，此外还存在许多独立而自愿的慈善性或市民性（civil）社团等"[1]。多元化的社会组织形成了多元化的利益集团，不同利益集团的斗争和妥协，必然排斥单一性和独占性而孕育并弘扬民主、宽容和自由理性精神，必然要维护法治权威，以免有序的多样性受到威胁。这样，组织的多元化构筑了一个以权力分离和制衡为标志的多元政治体制，它一方面使统治资源分散而加大统治者的垂直统治成本；另一方面，也可使微势团体进行资源联合，加大统治者欲意控制的成本。[2]这样，在多元权力中心的对峙状态下，公权力处于各种社会组织权力不断变化的冲突、竞争和合作模式下，不断被分化、消解。

第二，多元化的社会组织有助于实现对权力的制衡。活跃于市民社

---

[1] 〔美〕亚当·塞利格曼《近代市民社会概念的缘起》，景跃进译，载邓正来、〔英〕J.C.亚历山大编《国家与市民社会——一种社会理论研究路径》，中央编译出版社，2002年，52页。
[2] 马长山《市民社会与政治国家：法治的基础和界限》，《法学研究》2001年，第3期。

会舞台上的大量自治性、多元性、社会性和开放性的社会团体,是相对脆弱的各个私权利联合起来抗衡专权、暴政的有生力量。它们一方面有独立发展的趋势,要求政府尽少干预而维护其自治,扼制国家权力职能和范围的扩张;另一方面,市民社会多元权力中心的形成,直接影响着国家公共选择的政治过程,它们通过直接或间接的民主政治参与,形成市民社会下权利意志的独特表达渠道,向公权力的归属与行使主体提出权利实现的要求,使政府在决策过程中的任意性受到控制。当"政府政策大多是通过谈判和讨价还价来决定"①时,便意味着私权利所表达的利益追求已经纳入到公权力的视野之中,公权力的专断受到了制衡。社会组织通过参与权力的生产和分配过程,使集权增长受到扼制,使社会自主自治权利得到扩展,从而抵消了国家权力的强制性控制,保障市民社会的自由和权利。

总之,要建设民主法治、公平正义、诚信友爱、充满活力、安定有序的和谐社会,首先是政治国家与市民社会、公权力与私权利的和谐,诚如德国法学家耶林所说:"法不仅是思想,更是活的力量,正义女神一手持有衡量权利的天平,一手持有为主张权利而准备的宝剑,无天平的宝剑是赤裸裸的暴力,无宝剑的天平是法的软弱可欺,天平和宝剑相互依存,正义女神挥舞宝剑的力量与操作天平的技巧得以均衡之处,恰恰是健全的法治状态之所在。"②

第二节 欧盟私法法典化与我国民法典的制定

一、欧盟私法法典化的背景

在欧盟一体化的进程中,欧盟不仅在经济与货币上先后实现了关税联盟、共同农业政策、欧洲货币体系、欧洲经济与货币联盟,而且在政

---

① 〔美〕罗伯特·A.达尔《现代政治分析》,王沪宁等译,上海译文出版社,1987年,110页。
② 〔德〕鲁道夫·冯·耶林《为权利而斗争》,郑永流译,法律出版社,1999年,12页。

治制度和机构建设以及法律体系等方面取得了重大进步。欧盟的核心在于内在市场的统一，实现货物、人员、服务和资本的自由流动和充分竞争，消除成员国之间对统一大市场的障碍和壁垒，以提高欧盟在国际上的整体竞争力。①这一统一战略明确载入《欧洲共同体条约》和《欧盟条约》等基础性条约中，并被欧盟次级立法予以贯彻和实施。尤其是随着《单一欧洲文件》和《马斯特里赫特条约》的生效，欧盟以建立和发展共同市场为名，开始越来越频繁地通过次级立法，诸如指令（directive）、条约（treaty）、条例（regulation）等协调成员国的相关领域的私法，试图消除它们之间的差异，逐步趋向统一②。然而，这些次级立法形式由于自身存在着不可克服的缺陷，无法完成这一历史使命。

1."指令"（directive）是欧盟私法统一采用的主要形式，迄今为止，欧盟颁布的指令有20个，其主要集中于消费者法、不正当竞争法和不平等条款当中，同时在劳动法和公司法领域也颁布了不少指令。然而，"指令"仅针对特定领域的特定问题，不仅对欧盟私法统一的覆盖范围有限，而且也给私法领域的广泛融合带来了问题和阻碍。第一，"指令"间术语的不协调和规则的相互冲突，一定程度上影响了"指令"预期达到的统一效果。③第二，"指令"需由各成员国转化为国内法，且通常采取可由成员国选择适用的条款予以实现，这一选择适用的方式，使同一指令在不同成员国国内立法更加多元化，并且出现同一问题依国别的不同而有差别，这与欧盟的初衷和宗旨——建立单一的统一大市场背道而驰。第三，"指令"常以"一事一法"的方式产生，侧重调整的是特定领域的特定问题，服务于欧盟特定的政策目标，如内部市场的建立、消费者保护、反不正当竞争。因此，"指令"的立法针对的不是概括性

---

① 张彤《欧洲一体化进程中的欧洲民法趋同和法典化研究》，《比较法研究》2008年，第1期。
② 朱淑丽《以欧盟为中心看欧洲私法的法典化趋向》，《河北法学》2009年，第2期。
③ Jan Smits, *The Future of European Contract Law: On Diversity and the Temptation of Elegance*, The paper was presented at the Conference Towards a European Ius Commune in Legal Education and Research, Maastricht Faculty of Law, 25~26 October, 2001, p.4. 转引自傅俊伟《欧盟民法典草案之述评》，载梁慧星主编《民商法论丛》（第43卷），法律出版社，2009年，447~500页。

的法律问题。这种被欧盟称为"逐部分进行的方法"（sector-by-sector approach）或"特定部分解决办法"（sector-specific solutions），使得欧盟内部私法体系碎片化（fragmentation）和内部不一致（inconsistent），导致核心的私法领域缺乏完整性和系统性，矛盾冲突不断。第四，"指令"普遍遵循"最小程度协调"的原则，即成员国在不违反指令的前提下可以援引并使用更严格的立法手段。显然，在该指令调整领域内各成员国的法律壁垒并未完全消失。①

2. "条约"（treaty）无疑是国家间法律统一的经典手段，它有类似国内法的强制性特点，但事实上，条约的适用范围受到一定的限制。到目前为止，欧盟成员国仅仅将条约用作保护工业产权的工具，以及在国际私法与程序法中将其作为统一与欧盟有关的法律的手段，几乎不涉及有关合同法、财产法或债法领域。原因在于，如果私法的统一采取条约的形式，条约须经成员国漫长而艰苦的谈判，若达成一致最终签署，其结果也仅仅形成了书面档，各国仍有对已签署的条约在国内的生效提出部分保留的权利，这在不同程度上减损了条约的效力，也无法从真正意义上实现在私法领域的统一。而当有新的成员国加入时，成员国又必须与原成员国进行谈判，重新缔结与原有条约一致的条约才能对新成员国产生同样的效用。如此耗时甚大，效力减损，效率低下的方式，采用的可能性甚微。②

3. "条例"（regulation）具有完整的约束力和普遍的法律效力，并在成员国境内直接适用，无须成员国国内立法转化的过程，且成员国国内法不得与条例相冲突。但由于各成员国国内法的差异较大，其颁布受到极大的限制。

总之，为了促进欧盟领域"单一市场"的形成，欧盟不断地发布适用于其领域的针对促进自由市场形成的指令、条例等，一定程度上渗透和影响着成员国国内私法，并使之在国内私法体系中做出立法响应，但

---

① 马雷《浅议新一轮欧洲民法典之争》，《法制与社会》2009年，第4期。
② 张彤《欧洲一体化进程中的欧洲民法趋同和法典化研究》，《比较法研究》2008年，第1期。

此种不系统、不完整的共同体法形式，又使欧盟私法显得支离破碎和矛盾重生。由于这些法律形式自身的缺陷，欧盟私法领域并未实现真正的统一。作为调整市场经济的核心法律——私法——的不统一，也从规范制度方面极大地阻碍着欧盟单一大市场的形成，与欧盟的战略初衷相背离。因此，在私法领域制定一部内部协调统一，具有宏观性、体系性的民法典成为欧盟发展的客观要求。

二、欧盟私法法典化的理论准备

20世纪五六十年代以来，虽然欧洲国家在欧共体指令或国际条约的调整下，在某些特定私法规则方面达成了一致，但真正从体系上重新提出"欧盟私法"（European private law）的构想只有短短的二三十年时间。面对欧盟私法领域内立法的分散和残缺，在20世纪80年代，法学界和欧盟内部就是否应冲破"政策"限制而编纂跨越整个欧盟范围的私法典的问题展开了激烈的讨论。在欧洲比较法学者中，大致可分为两种立场：比利时、德国、意大利和荷兰的学者对某种形式的欧洲法律统一或协调基本上表示高度赞同；而法国、西班牙，尤其是英国的学者，则对法律统一不感兴趣，甚至持反对态度[①]。

反对者认为，大多数国家都遵循着自1789年法国大革命后固定下来的"一个国家一种语言一部法律"的模式，尤其是在私法领域，各国都旨在以一部完整的法典（法典编纂）对本国的法律做出排他性的、长期稳定的调整。[②]欧盟各成员国法律呈现多元化，大陆法系、英美法系共存，成文民法典和判例共生，各国法律文化具有民族特色，经过长期历史发展形成的各国本源的法律结构根深蒂固。因此，各成员国私法领域实现法典化统一的难度大，同时也是对国家主权的冲击。尤为重要的是，欧盟缺乏在民法领域处理如此繁杂的事务的能力。法国巴黎第一大学的法学教授比埃尔·勒康（Pierre Legrand）是《欧洲民法典》反对论

[①] David S. Clark, *Centennial World Congress on Comparative Law: Nothing New in 2000? Comparative Law in 1900 and Today*, Tulane Law Review, vol.75, 2001, p.901.

[②] 〔德〕赖纳·舒尔策《欧洲私法》，孟翰译，《南京大学法律评论》2003年，春季号。

者的著名代表，他认为，制定《欧洲民法典》是历史的倒退，因为它不仅为现今生活规定了一个官方框架，而且限制了选择不同方式的社会生活的可能性；同时它试图以一套结构性的规则来规范人们的日常生活，这是对法律的简单化的认识。因为法律并不等于成文规则，它远在成文规则之外，如果把法典与整个法律等同起来，法典即成为认识复杂的法律知识的障碍。[①]总之，反对论者认为，主张制定《欧洲民法典》仅仅是一个"美丽的错误"，企图将欧洲法律统一的野心注定是一场幻梦[②]。

  赞成者认为，在私法中构建一个有机联系的核心领域，对欧盟来说是值得一试甚至不可缺少的。这一核心领域包括债法、物权法和民法的一般规定（或者说包括这一领域中的绝大部分内容）。这一观点的提出基于以下考虑：在欧盟内部对上述领域做出统一调整，起码有利于经济交往的顺利进行。长期而言，只有建立在共同的债法和财产法的基础上，巨大的内部市场（关于这个市场，至少已经存在同一的货币）才可以凝聚在一起并完全发挥其功能。因此，发展共同的财产法是欧盟根据《欧共体条约》第95条或96条规定应当履行的职责。另外，《欧盟民法典》的支持者们还提出这样的事实：欧盟的大量法律措施（条例和指令）深入而零散地影响着各国民法制度，因而也有巨大的潜在破坏效应。至少需要发展一套共同的法律术语和体系以使这些特定领域获得一个有机协调的发展。[③]另一方面，虽然自法国大革命后，私法作为国内文化遗产的核心部分具有强烈的国内法性，但与之前几百年的情况则不同。那时候整个欧洲的法学家有着关于共同法（ius commune）的共同理解。这一概念源自罗马法，它被理解为补充国内法规则和习惯的次级法律渊源，或者至少是解释和界定法律概念的共同框架。[④]欧盟需要一部民法典来确定其作为一个区域性的整体

---

① 朱淑丽《比较法学者对"共同欧洲私法"的推动》，《华东政法大学学报》2008年，第2期。
② Pierre Legrand, *European Legal Systems Are Not Converging*, vol.45, International and Comparative Law Quarterly(1996), p.81.
③ 〔德〕克里斯蒂·冯·巴尔《欧洲：多部民法典的大陆，或者走向单一民法典的大陆？》，张小义译，《法学家》2004年，第2期。
④ 〔德〕于尔根·巴泽多《欧洲私法基础》，金振豹译，《比较法研究》2006年，第4期。

在国际竞争中的经济地位和经济实力。

面对欧盟私法领域次级法支离破碎的境况，学者们就应对措施的探讨和思考最终以一部《欧盟民法典》终结混乱局面的构想成为这项学术事业的焦点。欧洲法学者们历经20年对欧盟私法法典化的争论日趋明朗，理论和实践日趋成熟。在诸多学术团体展开对《欧盟民法典》讨论的过程中，值得一提的是由丹麦教授奥尔·兰多创立的欧洲合同法委员会（Commission on European Contract Law，CECL）。该委员会自1982年起开始工作，由来自欧盟、挪威及瑞士等司法领域的教授组成。其理论成果《欧洲合同法原则》（Principles of European Contract Law，PECL）的学术意义和立法借鉴意义十分重大。欧洲合同法委员会对《欧洲合同法原则》借鉴美国法律重述的方式进行评述和注释。重述法分析的对象并不是欧盟共同体法本身，而是欧盟成员国各自的国内法。通过相互比较并以批判的眼光进行审视，从而在各国具体的法律规范中提取共同原则。[1]它"预定调整合同的缔结、履行和效力等一般性问题，其目标是'为未来的《欧盟合同法典》奠定基础'。《原则》已经获得欧洲法学界的普遍认可，并成为欧盟新近立法动议的蓝本"[2]。此外，位于帕维亚（意大利）的欧洲私法家学会在吉乌塞佩·冈多斐的领导下制定了欧盟合同法典，位于尼吉梅根（荷兰）的研究小组制定了欧盟信托法原则（Principles of European Trust Law），还有蒂尔堡-维也纳小组在侵权法领域也做了相应的研究。作为上述研究工作的延续，一个由多个研究小组组成的国际研究组织正就包括合同法、侵权法、信贷担保法和其他内容在内的欧盟财产法典的编纂进行前期的准备工作。[3]法学家的研究与探讨，一方面是为欧盟私法法典化进行理论论证，一方面也是配合欧盟官方立法动议进行先行调研。欧盟也逐步采取立法措施，试图逐渐落实《欧盟民法典》。

---

[1]〔德〕克里斯蒂·冯·巴尔《从欧洲合同法到欧洲财产法》，载H.舒尔特内尔克、R.舒尔策、L.贝纳德奥主编《共同体法中的欧洲合同法》，科隆，2002年，263页。
[2] 朱淑丽《以欧盟为中心看欧洲私法的法典化趋向》，《河北法学》2009年，第2期。
[3]〔德〕赖纳·舒尔策《欧洲私法》，孟翰译，《南京大学法律评论》2003年，春季号。

三、欧盟私法法典化的进程

欧盟议会在1989年和1994年通过两份决议公开宣布支持起草《欧盟民法典》的准备工作。其中，1989年的决议首先提出为起草一部《欧盟私法典》启动必要的准备工作，因为"总括个别问题的法律不能满足无壁垒的单一市场的需求和目标"；同时要求原则上同意法律统一的成员国建立一个专家委员会详细说明法典统一的必要性，并组织这方面的工作，为比较法研究中心以及法典起草工作提供财政支持。[①]1994年的决议再次重申，就起草《欧盟私法典》的可能性着手工作。[②]然而，不可否认的是，由于欧盟议会有名无实的地位，其决议并不代表欧盟的官方立场，也没有引起欧盟理事会和欧盟委员会的响应。直到1999年，在坦佩雷会议上，欧盟理事会强调："在一个真正的欧盟私法领域，不能让成员国法律的不统一或复杂性妨碍个人及商业机构行使权利"，并号召"就是否需要趋同成员国的民事立法，以消除民事行为顺利运行的障碍，展开全面调研"[③]。

2001年7月，欧盟委员会发布了《致理事会及欧盟议会关于欧盟合同法的通报》。该份通报探讨的范围限于合同法及其密切相关的领域（不当得利和部分非合同责任法），主要处理两个问题：一是对法律体系之间的差异是否给共同市场的顺利运行造成障碍这一问题广泛征求意见；二是为未来欧盟立法动议提出四个选择方案。这四个选择方案是：方案1，不采取行动，将问题留给市场解决；方案2，促进共同合同法原则的研制，引导国家法更加趋同（"法律重述"方案）；方案3，改善既有欧盟立法的质量（"改善立法"方案）；方案4，在欧盟层面上采取新的综合性立法（comprehensive legislation "法典编纂"方案）。

---

① See European Parliament Resolution on action to bring into line the private law of the Member States, 1989, O.J（C 158）400.
② See European Parliament Resolution on the harmonization of certain sectors of the private law of the Member States, 1994, O.J（C 205）518.
③ See Conclusion of the Tampere European Council（15 and 16 October 1999）.

2003年2月，委员会在听取反馈意见后，以通报的方式推出了《进一步协调欧洲合同法的行动计划》（以下简称《行动计划》）。在该通报中，委员会就2001年通报中提出的四种解决方案做出回应：否定了方案1，批准了后三个方案，并就欧盟私法法典化的进程做了明确说明。在这份《行动计划》中，欧盟第一次提出了构建一套《共同参考框架》（Common Frame of Reference）的计划，试图建立一套共同的欧洲合同法规则和术语，并借助它融合"法律重述"方案和"改善立法"方案。《共同参考框架》实质上是法律重述，预期以共同的术语和规则提供最佳解决办法，成为立法者的指南或"工具箱"，确保现行和未来的欧盟合同法更为连贯，促进成员国合同法实现更高程度的趋同。但2003年的通报尚未明确《共同参考框架》的性质、内容、结构等基本问题。

2004年10月，委员会发布了《欧洲合同法与欧盟法的修订：前进路线》（European Contract Law and revision of the acquis：the way forward），再次确认《行动计划》中所提出的设想与计划，并明确表示将于2009年完成《共同参考框架》的准备工作。通报用大量篇幅详细阐述了《共同参考框架》的三个组成部分：第一部分综述欧洲合同法的共同的基本原则（包括特定情况下这些原则的限制适用），第二部分以诸如"合同""损失"等关键概念的定义支持这些原则，第三部分以基本原则和关键概念的定义为基础制定合同法的示范规则。其中示范规则的章节设置几乎等同于《欧洲合同法原则》，内容涵盖一般合同规则以及一些重要的特殊合同，委员会尤其强调对消费者合同（消费者买卖合同和消费者保险合同）的保护，以修订和补充欧盟消费者指令。同时，《欧洲合同法与欧盟法的修订：前进路线》进一步要求，制定示范规则时，应该考虑到商人（或自然人）之间、商人与消费者之间缔结合同的差别。

2006年初，欧洲民法典研究所与欧洲现行私法研究所（European Research Group on Existing EC Private Law，简称Acquis Group）共同设立编辑与校订工作组（Compilation and Redaction Team），专门负责将两个研究所起草的成果进行编撰、整理，以形成欧洲民法典样本的工作。

2009年3月最终完成了《欧洲民法原则、定义与示范条文（共同参考框架草案）》(Principles, Definitions and Model Rules of European Private Law, Draft Common Frame of Reference (DCFR), 以下简称《草案》)。《草案》遵循法律重述的风格，采用现有法和比较法相互联系的研究路径[①]，在结构上分为10编：第1编是关于整个文本如何使用的"一般规定"，第2编是"合同与其他法律行为"，第3编是"债及相应权利"，第4编是"特殊合同及其权利和义务"，第5编是"善意干涉他人事务"，第6编是"对他人导致的损害引起的非合同责任"，第7编是"不当得利"，第8编是"货物所有权的取得和丧失"，第9编是"动产所有权担保"，第10编是"信托"。

四、欧盟私法法典化的特征

开始于20世纪七八十年代的欧盟私法法典化运动，最终由学术研究上升到立法行动。欧盟委员会、理事会对学术研究的响应和对私法发展方向的选择，终于促使具有实质法典象征意义的《共同参考框架（草案）》(以下简称《草案》) 得以完成。欧盟私法法典化的过程比任何一个主权国家的私法立法活动都艰难，世界范围内两大法系的集大成者汇集于此，现阶段虽呈现出二者相互借鉴与融合的趋势，但如何在共同的统一大市场下协调成员国内不同的私法制度，取舍间不仅是法技术的考虑与检验，同时也是政治家们政治立场的博弈与选择。所以，欧盟私法法典化的经济背景和政治背景造就了其特殊性。

（一）现代性

发展较为成熟的资本主义市场经济决定了新型的欧盟民事立法已经突破传统民法理念，具有现代私法的特征：(1) 以意思自治为核心的契约法体系瓦解，对弱势群体的保护日益加深，如《草案》中规定对消费者权益的侧重保护、对格式条款的限制等；(2) 调整范围也不

[①] 朱淑丽《欧洲民法典运动及其对传统法制的冲击》,《比较法研究》2010年，第5期。

再局限于传统私法调整的领域，而是有了新的扩展，新生合同，诸如特许经营合同、商事代理合同以及市场出现的交叉有名合同等，也纳入《草案》中，以适应市场多元化的发展要求；(3) 在欧盟私法法典化的过程中，体现出了多元的价值观，《草案》中明确表达了在担负"促进内部市场"和"保护文化语言多样性"责任的同时，追求正义（Justice）、自由（Freedom）、人权保护（Protection of Human Rights）、经济福利（Economic Welfare）、团结和社会责任（Solidarity and Social Responsibility）的目标，其中的"人权保护""团结和社会责任"则是现代私法所追求的主要价值观之一，《草案》将其列为欧盟私法所追求的核心目标，彰显欧盟私法法典化的时代性。[①]

（二）融合性

由于欧盟各成员国之间的私法传统有很大差异，他们分属于不同的法系，如德国、法国、荷兰、瑞士等属于大陆法系，英国、爱尔兰属于英美法系。要在法律传统如此不同的国家制定一套统一适用的规则，对于起草者而言是一项巨大的挑战。从《草案》的内容来看，总体上采用了大陆法系国家的一般规则与结构。首先，体系化、逻辑化的法典起草本身便意味着大陆法系理念的胜出；其次，在法律概念上，《草案》也主要采纳了大陆法系的概念，如法律行为、债、物权、担保物权、有限物权等；最后，在具体规则上，《草案》也主要反映了大陆法系的规定。然而，出于对欧盟各成员国法律多样性的尊重和保护，《草案》在主要采用大陆法系规则的同时，也采纳了普通法系国家的立法规则。如，《草案》在第三编采纳了英美法系的预期违约制度，在第十编将英美法系所特有的信托制度吸收进来，与大陆法系的物权制度实现了有效融合[②]。此外，该《草案》在融合欧盟各成员国法律规则的同

[①] Principles, Definitions and Model Rules of European Private Law: Draft Common Frame of Reference（DCFR）Interim Outline Edition, European law publishers, 2008. 转引自傅俊伟《欧盟民法典草案之述评》，载梁慧星主编《民商法论丛》（第43卷），法律出版社，2009年，447~500页。
[②] 王金根《欧洲民法典草案及其对我国民法典制定的借鉴意义》，《西部法学评论》2010年，第6期。

时，也参照了国际间最普遍适用的规则。例如，《草案》在合同法规则方面有很大一部分来源于《国际商事合同通则》和《联合国国际货物销售合同公约》。

（三）不完整性

根源于国家主权让渡而形成的这一区域性超国家组织，欧盟对私法领域法典化的探索，必然冲破了"国内法特权思想"的民族主义的束缚，但《欧盟条约》等基础性文件对欧盟的授权维护了欧盟的多样性和民族性。对私法领域进行法典化的过程，也是两大法系以及各成员国国内法进行融合，各取精髓，寻找共同纠纷解决办法的过程。欧盟私法法典化的最终目的是消除多样性的成员国国内私法给"单一市场"带来的障碍和壁垒，同时，出于尊重成员国法律文化与传统的考虑，对"单一市场"影响较小的诸如家庭法、不动产法等存在差异较大、较难形成统一和融合的内容，在《欧盟民法典》的立法行动以及《共同参考框架（草案）》中几乎没有涉及，这也是较之与主权国家的民法典所不同的。《共同参考框架（草案）》的不完整性，成为了学界的诟病。

《共同参考框架（草案）》的性质、效力等虽然还没能最终取得政治上的认可和确定，但它是适应新兴发展的市场经济需要的、最为先进、具有时代性的民法典文本。其新兴的立法理念、价值目标、规则内容、体系结构，是借鉴和创新的结果，体现了欧盟各成员国罗马法传统的历史积淀，也适应了现代市场经济的发展要求。

五、我国现行民事立法及制定民法典的意义

（一）我国的民事立法现状

我国民事立法形成了以《民法通则》为根基，民事单行法为主干，民事法规、司法解释为补充的民法体系。

1.《民法通则》是我国现行民事基本法。在《民法通则》生效实施

之前，我国自建国后历经三次民法起草工作，到1982年5月第三次民法起草已经起草出民法典草案一至四稿，但考虑到当时经济体制改革刚刚开始，社会生活处于变动之中，一时难以制定一部完善的民法典，立法机关决定采用先分别制定民事单行法，待条件具备再制定民法典的立法方针。①于是，《民法通则》作为民事基本法，在这样的历史背景下形成了。可以说，鉴于当时还未稳定的政治条件和不成熟的经济条件，为避免对社会体制和秩序造成重大影响和冲击，使《民法通则》暂时成为民法典的序曲。这与欧盟暂时放弃具有极强政治意义的《欧盟民法典》，转而通过《共同参考框架》的制定来对欧盟及其各成员国在私法领域统一方面产生渐进式影响，以此避免不必要的冲突，有相似之处。

2. 民事单行法是我国现行民事立法的主干。现行单行法包括：《物权法》《合同法》《侵权责任法》《担保法》《婚姻法》《继承法》《收养法》以及属于商法性质的《公司法》《保险法》《票据法》《证券法》《海商法》等。除上述有关人身关系的单行法外，其他单行法都是规范经济关系的基本法律规范，对业已确立的市场经济体系的建设发挥着基础性作用。然而，许多单行法中也有着时代和意识形态的烙印，如《物权法》中仍未将先占、取得时效等规定其中，残留"不劳而获"的传统意识的影响；我国虽然借鉴英美法系，引入了信托制度，但在制度理念方面存在着巨大的差异，这种中国式的变通使得信托制度面目全非；《保险法》《票据法》《证券法》作为商法领域的主要单行法，其本身是市场经济发展到一定阶段的产物，但却有着强烈的行政干预色彩。因此，在新时期市场化进程中，作为调整市场经济重要规范的民法体系还有很大的发展和完善空间。

3. 行政法律法规中的民法规范也是现行民事立法的组成部分。例如《产品质量法》第四章关于瑕疵担保责任和产品责任的规定、《道路交通安全法》中有关损害赔偿的规定、《城市房地产管理法》第四章关于房

---

① 梁慧星《制定民法典的设想》，《现代法学》2001年，第2期。

地产交易的规定以及《城镇国有土地使用权出让和转让暂行条例》《国有土地上房屋征收与补偿条例》中的规定等。

4. 司法解释是我国现行民事立法的重要补充。为了填补法律在调整民事法律关系中的漏洞，最高人民法院发布了许多司法解释、批复等。司法解释对于保障法律的正确适用十分必要，但司法解释起不到行为规则的作用，因为许多司法解释并不为公众所知晓，缺乏法的预见性。同时，某些司法解释与行政规章相冲突，从而很难确定二者的效力优先问题。司法解释如同欧盟的"指令"，其系统性欠缺，仅针对特定问题。由于司法解释多源于司法实践，相较于民事法律，有更强的适用性和操作性，因此，法律束之高阁的现象时有发生，但目前司法解释的性质和地位不明确，由此产生许多法律问题。

（二）我国制定民法典的意义

在我国，制定民法典对于完善民事法律制度、促进经济的发展、加快依法治国的步伐具有重大的历史意义和现实意义。主要表现在以下几个方面：

第一，制定民法典，将为市场经济的运行提供最基本的法律规则。恩格斯曾经指出："民法准则只是以法律形式表现了社会的经济生活条件。"民法是深深植根于商品经济并作用于商品经济关系的。所以，民法的完善程度不仅标志着市场经济的发育程度，而且还标志着对市场经济的规范和保护程度。在市场经济条件下，平等、等价、公平及诚实信用等是市场经济活动的最基本的要求，财产的归属秩序和流转秩序是市场经济的基本秩序。我国要发展市场经济，必须以法典的形式将上述要求上升为民法的基本原则，用物权制度、债权制度去保障市场经济的基本秩序。可见，没有健全的民法典，很难有成熟而有序的市场经济。

第二，制定民法典，有助于进一步健全和完善我国的社会主义法律体系。我国已建成了具有中国特色的社会主义法律体系，在这一体系中，宪法、刑法、刑事诉讼法、民事诉讼法、行政诉讼法等基本法律已经制定为成文法典，唯独民法未制定为法典，只有《民法通则》和各单行法。如果没有民法典，市场经济的法律体系就缺少了主干。因此，完善社会主义法律体系的首要任务，是制定一部完整的民法典。同时，制定民法典也是当代法治国家的一条共同经验。据统计，世界上有113个国家有民法典，其中，欧洲32国，南北美洲24国，非洲34国，亚洲23国。可见，民法典的制定与颁布已成为一国法制成熟程度的重要标志。

第三，制定民法典，有利于推进依法治国的进程。我国要实行依法治国，关键是要严格限定公权力的行使范围，防止公权力过多地介入市民社会，切实保障市民社会中自然人、法人的财产权和人身权。对公权力的限制，一方面需要完善公法制度，明确划定国家机关的职责与权限；另一方面更需要完善私法制度，通过健全的民法典切实维护市民的私权利，从而达到对公权力的制衡，实现真正的法治。

第四，制定民法典，有助于培养公民的权利意识和平等观念。中国是一个缺乏法治传统的国家，几千年封建制度的影响，导致人们的权利意识和平等观念极其淡薄。相反，等级观念、特权观念、权利意识、官本位思想等，在社会中却极为盛行，这些观念都和市场经济的要求格格不入，对市场经济的发展极为不利。民法是商品经济的产物，它以调整平等民事主体之间的财产关系和人身关系为己任，其宗旨是平等、自愿、权利神圣不可侵犯。民法不仅广泛地确认公民的各项民事权利，如物权、债权、知识产权、人身权等，而且对公民的上述权利，无论其地位高低、财产多寡、信仰如何、受教育程度如何等都给予平等的保护。因此，民法典的制定与实施，有助于培养公民的权利意识和平等观念，《民法通则》28年来的实践已经有力地证明了这一点。

第五，制定民法典，有利于维护法的统一性与安定性，从而保障司法公正、防止司法腐败。由于我国一直没有完善的民法典，现行民事法律，尤其是《民法通则》的规定十分简略，缺乏操作性，加之它主要是在改革开放初期制定的，许多规定已经失去了存在的基础，当今市场经济条件下出现的新的经济现象与经济关系缺乏相应的法律依据，这就为法官滥用自由裁量权留下了空隙。同一案件，在不同的地区、不同的法院，法官会做出不同的裁决，这不仅有损于法律的安定性，而且也容易产生司法腐败、裁判不公的现象。与此同时，为了填补法律在调整民事法律关系中的漏洞、解决司法操作问题，最高人民法院发布了大量的司法解释、批复等。这些文件不仅数量庞大，而且相互之间的冲突也较多，尤其是有一些解释突破了法律的规定，在客观上修正了法律或取代了立法。鉴于此，应该尽快制定民法典，为法官提供具有可操作性的规定，这不仅有助于防止法官滥用自由裁量权、克服司法腐败和裁判不公的现象，而且有助于法律的统一与安定。

（三）我国制定民法典的条件已经成熟

历史上曾先后出现过三次民法典编纂热潮。第一次发生在公元6世纪的罗马，产生了罗马法大全。第二次是在19世纪的欧洲大陆，产生了《法国民法典》《德国民法典》《瑞士民法典》等一大批著名的民法典。第三次是在20世纪90年代，荷兰、俄罗斯、蒙古、越南等国家编纂了民法典。新中国成立前也出现过两次民法典编纂高潮，一次是在20世纪初，为了挽救危亡局面、摆脱列强的欺辱，清政府制定了《大清民律草案》，结果还未颁行，清朝就灭亡了。第二次是在20世纪30年代，国民党政府制定了《中华民国民法》，新中国成立时该法已在大陆地区废止。新中国建立后，虽然进行过三次民法典的起草，但均因政治、经济等原因未能完成，直到1986年才正式出台了《民法通则》，这标志着我国的民事立法进入了一个新的发展时期。目前，我国制定民法典的条件已经成熟，主要表现在以下四个方面。

首先，从立法基础上看，我国已经制定了《民法通则》《合同法》

《物权法》《侵权责任法》《婚姻法》《收养法》《继承法》等基本民事法律，以及《公司法》《票据法》《海商法》《保险法》《证券法》和知识产权法等单行民事法律，这为我国制定民法典奠定了坚实的法律基础。同时，西方市场经济发达国家的学说、判例和立法，也为我国制定民法典提供了有益的经验。

其次，从经济发展上看，我国经过30多年的经济体制改革，市场经济已经达到一定的规模，各种市场均已形成，各种法律关系、法律现象大体上都已表现出来。与此同时，我国已经确立了以公有制为主体、多种所有制经济共同发展的基本经济制度和经济格局，这些均为我国制定民法典奠定了经济基础。

再次，从民法理论上看，改革开放以来，我国的民事法律理论已经有了很大的发展，在突破苏联民法理论的前提下，民法学者结合中国实际，大胆借鉴和吸收发达国家的立法与学说，创建了具有中国特色的民法理论，为我国民法典的制定奠定了理论基础。

最后，从民事审判上看，自从恢复法院建制以来，我国的民事审判也有了较大的发展，各级法院全部建立了民事审判庭，审理各类民事案件，培养了一大批高素质的法官，积累了丰富的民事审判经验，这为我国制定民法典奠定了扎实的司法基础。

六、欧盟私法法典化对我国制定民法典的启示

欧盟私法法典化的理论研究、立法动议以及每一个阶段性成果，都旨在服务于"单一市场"的建设，避免成员国间因调整市场规则的不统一而引起障碍与壁垒，使成员国在共同的规则引导下实现货物、人员、服务及资金的自由流动，从而促进欧盟大市场日趋统一、成熟、繁荣。欧盟私法法典化不仅是为欧盟统一大市场的形成消除不统一的法律规则引起的贸易壁垒与障碍，而且是在世界经济发展的新阶段对规范市场经济规则的重新整合。虽然欧盟私法法典化的

进程还在继续，而且这一进程中的政治和经济背景与我国存在很大的差异（欧盟是超国家的区域性政治组织，我国是一个统一的主权国家，在解决我国某个具体的法律问题时，可能并不具有直接的借鉴意义），但其私法法典化的经验对我国制定民法典具有重要的借鉴价值和启示意义。

（一）民法典的政治性

民法典是调整私人关系中核心和基础的法律规范，同样也是政治家治国的政治选择，因为法典的制订过程无不是一个选择，而每一个选择背后都有支撑其存在的政治主张，但政治主张最终要服务于经济的发展，只有经济实力的增强才能为政治家赢得民众让渡的权力。合同法是被认为最具有技术性的法律，但是政治家却意识到，在市场经济中，首先是通过履行合同分配财富，而不同的合同法将导致不同的财富分配结果，在"后福利化"国家，许多的国家公共利益已经被私人的合同关系所取代，合同法的分配规则变得更加重要，[①]这也是欧盟将合同法作为欧盟私法统一的先驱和重要内容的原因所在。因此，以绝对自由的市场经济为背景的欧盟已经开始探索政策引导在市民社会中的作用。我们不应再将民法典的编纂看作纯粹的法技术性问题，学术研究和法典的起草要服务于官方的立法动议，并适时地审视官方的政策选择。

（二）民法典精神的时代性

大部分欧洲的民法典系服膺19世纪自由放任的意识形态，虽然在19世纪末及20世纪以来，所有权绝对、契约自由和过失责任等观念受到压制，但其基础并未受到破坏。权利不得滥用、诚信原则（善意）、严格责任、不当得利等制度成为缓和压力的阀门。此外，民法典外的特别

[①] See Martijn W. Hesselink, *The Politics of a European Civil Code*, European Law Journal, Vol. 10, No. 6, November 2004.

规定也日渐增加。自由放任的模式已经在20世纪得到调整，21世纪的法典需要的是将这些重要的社会成就纳入其中。现今的私法已不再是完全建立于自治之上，而是将所谓的例外，以修正措施方式（如诚信原则或权利不得滥用原则）加以吸收。欧盟合同法就是建立在"自治和团结"（autonomy and solidarity）的双重基础之上，《欧盟基本权利宪章》前言所揭示的人性尊严、自由、平等和团结，已经成为欧盟私法的四大支柱，因此，欧盟《共同参考框架（草案）》不再将契约自由奉为唯一的价值目标，而旨在追求正义、自由、人权保护、经济福利、团结和社会责任。我国民法典的编纂，也应贯彻这一理念，这是顺应时代发展的要求，也是我国社会主义法律理念的应有之义。

（三）民法典内容的开放性

各主权国家之所以热衷于从未停息的法典化运动，是因为，法典编纂带来了相关法律领域内法规范的系统化整合，使法典内容具有完整性，对一切法律事务兼容并包，概括、抽象一切法律现象，以提供确切的解决纠纷的规则。但由于法典本身的稳定性，随着时代的发展，其必将无法涵盖新兴的社会现象，从而反映出滞后性的弊端。因此，当代民法典的风格应该是开放的。欧盟《共同参考框架（草案）》就是一部开放型的法典，例如，该《草案》将有名合同设计为独立的一编，同时采用"部分"（part）为单位，这样便于以后新生的有名合同及时纳入法典中，不至于打破法典的结构，并破坏法典的稳定性，不失为立法的进步[①]。我国未来民法典应借鉴欧盟《共同参考框架（草案）》的开放性，在保证民法典完整性、稳定性的基础上，使其不断适应时代的发展要求，调整新生的民事法律关系，避免滞后性的弊端。江平教授曾指出，我们应当制定一部开放型的民法典，而不是封闭型的民法典。民法典如果成为一个封闭体系就充满着危险，因为社会经济生活是非常活跃的，

---

① 傅俊伟《欧盟民法典草案之述评》，载梁慧星主编《民商法论丛》（第43卷），法律出版社，2009年，447~500页。

它不应当受法律的束缚和阻碍，法律应当给它更大的空间和余地。他认为，一部开放的民法典应当有四个特点："主体地位和资格的开放应是开放型民法典的基础，民事权利的开放应是一部开放型民法典的灵魂，行为的开放自由应是开放型民法典的主线，民事责任方式的开放应是开放型民法典给予权利人权利救济手段的多样化。"[1]

此外，欧盟《共同参考框架（草案）》大量吸收了《国际商事合同通则》《联合国国际货物销售合同公约》等国际公约、条约中的交易规则，最大限度地减少规则的冲突和缩短规则的适应时间。因此，我国未来民法典的编纂，应避免"闭门造车"式的"中国特色"，因为频繁和紧密的国际贸易，法律术语和规则的统一将会减少更多的交易成本、消除不必要的交易障碍，如与国际规则接轨，我国的民法典将成为跨国贸易中的"可选择性的规则"。

（四）民法典内容的完整性

无论是《德国民法典》"潘德克吞式"的五编制，还是《法国民法典》"法学阶梯"式的三编制，其内容都涉及婚姻家庭法、继承法等人身关系方面的立法。但欧盟《共同参考框架（草案）》中没有涉及人法的任何内容，这也被学术界认为是欧盟《草案》的不足，是对各成员国文化多样性、民族情感、法律文化的保护。因此，欧盟突破了传统民法体系的束缚，去除对欧盟统一大市场的形成不起作用的形式化影响。所以，《共同参考框架（草案）》具有更强的工具性色彩，仅服务于欧盟自由市场经济。然而，一部民法典对一个主权国家不应仅仅具有经济作用，这种浓厚的功利主义色彩，会降低法作为统治工具以外的本身的作用。传统民法典以抽象的条文将所有的私法事务加以规范，经济关系和人身关系，都是民法典所规范的对象。我国民法典的制定，应当继续保持传统民法典的广泛性和完整性，将规范人身关系的亲属法、继承法纳入其中。

---

[1] 江平《制订一部开放型的民法典》，《政法论坛》2003年，第1期。

（五）民法典规范的统一性

在欧盟私法法典化过程中，除了对成员国国内法进行比较法研究外，更多地是采用了法律重述的研究方法，寻找成员国的共同规则，找到最佳的解决方案。另外，"欧盟现行私法研究小组"着眼于对现行法进行系统的研究和改进，对指令、条约、条例、建议中的冲突和矛盾进行协调，并填补其中的空白，这对欧盟《共同参考框架（草案）》的制定起到了重要的作用。可以说，《草案》是对欧盟在过去二十多年间颁布指令的一次系统修改和简化。[①]在我国现行的民事法律体系中，除了作为民事基本法的《民法通则》外，还有大量的民事单行法，以及存在于行政法律、法规中众多的民事规定，尤其是最高法院发布的司法解释和民事案例指导制度的引进也使得民法的渊源多元化，由此带来法律规范缺乏系统性和同一性等问题。这样的法律现状与欧盟私法现状有相同之处，这种多层级、零散的私法现状以及法律术语和解释的不统一，大大降低了私法的可预见性，增加了交易成本，成为市场经济发展的障碍。因此，我国在制定民法典时，特别要注重法律规范的系统性和统一性。

---

① 傅俊伟《欧盟民法典草案之述评》，载梁慧星主编《民商法论丛》（第43卷），法律出版社，2009年，447~500页。

我国事业单位法人制度的反思

我国现有事业单位共130万个,从业人员约3000万人,汇集了中国超过三分之一的专业技术人员,拥有数万亿元的国有资产。无论是机构数、从业人员数,还是投资额度,事业单位都是仅次于企业的第二大法人组织。[①]事业单位涉及了我国大部分行业和领域,在国家经济建设和社会各项事业的发展中发挥着十分重要的作用。但是,随着改革的深入推进,我国现行事业单位制度的弊端逐渐呈现,一些事业单位功能定位不清,政事不分、事企不分,机制不活;公益服务供给总量不足,供给方式单一,资源配置不合理,质量和效率不高;支持公益服务的政策措施还不够完善,监督管理薄弱。这些问题影响了公益事业的健康发展,迫切需要对事业单位进行改革。但是由于事业单位各项制度的建立具有复杂的历史原因,涉及到我国经济体制和政府职能的转变等问题,因此,其改革始终面临着巨大的困难。尤其是,由于事业单位法人制度在民法理论中属于新生事物,现有的法人制度理论难以为其提供充分的理论依据,致使我国事业单位法人制度的改革陷入了理论上的困境。鉴于此,有必要在理论上对其进行深入的探讨。

---

① 浙江省奉化市事业单位登记管理局《事业单位法人治理结构的探索与研究》,载事业单位在线网:http://sy.china.cn/index/txt/2010-12/31/content_3933289.htm,登录时间:2011年8月11日。

第一节　事业单位法人概念的存与废[①]

一、问题的提出

近年来，随着我国事业单位改革的不断推进，学术界围绕事业单位改革的学术成果也在不断增多，但在法学领域，直接探讨事业单位法人的成果目前还不是很多。学界对这一问题的探讨更多地是从事业单位改革的角度展开的。笔者认为，对事业单位法人概念及法律属性的探讨与定位是事业单位法人改革的前提，中国事业单位改革的进程远远落后于企业改革，一个重要的原因就是事业单位概念的内涵与外延模糊。从民法的角度，未来民法典民事主体部分的类型规定，直接涉及事业单位法人概念的取舍问题，未来民法典是继续保留还是放弃"事业单位法人"概念，目前大致有两种观点。

第一，保留事业单位法人概念（以下简称"保留说"）。其中有三种方案：一种是原封不动地保留。王利明教授主持的《中国民法典草案（专家建议稿）》的总则第三章关于法人制度的规定采此观点。该稿基本沿用了《民法通则》的法人分类方法，将法人分为企业法人（包含公司法人），机关事业单位和社会团体法人，基金会法人。与《民法通则》相比，增加了基金会法人这一法人形式。但该方案未明确界定事业单位法人的内涵，对事业单位法人概念原封不动地予以保留。第二种方案是梁慧星教授主持的《中国民法典草案建议稿》所采的观点。该建议稿以是否营利为标准，将法人分为营利法人和非营利法人，并将营利法人分为公司法人和公司法人以外的营利法人，将非营利法人分为机关法人、事业单位法人、社会团体法人和捐助法人。该方案将事业单位法人归属于非营利法人，在一定程度上明确了事业单位法人的属性，但仍未明确界定事业单位法人的内涵与外延。第三种方案是改造性地使用"事

[①] 该部分由任中秀独立完成，并以"事业单位法人"概念存废论"为题发表于《法学杂志》2011年第7期。

业单位法人"概念。全国人大法工委的《中华人民共和国民法典（草案）》在第一编第三章规定了法人制度，该"草案"对法人的规定，基本上照搬了《民法通则》的内容，对法人的分类没有太多的变化。但与《民法通则》相比，对事业单位法人概念做了一些细化与改良，"事业单位法人"被定义为：从事教育、科技、文化、卫生等活动的非营利性组织，并以专条规定了"以捐赠财产设立的事业单位法人"。与《民法通则》相比，该方案扩大了事业单位法人的外延，将实践中出现的以捐赠财产设立的法人也纳入了事业单位法人的范畴。另外，由于该草案没有像现行的《事业单位登记管理暂行条例》一样，要求事业单位的财产来源一定为国有资产，因此，现行法上的事业单位法人和民办非企业单位法人都可以包括在该草案规定的事业单位法人的范围之内。

第二，彻底放弃事业单位法人概念（以下简称"放弃说"）。学界也有人认为，未来民法典应克服《民法通则》对法人分类模式的缺陷，彻底抛弃现有的分类模式[①]。这种观点认为，《民法通则》以法人业务活动的性质为标准对法人进行分类在计划经济时代有意义，或者在国家行政管理、人员编制上可能有意义，是一种公法性质的分类方式。然而，对民法而言，这种分类却没有价值。这种观点进一步提出采用传统民法中关于法人的分类方式，彻底抛弃《民法通则》的法人分类模式。当然，这也就意味着应彻底放弃事业单位法人概念在私法上的使用。

未来民事立法对事业单位法人概念究竟应采取怎样的态度呢？本节拟对事业单位法人概念法律文本表述的历史演变进行考察，剖析事业单位法人改革的现状，分析其法律属性，最后阐明未来民事立法对事业单位法人概念的应然态度。

二、事业单位法人概念的生成：一个历史性的错误

"事业单位法人"是中国特有的概念，也是中国社会特定历史背景

---

① 邵薇薇《论法人的分类模式——兼评民法典草案的有关规定》，载《厦门大学法律评论》（第7辑），厦门大学出版社，2004年，250页。

下的产物。从法律视角对这一概念进行考察，可以从既有的法律文本的表述中探寻，而这些法律文本①的表述方式也反映了立法者在不同时期不同的立法政策和立法态度。

（一）"事业单位"概念的由来

事业单位源于中国20世纪60年代的单位制度。在20世纪六七十年代，由于法人制度被看成是与私有制联系在一起的法律制度而不再提及。②因此，单位制度成为塑造中国社会的重要制度。所谓单位制度，即指中华人民共和国成立以来，为了管理公有体制内人员而设立的组织形式。在宪法保证公有制至高无上地位的同时，也赋予了单位成员掌握国家权力的合法性。中国的单位制度，由于复杂而深远的历史原因，具有政治、经济与社会三位一体的功能。③单位以分工性质划分，可分为党政机关、事业单位、国营企业等。

最早对事业单位做出界定的法律文本是1963年7月22日的《国务院关于编制管理的暂行办法（草案）》。在该草案中事业单位被定义为："为国家创造或改善生产条件，促进社会福利，满足人民文化、教育、卫生等需要，其经费由国家事业费开支的单位。"1965年5月4日《国家编制委员会关于划分国家机关、事业、企业编制界限的意见（草稿）》将事业单位的定义修订为："凡是直接从事为工农业生产和人民文化生活等服务活动，产生的价值不能用货币表现，属于全民所有制的编制，列为国家事业单位编制。"在20世纪80年代经济体制创新时期，随着货币化进程的加快，事业单位由于国家控制的部分退出而导致分化，仅仅以"所有制关系和经费来源"来表述事业单位已不足以反映这一变化。所以，在1984年《关于国务院各部门直属事业单位编制管理的试行方法（讨论稿）》中将其表述为："凡是为国家创造或改善生产条件，从事为

---

① 此处的法律文本是从广义的角度上讲的，包括各种行政法规、规章，民法草案，征求意见稿等。
② 刘歧山、徐武生编著《法人》，法律出版社，1986年，7页。转引自邵薇薇《论法人的分类模式——兼评民法典草案的有关规定》，载《厦门大学法律评论》（第7辑），厦门大学出版社，2004年，235~250页。
③ 杨晓民、周翼虎《中国单位制度》，中国经济出版社，1999年，38页。

国民经济、人民文化生活、增进社会福利等服务活动，不是以为国家积累资金为直接目的单位，可定为事业单位，使用事业编制。"至此，各类学校、文化团体、研究院（所）、医院、出版社、气象台（站）等机构都属于事业单位。

这些法律文本中单位制度的表述也影响到了当时中国的民事立法。20世纪60年代的民法草案中没有"法人"的字眼，相关的内容主要规定在"经济关系中的单位和个人"（或者称"参与经济关系中的单位和个人"）的章节下，"单位"包括国家机关、国营企业、事业单位、人民公社各级组织、合作组织、人民团体和其他社会组织。总结这一阶段事业单位的特点，可以概括为以下三点：一是隶属于单位制度之下，是公有制下的组织形式；二是从事促进社会福利，满足人民文化、教育、卫生等行业；三是经费来源主要为国家财政拨款。

（二）"事业单位法人"在法律上的确立

改革开放以后，民法典草案恢复了法人制度。在1980年的征求意见稿，1981年的二稿和三稿以及1982年的征求意见四稿中，尽管关于法人的种类有反复和摇摆，但其中都规定了事业单位为法人的一种。[①]1986年正式颁布的《民法通则》第50条明确规定了事业单位法人名称，但未明确规定其内涵与外延。

1998年10月25日，国务院发布的《事业单位登记管理暂行条例》第2条规定了事业单位的定义，事业单位是指国家为了社会公益目的，由国家机关举办或者其他组织利用国有资产举办的，从事教育、科技、文化、卫生等活动的社会服务组织。同时，第3条规定，事业单位必须是法人。根据国务院2006年生效的《事业单位登记管理暂行条例实施细则》（以下简称《实施细则》）第4条的规定，事业单位是指国家为了社会公益目的，由国家机关举办或者其他组织利用国有资产举办的，从事教育、

---

① 邵薇薇《论法人的分类模式——兼评民法典草案的有关规定》，载《厦门大学法律评论》（第7辑），厦门大学出版社，2004年，235~250页。

科研、文化、卫生、体育、新闻出版、广播电视、社会福利、救助减灾、统计调查、技术推广与实验、公用设施管理、物资仓储、监测、勘探与勘察、测绘、检验检测与鉴定、法律服务、资源管理事务、质量技术监督事务、经济监督事务、知识产权事务、公证与认证、信息与咨询、人才交流、就业服务、机关后勤服务等活动的社会服务组织。

这两个法律文本明确了事业单位法人的内涵与外延。其内涵表现出以下特点：第一，公益性。事业单位法人主要从事教育、科技、文化等活动。第二，国有资产举办。事业单位法人是由国家机关举办或者其他组织利用国有资产举办的。另外，《实施细则》采用列举的方式规定了事业单位法人从事公益活动的范围，从一定程度上体现了事业单位法人宽泛的外延。1998年9月，国务院通过了《民办非企业单位登记管理暂行条例》，将过去的"民办事业单位"改称为"民办非企业单位"，从而将民办事业单位正式从事业单位中分离出去。但事实上，民办非企业单位也从事上述公益活动，因此其是否属于事业单位在理论上出现了分歧。从《物权法》第54条的表述来看，事业单位可以分为国家举办的事业单位和非国家举办的事业单位。民办非企业单位也应当属于事业单位。[①]

《民法通则》关于法人的分类承袭了计划经济时代的单位制度，也可以说《民法通则》把1963年创设的单位分类改写为"法人"分类。虽然"单位"与"法人"是两类性质相去甚远的概念，但是我国立法创造性地将这两个概念结合在了一起。至此，事业单位有了"法人"之名。事业单位法人的定义在后来的有关法律文本中虽然有明确规定，但其内涵与单位制度背景下的定义基本上是一致的，只是属概念变成了"法人"。这种概念的嫁接是否成功呢？事业单位具有了"法人"之名，就具备了法人制度的属性、特征及制度功能了吗？法律文本与社会现实是否实现了有机的吻合与统一呢？答案是否定的。在这些年的实践中，事业单位法人存在较严重的"名不副实"的现象，有"法人之名"而无"法

---

① 民办企业单位取得法人资格的，具备法人条件的，应当视为事业单位法人。参见魏振瀛《民法》，北京大学出版社，2007年，80页。另外，也有学者认为，民办非企业单位不可能由个体或合伙形式存在，只能是法人形式。此文论证颇有道理。税兵《民办非企业单位制度质疑》，《河北法学》2008年，第10期。

人之实"。具体表现为：国家举办的事业单位法人无独立的财产，不能独立承担责任。

根据传统法人理论，法人最重要的特征是"独立的财产"与"独立的责任"。[①] 拥有独立的财产或者经费，是法人作为独立主体存在的基础和前提条件，也是法人独立地享有民事权利和承担民事义务的物质基础。法人能够独立承担民事责任，是它拥有独立财产的必然反映和结果。正因为法人有独立的财产，它理所当然地要独立承担由自己活动所产生债务的财产责任。既然法人的财产与法人成员的其他财产，以及创立人的其他财产是分开的，那么，除法律另有规定外，国家、法人成员个人对法人的债务不承担责任，法人以自己所有或经营管理的财产承担民事责任。但是，在我国，相当多的事业单位法人由国家财政拨款，而我国《物权法》也未确立国家举办的事业单位法人的独立财产权[②]。因此，在司法实践中常常给债权人的维权带来困难，例如，责任主体是主管的行政机关还是事业单位本身，事业单位权利行使是否有效等[③]。随着我国市场经济的高速发展，各种法人组织在参与各类民事活动时要求主体权利义务的明确，而事业单位法人已不符合市场经济所要求的市场主体权、义、责明确的要求。

综上，事业单位法人概念是一个历史性的错误[④]，是立法者基于非科学的态度将法人与事业单位强行嫁接的结果，虽然立法者在后来的立法实践中试图进一步明确这一概念的内涵与外延，但到目前为止，仍是一个模糊概念。

三、事业单位法人的法律属性：一个无法澄清的问题

虽然从法律文本中能看到立法者对事业单位法人特征的一些表述，

[①] 魏振瀛《民法》，北京大学出版社，2007年，75页。
[②] 《中华人民共和国物权法》第54条："国家举办的事业单位对其直接支配的不动产和动产，享有占有、使用以及依照法律和国务院的有关规定收益、处分的权利。"
[③] 方流芳《从法律视角看中国事业单位改革——事业单位"法人化"批判》，《比较法研究》2007年，第3期。文中方流芳教授用一系列生动的案例反映了"事业单位法人"这一概念给司法实务带来的若干困惑。
[④] 同上。

但是事业单位法人的法律属性并不明确。那么，事业单位法人这一被立法者创造的概念是否能清晰地表达民法所要求民事主体的法律属性呢？对此，学界有不同的观点。

对于事业单位法人法律属性的判断，学界主要借助于已经成熟的大陆法系中关于法人的分类，对其属性的判断主要有两种观点。

第一种观点认为事业单位法人是公法人。[①]主要理由是：其一，资产来源于国家（政府），在我国现阶段，事业单位一般由国家（政府）出资举办，单位资产具有国家所有或公共所有的性质；其二，承担着提供社会基本公共服务的职能，具有公益性质或非营利性质；其三，在机构设置、人事管理、财政供给等方面，较多地受到政府直接的行政控制。由此，事业单位属于公共部门，属于公法人范畴，在治理上要受到公法调整。

也有学者进一步指出，事业单位法人是公务法人[②]。公务法人是国家行政主体为了特定的公共事业的目的而设立的公共行政机构，属于公法人的一种。理由是，我国的事业单位与大陆法系国家的公务法人在功能方面有很多类似之处，如，都是国家依法设立的公益组织，具有特定的行政上的目的，提供专门服务等。例如，应当将学校等事业单位定性为公法人的组成部分之一，即公务法人。

第二种观点认为事业单位法人是私法人中的非营利法人。由于国外的非营利机构大多从事科研、教育、医疗卫生、文化、娱乐、慈善救助等方面的社会公益事业，其功能与我国的事业单位在外延上有很大的重合性，因此，一些学者提出将事业单位改建为"非营利机构"的设想[③]。"中国事业单位机构改革的核心内容，就是实行政事分开，推进事业单位的非营利机构化进程。"[④]梁慧星教授主持的《中国民法典草案建议稿》

---

① 刘霞《事业单位法人治理结构问题初探》，《中国人才》2007年，第11期。
② 大陆法系国家普遍存在公务法人制度，只不过名称不同。如，在法国是公务法人，在德国是公营造物，在我国台湾地区是公共机构，为了研究方便，学者多将其统称为公务法人。参见王毅《公益法人的监督》，山东大学硕士学位论文，2005年。
③ 马俊驹教授2002年7月14日在经济法学研讨会暨海峡两岸经济学术讨论会上的发言：《对我国民法典制定中几个焦点问题的粗浅看法》，http://www.civillaw.com.cn/weizhangdeflault.asp?id=11039。
④ 成思危主编《中国事业单位改革——模式选择与分类引导》，民主与建设出版社，2000年，149页。

将事业单位法人归属于非营利法人，一定程度上明确了事业单位法人的私法属性。但是该方案并未明确事业单位法人是社团法人还是财团法人。还有学者提出，应当将以公益为目的的事业单位组成财团法人，由民法上的财团法人制度进行调整。[①]

"公务法人说"注意到了政府出资设立的公益事业组织与民间的非营利机构的不同，以公务法人作为事业单位改革目标更易为事业单位所接受，但这种学说也存在不足。我国事业单位体系庞大，活动领域广泛，而民间自然生成的非营利机构处于较弱小的地位，急需拓宽发展空间。国外虽然有国家设立的公务法人制度提供基本的公益服务，但其在国家整个公益事业领域所占比重远比中国要低。如果将中国的事业单位全部定性为公务法人，将会扩大国家职能范围，加重政府财政负担，这与中国"小政府、大社会"的改革方向背道而驰，不利于事业单位实现政事分开，也阻碍民间非营利机构的发展。因此，"公务法人说"并不可取。

非营利机构的一个重要特征是民间性。民间性意味着非营利机构可以接受政府的资助，但其在体制上独立于政府，组织机构上与政府完全分离。以非营利机构作为事业单位改革的目标，有利于革除事业行政化的弊病，减轻政府的财政负担，实行政事分开，具有一定的合理性。然而，这种观点未注意到在各国的公益事业领域中，并不都是非营利机构占垄断地位。事实上，所有发达国家基本上都保留了相当数量的"国立""公立"或政府所属事业机构，以保证政府履行基本的公共服务职能、维护国家利益。在划分公法与私法的大陆法系中，非营利机构属于私法上的主体，由私法调整。而"国立""公立"的公益事业组织是政府为了那些具有较强公益性而又不能交给民间部门的事业而设置的，具有协助政府行使公权力的职能，可以渗透政府的意志，在大陆法系属于公法人。因此，如果将我国以公益为目的的事业单位全部转换为非营利

[①] 苏力、葛云松、张守文、高丙中《规制与发展——第三部门的法律环境》，浙江人民出版社，1999年，153页。

机构，政府为特定行政必定希望控制其中一些机构，而非营利机构的民间性排斥政府权力的干预，这将成为一个法律上难以解决的矛盾。我国台湾地区现在所谓的"政府捐助之财团法人"就处于政府想控制却又于法无据的尴尬境地。从以上分析可知，将非营利组织作为我国事业单位的改革目标，既不符合公益事业的发展趋势，也不具有现实操作性。

事实上，事业单位法人的法律属性到底是什么？是一个无法澄清的法律命题。事业单位的改革实践也恰恰说明了，企图给事业单位做出一个清晰的法律定性是理论上的徒劳。

四、事业单位法人分类改革实践：凸显概念自身的逻辑矛盾

1996年，中共中央办公厅、国务院办公厅印发《中央机构编制委员会关于事业单位改革若干问题的意见》，这是党和国家就事业单位改革下发的第一个专门文件。该文件明确了事业单位机构改革的基本方向和基本思路。改革的基本方向是：遵循政事分开、推进事业单位社会化的方向，建立起适应社会主义市场经济体制需要和符合事业单位自身发展规律、充满生机与活力的管理体制、运行机制和自我约束机制；改革的基本思路是：确立科学化的总体布局，坚持社会化的发展方向，推行多样化的分类管理，实行制度化的总量调控。该文件的出台，为我国事业单位改革确定了基调。文件中提出的"分类改革"，为事业单位法人类型的划分提供了政策支持和直接依据。全国各地在中央文件的指导和我国政府机构改革的推动下，也开始按分类改革的方针统筹规划，稳步推进本地区的事业单位改革。

2012年4月16日，中共中央、国务院发布了《关于分类推进事业单位改革的指导意见》（以下简称《意见》），该《意见》指出，分类推进事业单位改革，是深入贯彻落实科学发展观、构建社会主义和谐社会的必然要求，是推进政府职能转变、建设服务型政府的重要举措，是提高事业单位公益服务水平、加快各项社会事业发展的客观需要。分类改革的具体思路是：按照社会功能，将现有事业单位划分为承担行政职能、

从事生产经营活动和从事公益服务三个类别。对承担行政职能的，逐步将其行政职能划归行政机构或转为行政机构；对从事生产经营活动的，逐步将其转为企业；对从事公益服务的，继续将其保留在事业单位序列，强化其公益属性。

行政管理类事业单位，实际上与行政机关并无实质区别。如中国证券监督管理委员会是国务院直属的部级事业单位，其职责包括制定有关规章、政策，统一管理证券期货市场，按规定对证券期货机构实行垂直领导，监管证券、期货的上市和交易等等，并且有进行行政处罚的权力，从任何角度看，它都更接近于纯粹的行政机关。与此类似的还有中国保险业监督管理委员会。又如，中国气象局（原国家气象局、中央气象局）在1994年之前，一直是国务院直属机构，属于行政序列，1994年后则被划为国务院直属事业单位，但其主要职能仍然是行使行政职权。有学者指出，行政管理类事业单位在全部事业单位中大约占20%。[1]

造成部分具有行政机关性质的单位划为事业单位的原因在于，行政机关的设置、行政编制的获得比事业单位的设置、事业编制的获得要难得多，所以，有的部门为了表面上减少行政编制而以事业单位的名义获得财政资金。另外，改革开放以来，政府机构进行了五次机构改革，几乎每次改革都有一些履行政府职能、具有行政机关性质的单位摇身一变成为事业单位。因此，我国现有的一些事业单位与行政机关并没有实质区别，回归行政机关应是必然要求。

企业类事业单位，实际上是徒有"事业单位"之名而具"企业法人"之实。依据《事业单位登记管理暂行条例》，事业单位应当以公益为目的，这与企业的营利性质截然相反，所以，事业单位不可能同时兼有企业的性质。但在实践中，有大量的事业单位需要按照企业登记的制度进行企业法人登记。比如，根据国务院发布的《出版管理条例》，各种出版单位，包括出版社、报社、杂志社等，其设立除了需要出版行政部门

---

[1] 赵立波《事业单位改革——公共事业发展新机制探析》，山东人民出版社，2003年，197页。

批准和登记，领取《出版许可证》外，还必须向工商行政管理部门领取营业执照。从经济性质上讲，新闻出版单位很难说还是事业单位，但因其在历史上一直是事业单位，出于政治等因素的考虑，政府仍然使其具有事业单位的名分，于是造成一种名不副实的局面。

事业单位三分法的改革模式，意味着行政管理类事业单位按行政机关管理，这部分事业单位法人将转化为公法人；生产经营服务类事业单位法人将转化为企业法人。事业单位法人概念在实践中的演绎已经使这一概念的内涵无法涵盖各种不同类型的主体，分类改革实践凸显了这一概念自身的逻辑矛盾。但社会公益类事业单位法人是否可以成为原事业单位法人的替代概念，或成为未来立法的理想选择呢？

五、社会公益类事业单位法人：并非立法理想的概念选择

社会公益类事业单位法人是否可以成为未来立法概念，取决于此概念的法律属性是否明确。如果其本身仍是一个模糊的、不确定的概念，在立法上则不可取。下面将从三个方面探讨"社会公益类事业单位法人"的性质。

（一）社会公益类事业单位法人是公法人还是私法人

传统大陆法系民法将法人分为公法人与私法人，公益法人属于私法人的一种。公益法人与公法人都含有"公"字，但二者性质截然不同。公法人因国家之公共事务而存在；公益法人，则属于私人事业，为私法人的一种，由个人设立维持，但其目的在于公益。[①] 具体而言，公法人是由国家依公共利益所缔造与所有的工具，它由公共预算所资助，而且国家授予其公共权力，如国家、省、市、县等各级国家机构。公法人中所使用的"公"一字准确来说是指"政治的"意思，而非指"公共的"或"公众的"。公益法人则是由"私个人"为公共利益目的所自愿成立

---

① 〔日〕富井政章《民法原论》（第1卷），陈海瀛、陈海超译，杨廷栋修正，王兰萍点校，中国政法大学出版社，2003年，134页。

及组成，它并非基于政府目的，且不具有国家或政府之权力或责任。如数人为推广学术而成立某一学术团体，或某人为永续进行慈善事业而捐助财产设立基金会，建立私立医院、私立学校等。公益法人虽以一般公众利益为目的，但仍是不折不扣的"私法人"，其与公法人在设立、变更、撤销、权利义务等方面均有重大差别。

由于社会公益事业所涉及的范围十分广泛，无论哪一个国家都不可能也没有必要完全依靠国家的力量来兴办此类事业，公益法人制度正是为热心公益的人士参与公益事业所提供的最为完备、健全的形式。我国社会公益类法人从事的事业范围与国外并无不同，但由于社会公益类事业单位法人在实践中的复杂性，将其确定为公法人还是私法人仍比较困难。以学校为例，私立学校从其目的范围来看，属于公益法人，应当属于典型的私法人；而公立学校则由于资金来源于国家，其本身并无独立的财产权，从管理体制、人员任免等方面来看都更接近于公法人。

（二）社会公益类事业单位法人是营利法人还是非营利法人

根据传统大陆法系法人分类理论，依设立的不同目的，可将私法人分为公益法人与营利法人，以公益为目的的法人为公益法人，以营利为目的的法人为营利法人。《日本民法典》和我国台湾地区民法典即采取了此种分类方法。但关于"公益"与"营利"，理论与立法上认可了以下两个标准：其一，根据目的事业认定。所谓"公益"是指不特定多数人之利益，即社会一般利益，如促进社会文化、教育、科学技术、卫生、体育、慈善事业之发展等；营利性法人从事营利性活动。其二，根据利润分配标准认定。公益法人不仅须有以公共利益为目的的积极要件，还要有不分配利益于其组成人员的消极要件。[①]而营利法人不仅在于法人的目的事业是为了谋取经济上的利益，还要将所取得的收益分配于自己的组织成员。但这并不意味着公益法人不进行任何营利性的活动，相反，公益法人可以营利为手段实现其终极的公益目的。如医院为

---

① 史尚宽《民法总论》，中国政法大学出版社，2000年，143页。

维持运转而收取住院费，基金会为完成其扶助公益事业的任务而将资金用于投资。因此，公益法人与营利法人区分的关键不在于是否从事营利活动，而在于其营利所得的归属。

社会公益类事业单位法人应属于非营利法人。从事公益事业的法人也有部分自收自支和全部自收自支的事业单位法人，但由于这类法人的营利活动并非将利润分配给成员，而是用于公益事业，因此，也应是非营利法人。尽管在这一点上，社会公益类事业单位法人的属性是明确的，但对其定性是借助于大陆法系的"非营利法人"概念。这也是"保留说"认为使用事业单位法人概念的主要理由。"保留说"的第二种与第三种方案都借助了"非营利法人"概念作为事业单位法人的上位概念。但如果保留这一概念，仍面临着需要区分事业单位法人与社会团体法人的问题。如前所述，民办非企业单位法人也可以包括在该草案规定的事业单位法人的范围之内。而民办非企业单位法人是事业单位法人还是社会团体法人并不明确，因为它完全可能同时满足二者的定义[①]。如果立法上仍保留事业单位法人概念，必将违背分类所要求的"各逻辑子项不相容"的逻辑规则。

（三）社会公益类法人是社团法人还是财团法人

大陆法系根据法人成立的基础，将私法人分为社团法人与财团法人。社团法人是以人的集合为基础而成立的法人，是人的集合体。公司、合作社、各种协会、学会等都是典型的社团法人。财团法人是以财产的集合为基础而成立的法人，是财产的集合体。各种基金会、慈善组织、私立学校等都是典型的财团法人。划分社团法人与财团法人的最重要的价值在于彰显法人及其成员之间的关系，前者法人的治理体现成员意志，而后者不体现成员意志。

"保留说"的第二种方案将事业单位法人与捐助法人相区分，而第

---

① 参见1998年11月6日国务院发布的《事业单位登记管理暂行条例》第2条、1998年11月6日国务院发布的《民办非企业单位登记管理暂行条例》第2条、1998年10月25日国务院发布的《社会团体登记管理条例》第2条。

三种方案将事业单位法人概念扩大,包含了捐助法人。捐助法人应为财团法人,这是理论上一个不争的问题。撇开捐助法人,事业单位法人本身是社团法人还是财团法人呢?如前所述,有学者认为,事业单位法人应当将以公益为目的的事业单位组成财团法人,由民法上的财团法人制度进行调整。这种观点主张将事业单位法人定性为财团法人。但仅以私立学校为例,其运营也完全可以采用社团法人的模式。

综上所述,社会公益类事业单位法人的法律属性并不明确,企图借助大陆法系的概念来明晰其属性的"保留说",只能导致在概念界定上的更多混乱。

六、结论:我国应放弃事业单位法人概念

法律概念具有历史性,事业单位法人是特定时代背景下的产物,此概念是我国立法者移植西方法人制度,与中国单位制度嫁接的产物。但是,这个嫁接的概念在民法上是一个历史的错误。笔者认为,我国未来的民法典应放弃这一概念。

事业单位法人本质上是计划经济时代的概念,不适应目前的市场经济。中国市场经济的高速发展,为法人组织提供了广阔的发展空间,各种法人组织在参与各类民事活动时要求主体权利义务明确,而事业单位法人概念捉襟见肘,漏洞百出,给司法实践造成诸多困惑,不符合市场经济所要求的市场主体权、义、责明确的要求。

事业单位分类改革的实践已经使这一概念不能涵盖各种不同法人类型。事业单位法人概念在产生之初,法律属性相对单一。但是,经过20多年的改革变化,事业单位法人已分化为行政管理类事业单位法人、企业类事业单位法人、社会公益类事业单位法人。原有概念本身已不能反映不同法人组织的共同点,作为历史性的产物,这一概念必将退出民法的历史舞台。

此外,公益性事业单位法人本身并非未来民事立法的理想概念。公益性事业单位法人概念的法律属性并不单一,我国在事业单位改革实践

中对"公益"的认定，主要是根据其所从事的事业范围，并非传统大陆法系意义上的公益法人概念。事实上，公益性事业单位法人概念并不能反映法人成员与法人之间的关系，不能反映法人营利与否的特点。该概念的法律属性尚不明确，未来民法典应放弃此概念，采用传统大陆法系的法人概念来构建中国的法人制度。

第二节 事业单位法人制度的困惑与出路

一、事业单位法人的特征

所谓事业单位法人，是指国家投资举办的、不以营利为目的，面向全社会提供公共服务，依法独立享有民事权利和承担民事义务的组织。我国事业单位法人的功能在于，做民间不能或不愿做而政府又不便亲自去做的公共服务或独立监督管理事业[①]。其特征如下：

1. 公益性。事业单位法人主要从事教育、科技、文化等事业活动，即"面向全社会，以满足社会公共需要为基本目标，直接或间接为国民经济和社会生活提供服务或创造条件，且不以营利为目的的社会活动"[②]。这一特征无论是在计划经济时代还是在市场经济时代，均不曾发生变化，并且以此特征与其他组织相区别。"提供公共服务意味着事业单位是服务性的、持续性运作的实体组织，这一特征将其与党政机关、企业组织和社会团体区别开来。"[③]所以，事业单位法人在提供公共服务的过程中并不以营利为目的，典型的事业单位法人，如公立学校、医院等均是如此。在现实生活中，可能存在某些事业单位法人利用手中的公共权力与公共资源谋取经济利益的情况，但这毕竟是事业单位法人的非正常行为模式，不能成为否定事业单位法人"非营利性"特征的

---

① 徐强胜《我国事业单位法人制度改革的法理思考》，《河南省政法管理干部学院学报》2006年，第5期。
② 朱仁显《公共事业管理概论》，中国人民大学出版社，2003年，7页。
③ 赵立波《事业单位改革——公共事业发展新机制探析》，山东人民出版社，2003年，14页。

有力证据。

2. 国有性。事业单位法人是由国家机关举办或者其他组织利用国有资产举办的。

3. 宽泛性。国务院2006年生效的《事业单位登记管理暂行条例实施细则》采用列举的方式规定了事业单位法人从事公益活动的范围，足以体现事业单位法人的外延极为宽泛。

4. 技能性。虽然事业单位法人都提供公共服务，但不同类型的事业单位法人，所提供的公共服务存在很大差别，体现出专业化和技能性的要求。比如，医疗机构的设立需要具备相应的资质和许可，从事医务工作的人员需要取得医师资格等。只有满足了事业单位法人的此种技能性要求，才能保证其提供公共服务的能力和水平。但是现实生活中，事业单位法人的管理人员，特别是法定代表人，却是通过行政命令的方式产生的，此种用人机制无法与事业单位法人的性质相协调，因此，在事业单位的改革中，对事业单位人员不断推行聘用制成为必然。

5. 受限制性。受历史传统的影响，我国的事业单位法人并未完全摆脱行政机关的控制（"单位"一词即体现出浓厚的行政色彩），特别是在机构设置、人事管理、经费来源等方面表现极为明显。事业单位法人虽然具有法律上的独立民事主体地位，但是其行为能力和责任能力却受到很大制约。例如，事业单位法人的活动经费多来源于国有资产，其开支受到政府预算的严格控制，当其需要资金融通时，没有实际可抵押的财产，[1]而且事业单位法人也不能破产，所以，如何承担责任是其在现实中的疑难问题。

二、事业单位法人的混合身份

根据《民法通则》第50条[2]的规定，事业单位取得法人资格有两种

---

[1]《物权法》第184条，"下列财产不得抵押：（三）学校、幼儿园、医院等以公益为目的的事业单位、社会团体的教育设施、医疗卫生设施和其他公益设施。"
[2]《民法通则》第50条第2款："具备法人条件的事业单位、社会团体，依法不需要办理法人登记的，从成立之日起，具有法人资格；依法需要办理法人登记的，经核准登记，取得法人资格。"

途径，一种是设立取得，一种是登记取得。在1998年以前，事业单位的设立是政府依照法定权限和程序实现的，设立的同时就直接纳入了某个主管部门的管辖范围内，因此，不需要通过登记制度来确认其法人地位。自1998年国务院颁布《事业单位登记管理暂行条例》后，一切事业单位，无论是条例颁布前就已经成立的，还是条例颁布后新设立的，都需要通过登记获得事业单位法人资格。

除此之外，《企业法人登记管理条例施行细则》第三条规定："实行企业化经营、国家不再核拨经费的事业单位和从事经营活动的科技性社会团体，具备企业法人条件的，应当申请企业法人登记。"这种法律规定的交错重叠，导致了某些事业单位呈现出"双重法人性格"的异常现象，即一事业单位分别被事业单位登记部门和工商行政管理部门认定为事业单位法人和企业法人。在现实中，事业单位法人的经费来源通常分为全额拨款、国家差额补贴、自收自支三种类型，对于从国家财政拨款逐步过渡到自收自支的事业单位，最初享受国家财政拨款时被认定为事业单位法人，而后实现自收自支并逐步采用企业化的管理模式，为生产经营的方便，又根据企业法人的有关规定进行了企业法人登记。这样一来，该事业单位就同时具备了两种法人身份（从事生产经营活动的事业单位法人，尤其容易产生这种问题）。当其具备了两种身份时，就会根据自身行为的便利而以不同的身份示人，一方面可以通过事业单位法人的身份获得独有的公共权利和公共资源，另一方面又可以凭借企业法人的身份从事商业行为，利用手中的公共权力和资源来攫取巨额经济利益。

事业单位法人的重叠登记以及功能上的繁杂性，导致对其法律属性的判断产生了很大的分歧，并给我国事业单位法人的改革带来了理论上的困惑。其法律性质的问题，如前所述，有人主张"公务法人说"，也有人主张"非营利法人说"。在我国的法人制度序列中，事业单位法人既不是以营利为目的的企业法人，也不是单纯履行行政管理职能的行政机关，也不是以实现会员共同意志为目的的非营利性社会团体。因此，事业单位法人的法律性质不能一概而论，应当根据事业单位法人的不同职能，分为直接行使行政管理职能的事业单位法人、从事生产经营活动的事业单位法人和从事公益服务的事业单位法人三种类型。只有对其进行科学的划分，才能为事业单位的改革确立正确的目标。基于上述三种类型的划分，行使行政管理职能的事业单位应以公法人为改革目标，从事生产经营活动的事业单位应以营利法人为改革目标，而从事公益服务的事业单位应以公益法人为改革目标。

三、事业单位法人自主性与独立性的缺失

1986年的《民法通则》首次肯定了事业单位法人依法独立享有民事权利和承担民事义务的民事主体地位，但它仅是做出了一个原则性的规定，至于事业单位法人的法人性质却未明确说明。从理论上讲，事业单位法人作为法人的一种，自然应当具有法人的本质特征——独立人格，而这种独立人格主要体现在意思表示的自主性和责任承担的独立性两方面。现阶段我国事业单位法人虽然不像最初一样居于政府机关的附属地位，但是其毕竟肩负着履行公共服务和管理的职责（这是其公益性特征的应有之义），不可能与政府机关完全脱节，在各项活动中受到政府机关的影响就在所难免，这使得事业单位法人的独立性大为减弱。

（一）事业单位法人的意思自主性

意思自主性是指事业单位法人依照法律法规或有关章程的规定，独立决策，形成自己独立的自由意志，任何人均不能将自己的意志凌驾于其上，尤其是国家或政府等出资人和成立者，不能代替事业单位做出决策，更不能发布行政命令。当然，此种独立人格的意思自主，不是简单地从原则上规定一个民事主体的身份就可以实现的，而是需要借助独立的财务制度、人事制度等，为事业单位法人提供全方位的保障，特别是独立的法人财产这一项，如果没有其作为基础，将会导致事业单位事前

无法获得法人资格，事后无法独立承担民事责任。

第一，从事业单位法人的外部情形来看，其意思自主性高于机关法人。因为机关法人建立在行政管理职能的基础上，体现国家的意志和利益，其参与民事活动仅是特殊的例外情形，因此独立性相对较低。而事业单位法人从事的活动多是政府不便出面，而民间又不能或不愿从事的公益性活动，事业单位法人虽然接受政府一定的经费支持和管理限制，但又独立于行政系统之外。相对于机关法人侧重于管理性的特征，事业单位法人表现出极大的服务性，其在提供公共服务的同时，必然会不断地参与到民事活动当中，与其他民事主体建立起多样化的联系。事业单位法人的意思自主性既是其自身努力提高公共服务质量的要求，也是其承担责任的基础。

与此同时，事业单位法人的意思自主性又远低于企业法人。企业法人不仅是一种私法人，更属于营利性法人，其经营行为和管理活动均出于利益的驱动。既然我们承认企业法人的营业活动是为了追求自身利益的最大化，那么，自然应当赋予企业法人在民事活动当中完全的意思自由，使其自主决策、自主经营、自负盈亏。当然，企业法人在追逐经济利益过程中的意思自由不能损害社会、集体以及他人的合法权益，意思自由必须受到法律的合理规制，否则就必须承担法律上的后果。可见，企业法人的意思自主性是保护其利益的需要。而事业单位法人的活动，包括从事生产经营活动的事业单位法人，其所谓的"经营"最初都源于社会公众对国家、政府提出的基本要求，事业单位法人的活动不仅具有非营利性，而且体现为一种"职责性"。对于事业单位法人而言，发挥社会作用才是其第一位的目标，提供公共服务是其自产生之初就一直承担的责任与义务。因此，在一定程度上，事业单位法人的决策会受到国家、政府政策的影响，其行为活动需要得到有关部门的批准和监督，这就导致了事业单位法人的意思自主性要低于企业法人。

第二，从事业单位法人的内部分类来看，如同在法人治理结构上存在差异一般，事业单位法人的意思自主性也因种类的不同而有所区别。具体而言，作为直接行使行政管理职能的事业单位法人，其法定代表人是依照专门性的法律、法规产生并依法履行职责的，其经费也源于国家的财政预算，在三种事业单位法人当中自主性最低；而从事生产经营活动的事业单位法人，在很大程度上接近企业法人，管理者相当于经理人，财产也讲究投资性，因此意思自主性最高；至于从事公共服务的事业单位法人，像公立学校、公立医院等，其工作人员一般都掌握着专业的技术，参与工作也不是通过政府委派的方式（聘用制的推行），表现出一定的自主性，但是由于其拥有的法人财产一般都属于国有财产，不能随意处分，并且又享有与完成特定任务有关的财政支持，因此，自主性受到一定限制，故其意思自主性介于前两者之间。

（二）事业单位法人的独立性

如前所述，法人最重要的特征是"独立的财产"与"独立的责任"。[①] 其中，独立的财产是"表"，独立的责任为"本"。所以，独立承担责任是法人具有独立性的根本标志。在我国，相当多的事业单位法人在司法实践中出现了矛盾，一方面，现行立法承认事业单位法人的责任能力，如1994年的《劳动法》和2007年的《劳动合同法》[②]，承认事业单位法人有资格与劳动者建立劳动合同关系并承担相应的合同责任，又如《侵权责任法》第四章规定了用人单位的职务侵权责任[③]以及第七章规定的医疗损害责任，《人身损害赔偿解释》第七条中还分别规定了医院、学校等具体事业单位法人承担侵权责任的能力；但另一方面，无论是违约责

[①] 魏振瀛《民法》，北京大学出版社，2007年，75页。
[②] 《劳动法》第2条第2款："国家机关、事业组织、社会团体和与之建立劳动合同关系的劳动者，依照本法执行。"《劳动合同法》第2条第2款："国家机关、事业单位、社会团体和与其建立劳动关系的劳动者，订立、履行、变更、解除或者终止劳动合同，依照本法执行。"
[③] 《侵权责任法》第34条："用人单位的工作人员因执行工作任务造成他人损害的，由用人单位承担侵权责任。"

任还是侵权责任，事业单位法人如何承担这种责任，即事业单位法人如何支配其独立经费以保障此种财产性责任，不无疑问，特别是当此种独立经费不足以承担责任时，谁又为其违法行为负责。事业单位法人的独立性问题值得我们深思。

四、事业单位法人的民事能力受到制约

如同法人的能力受到自然性质和法律规定的制约一样，事业单位法人的民事能力也受到各种限制，主要表现在以下几个方面：

第一，事业单位法人的民事能力受到其本质特征"公益性"的制约。从私法角度看，事业单位法人是独立参与市民社会活动，并与自然人、其他类的法人和组织地位平等的法律主体，但从公法角度看，事业单位法人则是提供社会公共服务的机构。事业单位法人虽然旨在提供社会公共服务，但是只要其具备民事主体的条件，并且以私法主体的身份介入经济活动中，就必须经得起市场经济利益诱惑的考验，否则就会发生滥用手中的公共资源、以牺牲公共利益为代价而满足一己私欲的现象，从而使事业单位的性质发生本质改变。为此，事业单位法人的能力必须限制在"公益"的范围之内。

第二，事业单位法人的民事能力受到各自宗旨和业务范围的限制。《事业单位登记管理暂行条例实施细则》规定，"事业单位应当在核准登记的业务范围内开展活动"[1]，"对已经取得相关资质认可或者执业许可的事业单位，核准登记的相关业务事项不得超出资质认可或者执业许可的范围"[2]。可见，事业单位法人仅在其业务范围内具有民事行为能力。之所以如此规定，是因为，如果允许事业单位法人擅自活动，设立事业单位的宗旨就会落空，而且也不利于政府机关对其进行监督和管理。不仅如此，即使是事业单位法人在其业务活动中取得的盈利也只能用

---

[1]《事业单位登记管理暂行条例实施细则》第27条第2款。
[2] 同上，第28条。

于事业单位自身的发展。现实生活中，虽然事业单位法人不以营利为目的，但这并不排除其获取利益的可能性，对此利益的用途加以限制，才能保证事业单位法人在其宗旨和业务范围内活动。尽管法律有此规定，但对事业单位法人违背宗旨和超越业务范围的行为具体如何认定却不甚明确。

第三，事业单位法人的民事能力在民事活动中受到特别限制。例如，事业单位法人不能随意自行举债。事业单位法人的财产主要源于国家和政府的出资，因此，政府可以通过预算控制的方式对事业单位法人的活动进行合理的监督。当事业单位法人的财产或者运行经费不足时，其必须经过有关机关的批准才能向银行贷款，这一方面是预算控制的要求，另一方面也是对事业单位法人还款能力的事前监督。由于事业单位法人的财产不是专项资金就是公益设施，通常具有专用性，不能随意支配或用于抵押，更不能被强制执行[1]，因此，事业单位法人的举债能力和破产能力都受到一定程度的限制。同时，事业单位法人不可擅自处置自身拥有的不动产。以事业单位法人使用的国有划拨土地使用权为例，国有划拨土地使用权是国家为满足事业单位法人提供公益服务的需要而无偿赋予其的财产权利，若进行转让，必须经过主管部门的批准，并与当地政府签订土地出让合同、交纳土地出让金之后，划拨土地才能转变为可转让土地。在改变土地性质之前，用地单位与第三人签订转让国有划拨土地的合同是不具有效力的[2]。也就是说，事业单位法人处分其不动产的"法人自主权"不能对抗主管部门的监控，因为"这里民法所适用的'平等主体'关系的尽头，是公权力的疆域"[3]。

由上可知，事业单位法人在民事能力上受到的各种限制最终都归因于其法律性质的制约。对事业单位法人的行为加以监管和控制，是为了

---

[1] 但是现实中却存在高校拖欠银行巨额贷款的现象，高校何以能够借到如此多的贷款？当其最终无力偿还时，银行的损失又如何弥补？由此可见确保事业单位法人独立财产的重要性。
[2]《城镇国有土地使用权出让和转让暂行条例》第43~45条。
[3] 方流芳《从法律视角看中国事业单位改革——事业单位"法人化"批判》，《比较法研究》2007年，第3期。

将其活动限制在"提供公共服务"的框架内，以免其行为的不当改变事业单位法人的本质。

五、事业单位法人制度的出路

事业单位法人制度存在种种困惑，其出路何在？1996年中共中央办公厅、国务院办公厅印发的《中央机构编制委员会关于事业单位改革若干问题的意见》，首次提出了对事业单位进行分类改革。2012年4月16日，中共中央、国务院发布了《关于分类推进事业单位改革的指导意见》，确定了事业单位分类改革的具体思路，按照社会功能将现有事业单位划分为承担行政职能、从事生产经营活动和从事公益服务三个类别。对承担行政职能的，逐步将其行政职能划归行政机构或转为行政机构；对从事生产经营活动的，逐步将其转为企业；对从事公益服务的，继续将其保留在事业单位序列，强化其公益属性。

事业单位的分类改革，就是要将直接履行行政管理职责的事业单位法人和从事生产经营活动的事业单位法人单独剥离出来进行规定，真正体现事业单位法人的公益性质。当然，对于那些名为"事业单位法人"实际已背离事业单位法人性质的组织，例如完全归属于政府机关的事业单位，以及从事生产经营活动、企业色彩已超出公益性的事业单位，应当分别转变为机关法人和企业法人，使事业单位法人真正被限制在政府和企业活动范围之外的公共事业、公益服务领域当中。[①]然后，依据事业单位法人的不同职能定位，结合有关事业单位法人的分类理论，对事业单位法人的分类改革做出具体设计：对于直接行使行政管理职责的事业单位法人，其经费由国家财政拨款，在管理体制和运行机制上可参照机关法人，保证行政执行的高效；对于从事生产经营活动的事业单位法人，由于其向社会提供的公共服务介于事业服务和商业服务之间，因此，可以参照企业法人的运行模式，甚至逐步过渡到企业法人；对于从

---

① 当前影视业的产业化最为明显，体育事业也有产业化的发展趋势，各种俱乐部的产生即是例证，但是，仍然无法与国外的体育产业相比。

事公益服务的事业单位法人，应强调政事分开，建立起事业单位法人的独特治理结构。

对于从事公益服务的事业单位法人，应根据职责任务、服务对象和资源配置方式等，将其细分为两类：一是承担义务教育、基础性科研、公共文化、公共卫生及基层基本医疗服务等基本公益服务，不能或不宜由市场配置资源的，划入公益一类；二是承担高等教育、非营利医疗等公益服务，部分资源可由市场配置的，划入公益二类。对上述两类事业单位法人，一定要实行政事分开，理顺政府与事业单位的关系，逐步取消行政级别，减少对事业单位的微观管理和直接管理，进一步落实事业单位法人的自主权。

六、事业单位法人的治理模式

（一）法人治理模式的域外经验

尽管事业单位法人是我国特定社会背景下产生的一种专有组织形式，在西方语境下并无与之完全对应的概念与组织类型，但从内涵来看，西方的"公益机构"与我国事业单位法人较为接近。这些"公益机构"虽同为公共服务的提供者，但在不同法系，乃至同一法系的不同国家里具体名称也各不相同，在德国和法国多称"公务法人"，在英国称为"公法人"，美国称为"非营利法人"，在日本称为"公益法人"，而我国台湾地区一般称为"行政法人"。本文主要对法国的公务法人、英国的公法人以及日本的公益法人做一详细介绍，以期为我国事业单位法人治理提供一定的参考和借鉴。

1. 法国的公务法人

（1）公务法人的概况

法国的公务法人也称特别公法人，是指国家为了方便某种特定行政事项和业务的管理，将有一定独立性的公务从国家或地方团体的一般公务职能中分离出来，并创设一种新的独立组织体来承担此种公务，以增加其独立性和自主能力。公务法人的类型不仅包括了传统意义上的行政公务法人，还包括地域公务法人、科学文化公务法人、工商公务法人以及职业公务法人。由于公务法人"实行独立核算、拥有一定的自主权，并负担由此而产生的权利、义务和责任，因而具有独立的法律人格"[①]。

法国的公务法人与我国的事业单位法人具有许多相同之处：首先，成立目的相同，公务法人与事业单位法人均是为了满足人们日益增长的、对社会公共服务的需求而成立；其次，成立前提相同，公务法人与事业单位法人均是在政府原有的组织机构难以或是不便直接提供上述公共事务的前提下，依照公益性原则而成立的；再次，成立依据相同，公务法人和事业单位法人一般均以公法，如政府制定的有关法律、法规或法令等作为成立的依据。此外，公务法人与事业单位法人的相似之处还表现在：多以政府财政经费作为物质保障；虽无直接的行政管理权，但为确保公共服务的有效提供，在赋予其公共服务责任的同时，往往也规定一些必要的手段，这些手段的使用要受到国家权力的监督；属于法律上的独立个体，独立地享受权利和承担义务等等。

随着社会的发展，公共事务逐渐增加，人们对公共服务的需求也在不断扩大。为了提高公共事务的服务效率和效益，国家开始有限制地将市场竞争机制引入公共服务领域，并且允许私人团体和私人参与公共服务的提供，公益服务提供主体的多元化、方式的多样化，是未来公益服务发展的必然趋势。因此，如同事业单位法人包括民办非企业单位此种民间公益组织一样，法国也存在由私人从事某种公益事业的情况，在法国称之为私公益法人。

（2）公务法人的治理结构

法国的公务法人包括学校、图书馆、博物馆、研究机构、文化机构、救济机构、医疗机构、培训机构等等，与我国事业单位法人的活动范围非常接近，因此，公务法人的治理结构对于我国事业单位法人的治

---

① 应松年《当代中国行政法》（上卷），中国方正出版社，2005年，398页。

理具有重要的借鉴意义。

法国的公务法人依据公法而成立，在外部要受到公法的约束，同时，公务法人又是法律上的独立个体，其组织机构的内部也受到自身章程的规范。具体而言，公务法人的组织结构主要包括两大机关：决议机关和执行机关。其中，决议机关为董事会或理事会或称管理委员会，主要负责对本机构的重大问题进行审议和决策，其构成随公务法人的性质和目的而变化，一般有公务员代表、用户代表、雇员代表、利益集团代表、专家代表等，产生方式包括任命和选举两种。执行机关为行政负责人，产生方式或任命或选举，对决议机关负责。以下以法国的大学为例，对公务法人的治理结构进行具体阐述。

根据1984年《高等教育改革法》的规定，法国大学由校行政管理委员会、科学委员会和学习与生活委员会负责领导和管理学校的各项工作。[①] 校长由三个委员会共同选举产生，任期5年，不得连任。也有部分大学校长直接由教育部长任命，并直接对教育部负责。法国大学的行政管理委员会是大学的决策机构，其主要职责有：对学校的政策、账目、人事等重要问题做出决定；校长签订的协议和合同需要经过其批准；可以直接对科研人员、教师和学生进行惩戒。科学委员会主要针对学校的科研政策向行政管理委员会提出建议，对科研计划、科研合同、学位课程设置提供咨询。学习与生活委员会则主要对教学以及学生生活等事务向行政管理委员会提出建议。法国大学决策机构的成员通过直接选举产生，法国大学师生参与管理的程度很高，其决策机构成员一般由四部分组成：教师、技术和管理人员、学生、外部人员。然而，法国大学决策机构的立法职能受到学术机构自治的限制，其管理职能也受到校长的限制。在现实中，决策机构很难解雇校长，多数情况下是校长决策而不是决策机构决策。决策机构的决策依据由校长提供并且校长对决策机构会议的内容、材料、邀请人员、决策程序可以进行控制，如果其不

---

① 关于法国大学治理结构中的机构名称也有不同的翻译，有的翻译为：行政管理委员会、科学委员会、大学学习与生活委员会。参见〔法〕雅基·西蒙、热拉尔·勒萨热《法国国民教育的组织与管理》，安延译，教育科学出版社，2007年，287页。

同意决策机构的决策，还可以拖延或以缺乏经费等理由使之流产。因此，尽管法国大学的行政管理委员会是决策机构，但校长作为该委员会的主席，享有实质性的权利，学校的各项事务也实行校长负责制，行政管理委员会机构只是校务委员会的咨询机构。

2. 英国的公法人

（1）公法人的概况

在英国，与法国公务法人类似的机构称为公法人（public corporation），具体是指存在于中央政府和地方政府之外，从事某种特定公共事务并在法律上具有独立人格的组织，有时也称作半自治的非政府组织或者半自治的国家行政组织。英国公法人最早产生于19世纪，但大批公法人的出现则是在二战之后。当时，社会上涌现出大量不适宜用传统行政方式处理的公共服务事务，因此，基于政治责任、服务效率、公务分权等因素的考虑，国家开始设立不同类型的公法人。现在，英国公法人主要包括四大类：工商业公法人、行政事务公法人、实施规制的公法人和咨询公法人。这些公法人依据成文法或是英王颁发的特许状取得法律上的独立人格，在自己的职权范围内自主执行公共事务，并享有由此产生的各种权利。

（2）公法人的治理结构

英国的公法人属于非政府部门公共实体（non-departmental public bodies），即"不属于政府部门，但在一定程度上受到政府管理，并承担一定职能的机构"，其通行的治理结构是"管理委员会+首席执行官"的模式。其中，管理委员会由一名主席和数名非执行成员组成，其成员资格源于主管部门的任命，多数为兼职，不取报酬。管理委员会的委员必须遵循"无私、公正、客观、负责、公开、诚实"的原则，主要履行下列职责：监督非政府公共实体依法履行职责；合法使用资金；制定战略、计划和政策；支持、推动主要政策、目标的落实；保证始终遵循法人治理的最高标准。首席执行官作为真正的权力掌握者，负责非政府公共实体的全面管理，包括组织管理、人员雇佣、财务管理、经营活动、规章制度和职工的升迁等。

英国公法人的治理结构也包括决策机构和执行机构两大类。例如，英国大学的治理机构是"董事会+理事会+行政管理和执行层"，其中董事会只是一个选举性机构和名义上的决策机构，真正的日常决策机构是大学理事会，而具体事务的落实则由行政管理和执行层负责。又如，英国医院的治理机构是"董事会+执行董事、非执行董事"。董事会主席由内阁卫生大臣直接任命，董事会其他成员的来源较为广泛，除政府卫生管理部门需要委托代表参与董事会工作外，还必须具有相关社会利益的代表，如医学家、经济学家和社区人士等；董事会的非执行董事中，至少需有两名来自地方社区，并由区域卫生局任命，至于其他的非执行董事则由卫生大臣与董事会主席商定后任命。另外，院长也是不可或缺的，需经董事会主席和非执行董事以公开招聘的方式任命，最后再由院长和董事会主席、非执行董事一起任命其他的执行董事。

3. 日本的公益法人

（1）公益法人概况

在日本，从事公益性活动的法人非常之多，根据其设立依据的不同，可以分为狭义的公益法人和其他公益法人。前者依据日本民法设立，包括公益社团法人和财团法人；而后者则是依据民法以外的特别法律而设立，例如，依据《宗教法人法》设立的寺庙、神社和宗教团体，以及依据《私立学校法》设立的私立幼儿园、小学、中学和大学等等。除上述主要的法人类型外，其他公益法人还包括以下四类：①独立行政法人，指由国家举办和经营，在行政改革过程中逐渐取得法人资格的组织，如国立博物馆、国立大学、大学入试中心等。这些法人的设立不仅要遵循《独立行政法人通则法》的规定，同时还要受到专项特别法的约束，例如，针对国立大学还设有《国立大学法人法》；②特殊法人[①]，指经议会

[①] 日本特殊法人的范围大体相当于我国的"国有企业+事业单位"，其机构的设立、撤并等由政府决定；机构领导人由政府主管部门（省、厅）任命；业务活动执行政府计划并接受主管部门监督管理；对于非经营性机构，政府财政确保经费投入，并将其纳入财政预算，原则上不得从事有收入的活动，如在特定情况下能够获得收入，也必须纳入预算管理。

立法程序、由国家任命设立委员会承担公共经营活动的团体，例如特殊公社、公团、事业团以及公库、金库等；③认可法人，指经政府行政部门批准、由民间委员会发起设立的公共团体，例如日本商工会议所、日本银行、日本红十字会等；④指定法人，指由政府部门指定的，从事考核、检查、登记、核验等特定事务的机构。

（2）公益法人的治理结构

日本的法人制度正处于变革当中，其关于公益法人的治理探索，恰为我国事业单位法人治理模式的重构提供了一个良好的范本。由于我国的事业单位法人与日本独立行政法人化的改革方向一致，即通过"重新定位政府—市场—社会的关系，充分发挥市场机制、国家机制、社会机制三种机制的作用，实现优势互补"[①]，因此，对日本的独立行政法人制度加以研究更加必要和迫切。

二战后，为尽快恢复国民经济，日本政府加强了对社会的全面干预，行政官僚垄断成为社会管理的普遍模式，受此影响，日本公益法人的治理结构也呈现出政府主导化的特点。以国立大学为例，政府掌握着国立大学的人事权、财务权等各项实质性权力，法律所规定的"大学自治"成为一种空谈，尽管大学的校长由本校教授会推荐产生，但行政机关（文部省）仍对其享有任命权。另外，大学的教职人员具有国家公务员的身份，甚至连日常称谓也与行政部门基本无异，公益法人官僚化的特点暴露无遗。随着社会的发展，此种公益法人的管理模式难以适应社会的需要，基于减少政府行政职能，促进法人自律运营的目的，日本独立行政法人制度应运而生。

由于日本的独立行政法人化，重点在于将公益法人从行政系统中剥离出来，因此，其制度设计主要围绕"如何确保公益法人具有更加充分的经营自主权"这一问题展开。具体而言，主要有以下两种路径：一是对于公共服务领域中能够交由市场调节的服务活动，通过民营化或向民间转让的方式使其改制为企业；二是对于那些政府不必直接管理，但又

---

① 杜创国《中国事业单位改革与日本特殊法人改革之比较》，《经济社会体制比较》2008年，第4期。

难以民营化和向民间转让的公益机构，实行独立行政法人制度。可见，独立行政法人作为公共事务的实施主体，"既不是国立机构，也不是民间机构，而是一种介乎政府与民间组织的中间组织"[①]。

独立行政法人制度的治理结构体现为"行政首长具体负责＋国家政府宏观监督"的模式。即在法人的具体经营活动中，行政首长（校长、馆长等）享有绝对权利，不仅可以直接决定法人的日常普通事务，而且即使在涉及法人重大事项时，虽需经运营会议（高层管理人员组成）的讨论，但最终决定权仍掌握在行政首长手中，独立行政法人真正实现了自主管理、自主经营和自主发展。但与此同时，国家和政府对独立行政法人的活动还必须进行宏观上的监督，不过此种监督仍以法定途径为限，以免侵害法人自治权利，例如，通过法律形式对法人目的、任务、业务等内容做出原则性规定，在法人设立后向其提出一个中期管理目标（通常三至五年内达成）并监督其实现状况，对于法人财务和资产管理状况，不仅要向法人机构派遣监事（两名）进行监督，而且还要求法人以财务明细表的形式上报主管部门，并聘请专门的财务机构予以审计。最终，政府还将以"独立行政法人评价委员会"（成员均由行政机构之外的有关专家和熟悉绩效评估业务的民间人士担任）的绩效评估结果，决定法人机构的存废、法人业务目标和经营计划的调整以及法人机构的人事变动和职员的工资待遇。

（二）我国事业单位法人的治理结构

由于前述事业单位法人存在的历史以及现实问题，我国现有的事业单位法人并未采取法人治理结构，而是体现出浓厚的行政化色彩。以高等学校为例，事业单位法人采用"党委＋校长"的治理模式。此种治理结构看似与西方大学理事会领导下的校长负责制异曲同工，但实际上党委对于校长并无任免权，学校教师、职工和学生对此更无决定权，校长系由上级行政长官予以任命。此种产生方式也决定了校长更多地对上级

[①] 杜创国《日本特殊法人及其改革》，《中国行政管理》2006年，第5期。

负责，而不是完全地对学校负责。此外，在机构设置上，事业单位法人也采取了与政府相对应的设置安排，组织机构的政府化，进一步加剧了事业单位法人的官僚化作风，所谓的事业单位法人俨然与行政机关无异。

正如前文所述，事业单位法人的法人本质决定了其应当实行法人治理模式。而要真正实现法人治理，则需要确立一套既符合法人治理结构的一般要求，同时又遵循事业单位法人自身发展规律的法人治理结构。然而，以往我国民法对于事业单位法人等公益服务机构的规定很少，国家主要通过行政监督等方式对其进行外部管理，忽视法人自身的自律性发展。"现在，不是要强化国家的监督体制，而是应该在促进法人自身有效率地活动的同时，对适当正确的事业运营应强化法人内部的自律性体制的方法加以解决的观点得到了多数的支持。"① 因此，未来我国事业单位法人治理结构的设计应当以构建法人自律管理为主要内容。

1. 科学的组织结构

法人的自律管理以科学的组织结构为前提。综观西方国家公共服务机构的治理模式，会发现，其普遍是以"理事会（董事会或委员会）+执行官"的组织形式进行自主管理，其中，理事会作为决策机构，负责对法人的重大问题做出决策，确保法人活动的公益性宗旨不致发生偏离。而执行官作为事业单位法人的执行机构，则具体负责将事业单位法人的意志付诸行动，将机构内部之间以及内部与外部之间的联系沟通起来。结合我国实际，笔者认为，未来我国在构筑事业单位法人的治理模式时，可以采取"理事会+监事会+行政负责人"的治理模式。

（1）理事会。理事会是事业单位法人的决策机构，其成员一般包括管理层、举办单位、资产监管部门、职工代表、服务对象、知名人士、社区等方面的代表。由于事业单位法人具有专业性和技能性的特征，因此，在遴选理事会的组成人员时，不能仅以其社会地位或者经济实力为依据，而要综合考察理事的专业能力、创造性思考能力，以及作为团队

---

① 〔日〕能见善久《法人论的现代课题》，于敏译，载崔建远主编《民法九人行》（第3卷），法律出版社，2006年，311页。

一分子对于理事会能够做出何种贡献。只有如此,才能确保理事会在法人的治理当中提供有价值的领导。另外,由国家出资建立的事业单位法人,理事会成员中还必须包括国家委托的代表。但值得注意的是,国家作为出资者并不能直接干预事业单位法人的日常运营,事业单位法人的各项活动仍应由理事会负责决策,国家对事业单位法人的监管仅可从宏观角度进行。对此,可以借鉴日本独立行政法人的做法,例如规划总体发展战略,设定中期管理目标,依法实现财政审计等,以保证事业单位法人的公益性宗旨。

为确保理事会工作的有效开展,还应当设立具体的专门委员会作为理事会的咨询建议机构,例如,提名委员会主要负责提出理事的任职资格,与举办单位、出资人、职工代表、社区等方面协商理事和专门委员会人选;薪酬与考核委员会主要对管理层的业绩进行考核,提出激励或减薪的建议;战略发展委员会主要负责提出发展方向和战略、基本政策等;审计委员会主要负责选聘独立审计人,检查独立审计人的工作,确保财务报表的真实性和准确性等等。

(2)行政负责人。行政负责人是事业单位法人的执行机构,由理事会提名、按照国家有关人事管理政策任命或聘任。在事业单位法人治理中,行政负责人是一个十分重要的角色,理事会的各项决策能否得到执行以及实际执行的效果如何,事业单位法人的活动是否始终坚持公益性质不动摇等,都有赖于行政负责人及其执行团队的表现。可见,事业单位法人的宗旨和目的不仅见于理事会的决策中,同时也离不开行政负责人的具体作为,甚至对后者的依赖还要更多一些,毕竟所有的目的只有化作行动才能实现。

那么,行政负责人与理事会的关系如何呢?事实上,二者之间存在一定的权力矛盾。理论上,事业单位法人的决策机关是理事会,事业活动的各项决策均应由理事会做出,但若事无巨细均由行政负责人报告理事会决策的话,无疑会大大降低事业单位法人的活动效率,而且行政负责人并不是理事会的"傀儡",其作为一个独立机构必然希望权力更多地集中在自己手中，最大限度地实现自主决策、自主执行。为了使行政负责人担负起管理与发展的职责，提高事业单位法人的活动效率，同时杜绝行政负责人的不适当行为，防止"内部人控制"局面的出现，在事业单位法人的治理结构设计中，必须将理事会与行政负责人置于同一利益之下。否则，"如果在一个组织内部，内耗大于合力，再理想的治理结构也是空中楼阁、一张废纸"[①]。

笔者认为，与理事会的成员相同，事业单位法人的行政负责人也应当实行资格准入机制，以满足其专业性、技能性的要求。同时，对于行政负责人的产生程序也应当重新予以规定，以往事业单位法人的行政负责人通过行政任命的方式产生，此举直接导致行政负责人唯行政机关令是从，进而影响到事业单位法人功能的发挥。因此，为确保行政负责人真正代表事业单位法人和理事会的利益，由理事会决定行政负责人的产生更加合理。

（3）监事会。关于监事会的设置，国外有两种立法模式：一种是理事会主导型，即理事会既是决策者，又是监督者，承担监督和褒贬行政负责人及其执行团队行为的职责，而监事会仅是理事会的下设机构，与专门委员会地位相同，是具体承担监督工作的机构；另外一种是理事会与监事会均衡型，即理事会与监事会处于同等法律地位，二者不存在领导与被领导的关系，其产生方式相同，共同对举办人负责。无论采取何种法人治理模式，监事会的设立都是必要的，因为在法人的治理结构中，很容易发生个人权利专断和企业化经营的问题，为防止事业单位法人的性质发生改变，加强对事业单位法人活动的监督成为法人治理结构的重要内容。

那么，我国应当采取何种模式呢？笔者认为，在我国，采取理事会与监事会均衡发展的模式更加适宜。我国的法人治理基础薄弱，法人内部监督的功能发挥始终不足，因此，在事业单位法人治理结构的

---

① 左然《中国现代事业制度建构纲要——事业单位改革的方向、目标模式及路径选择》，商务印书馆，2009年，200页。

设计当中，应当有意识地提高监事会的法律地位，以免其因受到理事会，甚至是行政负责人的制约而监督失灵。此外，监事会的监督内容应是全方位的，事业单位法人宏观的发展走向、微观的具体制度（如人事、财务等）均应受其监督。而且，监事会的成员构成亦应当多元化，主管部门的政府代表、事业单位法人的职工代表以及专业领域的社会代表均应包括在内，唯有如此，才能构建起更加有效的内部监督机制。

2. 独立的法人财产

事业单位法人的治理结构，是有关事业单位法人的决策权、执行权和监督权独立运作、彼此制衡的制度安排，其构建基础在于明确事业单位法人的主体地位，正确定位机关法人与事业单位法人之间的关系。由于判断一个组织是否为法人的核心标准是其能否独立承担责任，因此，明确事业单位法人主体地位的基础即在于使其能够独立地承担责任，享有独立人格。为了满足事业单位法人的"独立"诉求，使其独立承担责任成为现实，事业单位法人的治理结构应当是建立在法人财产权基础上的法人治理模式。鉴于此，事业单位法人必须具有可独立支配的法人财产。正如《事业单位登记管理暂行条例》和《民办非企业单位登记管理暂行条例》所做的规定一样，事业单位法人的成立必须"有与其业务活动相适应的经费来源或合法财产"。从财产来源上讲，若事业单位法人以政府财政拨款为主要来源，则应以其提供的公共服务量作为计算依据；从经费使用上讲，则要保证事业单位法人的财务自主权，独立核算、自主支配权；而从财产管理上讲，则要加强对事业单位法人财产的管理和登记，以确保其公益目的的实现。总之，事业单位法人的财产权就是要一方面保证其自主经营权不被政府所侵害，另一方面也要确保政府对其出资不贬值甚至要实现增值。

当然，我们也应认识到，事业单位法人无论从历史传统还是自身性质上都有着不同于其他法人的特殊之处，因此，在构建事业单位法人的治理结构时，应当兼顾法人治理结构的一般性与事业单位法人的特殊性，并应当针对不同类型的事业单位法人做出不同的具体设计，只有如此，才能真正建立起符合我国实际的法人治理模式。

七、我国事业单位法人制度的立法构想

（一）由民法典确立事业单位法人的民事主体地位

事业单位法人制度的重构离不开法律体系的保障，事业单位法人制度的众多内容均以其民事主体地位的确立为前提。因此，在未来的民法典当中，首先要解决的一个问题即是事业单位法人应当如何在民法典当中加以规定。目前学者们提出的民法典草案主要有三种立法模式：一是以王利明教授为代表，主张保留原有《民法通则》企业法人和非企业法人的基本划分模式，取消以所有制为根据对企业法人的划分，在非企业法人当中新增一种基金会法人；二是由梁慧星教授主编的社科院草案，主张取消原有企业法人和非企业法人的概念，代之以营利法人和非营利法人，其中营利法人包括公司法人与公司以外的法人两种，而非营利法人则由机关法人、事业单位法人、社会团体法人和捐助法人构成；三是由徐国栋教授倡导的"绿色革命"，即彻底推翻现有的法人分类方法，以传统法人分类模式对我国的法人类型加以改造，构建起公法人与私法人，社团法人和财团法人的基本框架，原有的企业法人和事业单位法人均应归入社团法人之中。

笔者认为，以上三种立法模式中，前两种的差异不大，基本保留了原有法人的划分方法，取消了计划色彩浓厚的所有制差异划分，增加了财团性质的"基金会法人"或"捐助法人"（二者本质相同）。至于到底是"企业法人"还是"营利法人"，"非企业法人"抑或"非营利法人"，不过是表述上的不同罢了，前者采用的是我国的习惯用法，后者乃是借鉴了德国、瑞士的表述。而第三种立法模式变动较大，是对我国现有法人划分模式的彻底革新，但从我国实际来看，此种做法略显过犹不及。一方面，我国一直以来都缺乏划分公法、私法的法制土壤，赞成公私法

划分的学者们对于二者的区分标准也始终存在争议，以一个争议问题解决另外一个争议问题，其立法效果如何可想而知。况且，公法人在参与民事活动的过程中与其他私法人并无实际差别，在民法当中强调公法人与私法人的划分意义不大。在民法典中划分公法人与私法人并不适宜。另一方面，在国外，社团与财团是民法的基本概念，社团法人和财团法人的划分是各国在经济实践和社会发展的过程中不断确定下来的法人分类标准，得到外国民法的认可并不困难。但在我国，情况却并非如此。我国民事立法没有使用社团与财团概念的传统，贸然采用新概念会增加法律适用和普及的难度，特别是"社团法人"因与以往"社会团体法人"的概念相近，会导致人们对二者的误认。因此，未来民法典民事主体制度的法人部分，还是应当在现有法人分类模式的基础上进行必要修改，事业单位法人的民事主体地位应由民法典加以确认。

（二）由专门立法规范事业单位法人的治理结构

前文在提及日本公益法人的治理结构时，曾对日本独立行政法人化改革有过简单介绍，其对我国事业单位法人制度的重构可以提供一些参考。例如，在改革的过程中，法律先行，先后出台了《关于特殊法人等整理合理化》方案、《行政改革大纲》《特殊法人改革基本法》等等，在整合法人类型的基础上，以严格的立法程序和制度建设保障特殊法人的独立行政法人化顺利进行。关于公益法人的治理结构，日本主要通过专门立法加以规范，其专门立法不仅包括《独立行政法人通则法》，而且还包括众多具体的公益法人法，例如《私立学校法》和《宗教法人法》等等，既考虑到公益法人治理结构的共性，同时也兼顾了不同公益法人治理结构上的特殊需求。

反观我国立法，对于事业单位法人的规定较为缺乏，仅有的一些规定也只是零散地分布在《民法通则》《事业单位登记管理暂行条例》《事业单位登记管理暂行条例实施细则》当中，这些零星规定只对事业单位法人的法人地位进行了抽象认定，至于法人治理结构的问题却是只字未提。而且,除《民法通则》外,这些规定大多还停留在行政规章的层面之上,法律的效力位阶较低。另外,由于我国不存在专门的法人法,现有的专门性事业单位法人立法,如《高等教育法》等,也只是从方便行政管理的角度予以规定,并未从法人制度的角度去设计法律规范,此种仅有管理法而缺失主体法的立法状况,在一定程度上损害了事业单位法人的独立性。可见,我国现行法律对于事业单位法人的规制极为简单,既没有考虑不同事业单位法人的统一性而做出较为明确的规范,也没有考虑不同事业单位法人的特殊性而做出体现各自特点的法律规定。① 因此,我国急需通过专门立法对事业单位法人的治理结构加以规范。

在专门立法中,国家应当对以下内容做出明确规定:①事业单位法人的设立条件、活动宗旨、出资主体以及法人财产;②事业单位法人决策机构(理事会)的产生程序、法律地位、职责范围、决策方式与程序;③监督机构(监事会)的产生程序、法律地位、监督范围、监督方式与程序;④行政负责人的职权、管理方式;⑤各利益相关人参与事业单位法人的管理、监督以及事业单位法人指导信息的披露;⑥其他重要的法人治理结构内容。通过以上专门立法,为事业单位法人治理提供法律依据。

(三)由法人章程具体规定事业单位法人的治理规则

专门立法仅从共性上对事业单位法人的治理结构加以规定,至于具体的事业单位法人治理规则,仍须借助事业单位法人自身的章程才能得以完成。治理规则的范围宽泛,主要包括理事会会议规则、监事会工作程序和制度、行政负责人管理制度、治理信息披露制度等等。治理规则作为法人治理结构的具体操作规程,是指导事业单位法人决策、监督和管理工作健康运行的制度保障,应当在事业单位法人的章程中加以具体规定。

事业单位法人的章程是事业单位法人的根本大法,是依据法律法

---

① 徐强胜《我国事业单位法人制度改革的法理思考》,《河南省政法管理干部学院学报》2006年,第5期。

规而制定的，具体地对事业单位法人各方具有约束力和法律效力的规定，事业单位法人章程所规定的事业单位法人治理结构应当在事业单位登记管理机关处予以备案。目前已经有一些事业单位法人制定了章程，特别是2006年福建省事业单位登记管理机关课题组经过几年的探索，提出了事业单位章程的范本，该章程范本共有九章五十条，是全国第一个事业单位章程范本。福建省对事业单位法人章程的探索也为其他地区提供了有益的借鉴，为事业单位法人治理结构的设计提供了新的思路。

人格权的保护与合理限制

当哲学家仰望星空，沉思着"我从哪里来？我到哪里去？我是谁？"这些关乎人之终极价值的问题时，不知是否会在人类历史的画卷里寻找到"我"从"我们"中走出的一幕，但"我"作为独立的主体，确实穿透时光的尘埃呈现在世人面前，成为不单单是哲学，还是人类学、社会学、法学等关照的对象。如果说哲学立足于探寻人的终极意义，旨在解答人为什么活着，社会学关注的是人活得怎么样，那么，法学在一定意义上思考的则是人应当怎样活着。人的价值的实现是法律制度构建的根本目的，所以，法律制度的设计首先需要回答："人在法律上应当怎样被看待，怎样被对待？"这是人格权法律制度形成的伦理价值根基，也是对人格利益进行法律保护的正当依据。目前我国对人格权保护的立法主要是《民法通则》《侵权责任法》《消费者权益保护法》等，但这些规定较为零散，未能形成一个完整的有机体系，所以，未来民法典总则中应当如何规定人格权，人格权的类型应当包括哪些，人格权上的财产利益通过何种途径予以保护，以及人格权的保护是否应当受到限制，如果要受到限制，应当限制在何种范围内，这些都是人格权立法中首先需要在理论上予以解决的疑难问题。

第一节　人格权的发展与我国的人格权立法

一、人格权及人格权法的现代发展

（一）人格权内涵——人格伦理价值的回归

人类童年的原始社会时期，蒙昧状态下的原始人类根本无从意识到自己与他物的区别，在物我一体的智识基础上不可能产生"人格"的观念，在极其恶劣的生存环境下，原始人类唯有以群体的方式结合起来才能争得种族的存续的可能，人类处于极端的"人的依赖"的阶段。由是，以血缘关系为纽带，将单个个体连接起来的群体便成为原始人类基本的生活单位，群本位是当时社会的基本观念，对侵害群体成员生命、健康等所引发的"同态复仇""血亲复仇"以及因侵害妇女贞操所受的严厉制裁并非是缘于对受害人人格利益的保护，而是从群体利益受到威胁的角度出发做出的反应。在原始社会的生存状态下，个人依附于群体，人格尚属不可能，遑论人格权。

"人格"最早源于罗马奴隶制国家，古罗马用"homo"一词表示生物意义上的人，以"persona"指称"人格"，意指"面具"，又指在戏剧中扮演角色的演员[①]，"caput"（原意为头颅）被用来表示法律上的人，是法律上独立的权利义务主体，是社会资源的占有者和支配者。生物意义上的人homo要成为法律上的人caput，须具有人格persona，但并非所有的人都能戴上面具。在罗马法上人格的取得须具备自由权、市民权和家族权。自由权是最基本的权利，无自由权的人是奴隶，是法律关系中被权利主体支配的客体；市民权是专属于罗马城邦市民的权利，类似于现今的公民权，不享有市民权的人属外国人或拉丁人；家族权是在家族团体中的自权人才享有的权利，他权人因受家父权、夫权、买主权所

---

① 马俊驹、刘卉《论法律人格内涵的变迁和人格权的发展——从民法中的人出发》，《法学评论》2002年，第1期。

支配不享有家族权。拥有了自由权、市民权和家族权便拥有了"人格",成为法律舞台上扮演角色的演员。可见,人格作为法律所设置的"适格判断技术",具有身份性和不平等性。除此之外,罗马法中的人格取得之后并非固定不变,而是会因身份的变化相应地发生人格变更。丧失自由权沦为奴隶是人格大变更,丧失市民权但仍享有自由权的是人格中变更,丧失家族权而仍享有市民权及自由权的是人格小变更[①]。可以看出,罗马法中的人格是有大小之分、颜色各异的"面具",[②]这些"面具"依社会身份被戴在不同的人头上,从而使人在法律上的地位有了高下之分。人格是作为统治者调控社会关系、配置社会资源的法技术手段,依身份定人格的逻辑使人被限制在身份所框定的格局中,人的财产权利和人身权利的取得及内容取决于人在社会中所处的地位。由此,对人格利益的保护必然是不平等、不全面的。

资产阶级革命后建立的资产阶级政权开启了人类社会从"身份到契约"的新纪元,人从身份的桎梏中解放出来,从不平等走向了抽象意义上的平等,这突出地体现在近代民法的集大成者《法国民法典》和《德国民法典》中。

《法国民法典》最大的成就在于打破了人类长期以来"以身份定人格"的藩篱,明确规定"所有法国人均享有民事权利",实现了人在法律上的形式平等,但法典中对人格利益的保护对象仅限于人的最基本的生命、健康、名誉价值,正如有学者所言:"《法国民法典》只是将个人承认为抽象法律人格,并只保护到不同人之间实行平等自由这个层次,而没有涉及更深的个人人格层次。"[③]法典对人格的规定不是立足于从私法角度考量对人的价值的保护,而重在从与公权力对抗的层面来保障人在私法领域中的独立和自由。民法典用了很大篇幅规范财产关系,而且作为民法典基本精神反映的三大原则——私有权神圣不可侵犯、意思自治、过错责任——的确定皆是围绕财产而展开的,民法中的人与其说是一个

[①] 周枏《罗马法原论》(上册),商务印书馆,1996年,98页。
[②] 马俊驹《从身份人格到伦理人格——论个人法律人格基础的历史演变》,《湖南社会科学》2005年,第6期。
[③] 龙卫球《民法总论》(第二版),中国法制出版社,2002年,266页。

享有私权、在权利上平等的人，不如说是一个财产权平等的人①。萨瓦蒂埃曾说："与关于人的法相较而言，民法典赋予关于财产的法以支配地位"②，在此环境下，人在法律上被财产的洪流所淹没，源于人自身的价值被忽略。

《德国民法典》中规定"权利能力"作为民事主体的适格判断标准，肯定了人在法律上的平等地位（形式平等）。"权利能力"的产生与《德国民法典》的设计思路和对人的假设是分不开的，《德国民法典》规范体系以法律关系为基准进行构筑③，为给是否具备法律关系主体资格提供一个可判断的标准，权利能力的创设就显得尤为必要。权利能力担负着完成法律关系形式结构的任务，以人的内心意思为依据，《德国民法典》所预设的人不是屈服于软弱，受欲望折磨、被经济的各种力量摧毁的肉体上的存在，而往往是强有力的、有见识的、朝向目的的自由意思④，是理性的经济人。可见，以权利能力为民事法律活动场域的"入场券"，实际上是将人置于商品经济的交易领域，人被认为是财产的占有者或交易者，独立于财产的人本身的价值并没有进入《德国民法典》的关注范围，人及人格利益的保护被财产权所遮蔽。

所以，在近代民法中，人格规定的是进入交易社会的最低标准，其背后的逻辑乃是无财产即无人格，人格受制于财产，法律上对人的伦理价值的保护难以得到充分的关照。

对人及人格利益的普遍重视和法律保护是在二战之后，二战中，法西斯对人的生命和尊严的漠视和践踏促使战后人权观念和意识觉醒。作为社会主体的公民的人格尊严不受侵犯以及人身自由、平等等价值被社会高度强调。20世纪中叶的人权运动推动了世界各国对人自身伦理价值

---

① 马俊驹、刘卉《论法律人格内涵的变迁和人格权的发展——从民法中的人出发》，《法学评论》2002年，第1期。
② 〔日〕星野英一《私法中的人——以民法财产法为中心》，王闯译，载梁慧星主编《民商法论丛》（第8卷），法律出版社，1997年，150~196页。
③ 曹险峰《论德国民法中的人、人格与人格权——兼论我国民法典的应然立场》，《法制与社会发展》2006年，第4期。
④ 〔日〕星野英一《私法中的人——以民法财产法为中心》，王闯译，载梁慧星主编《民商法论丛》（第8卷），法律出版社，1997年，150~196页。

的立法保护。近代民法中人格依附于财产的逻辑在市场经济高速发展、物质资料极大丰富的现代社会受到广泛的批判。美国学者马斯洛提出人的五种需求,即生理需求、安全需求、社交需求、尊重需求和自我实现的需求。在低一级的需求得到满足时,人会寻求更高层次的生存意义,物质利益只是人存在的基础,并不能充实人的精神,财产并非人的全部,法律应当将视线聚焦于人的价值实现,人精神层面的价值应当得到法律的确认和保护。在这一理念的支撑下,肖像权、隐私权等精神性人格权在法律中得到认可,知情权、信用权、声音权、环境权、休息权等诸如此类的人格权被广泛讨论。"自己成为人,并尊重他人为人"[①]被真切地反映在现代民法对人格保护的规定中。

至此,法律上的人格经历了从"人的依赖"时期的"法技术工具"到"物的依赖"阶段财产的附庸,最终回归到旨在实现人的全面发展的对人自身伦理价值的关注上。现代民事立法应循此轨迹,将建立在感情、协助、共同生活、精神健康等基础上的人与人之间的关系作为规范的重心[②]。需要注意的是,当为"人格权向财产权夺回桂冠"激动时,并非意味着财产权在民法中已不重要,财产权是人格实现和发展完善的物质基础,缺乏财产权的保障,人格权只会沦为道德说教。因此,民法中应该是人格权与财产权并重,民法中的人应是双脚站立的人[③]。

(二)人格权从反面的保护性规定到正面权利宣示

从私法涉足人格利益时起,人格利益长期以来被视为民事主体的内在组成部分。民法中人格利益的规定以人格价值内蕴于自然人主体为基本思路,这在世界公认的三大杰出法典中有所体现。《法国民法典》第1382条规定:"任何行为使他人受损害时,因自己过失而致损害发生的

[①] 〔德〕黑格尔《法哲学原理》,范扬等译,商务印书馆,1961年,46页。
[②] 姚辉《从财产到人格》,载:http://bbs.szu.edu.cn/bbsanc.php?path=%2Fgroups%2FGROUP_1%2FCL%2FD5D21186A%2FD5F12A58A%2FD77E19659%2FM.987299622.A,登录时间:2011年6月22日。
[③] 曹险峰《论1804年〈法国民法典〉中的人格与人格权——兼论我国民法典的应然做法》,《社会科学战线》2007年,第5期。

人，对该他人负赔偿的责任。"《德国民法典》第823条规定："因故意或过失不法侵害他人的生命、身体、健康、自由、所有权或其他权利者，对被害人负损害赔偿的义务。"可以看出，《德国民法典》与《法国民法典》都是在侵权责任部分通过反面的救济性规定来凸显主体的人格价值。不同的是，《德国民法典》只规定了具体的人格利益，而不是一般人格利益的概括性规定。《瑞士民法典》在开篇"自然人"一章中即规定了人格利益的一般性法律保护①，并列举了各项人格利益。这突破了法国和德国在侵权法中保护人格利益的做法，而是采正面规定。但是，在这些近代民法集大成的法典中，皆以主体保护模式来实现对人格利益的法律救济，并未明确规定"人格权"的概念，即这些民法典并未以权利形式来对人格利益进行保护，其原因可归结为以下几个方面：

1. 依近代民法中的权利观念，权利只可存在于"我们所负担的东西"②，人格权是对人格利益所享有的权利，而人格利益是内在于人的，如此，人格权的权利客体指向了人自身，造成主客体混同，因而人格权是不成立的。

2. 承认了人格权就意味着肯定了人格权的支配性，这将导致"自杀权"以及对身体自由支配下的色情交易，具有很大的道德风险。另外，人的精神作为抽象的存在不可能被侵害。

3. 人格权救济手段匮乏使得人格权在法律上难以成立，因为在财产权本位的法律体系中，实在还找不出度量人格损害以及补偿这种损害的其他有效方法。对此，法国民法学者认为："损害赔偿的数额应依所受损失的大小来确定，人格损害是非金钱性质的，因此，无法在操作过程中进行客观的评价"③，且精神损害若以金钱衡量的话，将会导致人格价值的商品化，贬低人格价值及人格尊严。

4. 人格权的内容和范围无法予以充分明确的界定，使得人格权概念

---

① 《瑞士民法典》第28条规定："任何人在其人格受到不法侵害时，可诉请排除侵害。"
② 〔日〕星野英一《私法中的人——以民法财产法为中心》，王闯译，载梁慧星主编《民商法论丛》（第8卷），法律出版社，1997年，150~196页。
③ 转引自姚辉《从财产到人格》，载：http://bbs.szu.edu.cn/bbsanc.php?path=%2Fgroups%2FGROUP_1%2FCL%2FD5D21186A%2FD5F12A58A%2FD77E19659%2FM.987299622.A，登录时间：2011年6月22日。

的内涵和外延无法确定。①

时至今日,民法所处的社会环境已经发生了很大的变化,民法观念也在与时俱进,以传统的理论来解释人格权是有局限性的。这种局限性表现在以下四个方面。

首先,近代民法的权利乃是连接人与"外在于我们的东西",对于"内在于我们的东西",权利是没有存在的必要和可能的,但是,"内在"与"外在"并没有一个明确的判断标准,如人的名誉、肖像、隐私是内在于人的还是外在于人的?回答并不统一。且一事物是内在于人的还是外在于人的是一个观念的历史的产物,以此定义权利是欠妥的。人格权被普遍接受是在二战之后,人权意识的高涨使得人们产生了强烈的人格利益保护的权利诉求,权利不仅仅是分配资源的工具,更应该是保障人之为人的"宝剑",在面临人被蔑视、被轻视、人不被当作人时可以有保护自己的武器。

其次,支配权依法理解释包括直接支配处分的权限(自主决定)和排除他人同时使用及支配的机会(排他性功能)②,他人负有消极地不干涉他人人格权的义务,这是人格权的应有之义。支配权是一种功能性权利,其必然依托于基本权利,基本权利不同,支配权所能发挥的作用就不同。人格权不同于物权、知识产权,人格关系受国家干预的成分要比财产多得多,并且要受道德观念、民族习惯、文化传统等因素的制约③,对人格权的支配理应会有一些限制,但不能因此否定人格权的支配权能。

再次,多元的法律救济手段,如赔礼道歉、停止侵害、消除影响、精神损害赔偿等,使得人格权在法律上有了成立的可能。精神损失赔偿并非不可接受,因其性质并非以金钱来衡量人格利益,而是以物质对精

---

① 〔德〕霍尔斯特·埃曼《德国民法中的一般人格权制度——论从非道德行为到侵权行为的转变》,邵建东、常青等译,载梁慧星主编《民商法论丛》(第23卷),金桥文化出版(香港)有限公司,2002年,411~501页。
② 黄立《民法总则》,中国政法大学出版社,2002年,65页。
③ 姚辉《从财产到人格》,载:http://bbs.szu.edu.cn/bbsanc.php?path=%2Fgroups%2FGROUP_1%2FCL%2FD5D21186A%2FD5F12A58A%2FD77E19659%2FM.987299622.A,登录时间:2011年6月22日。

神进行一定的慰藉,现今在美国司法判例中出现了对人格利益的惩罚性损害赔偿。

最后,人格权并非行为规范或交往规范,而是一种价值规范或观念规范,只可以抽象的、概括的规则或原则予以表述。但是,作为人格权基础的人格则是可被分解成物质性的或精神性的要素,前者如生命、健康、身体,后者如肖像、名誉、隐私等,这些具体的人格要素有相对确定的内涵和外延,对这些人格要素以权利的形式进行保护是可以成立的。

可见,人格利益以权利的方式进行保护并不是不可行的。有些国家的民事立法中已经明确以人格权作为标题规定人格利益的保护,如1960年的《埃塞俄比亚民法典》第一编"人"的标题下设三题,在第一题自然人的第二章中规定了"人格与内在于人格的权利"。此章具体分为第一节"人格的归属"和第二节"人格权",在"人格权"一节中列举了各种具体的人格权。又如,1994年《魁北克民法典》第一编"人"分为五题,第二题为"某些人格权",此题分为四章,依次为:人身完整权、子女权利的尊重、名誉及私生活的尊重、死后身体的尊重。1996年的《越南民法典》也采人身权的概念做标题,用20个条文集中规定了各种具体的人格权类型。

对人格利益予以法律上的权利确认,以正面的权利规定来对人格价值予以宣示,在强调保障人权的社会中是极有意义的,在主体部分列举各项人格利益内容虽也是一种可选择的模式,并以权利形式正面规定人格利益的保护在世界上大多数国家的立法及判例中已经被广泛接受。

(三)具体人格权逐渐丰富并且产生一般人格权

具体人格权是对人格利益采用类型化的方式予以确认的权利。随着社会经济的发展、文明的进步以及人的主体意识的提高,具体人格权在民法上由最初基本的物质性人格权,如生命权、健康权等发展到涵盖人方方面面价值需求的精神性人格权。肖像作为一种人格的标志被确认为一项权利。在高科技迅速发展的今天,借用网络手段收集及散播个人情报变得易如反掌,通过基因图谱可以从一根头发中获知人的全部生理性格、家族遗传病等隐私，各种监控设备使人们已经没有了私密的空间①。"隐私已经死亡"的现实催生了法律上隐私权的产生，现今世界各国无不将隐私作为一项重要的人格权予以保护。工业化过程中所产生的各种噪音等不可量物的侵害增加，使人的环境权、休息权被纳入人格权的讨论范围。除此之外，以个人声音所体现的利益为内容的声音权，公民对其应知信息的知情权等使人格权的保护范围不断拓展。人格权权利体系是开放的、发展的，在社会进步的过程中，具体人格权类型会不断涌现。同时，物质性人格权在当今时代亦有了新的讨论内容，如，对于身体权的客体在一定条件下是否延及与身体分离部分，譬如冷冻的精子，对人的生命权的保护面临"克隆人""安乐死"的问题等。

具体人格权是不断被发现的权利，是不可能被穷尽列举的，尽管具体人格权已经发展出丰富的权利类型，但其组合终究无法构成整体上有机统一的"人格"。而且，由于法律始终无法摆脱迟滞于现实的尴尬，关涉"人之为人"的人格利益可能会因未被法律确认为权利而难以得到法律的有效救济。实践中法官常会寻求宪法中公民的基本权利条款予以保护，但这样做不免会出现法官过分干预立法者职责的危险。因此，人格权保护在立法上须有一个宏观的、整体的、开放的依据，这是一般人格权产生的原因所在。二战后，德国联邦法院根据联邦宪法第2条关于保障人格的规定，将民法典第823条第2款中的"其他权利"解释为一般人格权。一般人格权是理论和立法上对人本身的总体概括和评价，可以解释具体人格权，为新的具体人格权的产生提供依据，补充具体人格权②。在人格权制度中规定一般人格权和具体人格权是人权保护的大势所趋。

（四）人格权主体的扩张

在人格作为一种身份标识的身份制社会里，人格利益的享有者只限

---

① See Michael Rroomkin, The Death of Privacy, 52 Stan. L. Rev. 1461 (1999~2000).
② 尹田《论一般人格权》，《法律科学》2002年，第4期。

于拥有特权的少数人。近代民法抽象人格的设定使人格权扩及全体自然人，现代人格利益保护观念的进步以及人格权理论的发展促使立法开始考量人格权主体向前延伸和向后延伸的问题①，前者即探讨胎儿的人格利益保护，后者则涉及对死者名誉、肖像、姓名等的保护。

在现代司法实践中，针对胎儿的身体和健康等利益的立法保护受到普遍关注，如，胎儿因母体遭受他人袭击或母体服用有问题的药物而导致出生后身体功能存在障碍时，可否主张其健康权受损请求赔偿？在世界各国的司法实践中，对此问题做法不一，但逐渐倾向于承认胎儿人格利益从而进行法律保护。日本民法规定，有关赔偿损失的请求，胎儿视为已经出生的婴儿。德国高等法院通过判例确认了胎儿有权在不受别人的疏忽造成的伤害的情况下被生下来，胎儿出生后对其在母体受孕期间所受的损害有权提出赔偿请求②。美国法院在辛德尔案中肯定了未出生的胎儿在遭到人身损害时，可在其出生后就其出生前所遭受的损害提出诉讼③。关于胎儿人格利益的法律保护在理论上尚有诸多难题须解决，但人格权主体扩张于胎儿已经成为人格权立法中不得不面临和解决的问题。

死者是否、可否、应否享有人格权是讨论人格权主体扩张部分的又一难题。现实中不乏有侵害死者名誉、隐私、姓名、肖像的行为存在，死者的这些利益受到损害时法律救济的依据何在？依民法原理，权利能力始于出生，终于死亡，民法中的自然人以生命实体为物质载体，自然人生命结束，其在民法中的主体资格便终结，且人格权具有专属性，不得转让、抛弃和继承，死者的人格权不论在立法中还是在理论上皆难以找到立足点，但终究司法还是走在了立法的前面。我国"荷花女案""海灯法师案"中最高法院通过司法解释直接赋予死者名誉权，其后最高院又在有关精神损害赔偿的司法解释里确认死者的近亲属可因死者人格权

---

① 王利明《人格权法的发展与我国的民事立法》，载中国民商法律网：http://www.civillaw.com.cn/article/default.asp?id=17689，登录时间：2011年6月20日。
② 〔英〕彼得·斯坦、约翰·香德《西方社会的法律价值》，王献平译，中国人民公安大学出版社，1990年，204页。
③ 王利明《侵权行为法归责原则研究》，中国政法大学出版社，1991年，82页。

受损为由提起精神损害赔偿①。在德国1968年的mephisto案②中,联邦法院判决认为:"精神利益亦超越死亡而继续存在,其仍有受害的可能而值得在死后加以保护,在此种可能受侵害而值得保护之利益仍存续的情况下,没有理由在其结束生命而无法为自身辩护之时,使人格权之作为请求权归于消灭。"在人格利益商品化进程中,死者的姓名、肖像等常因含有经济利益从而使对死者人格利益的法律保护有了迫切的需要。

此外,对人格权的保护对象亦超越人自身,延伸至具有人格象征意义之物,如特定纪念物品,这些特定纪念物品因蕴含人格利益价值而被人格化,因此,对这些物的损害也会引起精神损害赔偿。

(五)人格权中财产利益的保护

伴随人格伦理价值的立法确认和保护的另一趋势是,部分人格利益在市场经济环境中逐渐具有了经济价值,也就是有些学者所称的"人格权商品化"。比如,将肖像授权他人用于商业广告,著名运动员可以被巨额估价加入某个俱乐部③,为娱乐节目、心理实验及行为艺术对自己的自由有偿地、暂时地限制等,人格权商品化模糊了人格与财产之间的界限,使人格权的人身专属性受到挑战。人格利益具有了可产生财产收益的利用价值是法律须予以回应的现实问题,德国立法及判例肯定了可以通过设立授权、使用契约等方式实现人格权的经济利益。在日本民法中,不仅对一些商品化的人格权进行保护,而且对非人格权的形象(如卡通形象、表演形象等)也予以保护。在英美法系国家,自从美国提出

---

① 《最高人民法院关于确定民事侵权精神损害赔偿责任若干问题的解释》第三条,"自然人死亡后,其近亲属因下列侵权行为遭受精神痛苦,向人民法院起诉请求赔偿精神损害的,人民法院应当依法予以受理:(一)以侮辱、诽谤、贬损、丑化或者违反社会公共利益、社会公德的其他方式,侵害死者姓名、肖像、名誉、荣誉;(二)非法披露、利用死者隐私,或者以违反社会公共利益、社会公德的其他方式侵害死者隐私;(三)非法利用、损害遗体、遗骨,或者以违反社会公共利益、社会公德的其他方式侵害遗体、遗骨。"
② 王泽鉴《侵权行为》,北京大学出版社,2009年,147页。
③ 关今华《"人格权单独设编"的论争与"人身保护法单独成编"的立法构想》,《福建师范大学学报》(哲学社会科学版)2006年,第1期。

公开权概念之后，对隐私权之外的姓名、肖像等权利在商业上的利用开始予以特别保护。

二、我国未来民法典中人格权的立法体例

随着《合同法》《物权法》《侵权责任法》以及《涉外民事法律关系适用法》的颁布，我国民法体系的各个部分已大致成熟，民法典的出台指日可待。当下，立法者及学者针对民法典的制定，关注的焦点之一则是在民法典中怎样安排人格权，人格权制度如何在民法典宏大的体系结构中确定自己的位置，这不仅涉及民法典整体价值的实现，而且关系民法典内部体系结构之间的协调统一，因此须谨慎对待。

（一）我国人格权立法模式的理论争议

我国学界对人格利益保护在民法典中的立法模式主要形成了三种不同的观点：

第一种观点主张，"人格权本属于与生俱来的无财产利益的权利，因出生而取得、因死亡而消灭，人不能以法律行为对之加以处分，人格权不同于债权与物权，其仅仅在受到侵害时才有意义，所以，不应列举各种具体人格权类型，对每一种具体人格权的侵害行为及其责任应在侵权责任制度中予以规定。"[①]

该观点受德国法的影响，从对人格利益救济的角度出发，采取的是在侵权法中规定人格权的模式，这种模式并未在学界得到普遍接受，主要是因为：首先，从法功能的角度看，侵权法是保护性规范，主要保护物权、知识产权、人格权等绝对权，其存在的意义在于对侵害绝对权或法益造成的损害后果规定法律上应承担的责任，并不具有确认或规范权利的功能；其次，人格权是"自己成为人，并尊重他人为人"的道德约束在法律上的体现，需人们将其作为一种信念贯穿于日常交往中，因

[①] 刘铁光等《人格权部分问题探讨》，载法律教育网：http://www.chinalawedu.com/news/16900/174/2004/5/ma321202834152540028780_115935.htm，登录时间：2011年6月22日。

此，应将人格权宣示出来成为对人格利益保障的"宣言书"。我国传统文化中未能孕育出人格权观念，个人在以义务为中心的礼教社会中长期处于宗法家族的压抑下，人格利益的保护意识很薄弱，将人格权宣示出来可以起到思想启蒙和人的独立价值塑造的作用；再次，侵权法的重心在于规定各种权利和利益受到侵害的情况下如何救济，其内容是各种侵权行为的构成要件、加害人应当承担的责任形式及范围，侵权法不可能对人格权的类型及其效力做出全面的规定，同时无法通过正面规定明确各种具体人格权，使民众明晰其行为的界限；最后，人格权在侵权法中予以规定的模式在其发源地——德国亦出现松动，在近100年的发展中德国通过判例确立了一系列人格权，其思路已不再囿于最初的模式，这是人格权立法的新趋势，我国应顺应这一趋势。

第二种观点主张，人格权应作为权利独立成编，与财产权的各编形成并列之势，采此模式的理由大致如下[①]：（1）从民法典内部体系要求看，民法中的两大内容为财产权和人身权，财产权中的物权和债权在大陆法系民法典中已分别独立成编，而人身权中的重要内容——人格权只是分散规定，如此不但不能反映民法所调整的社会关系，而且还会使民法结构失衡，导致民法"重物轻人"；（2）人格权独立成编将起到权利宣示作用，我国长期处于宗法人伦的社会秩序中，权利意识淡漠，对人格尊严、自由等人格利益的保护缺乏有力的制度保障，特别欠缺从民法的角度对人格利益予以保护，人格权独立成编对于明确各种具体的人格权类型及其内容将起到思想启蒙作用；（3）是我国民事立法宝贵经验的总结，《民法通则》第五章专门规定了民事权利，并在第四节单独规定了人身权，与其他民事权利并列，这是宝贵的立法经验，民法典制定时不应弃之不用，况且，与人身权并列的其他权利都已经独立成编；（4）从人格权内部体系完整的要求来看，人格权包括具体人格权和一般人格权，如果对自然人和法人的具体人格权分别规定，抽象概括的一般人格

[①] 王利明《人格权法的发展与我国的民事立法》，载中国民商法律网：http://www.civillaw.com.cn/article/default.asp?id=17689，登录时间：2011年6月20日。

权应安放于何处？人格权不独立成编将导致人格权内容杂乱，且不得不面临技术处理的难题；（5）侵权责任独立成编必然要求人格权独立，侵权法是救济法，救济规范需要有相应的依据，该依据就是权利，侵权法独立成编要求独立成编的人格权与其配套。

第三种观点是否定人格权独立成编，反对的原因主要是对肯定一方理由的质疑，包括以下几个方面：（1）人格权的价值最高性与其以何种方式表达并没有必然的联系，并非只有独立成编才可凸显人格权的重要性，关键是要符合人格权的逻辑要求；（2）人格权的本质是主体的伦理价值在法律上的体现，与主体不可分离①，如果将其置于与财产权并列的地位，将贬低人格，疏离了人格与人之间的内在联系；（3）我国《民法通则》中确实规定人身权一节，但我国立法的宝贵经验是具体列举的各项人格权内容，并非其单独设节的形式；（4）人格权法条有限，不足以成编；（5）从世界各国人格权立法来看，大多数国家并未将人格权单独设编，最多只是设章节。

反对人格权独立成编的学者，对人格权的立法存有不同的构想，大体看来表现为两种：一是主张在民法典"自然人"一章中专设"自然人人格保护"一节来规定一般人格利益和具体人格利益，从"保护"的角度而非"设权"的角度来规定一般人格权和具体人格权，持此观点的学者（以尹田教授为代表）认为，人格权实质上是宪法上的权利，应由国家的根本法——宪法直接规定，民法可以"分解"这种权利并加以具体保护，但民法不是"创设"这种权利的上帝；②二是主张应将人格权纳入民法典"总则"编的"自然人"一章中，对人格利益保护应采权利模式，规定在自然人项下③。

从学者对民法典中人格权立法模式的观点及理论论证来看，人格利益采权利宣示性规定已经成为定论，但以下两个问题仍存有争议。一是

---

① 梁慧星《制定民法典的设想》，《现代法学》2001年，第2期。
② 尹田《论人格权的本质》，《法学研究》2003年，第4期。
③ 梁慧星《当前关于民法典编纂的三条思路》，载梁慧星主编《民商法论丛》（第21卷），法律出版社，2001年，170~184页。

人格权的性质为何？人格权是宪法性权利还是民法上的权利？如果是宪法中的权利，民法对人格权的确认将成为不可能的事。二是人格权若是民法上的权利，那么在民法典中应将其置于何处？是独立于民事主体专门规定为一编还是置于总则部分的自然人项下？这实际上涉及人格权和民事主体的关系问题，要对我国民法典中人格权模式有一个合理适当的选择，必然须先理清这些问题。

（二）我国人格权应置于自然人项下规定

笔者认为，我国未来民法典中人格权的立法，不宜采用独立成编的模式，应当采用在自然人项下规定人格权的模式。要说明其理由，首先必须在理论上解决以下三个问题：

1. 人格权是民法上的权利抑或宪法上的权利？

这一问题关系到民法能否对人格权做出赋权性规定，因此是关键的、首先必须解决的问题。人格权是社会个体生存和发展的基础，是关涉"人之为人"的最重要的人权，是法律制度构建的根基，正因为人格权价值的最高性，使得有学者认为人格权的地位高于民事权利，民法的任务仅仅在于用产生损害赔偿之债的方式对之予以私法领域的法律保护[①]。还有学者主张，德国法院创制的"一般人格权"使得人格权突破了民法权利的范围，一跃成为"由宪法保障的基本权利"，人格权的类型及其内容不再仅仅以民法典为基础，而是可以直接援引宪法规范为依据[②]。

对此，笔者以为，以权利价值位阶为标准来评价权利性质是欠妥的，人格权确因承载着"人之为人"的最高价值而应由法律予以高度重视，但人格权是在市民社会的生活中不断被发现，通过判例类型化，进而被法律确认为一种保护人格伦理价值的具体权利，且对人格权的保护广泛适用于私法领域，如果将人格权定位为宪法性权利，看似拔高了人

[①] 尹田《论人格权的本质》，《法学研究》2003年，第4期。
[②] 龙卫球《论自然人格权及其当代发展进路》，载《清华法学》（第2辑），清华大学出版社，2003年，137页。

格权，却使其被架空，不利于人权的保障。至于《德国民法典》中一般人格权的创制，只是法官在不打破法律整体秩序的基础上运用其智慧所做的技术处理，并非所有一般人格权的产生都像德国一样直接依据宪法条文来创设，仅以德国的并不具有代表性的做法对人格权予以定性未免有失偏颇。

所以，人格权是民法上的权利，同时亦是宪法上的权利，这是从不同的维度对人格权进行观察后得出的结论。人格权作为社会个体享有的一项基本人权，不仅私人之间会互相损害它，而且国家对它造成的损害可能会更大。因此，对于人格权的保护不仅是调整平等主体之间的民法的任务，也是限制国家权力的宪法的职责。在政治国家领域，宪法上的人格权是公民用以对抗公权力的"武器"，其存在的目的在于设置一个"公私禁区"，民法中的人格权是在市民社会中平等主体之间发生的法律关系，其旨在开辟一个"私人自由的空间"[①]，宪法作为国家的根本大法，为民法人格权制度存在和发展提供合法性和合理性依据，宪法人格权通过其所体现的人权价值影响民法人格权制度的发展，民法上人格权的确认和保护仍由民法来完成。

2. 人格权与自然人是何种关系？

人格权在民法中的体例是在形式上对人格权的安排，这种外在形式的设计离不开对人格权内涵的把握。人格权本质上是自然人伦理人格在法律上的确认和保护，人格的伦理性将人与人格权衔接起来，伦理人格是"人之为人"的基本表征，丧失了伦理人格，人将不为人，人格权也将丧失其存在的理由和基础。由此，人格权依存于伦理人格，依存于自然人主体本身，是自然人作为人的价值实现的基本保障。

早在古希腊哲学中，斯多葛学派以伦理学为基点，他们认为："人作为宇宙自然的一部分，本质上是一种理性动物，在服从理性命令的过程中，人乃是根据符合其自身性的法则安排生活。"[②]基于自然法理念所

---

① 马俊驹、张鹤、赵克祥等《关于人格、人格权问题的讨论》，载《人格和人格权理论讲稿》，法律出版社，2009年，426~465页。
② 〔美〕E.博登海默《法理学——法律哲学与法律方法》，邓正来译，中国政法大学出版社，1999年，13页。

产生的基本观念是，所有人在本性上都是平等的，均享受人所有的基本权利，揭示了人自身的伦理价值，但将人规定为一种法律上的存在，最初并不是出于对人本身伦理利益的关照。罗马法的立法者创造了"人格"作为一种适格判断技术，以此区分生物意义上的人与法律意义上人，人因人格的有无及品级被分为三六九等，人格是工具性、功能性的。发展到资产阶级革命时期，启蒙思想成为社会的主导思潮，罗马法上以人格为面具，将现实中的人与活着的物区别对待的做法为当时的社会所不容，"……取而代之的是如同狄德罗、伏尔泰、卢梭所描绘的那种启蒙主义的社会图像：在那里，人是一种理性的可以自己负责的创造物，自出生之日便获得了关于良心、宗教信仰和经济活动的自由的不可割让的权利。人们无须再与旧制度的那个中间身份集团打交道，而只和国家本身发生联系。这个国家有义务通过它的立法把公民从封建的、教会的、家庭的、行会的以及身份集团的传统权威中解放出来，并赋予全体公民以平等的权利"①。民法从人的伦理价值角度来统一确定人在法律上的地位，相应地，人格不再是立法者配置资源的一种手段，而是承载了人的伦理意义。人格的伦理性体现在民法对人人平等的明确承认和"人之为人"基本价值的保护性规定中。20世纪中期以后，主体意识的觉醒和人权运动的兴起，促使以权利作为思维工具来对人格利益予以法律确认和保护，人格权并不是依据人格利益来获得成立的解释，也不是通过淡化人格的伦理意义，将人从伦理的人格中解放出来而具备法律上的权利基础。恰恰相反，人格权是存在于权利人自己人格之权利，其根基是具有伦理意义的人的本体，人格权是自然人伦理人格的法律表达。因此，人格权在生成逻辑上归结于自然人主体，在自然人项下规定人格权的权利内容是合理的、科学的。

3. 法人有无人格权？

法人的产生是由于个人在经济社会发展中因个人能力有限而成立的组织或团体，法律为社会管理的需要赋予其主体资格。法人主体资格

---

① 〔德〕茨威格特等《比较法总论》，潘汉典等译，贵州人民出版社，1992年，153页。

的取得得益于罗马法上人格的法技术创造所提供的灵感。在罗马法上，只有兼具自由权、市民权和家长权的人才能取得人格，成为法律上有权利和掌控社会资源的人。人格是统治者根据治理需要人为设置的进入法领域的门槛，是立法者配发给享有身份特权者的面具，人格作为制度工具，为"人可非人"的不平等提供成立的理由。循着此种思路，《德国民法典》的制定者在以法律关系为主线构筑法典体系时，所思索的是如何能将自然人和社会团体或组织都统摄于法律关系主体的外延范围之内，抛开人格的伦理意义，从技术层面对权利主体的考量，权利能力的创制成为顺理成章的选择。"在确认主体地位和承受权利义务的资格方面，权利能力发挥着和罗马法上人格相同的功能，它实际是罗马法上人格概念的翻版"，权利能力乃是"技术意义上的权利义务归属单元"[①]，借助权利能力，法人这个非伦理的存在也就堂而皇之地在民法中获得了主体资格。

  法人是法律拟制的产物，是为个人目的的工具性的存在，其意义限于财产活动领域，正如有学者所言："作为纯粹法律技术构造的产物，法人的权利能力仅仅是不具有伦理价值的私法上的主体资格。"[②] 人格权是对人伦理价值的法律确认和保护，法人并不具有对人类自由和尊严的尊重的伦理价值，因此，人格权仅限于自然人，与法人无关。法人的名称权和商誉权并不是法人的人格权，而是具有财产性质的权利，对侵犯法人的名称权、商誉权所造成的只是财产上的损害，而不会有伦理意义上的或精神上的伤害。所以，法人并不具有人格权。

  综合上述分析，人格权是"自己成为人，并尊重他人为人"之伦理要求的法律表现，是宪法中人权利益在民法中的实现。人格权是存在于自然人自身的权利，没有自然人主体自身的存在，人格权也就失去了存在的意义。因此，在自然人部分规定人格权是符合人格权权利本质的逻辑要求的，并且，民事主体的法人并不具有人格权，将人格权规定在自

---

① 李永军《民事权利能力的本质》，《比较法研究》2005年，第2期。
② 尹田《论法人人格权》，《法学研究》2004年，第4期。

然人部分是合理的。如果将人格权单独成编，与财产权并列规定，看似突出人格权的重要性，实际上是剥离了其与自然人逻辑上的联系，容易引发人格权在伦理性上的悖论。

三、我国未来民法典中人格权制度的具体构想

我国民法典中人格权具体内容应是在把握人格权本质及其发展趋势的基础上，充分借鉴已有的实践经验及制度资源进行设计。人格权自产生始，已发展出诸多的以各种具体人格利益为权利客体的人格权类型，有力地保障了人的伦理价值，但是，由于立法不可避免的不周延性和滞后性，难免出现一些遗漏以及新的人格利益不能及时被归纳提炼为一种典型的权利而得不到保护的情形，正如卡尔·拉伦茨所指出的："人们终究不可能在范围上通过划界将所有人性中值得保护的表现和存在方面无一遗漏地包括进来。因为人们不可能无遗漏地认识到可能出现的所有冲突。"[①]因此，仅依具体人格权来实现对人的伦理价值的全面保护是不可能的，人格权是在现实中不断被发现的权利，其权利体系须保持开放性、前瞻性。所以，概括性的一般人格权的产生非常必要，一般人格权和具体人格权相得益彰、有机协调，才能更好地实现对人权的保护，一般人格权应纳入我国民法典人格权的内容体系之中。

（一）我国民法典中一般人格权的设计

1. 大陆法上一般人格权的立法体例

近代民法中，一般人格权立法最具有代表性的是德国和瑞士对自然人人格的法律保护的规定。德国和瑞士的一般人格权是基于特定的立法背景或为特定的立法目的而产生的，具有各自的特色，反映的不仅仅是立法思维和技术问题上的区别，而且在一定程度上是对一般人格权权利定位的不同认识。因此，学界针对一般人格权的立法形成了德国式和瑞士式两种不同的模式。

---

① 〔德〕卡尔·拉伦茨《德国民法通论》（上册），王晓晔等译，谢怀栻校，法律出版社，2003年，174页。

《瑞士民法典》在其"人法"编"自然人"一章规定了"人格的保护",第28条第1项规定:"人格受到不法侵害时,为了寻求保护,可以向法官起诉任何加害人。"与之相对应,在法典第二节"侵权之债"中,第41条规定了一般侵权责任的构成要件:"任何人由于故意、过失或者不谨慎地实施不法行为给他人造成损害的,应当承担赔偿责任。违反善良风俗,故意造成他人损害的,应当承担赔偿责任。"可以看出,《瑞士民法典》是从自然人主体的角度,以抽象的、概括的方式对一般人格权予以正面的法律确认和保护。一般人格权被认为是人格的内涵,是自然人"人之为人"在法律上的主要体现,其权利客体直接反映在法条内容中就是抽象的人格,即伦理人格。实质上,一般人格权和人格权在此是同一的,正如有学者所说:"在瑞士民法上不存在脱离一般人格权的'人格权'。"瑞士民法中的一般人格权采取了抽象的、总括式的正面规定模式。

德国法上,一般人格权的产生是通过一系列判例来完成的,德国联邦最高法院在1954年的"读者来信案"中根据《德国基本法》第1条(人的尊严)和第2条(发展人格)的规定,将第823条第1款的"其他权利"解释为"一般人格权",后在一系列的判例中,如"骑士案""人参案""索拉雅案"(伊朗废后案)[1]等确定了一般人格权的法律地位。德国判例中确立的一般人格权是以"其他权利"为载体而创建的"框架式的权利",主要是对第823条第1款未能列举(生命、身体、健康、自由之外的)而又需要加以保护的人格利益的补充性规定。"承认一般人格权为《德国民法典》第823条第1款意义上的其他权利,使得除了对人的生命、身体、健康和自由提供外在的保护外,内在的、精神的人格也通过一条普遍适用的、侵权法上的一般性条款予以保护了。"[2]德国法上并非采取正面确权的方式,而是在侵权责任部分以保护性规定对一般人格权予以

---

[1] 〔德〕霍尔斯特·埃曼《德国法中一般人格权的概念和内涵》,杨阳译,《南京大学法律评论》2000年,第1期。
[2] 〔德〕霍尔斯特·埃曼《德国民法中的一般人格权制度——论从非道德行为到侵权行为的转变》,邵建东、常青等译,载梁慧星主编《民商法论丛》(第23卷),金桥文化出版(香港)有限公司,2002年,412页。

解释，借助宪法上的基本权利为一般人格权的证成提供依据，一般人格权的运用是依靠法官在具体的个案中通过法益或利益衡量来实现的。

2. 我国一般人格权应采的立法例

瑞士和德国民法中一般人格权的规范是有代表性的规定模式，我国人格权立法过程中，须对这些成功的经验予以借鉴和吸收，但"强调在借鉴和运用来自外国法上的概念、术语的时候，必须采取一种更具有批判性的态度，以自主性的眼光，来审查这些概念对于中国民法学的价值和意义，站在中国的语境中，以中国的标准来评价这些概念的优劣"[①]，立足于我国特殊的立法背景，对一般人格权采德国式的规范模式在我国并不具有可行性，原因在于：

第一，德国模式是在侵权行为领域基于"对人的保护"规范人格权，并不是正面地从人格的角度确认一般人格权，这不符合人格权法定化的立法趋势，同时，也与我国为启蒙主体权利意识而应对人格权予以权利宣示的需要相左。

第二，德国民法中的一般人格权的基础是基本法中有关人格尊严的规定，可以说，德国模式下的一般人格权的理论支点是在宪法而不在民法自身，以权利能力为准入资格的主体制度以及侵权行为部分的规定限制了一般人格权依民法本身逻辑产生的可能，法官只能超脱民法，依据更高层次的宪法为一般人格权寻找依据。此种做法主要是法官运用司法智慧应对人格利益保障的现实需要的结果，但在理论上却会导致一般人格权权利性质是否属于民法权利的困惑。

第三，德国模式中的一般人格权是框架性的权利，其内容不具有确定性。"要想确定一般人格权的客观事实构成及其界限，只有通过在个案中顾及到所有情况并进行利益权衡来实现"，这要求处理个案的法官具备较高的综合素质，而我国目前法官的整体水平参差不齐，"在没有形成强大的司法能动的传统，司法职业体系仍然存在着强烈的官僚等级制色彩，大多数法官执着地以'以法律为准绳'作为自己的职业活动安

[①] 薛军《揭开"一般人格权"的面纱——兼论比较法研究中的"体系意识"》，《比较法研究》2008年，第5期。

全性的依托等等诸如此类的前提下，让中国的法官在没有相对明确具体的规则的时候，去灵活而积极地对人格性质的法益提供保护，这不是个妥当的选择"①。

　　从以上分析可知，我国人格权立法中一般人格权的规定不宜采德国模式。瑞士民法是以正面规范的方式规定一般人格权，将其与具体人格权共同置于自然人主体部分，一般人格权作为人格的基本内涵，是自然人人格完整性的体现，此种定位符合一般人格权的自身逻辑。另外，这种安排承认了一般人格权通过民法途径确立，而不需要借助宪法中的基本权利来获得存在的根据，因而，瑞士模式相对而言较为可采。但是，瑞士民法只是对一般人格权客体"人格"的极度抽象的规定，并未对人格的内涵予以任何的明示，这无疑又会出现德国模式中对法官自由裁量的依赖。诚然，一般人格权具有不确定性，但"对于一般人格权概念的不确定性，我们不能否认，也不应当不适当放大，而应该认真面对且积极回应。或许，我们所须做的，应是通过社会经验的总结，'以文明社会的假设或共同体的道德感为基础'，且经理性思维的把握，努力去追求人格权概念的确定性"。一般人格权是从人的整体层面出发对人的关注，人的最基本伦理价值在一定程度上是可以予以总结和概括的。所以，一般人格权的内涵在宪法人权精神的指引下，是可以予以充实的。

　　学界对一般人格权应有的内涵形成了几种不同的认识，有学者主张一般人格权应包含人身自由、人格尊严②，有人认为一般人格权的内容应为人格独立、人格自由与人格尊严③，亦有学者主张一般人格权为一般自决权。一般人格权是"人之为人"最基本的伦理价值在法律上的表达，是具体人格权的高度抽象和概括。所以，笔者同意将一般人格权的内涵界定为人格尊严、人格独立和人格自由：人格尊严是主体对自己尊重和被他人尊重的统一；人格独立是主体人格平等的体现，其含义为个人的人格不受歧视，人格不受他人的非法干涉、控制；人格自由是人在

---

① 薛军《揭开"一般人格权"的面纱——兼论比较法研究中的"体系意识"》，《比较法研究》2008年，第5期。
② 王利明《人格权法》，法律出版社，1997年，105页。
③ 王利明、杨立新《侵权行为法》，法律出版社，1996年，161页。

其意志之下实现自我价值的伦理要求。所以，一般人格权可以表述为：自然人的人格尊严、人格独立、人格自由是法律所保护的人的基本价值，不受任何人的侵犯和非法剥夺。

（二）具体人格权的权利类型

法律通过权利义务的配置实现调整社会关系的目的，设立权利来保障个人利益，同时是对别人自由空间的限制。因此，个人利益与他人的自由须有清晰的边界才可能产生一种具有可预测性的社会秩序，这要求设立的权利的内涵和边界是确定的。具体人格权是以特定的人格利益为客体的权利类型，有确定的权利内涵和范围，可有效地确保法律的确定性以及可预测性。在人格权制度内容中，具体人格权是重要的组成部分，即便是一般人格权所保护的未被权利化的人格利益，当其逐渐获得区别于其他人格利益的独立地位和清晰的概念时，会被法律类型化为一种具体的人格权。可以说，对人格利益的法律保护主要是通过具体人格权来实现的，因此，具体人格权的立法是至关重要的。

1.具体人格权立法中须注意的问题

（1）民法中的具体人格权与宪法中公民基本权利的关系

宪法中规定的公民的基本权利和民法上的人格权都是人权在法律上的实现，但二者是从公法和私法不同的关系维度来规范人的价值保护问题。国家根本大法——宪法中公民的基本权利，其权利概念在公民和国家的关系层面上产生意义，基本权利指向的义务主体是国家，公民基本权利的实现依赖国家的积极作为行为。例如，宪法规定公民有健康权、受教育权、劳动权等，这些权利的主旨乃是国家有义务通过一定的财政资源、立法手段来使公民得到有效的保障，获得教育资源，扩大就业机会等，但是，并不存在与这些"宪法权利"相对应的可以供普通公民使用的普通的诉讼程序，即普通公民不能因为宪法规定了劳动权就可以起诉要求国家给分配一个工作。而民事权利义务关系是私人之间的权利义务关系，一方民事主体享有民事权利须以他方民事主体负有民事义务为条件；另一方面，作为私权的民事权利须以财产利益或人身利益为内容，并且存在一种与之相对应的采用普通诉讼程序的救济方法。具体到民法上的人格权，与权利人相对的义务主体为其他民事主体而不是国家或其他社会组织，人格权权利人在具体人格权中享有明确的人身利益，它指向的是他人的确定的义务（多是不作为义务），对侵害人格权的行为要承担相应的民事责任。

基于这样的认识，宪法中规定的公民的基本权利，如受教育权、劳动权、宗教信仰自由权等，因其权利的实现依赖于国家、其他社会组织的积极作为行为[①]，不是依赖于其他民事主体履行的义务（多为不作为的义务），因此，不宜作为民法中的人格权。

（2）具体人格权的规定和侵权责任法的衔接问题

具体人格权和侵权责任法的规定内容都涉及对人格利益的保护问题，如何对具体人格权和侵权责任的规定予以合理的安排，以避免重复、繁冗，实现法典内部各个部分的有效衔接，是具体人格权立法时须注意的环节。

人格权是对"本属于人自身的东西"所享有的权利，区别于物权和债权，是对"人所负担的东西"的权利。因此，在规定人格权权利行使的具体规则上，多是权利宣示性的规范，并不像《物权法》和《债权法》那样复杂，它的作用不在于规定权利保护的制度和方法，而在于对人格权的概念、特征、种类和具体内容的规定。对人格权保护的规范内容应置于侵权责任部分，依目前学者设计的民法典来看，我国《侵权责任法》将来在民法典中是作为独立的一编存在的，在《侵权责任法》中有对具体人格权保护的责任规定。因此，具体人格权中不应对人格权的保护再行规范，以避免人格权制度和《侵权责任法》在内容和体系上的重复和冲突[②]。另外，在人格权制度中对各种具体人格权概念、种类和具体内容进行规定，有利于为侵权责任部分人格权的保护提供存在的基础。

---

① 张新宝《人格权法的内部体系》，《法学论坛》2003年，第6期。
② 苗延波《人格权法制定中的焦点问题研究》，《法学论坛》2009年，第6期。

2.具体人格权的权利种类

（1）生命权。生命权是应受保护的最高法益的人格权，生命权的权利内容包括两个方面，一是维护生命安全权，即禁止他人非法剥夺生命、防止生命危害发生及改变生命环境；二是对生命利益的有限支配权，生命权人可以有限处分自己的生命利益。有学者认为，承认生命权的支配权能无疑肯定了自杀，因而否定生命权可以支配。但是，否定生命利益的有限支配无法解释为公共利益主动献身的行为，并且难以说明为了尊严"安乐死"的问题。生命权的行使只要不违背公共道德，是具有支配力的。生命权的权利主体为自然人，胎儿因还未出生，并不具有生物意义上的生命，因此，胎儿并没有生命权，因殴打孕妇致使胎儿流产时，孕妇可以身体权受侵害而请求损害赔偿。

（2）身体权。身体权是自然人维护其身体完整并支配其肢体、器官或其他组织的具体人格权，身体权的权利内容包括禁止他人对身体的侵害、搜查、侵扰等，同时身体权具有积极能动的权能[1]，即自然人有权决定是否转让、捐献自己的血液、皮肤、个别器官等。学者中有人主张，如果认可权利人对身体的支配权，将导致色情交易等违反公序良俗的行为，因此不认可身体权的可支配性。笔者以为，身体的可支配性和支配身体的行为是两个不同的问题，不应该以支配身体的行为可能违反公序良俗就否认身体权的可支配性，否则，将会使法律允许的支配行为排除在外。

（3）健康权。健康权以保持人的生理机能的正常运作和功能的正常发挥为权利客体，其权利内容主要是保持自己健康，排除他人不法侵害及支配自己健康的自由。

（4）姓名权。姓名权是自然人决定、使用和依法改变自己姓名的权利，任何人无权干涉、使用他人的姓名，禁止任何人恶意重名、盗用、冒用他人的姓名。在商业领域，姓名权，特别是名人的姓名权中的财产利益可以转让，如利用著名演员的艺名以提高票房价值，但在严格要求

---

[1] 杨立新《人格权法专论》，高等教育出版社，2005年，179页。

身份属性领域，姓名权不可以转让使用。

（5）肖像权。肖像权是自然人以肖像利益为内容的人格权。肖像权中的肖像通常应以一般人能够辨认为标准，对肖像权的侵害不要求以营利为目的，肖像权的权利人有权依自己的意愿制作、使用其肖像，禁止他人非法使用其肖像。此外，集体肖像亦应受到法律的保护，集体肖像权利利益归属于集体，集体成员只能主张集体肖像权，而不可主张个人肖像权，除非集体成员人数并不多，个人形象很突出，具有可辨识性时才可主张个人肖像权。演员剧照关系到著作权中邻接权的保护，应在著作权法中予以规定。

（6）名誉权。名誉权是自然人对其社会评价保有和维护的权利，名誉权的客体是自然人的名誉利益，通常是人格在社会生活中所受的尊重。对名誉权的侵害多表现为通过侮辱、诽谤等方式侵害他人名誉；以语言、文字、行动直接贬损他人名誉；捏造事实公然丑化他人人格等。因名誉权通常涉及言论自由和舆论监督，因此，对名誉权的侵犯须满足严格的构成要件。除此之外，还应规定一定的免责事由，如基于公共利益的保护可作为减轻或免除责任的事由。

（7）隐私权。隐私权是对个人私人生活秘密所享有的权利，隐私权的权利内容应包括以下几个方面：自然人的生活安宁和宁静权、自然人住宅不受打扰权和通信自由权。对隐私权的侵害方式表现为刺探、调查个人情报、资讯；干涉、监视私人活动；侵入、窥视私人领域；擅自公布他人隐私；非法利用隐私等。

（8）性自主权。性自主权是指自然人保持性纯洁的良好品行，享有性自由和性尊严等人格利益的人格权。[①]男女都可以成为性自主权的权利主体，权利人有权维护和保持自己性的利益，有承诺处分自己性利益的自由，但要受到一定的限制，如不得违反公序良俗和已婚男女之间的法律上的忠实义务。

（9）其他人格利益保护。胎儿因未出生，不是民事法律关系的主

---

① 杨立新《人格权法专论》，高等教育出版社，2005年，354页。

体,但是,法律上对胎儿的健康利益有特殊的保护。胎儿的健康法益的损害,通常通过作用于母体,使胎儿的身体功能完善性受到侵害,胎儿在出生后可提出保护请求。如果在母体中健康受到潜在损害影响,待其出生后损害显示出来的,有权提出赔偿请求。此外,死者的隐私、名誉、姓名利益受法律的保护,对侵犯死者隐私、名誉、姓名的行为,死者的近亲属可以要求加害人承担相应的侵权责任。

上述具体人格权是已经成熟的人格权类型,在我国人格权立法中要对这些具体的人格权予以明确规定,一般人格权和各种具体人格权类型相得益彰,构筑人格权制度完整的权利体系,以便更好地实现对人的价值的法律保障。

第二节　人格权中财产利益的保护

一、人格权财产利益的法理分析

（一）人格权财产利益的理论依据

人格权和财产权是民法中最基本的两类民事权利。在古代和近代民法中,由于人格权法律并不受重视,民法的内容主要表现为对财产权的保护。在这个时期,西方民法学者大多把财产权视为个人人格的延伸,主张将个人意志自由和人格尊严的价值体现在个人对财产权的支配方面,人格权利就是对财产自由地占有、使用、收益和处分的权利,对人格的尊重即是对他人财产的尊重。因此,民法主要注重的是对于财产权的保护,而不注重对人格权的保护。20世纪以来,随着社会经济的发展以及人权保护意识的加强,人格权的地位日益突出。[1]人格权获得了独立于财产权的新发展。社会的发展和科技的进步,引起了财产权和人格权二者相互关系及其各自内部关系的变化。新的权利被确认,权利的内

---

[1] 王利明《人格权法》,中国人民大学出版社,2009年,21页。

容也更为丰富，尤其在传统上被认为横亘于财产权和人格权之间的不可逾越的界限，受到相当程度的侵蚀，甚至在某些领域二者的界限已经变得模糊不清，二者的区别已从绝对趋于相对。①这一现象集中表现在人格权中财产利益的出现。

　　从实践来看，人格权财产利益的出现，不仅是人格权自身发展的结果，而且也是市场经济作用的结果。自西方文艺复兴运动以来，受人文主义思潮的影响，人权观念逐渐得到重视，人们追求个人尊严、独立与自由，人格权成为借以保护其人格完整性的武器。人格权是以主体依法固有的人格利益为客体的，以维护和实现人格平等、人格尊严、人身自由为目标的权利，在民法中属于人身权的范畴。②传统理论认为，人格权作为人身权的主要类型，与财产权存在重要区别，即并不直接以财产利益为内容，且原则上不得转让和抛弃。③权利云者，为法律赋予特定人以享受其利益之权力也。④因此，财产权与人格权的区别就在于二者保护的利益不同，前者为财产利益，后者为人格利益。人格利益作为人格权的客体，与财产权所保护的经济利益有别。因此，人格利益通常被认为是非财产利益。⑤但是，随着人权观念、自由理念的不断发展，人们从最初的保障其人格完整性、独立、尊严，发展为需要对人格要素的自由控制与自主决定。这种对其人格要素的自由支配，在市场经济的作用下，就有可能使权利主体将其转化为经济利益，由此就出现了人格权中的财产利益。所以，随着人格权财产利益的出现，人格权与财产权的划分依据值得重新审视与探究。

　　从理论上看，财产权并非都以财产为客体，人格权也并非不包含经济利益。传统民法上以权利内容为标准，分为财产权和非财产权两种。

---

① 程合红《商事人格权论》，中国人民大学出版社，2002年，10页。
② 王利明《人格权法》，中国人民大学出版社，2009年，5页。
③ 马特、袁雪石《人格权法教程》，中国人民大学出版社，2007年，11页。
④ 梅仲协《民法要义》，中国政法大学出版社，1998年，33页。
⑤ 佟柔《中华人民共和国民法通则疑难问题解答》（第一辑），中国政法大学出版社，1986年，43页。"人格不属于商品关系的范畴（至少在社会主义制度下可以这么认为），所以它与金钱或财产很难说有什么等质的东西"，转引自程合红《商事人格权论》，中国人民大学出版社，2002年，12页。

非财产权又包括人格权和身份权,这种划分来源于罗马法。早在罗马法上就有对人权(actions in personam)和对物权(actions in rem)之分,后世学者从对物权中发展出财产权和物权,将对人权细分为由权利主体自身所生之权利,即人格权和及于他人之权利两种。及于他人之权利,又被分为亲属法上的身份权和以他人行为为标的的债权。在这种以客体为标准的权利分类中,并非仅仅以财产为客体的权利具有经济利益,如债权虽不是以财产为客体,但不能否认其所具有的经济利益。可见,权利是否具有经济利益,不能仅以权利的客体是否为财产为标准,还应结合权利中力的因素的运用及其作用与功能的发挥。债权是一种请求力,通过请求他人为一定的行为,来满足权利人的经济利益,实现其经济目的。人格权是一种支配力,权利人通过对其人格因素的支配,如将姓名、肖像等授权他人进行商业性使用等,发挥实现权利人经济目的的作用,从而体现出对权利人所具有的经济方面的价值和有利于权利人的人格发展的实益。因此,自然人的一部分人格利益,虽然不以财产为客体,但也不能因此否定其经济利益。这种经济利益是依托人格要素发挥作用的,[1]是人格权的一部分。人格权是支配权,对人格要素的支配是人格权的应有之义。因此,在市场经济条件下,权利人支配其某些人格要素,如姓名、肖像、声音等用于商业目的,这种权利行使方式应当得到法律认同。同时,依托此种支配力而产生的财产利益也应得到法律的保护。

人群共处,各有需求,涉及不同的利益,不免发生冲突,为维护社会生活,自须定其分际,法律乃于一定要件之下,就其认为合理正当的,赋予个人某种力量,以享受其利益。[2]人格权的财产利益已经成为既成事实,实践中因其产生的冲突比比皆是,根源就在于缺乏法律的保护。对人格权财产利益的承认与保护,意味着对传统民法权利体系的冲击与挑战,然而,法律在形式上的逻辑性不应成为保护一项合理利益的

---

[1] 程合红《商事人格权论》,中国人民大学出版社,2002年,26页。
[2] 王泽鉴《民法总则》,中国政法大学出版社,2001年,84页。

障碍。相反，应从现实出发，赋予权利人对特定人格要素的支配力，保护其财产利益，这既符合民事权利保护私法利益的要求，又符合人格权内涵不断扩充的发展趋势。

（二）人格权财产利益的法律界定

要对人格权财产利益进行规制与保护，首先要对其概念、性质、范围进行研究和界定。人格权的财产利益根源于人格权本身，借助权利人的人格特征所产生的影响力，满足使用人对其形象的需求，从而产生直接的经济利益。因此，人格权财产利益的界定离不开人格权，对人格权的把握应从人格利益入手。

人格权财产利益的起点是人格利益。根据人格利益的内容，可将其划分为物质性人格利益和精神性人格利益。物质性人格利益也称生物形态人格利益，它以权利主体的人身为核心，主要包括人的生命、健康和身体部分机能的安全利益；精神性人格利益也即社会形态人格利益，它是自然人与他人或社会发生联系的需要，具体包括标识需求（姓名、名称、肖像）、评价需求（名誉、荣誉）、感情需求（相安、相属、相爱）以及发展条件需求（机会平等）。而其中发挥标识需求的人格利益又被称为"标表性人格利益"。[①]在社会习俗和主流观念的影响下，个人的身体、健康、自由、尊严等人格利益不能被用于商业性行为，不具有产生财产利益的可能性。原则上，社会形态的人格利益，尤其是标表性人格利益所包含的经济利益的内涵越广，物质性人格利益的经济利益因素就越少。可见，人格利益并非绝对的非财产利益，有些人格利益具有财产价值，能产生经济利益。

根据上述对人格利益的分析，具有社会形态的标表性人格利益可以被商业性行为所利用，产生财产利益。因此，人格权的财产利益，即权利人对其标表性人格利益进行商业利用而产生的经济性利益。也即姓名、肖像、声音等人格特征本身所体现的财产价值，及个人对其人格特

---

① 祝建军《人格要素标识商业化利用的法律规制》，法律出版社，2009年，12~13页。

征得为商业上的使用，而获得一定经济利益。①首先，人格权财产利益的归属者为权利人，包括人格权人、合法的被许可人、受让人以及死者人格利益的继承人，其他任何人不得妨碍权利人对人格权财产利益的享有。其次，具有经济价值的人格利益仅限于标表性人格利益，如姓名、肖像、声音等形象因素。标表性人格利益是区分人与人的人格要素，体现人格特征，人格权之所以具有财产利益是因为人格特征所产生的"形象利益"能够满足人们的商业需求。物质性人格利益不能进行商业利用，否则有违社会通行的伦理观念。即使市场经济一再表现出泛商品化的需求，道德和法律也不倡导和承认对人的身体、健康、生命的自主商业性处分。

人格权的财产利益区别于传统人格权，在于其突破了传统人格权专属性、人身性而不可转让、不可继承的非财产性特征。人格权的标表性人格利益之所以能够产生经济价值，就在于对标表性人格利益，如姓名、肖像等，可以进行转让或许可用于广告代言、作价出资等商业目的，从而产生相应的经济利益。有些否定人格权财产利益的理论认为，人格权具有与人身不可分离的特性，事实上，对标表性人格利益的商业利用并非是权利人与其人格要素的分离和不受己控，而仅仅是利用特定人格权人的人格魅力和影响力来满足使用者的市场需求，人格权人仍然控制和享有标表性人格利益所带来的精神价值——标识需求。

（三）人格权财产利益的法律性质

随着人格权财产利益逐渐得到认可，人格权上除了传统的精神利益外，同时体现其经济价值。利益属性的不同定位对立法论上规范模式的选择和解释论上具体规范的适用，影响甚大。②那么，如何保护人格权

---

① 王泽鉴《人格权保护的课题与展望——人格权的性质及构造：精神利益与财产利益的保护》，《人大法律评论》2009年，第1期。
② 严城《论人格标识上财产利益的法律定性——为人格权衍生利益辩》，《学术交流》2010年，第6期。

财产利益，就取决于如何界定人格权财产利益与人格权的关系，也即如何对其定性。目前，理论界对这一问题的认识仍然存在较大分歧。其中较有影响的学说有：

（1）商事人格权说。该学说认为，人格权上的财产利益为商事人格利益。商事人格权是兼具财产权和人格权双重属性的新兴权利，同时，它又不同于一般的人格权与财产权，具有自己的特征，是人格权与财产权发展、交汇的产物。因此，无须生硬地将人格权的财产利益纳入人格权或财产权中。商事人格权承认对人格的依附性，认为这种因人格而产生的无形财产是与知识产权相并列的人格性财产权。①笔者认为，从形式上讲，商事人格权说创设了一种新的权利体系，在保护方式上使人格权的财产利益脱离了人格权法的保护范围。但一种权利的创设势必会消耗立法成本，而原本形成的权利体系又被打破，在姓名权、肖像权等具体人格权之外，商事人格权的创立无疑会造成逻辑体系划分的混乱。因此，商事人格权说不可取。

（2）知识产权说。该学说创设了"形象权"这一新兴权利类型，即相关主体对其拥有的知名形象进行商业开发利用的财产权利。形象权应当与人格权等具有人身属性的权利完全分离，从而归入纯粹的财产权体系，由于形象权的客体是一种特殊的知识产品——形象，因此可以将其定性为一种新型的知识产权。②知识产权说亦是将人格权财产利益作为新权利，创设并与人格权分离。然而，以知识产权作为保护路径亦存在缺陷：首先，就我国现行的知识产权法律体系而言，知识产权本身是在保护智力成果，人格权上的财产利益乃借助于个人之声望和影响力，与智力成果并不相关；其次，知识产权体系基本完备，创设形象权并将其归入知识产权体系中，容易造成混乱；同时，这种做法势必会造成立法成本的耗费。因此，将人格权的财产利益通过形象权纳入知识产权体系

---

① 有学者认为：所谓商事人格权，是指公民、法人为维护其人格在商事活动中所体现出的包括金钱价值在内的特定人格利益——商事人格利益而享有的一种民（商）事权利。一方面，它仍然极力固守商事人格权的基本属性；另一方面，它又不得不发生相应的变化，适应社会商品化的发展，很大程度上又兼具财产的属性。见程合红《商事人格权刍议》，《中国法学》2000年，第5期。
② 祝建军《人格要素标识商业化利用的法律规制》，法律出版社，2009年，184~185页。

中予以保护，无论从理论基础还是法律实务来看均有难度。

（3）无形财产权说①。主张此学说的学者认为，在商品经济条件下，将知名形象的某些特征与特定的产品相结合而起到吸引消费者，获取经济收益的作用具有"第二次开发利用的价值"。对知名形象的二次开发利用，产生具有财产价值的商品化形象权。商品化形象权是一项独立的无形财产权，它是在人格权与知识产权之间创设的一种新的财产权。②商品化形象权作为一种无形财产，是形象所产生的经济利益，由于"形象"的无形性，因此也就成为无形财产。笔者认为，该学说将人格权的财产利益与人格权完全分离，而将其归入财产权的范畴，其注重财产利益本身，而忽略了产生该财产利益的根基——人格权人的人格特征所具有的声望和影响力。所以，无形财产权说无法准确地概括人格权财产利益的法律属性。

（4）人格权说。该学说主张对具体人格权的权能进行扩充，将姓名、肖像、声音、形象等人格特征被商业利用后产生的财产利益直接纳入相应的具体人格权当中，予以直接保护。原因在于：人格利益的构成并不是单一的，除精神利益、物质性人格利益外，民事主体利用诸如姓名、肖像、声音等具有可指示性的人格特征带来的财产利益实为人格利益的构成要素，而不能认为是对人格利益性质的抹杀。③同时，具体人格权说又有"固有说"和"衍生说"两个分支。所谓固有说，即人格标识上的财产利益是人格权内容的组成部分，为商品化的市场经济环境下人格权内容的新发展。衍生说，是指人格标识上的财产利益是人格权的衍生利益，非人格利益的固有组成部分，④由人格权派生而来。

知识产权说、商事人格权说以及无形财产权说都将人格权的财产利

---

① 吴汉东教授认为：形象权的保护对象是知名形象，包括真实人物形象和虚构角色形象两类。形象权是形象商品化过程中产生的一种私权形态。形象权与人格权（如姓名权、肖像权等）、知识产权（如著作权、商标权、商号权等）存在诸多联系，但具有无形财产权的独立品性。见吴汉东《形象的商品化与商品化的形象权》，《法学》2004年，第10期。
② 吴汉东《形象的商品化与商品化的形象权》，《法学》2004年，第10期。
③ 杨立新《中国人格权法立法报告》，知识产权出版社，2005年，143页。
④ 严城《论人格标识上财产利益的法律定性——为人格权衍生利益辩》，《学术交流》2010年，第6期。

益完全与人格权分离而纳入财产权的范畴。正如上文所提出的对财产权与人格权的权利划分标准的重新审视，这种定性的科学性也有待论证。同时，人格权的财产利益依赖并产生于人格权，它具有很强的人格依附性，其因主体的人格而生，没有主体人格的存在，也就没有人格权财产利益的产生。[①] 因此，人格权财产利益无法脱离人格权而成为财产权的分支。上述理论忽视了人格要素与人格主体本身的联系，特别是对于自然人来说，该理论忽视了自然人人格要素标识对人格尊严的彰显作用。

因此，笔者认为，人格权财产利益的权利属性应是人格权的衍生利益，是以人格权为基础的人格要素在适应社会经济发展需求过程中的客观产物，其依赖于特定人格权人的人格魅力、影响力和声望，通过大众传媒等手段，利用具有人格指示性和标识性的人格要素，用于促销商品或作价投资，而产生经济上的有用性，是一种衍生品。人格权的财产利益并非人格权本身所固有的内容，因为人格权是保护人之所以为人，是存在于自身的权利。因此，对人格权财产利益的保护，仍应纳入人格权制度内，通过对具体人格权内涵和权能的扩充，以完善对人格权的规制。

（四）保护人格权财产利益的法理依据

对人格权上财产利益进行法律保护的理论依据是什么，学界存在以下几种观点：

第一，自然权利说（劳力说）。该学说以洛克的劳动价值理论为基础，认为个人付出精神、时间、劳力，使其姓名、肖像等个人形象特征具有一定的影响力和声望，从而有被用作商业目的的可能性，进而产生财产价值。这种商业利用价值所产生的经济利益应由播种者收取其成果，所以，人格权上的财产利益乃属于一种不证自明的财产权。[②]

[①] 程合红《商事人格权——人格权的商业利用与保护》，《政法论坛》2000年，第5期。
[②] 王泽鉴《人格权保护的课题与展望——人格权的性质及构造：精神利益与财产利益的保护》，《人大法律评论》2009年，第1期。

第二，诱因说（功利主义说）。诱因说承认人格权的财产利益并予以保护，使人格特征所具有的财产价值归属于个人，可诱使人格特征的所有人致力于形象塑造，从而有助于促进社会文化的繁荣及经济的发展。①

第三，禁止不当得利说。该学说认为，姓名、肖像等人格特征若任由他人擅自使用，有违"未耕种者不能收取成果"的原则。因此，认可人格权的财产利益，赋予权利人排他地使用该财产利益的权利，可防止他人获得不当得利，或使其返还不当得利。②

第四，经济效率说。美国联邦巡回法院Posner法官倡导法律经济分析方法，强调使个人对其人格特征享有财产权，得为让与或许可他人使用，将可使人格特征的形象价值归于最能有效率利用之人，符合资源分配效率原则。同时，Posner法官在相关判决中亦以经济效率原则作为肯定公开权的理由。③

第五，消费者保护说。该学说认为，如果不对人格权财产利益予以认可和保护，产品或服务的提供者擅自使用知名人物的人格特征，将会误导消费者，使消费者认为该知名人物代言、担保该产品或服务。因此，承认和保护人格权的财产利益后，禁止企业厂商擅自使用他人形象为广告代言，有助于保护消费者的利益。④

针对上述关于保护人格权财产利益的各种见解，理论上也有不同的观点。关于自然权利说（劳力说），有认为名气或声望的取得并非皆因个人的努力，有时是一种机遇或侥幸。关于诱因说（功利主义说），有认为从事某种娱乐、运动或政治活动，各有其目的，并非都是为了取得财产上的权利。关于禁止不当得利说，有指出名人为商品代言，获利颇丰，实无再予特别保护的必要。关于经济效率说，有强调此项理论主要用于反对财产共有，而非强调支持创设某种财产权。针对消费者保护

---

① 王泽鉴《人格权保护的课题与展望——人格权的性质及构造：精神利益与财产利益的保护》，《人大法律评论》2009年，第1期。
② Madow, *Private Ownership of Public Image: Popular Culture and Publicity Rights*, Cal. Law Review, 1993, 181:125.
③ 祝建军《人格要素标识商业化利用的法律规制》，法律出版社，2009年，62页。
④ 郭玉军、向在胜《美国公开权研究》，《时代法学》2003年，第9期。

说,有认为此乃公平竞争问题,与是否应承认人格特征或形象的财产权,并无直接关联。①

笔者认为,人格权上的财产利益之所以应当受到保护,是个人的经济自主。第一,在现代社会,个人的姓名、肖像等人格特征用于推销商品、服务等商业用途,创造了一定的经济价值。第二,个人的人格特征所体现的财产价值应当由权利主体者享有和控制。第三,人格权的价值在于个人自主,人格权上的财产价值乃在彰显个人的经济自主,以维护其人格的自由发展。

二、人格权财产利益保护的立法比较

对人格权财产利益的保护,各国根据本国人格权理论体系和发展路径分别采取了不同的保护模式和手段。如美国许多州创立了平行于隐私权的"公开权"来对主体的姓名、肖像、声音、形象等"可指示性"人格要素所产生的财产利益予以保护;德国则通过判例的形式不断扩充一般人格权的内涵,经实务的发展演变逐渐承认一般人格权也具有财产价值,并以人格权法、侵权法、不当得利制度等对其进行保护;英国并没有像美国形成体系的公开权概念,对于人格权财产利益的保护散见于制定法和普通法当中,主要通过《版权、外观设计和专利法案》《商标法》以及普通法上的仿冒之诉、恶意诽谤之诉、广告守则对其提供保护;日本引入商品化权,给予名人对其姓名、形象及其他对顾客有吸引力、有识别性的经济利益或价值进行排他性支配的保护;世界知识产权组织(WIPO)在《示范条款》中用反不正当竞争法来保护人格权的财产利益,通过"禁用"来排除对利益的危害。

(一)美国"公开权"对人格权财产利益的保护

1. 公开权的创立

1890年,法学家萨缪尔·沃伦(Samuel D. Warren)和路易斯·

---

① 祝建军《人格要素标识商业化利用的法律规制》,法律出版社,2009年,62页。

布兰代斯（Louis D. Brandies）在《哈佛法学评论》上发表了《隐私权》一文，该文主张存在一种法定隐私权，知名人物可以防止媒体永无休止和无所不包地对其进行报道。①1960年，普罗瑟（Prosser）教授将隐私权侵权体系划分为四种类型：侵入原告幽居独处或其私人事务（intrusion）；公开揭露令原告难堪的私人事实（disclosure）；公开某种事实，致扭曲原告形象，为公众所误解（false light）；被告为了自己的利益，擅自利用原告的姓名或肖像（Appropriation, for the defendant's advantage, of the Name and likeness of the plaintiff, appropriation）。第四种侵权类型就属于对公开权的侵犯。隐私权在于保护精神利益，即个人的情绪、思想及感觉，其专属于个人，不得让与或继承。②

1953年，弗兰克（Frank）法官在Haelan v. Laboratories v. Topps Chewing Gum, Inc.（1953）一案中，抽象出了公开权（the right of publicity）。弗兰克法官强调，在隐私权之外，尚存有一种得保护此种商业利益的法律基础："吾人认为，在隐私权之外，并独立于隐私权，个人对其肖像有一种公开的价值，即得授权他人有排他地公布其肖像的特权，此种权利得称为公开权。"③公开权作为一项财产权，使个人能够阻止未经授权而对其姓名和肖像进行商业利用的排他性权利，这种排他性权利是可以由被许可人直接行使的。然而，弗兰克法官并没有在这样一项权利是否应当被认定为财产权的问题上花太多精力。但是，这一案例却督促法院沿着Haelan案的路径，基于不同的原则区别保护商业利益和隐私利益。④

1954年，梅尔维尔·尼莫（Melville Nimmer）发表《公开权》论文，论述了公开权发展的重要性。他提出，公开权的创设，能使法律更符合社会需要，弥补隐私权、不正当竞争在保护人格特征上财产利益的不足。肖像、姓名等人格特征所体现的商业价值，来自个人的投资及努力，使其得到因商业使用所产生的利益，这符合普通法的基本理论及洛

---

① 郭玉军、向在胜《美国公开权研究》，《时代法学》2003年，第1期。
② See William L. Prosser, Privacy, 48 Columbia Law Review. 383, 383–88（1960）.
③ 王泽鉴《人格权保护的课题与展望——人格权的性质及构造：精神利益与财产利益的保护》，《人大法律评论》2009年，第1期。
④〔澳〕胡·贝弗利-史密斯《人格的商业利用》，李志刚、缪因知译，北京大学出版社，2007年，198~199页。

克(Locke)的劳动说理论。①

此后，公开权逐渐得到许多州的承认，并不断通过判例的形式对其内容进行扩充和丰富，使得美国的公开权理论日臻成熟。

2. 公开权的发展

美国联邦最高法院判决的 Zucchini v. Scripps-Howard Broadcasting Co. (1977) 一案对公开权的发展起到了关键作用，这是美国联邦最高法院第一次关于公开权的判决，肯定公开权的保护，该裁判要旨有三：第一，肯定一个被确认的法律原则，应区别一个以保护个人感情、思想等的隐私权，以及一个以保护个人特征财产价值为内容的公开权；第二，公开权之所以应受保障，乃在激励个人从事投资，得收取其努力的报酬，与个人感情的保护实少关联，乃独立于隐私权外的一种类似于专利权或著作权的权利；第三，本案所涉及的是一种现场表演，攸关个人职业生计，仍应受公开权的保障。在 Zucchini 案公开权获得联邦最高法院的首肯后，更为许多州所采取。迄今为止，在普通法上承认公开权的有11个州，立法加以承认的有19个州。②普通法具有灵活性，其对公开权的保护范围更为开放，法院借助普通法不断地扩充"可识别性"的内涵；而成文法以立法的形式明确公开权制度，具有确定性、可预测性，但保护范围和力度实有局限，因此，许多立法上承认公开权的州，同时也以普通法对其作为补充。

在联邦范围内，虽然以判例的形式认可了公开权，但并未对公开权进行立法。由于公众人物的人格特征常被用于"商标"，因此，对公众人物的公开权可以通过联邦的商标法予以保护。《商标法》1125条规定：任何人就任何商品或服务在商业上使用任一字、词、姓名、符号或图案，或它们的结合，或对商品或服务的来源做出虚假的指示，或对事实做出虚假或误导的描述或陈述，而且上述做法会在该人与他人的关系上，或其商品或服务的来源、赞助者或核准问题上，或就他人的商业活动上

---

① See Melville Nimmer, *The Right of Publicity*, Law & Contemporary Problems 203 (1954).
② 王泽鉴《人格权保护的课题与展望——人格权的性质与构造：精神利益与财产利益的保护》，《人大法律评论》2009年，第1期。

等，造成混淆或错误认识或实施欺骗，则任何人为上述行为会对其造成损害的人均可以对该人提起诉讼。①在不承认公开权或公开权保护的范围较窄时，通过商标法有关不正当竞争的规定，也可以成为公开权保护的利器。此时，此类案件须具备"造成混淆的可能性"之条件，也即公众人物的形象未经允许被用于商业广告中时，足以误导公众认为其在为该商品做广告、形象代言。在模仿人物的外形和声音的案件中，经常借助上述规定予以保护公开权。

由于纽约州和加州的娱乐业和体育业相对更为发达，它们是最早从事公开权立法的两个州。在纽约州，公开权被制定于《民事权利法》第50～51条（"隐私权法"）和《一般商业法》第394条中，②第50～51条规定：保护"任何活着的人"（any living person）的权利，禁止未经许可而使用他人的姓名和肖像。③《加州民法典》（California Civil Code）第3344条明确规定保护自然人的姓名、肖像、声音和签名等，④同时加州1985年制定民法典时，其第990条又就公开权的死后继承问题做出规定。⑤

美国法律协会在1995年的《不正当竞争法（第三次）重述》中已经正式承认公开权。该法第46条就何谓公开权做出界定，该条规定：任何人，在未经他人同意并出于商业目的的情况下，通过使用他人姓名、肖像或其他可识别性特征的方式利用他人形象的商业价值，将承担第48条和第49条所提供的法律补救措施相应的法律责任。第47条解释了何谓"商业目的"，该条指出，所谓"出于商业目的"是指他人的姓名、肖像或其他可识别性特征被用于使用者的产品或服务的广告中，或被放置在使用者销售的商品上，或被投入与使用者提供的服务相关的用途中；该条还对"出于商业目的"的例外情形做出规定："出于商业目的"通常不应包括在新闻报道、评论、娱乐、虚构或非虚构的作品或附属于以上

---

① 郭玉军、向在胜《美国公开权研究》，《时代法学》2003年，第1期。
② 同上。
③ 李明德《美国形象权法研究》，《环球法律评论》2004年，第4期。
④ 同上。
⑤ 郭玉军、向在胜《美国公开权研究》，《时代法学》2003年，第1期。

使用方式的广告中使用他人形象特征的情形。该法第48条和第49条分别就在使用他人形象特征时所经常使用的两项救济措施，即禁令和金钱赔偿的适用条件做出了规定。①

3. 公开权的保护范围

（1）公开权的主体范围，早期法院判决认为应限于"名人"，"盖公开权乃在保护个人形象特征所体现的财产权，自须以其人一定的名气或声望为前提"。②若采此说，则名人以外之人的姓名、肖像等虽被商业上使用，不受保护，诚非合理。目前实务及学者通说均认为，任何人均享有公开权，是否为名人，在所不问。③因为任何人都有对其人格特征进行支配的权利，不应因名人与否而有别，而且"非名人"的人格特征用于商业目的已有先例，证明其同名人一样也具有财产价值。至于名人与否，可以作为侵权损害赔偿数额的标准。

（2）公开权的客体范围，从发展趋势上看，其呈现逐渐扩大的趋势，由最初的肖像、姓名的保护逐渐扩大到仅以具有"可识别性"为必要。

肖像常被用于广告代言，因此，未经权利人许可而在商品或服务的推销中使用其肖像，构成对此项客体的侵害。在Ali v. Playgirl, Inc.一案中，*Playgirl*杂志刊登了一个上半身裸体的黑人在拳击场角落的画面，并配以"The Greatest"的文字，法院认为，原告阿里一致被公众这样称呼，因此，认定被告的行为构成侵权。

姓名也是重要地彰显人格特征的要素，对其侵权行为的认定，应结合相关情况判断是否将他人的姓名做商业使用。在Hirsch一案中，原告Hirsch起诉一家制造女性剃毛膏的广告商，被告在其广告上擅自使用原告的绰号"Crazy legs"，威斯康辛州最高法院认定Hirsch是著名的足球运动员，"Crazy legs"是公众因其踢球风格冠之以特殊的绰号，被告侵

---

① 郭玉军、向在胜《美国公开权研究》，《时代法学》2003年，第1期。
② Ali v Playgirl, Inc., supra, 447 F, Supp. 723, 729（S.D.N.Y1978），转引自王泽鉴《人格权保护的课题与展望——人格权的性质及构造：精神利益与财产利益的保护》，《人大法律评论》2009年，第1期。
③ 王泽鉴《人格权保护的课题与展望——人格权的性质及构造：精神利益与财产利益的保护》，《人大法律评论》2009年，第1期。

害了原告应受公开权保护的人格特征。

声音也具有识别身份的功能，能够被商业利用，对他人原始声音的无权使用，以及对他人声音擅自模仿而用于商业目的，均构成公开权侵权。在Midler v. Ford Motor Co.一案中，著名明星Bette Midler将Ford Motor公司及其广告代理商起诉至法院，诉称Ford Motor Co.在其广告中故意聘用其他歌手来模仿演唱自己原唱的歌。法院指出，被告给社会公众制造了一种暗示，使公众以为Midler是为被告公司的产品做宣传，个人声音更具有独特性和人身专属性，行为人以营利为目的擅自使用广为人知的歌手的声音，触犯了加利福尼亚州的侵权法规定。[①]

具有独特身份指示性的标语，由于与特定的主体相联系，对其未经允许而使用，也构成对公开权的侵害。在Carson v. Here's Johnny Potable Toilets, Inc.一案中，第六巡回法院首次扩张了公开权的保护范围。原告Johnny Carson是美国电视节目Today Show的著名主持人，其以"Here's Johnny"作为开场旁白，一家生产方便厕所的制造商在其产品广告中擅自使用"Here's Johnny Potable Toilet"，原告请求法院颁发禁止令并请求赔偿损失，初审法院未支持原告的诉讼请求。Carson向上级法院提起上诉，第六巡回法院受理此案后，推翻了初审判决，并将公开权的保护扩展到姓名、肖像以外的范围，即擅自使用名人的、具有独特身份指示性的标语的行为也被认定为公开权侵权。随后，第六巡回法院的判决被美国法学界所认可。

现场表演也是美国公开权保护的客体。在前述Zacchini一案中得到确认，原告Zacchini在俄亥俄州的集市上表演"人体炮弹"的节目，每次表演约15分钟，被告是一家当地的电视台，其在原告反对的情况下对表演过程进行拍摄并在晚间新闻中予以播放，原告诉至俄亥俄州法院，认为该电视台非法滥用其公开权。俄亥俄州最高法院依据美国宪法第一

---

① 亚历山大·C.吉夫托斯《普通法上公开权和名人身份的商业性滥用："VANNA的新衣柜"》，张玲译，载张民安主编《公开权侵权责任研究：肖像、隐私及其他人格特征侵权》，中山大学出版社，2010年，202页。

修正案，以新闻自由为由做出有利于被告的判决。美国联邦最高法院则推翻俄亥俄州最高法院的判决，联邦法院认为，公开权不仅应该保护权利人的姓名、肖像免受他人商业性使用，还应保护名人身份的其他有价值部分。

与个人具有联想关系的物品或组合，其并非是主体人格特征的一部分，但某种物品或组合足以指示一个人的身份特征，也应得到公开权的保护。在Vinna White v. Samsung Electronic America一案中，原告Vinna White是《幸运之轮》节目的主持人，被告Samsung公司未经许可，将其开发的机器人打扮成原告在节目中的形象。原告以擅自使用她所拥有的可识别性身份特征向地方法院提起诉讼，地方法院判决被告胜诉，原告遂向第九巡回法院提起上诉，第九巡回法院大多数法官认为，Samsung公司的机器人所处的工作环境和身上所装饰的物品以及机器人的总体形象结合起来就形成了原告所具有的独特特征，侵犯了专属于Vanna White的独一无二的可识别性特征，法院建议扩张公开权侵权的诉因。

以虚拟人物作为真实人物。[①]公开权系在保护个人的形象特征，而非虚拟的角色，但在广告上使用虚拟人物角色，足以识别其是指某人时，亦构成对公开权的侵害。在McFarland v. Mill一案中，原告McFarland曾是"Our Gang"影集中的童星，该影集曾在电影和电视中广泛播出，为大众所熟知和喜爱，被告于其经营的餐厅中擅自使用McFarland的名称及其在"Our Gang"中的照片。法院认定McFarland扮演的角色即为其本身的公众形象，与该演员本身不可分离，被告未经允许在商业上使用，乃侵害了该演员对其角色演出或展示的利益。

综上，美国公开权保护的客体在于能够对特定主体的身份具有指示作用的身份标识，只要行为人擅自使用的可识别性要素能够唤起公众对某特定主体的联想，误以为该主体为行为人所推销的商品或服务做广告

[①] 王泽鉴《人格权保护的课题与展望——人格权的性质及构造：精神利益与财产利益的保护》，《人大法学评论》2009年，第1期。

代言、推广,即认定是对公开权的侵害。

4. 公开权的继承

公开权的继承,涉及到该项权利何时终止和消灭的问题。美国各州在是否肯定公开权的可继承性、公开权的存续期限或者是否应为公开权的继承限定条件等方面,存在很大的分歧。

由于公开权由隐私权发展而来,传统隐私权作为一项人身权利,不得继承。在纽约州,公开权的内容被规制在隐私权法律制度中,成为其一部分,因此,纽约州的制定法中规定,公开权随着权利人的死亡而消灭。之所以会产生这样的规定,就是有人担心公开权的继承将使继承人不劳而获。①

在承认公开权的其他州,对公开权保护的期限也不一致。如印第安纳州和内华达州,公开权的存续期间是一个人生前和死后的100年;加州规定,公开权在一个人生前和死后的50年内受保护;而田纳西州则规定,公开权只有在被权利人抛弃后才消灭,也即只要权利人未抛弃该权利,则公开权永久存在而受保护。承认公开权可被继承的理由是:个人特征形象的财产价值若不得继承,则他人将可任意利用,两相权衡,以归于继承人取得较为合理;公开权的继承具有保护死者精神利益的功能。②

另外,许多州采取有条件地承认公开权可继承的立法例,该条件就是:死者生前对其公开权的商业开发。一般来说,有两种行为可以认定为是生前对公开权进行商业开发的证据,一是为有关产品做广告,一是生前转让其公开权。设置该项条件的目的是在保护公开权的同时亦对其进行一定程度的限制,以免这项权利无限制地扩大到其他继承人身上。许多学者认为,在没有商业开发的情况下,允许公开权被继承,将不利于实现鼓励进取和创新的社会政策。但在实践中,将生前商业开发作为

---

① 王泽鉴《人格权保护的课题与展望——人格权的性质及构造:精神利益与财产利益的保护》,《人大法学评论》2009年,第1期。
② 同上。

继承公开权的条件并没有在各州中获得普遍承认。①

5. 公开权的限制

美国宪法第一修正案规定，政府不能限制公民的言论自由，亦不能限制新闻报道的自由。言论自由为美国民主宪政上应受保障的基本权利，名誉或隐私权的保护应受言论自由的限制。公开权涉及商业广告，受到较低层次的言论自由保障。美国在言论自由对公开权的限制方面，大致可归纳为两类：一是广告内容以推销商品或服务等商业交易为目的者，不受言论自由的保护，广告商在其商业广告内容中加入若干公共利益的说明，乃以新闻性或娱乐性故事包装隐藏推销商品的广告，原则上亦不为言论自由所保障；二是在书籍、杂志、电视、广播等媒体使用他人的形象特征，具有传播资讯、评论事物或娱乐的意义或功能者，可认系非商业性言论。②

6. 侵犯公开权的法律后果

美国对公开权侵权的构成要件要求：原告系公开权的主体，包括公开权的受让人；被告未经原告同意而使用原告的人格特征；被告的行为造成原告经济上的损失；故意或过失不是公开权侵权的构成要件，而是确定损害赔偿数额的考量因素。侵害公开权所产生的损害赔偿的数额，以原告类似行为所取得的报酬，或通常可收取的报酬作为计算标准；若不能证明原告的人格特征具有市场价值时，法院则多判于其名义上的损害赔偿。若被告故意或轻率侵害原告的公开权，法院亦可命令其支付惩罚性赔偿金（punitive damages）。同时，原告亦可以不当得利为由请求被告返还其所获收益，其与损害赔偿重叠时，不得同时请求。

（二）德国对人格权财产利益的保护

德国法上的人格权制度不同于德国的制定法传统，而是以创设性判

---

① 郭玉军、向在胜《美国公开权研究》，《时代法学》2003年，第1期。
② 王泽鉴《人格权保护的课题与展望——人格权的性质及构造：精神利益与财产利益的保护》，《人大法学评论》2009年，第1期。

例的形式不断发展和充实,其经历了由特殊人格权向一般人格权、保护精神利益到财产利益以及死者人格利益的发展过程。相较美国的隐私权与公开权的双轨制保护模式,德国对人格权财产利益的保护采取了扩充人格权内涵的单一保护模式。

1. 德国人格权制度的发展

(1)特殊人格权到一般人格权的发展。1900年制定的《德国民法典》受萨维尼和潘德克吞学派的罗马法编纂运动的影响,并没有系统地规定人格权制度,只是规定了保护他人的姓名权、人身权不受伤害,而没有涉及一般人格权。尔后的几十年中,《德国民法典》第823条第1项成为给予权利人人格权侵权救济的依据,该条规定:因故意或过失不法侵害他人生命、身体、健康、自由、所有权或者其他权利的,对他人因此造成的损失负赔偿责任。[①]俾斯麦遗体偷拍案后,德国著名法学家科勒强调,拍摄遗体系侵害死者的人格权,强调人格权于人死亡后仍以一种余存的方式继续存在,应受保护,并由其遗族代为行使其救济方法。该案发生后引起了德国各界对肖像权保护的重视,并于1907年制定了《艺术著作权法》,明确了对肖像权的保护,并规定:人的肖像权仅于得被绘像人本人的同意,始得传布或展示;被绘像者死亡后10年,应得该人亲属的同意。该规定在1957年修正的《著作权法》中被保留,并在实务上作为保护死者人格权的依据。[②]第二次世界大战后,德国联邦法院在人格的宪法法律保护基础上进一步发展出民法上的、以侵权法保护的一般人格权。[③]1949年,《德国基本法》明确提出人的尊严及人格自由发展应受保障。法院应担负起促进保护人格权发展的任务,填补法律上对人格权保护的漏洞。德国联邦法院以《德国基本法》第1条、第2条为依据,创设一般人格权,将其

[①] 〔德〕福尔克尔·博伊廷《德国人格权法律保护问题及其最新发展》,欧阳芬译,《中德法学评论》(第1辑),89页。
[②] 王泽鉴《人格权保护的课题与展望——人格权的性质及构造:精神利益与财产利益的保护》,《人大法律评论》2009年,第1期。
[③] 祝建军《德国法对人格标识商业化利用的规制》,《中华商标》2008年,第9期。

归入《德国民法典》第823条第1项所称的"其他权利",而受侵权行为法的保护。

(2)人格权财产利益的保护。德国著名民法学家基尔克提出了人格权不仅有精神性,还具有财产性的理论主张。其认为,某些具体人格权不仅是人身权,同时也是财产权;不仅如此,一般人格权也包含了精神利益和物质利益两个方面的内容。从人格权的起源来看,虽然一般人格权制定的目的在于通过私人自治保护个人人格独立及其展开等精神利益,但是,私人自治并不仅仅限于个人的私人精神空间,其塑造的生活领域也应当包括经济领域的利益。在 Paul Dahlke 一案中,德国联邦最高法院认为,未经许可在广告中使用他人的肖像,在很多情况下只能通过支付巨额使用费才能获得对方的同意。联邦最高法院的判决认为:肖像权得经本人授权于他人作商业上的使用,将肖像权归入具有财产价值的排他权。此后,该观点适用于姓名权中,而且一般人格权亦具有财产价值的成分。①

2. 侵害人格权财产利益的救济方法

德国对侵害人格权财产利益的损害赔偿标准,借鉴了关于著作权及专利权侵权行为损害赔偿的计算方法,即具体财产损失、适当的授权报酬、获利返还,这三种计算方法具有习惯法效力,乃基于实际需要及衡平考量,即无权侵害他人权利者,不得取得由权利所有人授权使用者的法律地位。同时,联邦法院肯定了通过不当得利请求权作为保护具有财产价值、排他性的肖像权、姓名权、声音及其他人格特征。其认为,擅自将他人的肖像等人格特征用作商业广告,行为人节省了通常应支付的相应的对价,系无法律上原因而获取利益,至于权利人是否愿意授权他人使用,以获得报酬,在所不问。盖不当得利请求权所调整的,不是请求权人财产的损失,而是他人无法律上原因所受财产的增加。②另外,德国法中规定,故意将他人的事务当作自己的事务来处理的时候,可以

---

① 王利明《人格权法研究》,中国人民大学出版社,2005年,277页。
② 王泽鉴《人格权保护的课题与展望——人格权的性质与构造:精神利益与财产利益的保护》,《人大法律评论》2009年,第1期。

要求适用事务管理的相关规定，权利主体可以请求行为人转交管理事务所获利益。

3. 死者人格权财产利益的保护

1968年Mephisto一案进一步创设了人格权上财产利益的继承性。长期以来，随着人格被商业化的现实日益增多，人格权的保护成为公众所关心的事实。美国公开权理论的发展也为德国对人格权上财产利益的保护提供了经验，并使之得到学者的重视。20世纪90年代的Marlene一案使人格权上财产利益的继承问题更为明确。Marlene Dietrich是德国著名的明星，被公众所熟知，并于1992年逝世。被告系一家名为Lighthouse Musical公司的唯一经理人，其于1993年制作关于Marlene生平的音乐剧，拥有Marlene的商标，并授权他人使用Marlene的名称、肖像用作汽车、化妆品、明信片、电话卡、T-shirt等商品的广告，获得利益。原告Maria Riva是Marlene的独生女及遗嘱执行人，起诉主张不作为请求权及损害赔偿请求权。原审法院支持了原告不作为请求权，但对于损害赔偿请求权未予支持，其认为Marlene Dietrich已经死亡，不产生侵害其肖像或姓名权而发生财产上损害赔偿的问题。联邦法院推翻原审法院判决，支持原告的损害赔偿请求权。其理由是：其一，一般人格权及其特别表现形态，如肖像权、姓名权，乃在保护人格的精神利益及财产利益。人格权的财产部分因他人不法使用肖像、姓名及其他具有标志性的人格特征加以侵害，并具有过失时，其权利主体享有损害赔偿请求权，不以侵害情形重大为必要。其二，人格权的财产部分，在人格权主体死亡后，于其精神利益尚受保护期间内，仍继续存在，其相应的权限转移于人格权主体的继承人，由其依死者明示或推知的意思行使之。[①]

对死者人格权上财产利益之保护的理论依据是：其一，现代科技进步、大众传媒发达的经济社会，姓名、肖像等个人特征得作为商业上使用，以名人的形象代言广告乃销售产品、提供服务所不可或缺，实为一

---

① 王泽鉴《人格权保护的课题与展望——人格权的性质及构造：精神利益与财产利益的保护》，《人大法律评论》2009年，第1期。

种价值创造，于人死后，亦应继续加以保护，始符合宪法保障人格的价值理念。其二，肯定人格权财产利益的继承性，是对人格利益的充分保护，并无助长人格商业化之虞，实乃维护人格被商业化所必要。其三，个人的声望形象，乃个人努力的结果，其所体现的财产价值，于人死亡之后，应由继承人享有，不能任由他人使用，以保护个人对其财产的自主权利。

人格权上的财产利益虽然可以继承，但应有保护期间的限制。一般认为，其为精神利益受保护的期间内仍为存续。其理由是，死者人格利益保护的必要性因时间的经过而减少，财产利益的保护系从精神利益的保护发展而来。

德国法上对人格权财产利益的保护采用扩充人格权内容的方式，肯定人格权除了精神利益之外尚存在财产利益，在人格权的框架内寻求保护依据，并非将人格权的财产利益与人格权分离而创设新的权利概念体系。但是，德国法上仍未明确人格权上财产利益的转让问题。

（三）英国对人格权财产利益的保护

英国法中并没有人格权或者公开权的概念，亦没有独立的法律制度来控制和规制权利主体姓名和肖像等人格特征的商业性利用，但不论是商家还是名人，都设法使对姓名、肖像等人格特征的利用获得最大收益。对这一问题的规制散见于英国的相关法案当中。英国的普通法不太倾向于对人格的利用提供救济，在过去很长时间里，为数不少的原告对未经授权就利用其身份特征或标志的行为寻求赔偿的努力都失败了。[1]

1. 1988年《版权、外观设计和专利法案》的保护

英国《版权、外观设计和专利法案》对因个人或家庭需要而委托（他人）摄影或者拍片的赋以一定限度的隐私权。根据第85条的规定，委托人有权制止照片被复制并流向公众，制止作品在公众中展览或者展示，或者以广播或有线节目服务的形式播放。事实上，委托摄影的情况

---

[1]〔澳〕胡·贝弗利-史密斯《人格的商业利用》，李志刚、缪知因译，北京大学出版社，2007年，368页。

是有限的，摄影艺术已经从一个人必须正襟危坐被人拍照的时代发生了很大的变化。①另外，版权人有权阻止第三人复制使用其版权作品。比如说，某名人对杂志上刊登的某幅照片享有版权，那么他就可以阻止第三人制作该幅照片的海报。在司法实践中，如果被告擅自使用的作品部分属于原告作品的实质部分，那么法院就会认定，被告复制了原告的作品。所谓"实质部分"需要通过考察被使用部分的质量、被使用作品的核心来判断，而不是看被使用作品的数量。②

2.《商标法》的保护

根据英国《商标法》的规定，如果一个文字在本质上具有不同于其他文字的区别性，那么它就可以成为一个商标。一个被发明的文字组成的姓名、一个与产品的特性没有直接联系的文字、申请人的签名、独一无二的事物，都具有区别性。然而，人格权的主体若想依据《商标法》对其人格特征，尤其是姓名用作商标获得保护，也是非常不易的。戴安娜基金会的受托人状告富兰克林公司制造和销售纪念已故王妃的玩具娃娃的行为，就以失败告终。实质问题在于，戴安娜早已成为公共领域的角色，基金会可以保护自己所享有的王妃的签名为特征的商标，并将其作为商标而使用，但试图阻止其他人对戴安娜王妃的形象和人格特征加以利用则成功的可能性极小。③英国伦敦一位名叫Hayley Stallard的律师认为，从法院的判例可以推定，当一个人变得越出名，他的姓名或绰号成为了社会公众的习惯用语，他就越不可能对其姓名主张排他性的权利。所以，按照英国《商标法》的要求，名人的著名身份会阻碍名人将其姓名注册为商标，这样，其他人就会任意使用名人的姓名。④

3.普通法上假冒之诉（passing off）的保护

如果一则广告以某种方式使用了某位名人的形象，从而导致社会

---

① 〔澳〕胡·贝弗利–史密斯《人格的商业利用》，李志刚、缪知因译，北京大学出版社，2007年，368页。
② 〔美〕凯文·M. 费希尔《美国和英国公开权保护的比较研究》，郭钟泳译，载张民安主编《公开权侵权责任研究：肖像、隐私及其他人格特征侵权》，中山大学出版社，2010年，319页。
③ 张今《英国：姓名、形象的商品化和商品化权》，《中华商标》2000年，第8期。
④ 〔美〕凯文·M. 费希尔《美国和英国公开权保护的比较研究》，郭钟泳译，载张民安主编《公开权侵权责任研究：肖像、隐私及其他人格特征侵权》，中山大学出版社，2010年，321页。

公众相信，该名人与广告中的产品存在某种联系或该名人在代言广告中的产品，并且这种所谓的联系或代言使该名人遭到经济损失，那么，该名人就可以提起普通法上的假冒之诉（passing off）。也就是说，名人若以假冒之诉寻求对其形象商业性利用的胜诉，其必须承担如下的证明责任：原告在其商品、名称（姓名）、标志等方面享有商誉①；被告的误导性陈述导致了混淆，被告使用原告形象的广告，误导公众相信，其为该广告产品或服务进行代言或存在联系，并且这种未经许可的使用，使原告蒙受经济损失。实际上，对误导公众的证明责任是很庞大且难以举证的；同时所谓经济损失的证明，就要求名人对其形象进行开发，并企图从中获利，否则无法证明未经许可的使用使其遭受经济损失。也就是说，在假冒之诉中，名人必须证明自己遭到了实际的损害、被告的行为造成了实际的混淆。

4. 普通法上恶意诽谤之诉的保护

根据英国普通法的规定，如果行为人使用某名人的形象构成恶意诽谤，并且导致该名人的商业利益遭到损害，那么，该名人就可以禁止行为人使用其形象。②在恶意诽谤诉讼中，原告需要证明：其已经开发过自己的形象，被告的行为制造了不真实的事实，该不真实的事实使原告遭受专业方面或个人方面的损害。摔跤运动员Hulk Hogan由于无法证明使用其形象做广告的举重训练器材生产商在广告中对其形象的使用，这使Hulk Hogan作为一名职业摔跤运动员的形象受到贬损。因此，通过恶意诽谤之诉对人格特征的商业利用进行保护也是微乎其微的，一方面，恶意诽谤之诉禁止未经许可对主体形象的商业利用，另一方面，又着重对主体精神层面上的个人形象进行保护。因此，对个人形象或职业形象的贬损成为禁止未经许可的人格特征的商业利用之前提。

5. 广告守则的保护

广告守则由广告标准局管理，是一个广告业管理自己事务的民间机

---

① 〔澳〕胡·贝弗利-史密斯《人格的商业利用》，李志刚、缪知因译，北京大学出版社，2007年，68页。
② 〔美〕凯文·M.费希尔《美国和英国公开权保护的比较研究》，郭钟泳译，载张民安主编《公开权侵权责任研究：肖像、隐私及其他人格特征侵权》，中山大学出版社，2010年，322页。

构,在"保护隐私"名目下,现在的广告守则规定:广告者不应当以不利或者侵犯的形式,不公正地描述或指涉人。同时,广告守则要求刊登广告者在具备下列情形之前必须获得书面的同意书:涉及或描述到公众成员以及他们具有识别性的特征时,在人群的场景中附带地包含该人的除外;涉及具有一定公众知名度的人物,虽然这种能够精确反映著作、文章或者影片内容的指涉未经事前同意仍可被接受,[①]以及对广告商品的默示的个人同意。广告守则又指出,当广告没有包含与所特写的人物的地位或者观点不相一致的内容时,则不需要事先的同意。[②]通过广告守则来进行保护,也存在局限性。首先,如果广告中对公众人物形象的利用没有违背其形象特征,则得不到广告守则的保护。另外,广告守则是行业自律性协议,其效力非常弱,不具有法律强制力。

综上所述,英国法并不倾向于对人格权财产利益的保护,其采用反不正当竞争法的间接保护方式,更加侧重对商主体竞争秩序的维护和消费者利益的保护,在此反不正当竞争法的保护初衷下,给予人格特征商业利用的顺带保护,因此,原告的证明责任中也往往涉及对造成公众混淆等方面的内容。英国没有形成类似于美国公开权制度的独立保护模式,与美国充分保护名人的利益不同,英国更侧重社会公众的利益而允许自由使用名人的形象。

(四)日本"商品化权"对人格权财产利益的保护

商品化权系从美国的公开权发展而来,日本从20世纪70年代开始引进商品化权,加强对名人姓名或肖像的保护。商品化权的产生源于人物形象的"商品化",即在某些商品上使用著名人物的形象或姓名、虚构人物或动物的形象或名称,吸引顾客,增强商品的购买力。[③]最早的判例将商品化权定义为,名人对其姓名、形象及其他对顾客有吸

[①] Code of Advertising Practice, para. 13.1. 转引自〔澳〕胡·贝弗利-史密斯《人格的商业利用》,李志刚、缪知因译,北京大学出版社,2007年,56页。
[②]〔澳〕胡·贝弗利-史密斯《人格的商业利用》,李志刚、缪知因译,北京大学出版社,2007年,57页。
[③]〔日〕萩萩原·有里《日本法律对商业形象权的保护》,《知识产权》2003年,第5期。

引力、有识别性的经济利益或价值（publicity value），进行排他性支配的权利。①

1. 商品化权的确立

日本关于商品化权的实质诉讼发生在昭和50年代的"麦克莱斯塔"案中，该案的原告麦克莱斯塔是英国著名的童星，其以电视广告擅自使用姓名和肖像为由，向电影进口商和电信生产厂家要求赔偿。法院在判决中指出，如果演员等的姓名和肖像的人格利益的保护因其公众性而被一味地削减，那么，普通老百姓就拥有了本来不属于自己的姓名和肖像的利益，即通过利用演员等的姓名和肖像来宣传商品，演员的社会评价、名声、印象使商品的宣传和促销有可能会获得如期的效果。从演员的角度来看，因为是自己获得的名声，所以对自己的姓名或肖像拥有以获取对价为条件让第三者专用的权利。在此，姓名和肖像就拥有了独立的经济利益，演员等即使没有因肖像和姓名被擅自使用而受到精神损害，但以经济利益受侵害为由受到法律救济的情况应该很多。该案虽然没有明确提出商品化权的概念，但实质上已经认可了商品化权。②

此案后，当演员等的姓名和肖像被商家擅自使用的时候，由最初的以侵害姓名权和肖像权为由，改为后来的以侵害商品化权为由提起诉讼，禁止令的请求也得到了认可。日本演员藤冈弘以其姓名和肖像被擅自用于电视广告中，向法院提起诉讼，成为侵权、责令赔偿的典型判例。东京地裁不仅认可了禁止侵害姓名、肖像等排他性人格利益的要求，并判决赔偿原告100万日元的财产损失和50万日元的精神损失。在后来的咪咪俱乐部案中，东京高等法院判决认为，艺人对其能吸引顾客而拥有的经济价值具有排他性的支配权，而且这是一种财产性的权利，所以，除了认可停止侵害的请求之外，还认可了与使用费相当的损害赔偿，认可了商品化权的独立性。③

---

① 〔日〕牛木·理一《Character战略与商品化权》，发明协会出版社，2002年。转引自〔日〕荻萩原·有里《日本法律对商业形象权的保护》，《知识产权》2003年，第5期。
② 〔日〕五十岚清《人格权法》，铃木贤、葛敏译，北京大学出版社，2009年，144页。
③ 同上书，145页。

2. 商品化权的性质

关于商品化权的性质，日本法学界还没有定论，多集中在"人格权"和"财产权"的分歧当中，同时还出现了"知识产权"的观点。日本学者五十岚清认为，在目前情况下，把商品化权定位于人格权，作为姓名权和肖像权的一部分，可以将其作为认可停止侵害的充分依据，同时在造成财产损失方面也不存在理论障碍，因为对人格权的侵害本来就会造成诸如信用损毁等财产损失，而且艺人也会因其姓名和肖像在违反本人意思的情况下被擅自使用而感到精神痛苦。因此，人格权的学说可以概括性地对其进行说明和保护。但是，商品化权与一般的人格权也存在不同，因而作为将来的方向，知识产权说对商品化权的定性更有其魅力。①

3. 商品化权的主体

日本的动漫业相当发达，因此，许多动漫人物的形象也像名人一样有其独立的人格特征。日本商品化权的主体包括演艺界的人、电视节目主持人、著名职业运动员，动漫或动画片中的人物、动物等，只要特定的形象对顾客有吸引力，就可以成为商品化权的主体。名古屋地方法院的赛马案中，被告未经赛马所有人的许可，使用该赛马的名字来制作电脑游戏并制作销售该电脑游戏软件，原告主张被告侵害其商品化权，请求赔偿损失和停止侵害。名古屋地方法院和高等法院均认为，商业形象权不一定是人格权，物的名称等的经济价值也应受到保护。而东京地方法院认为，即使扩大解释对物的所有权，也不能产生物的商品化权，况且也没有习惯法保护该权利。②

4. 商品化权的转让性

商品化权的核心是财产利益，因此其具有可转让性。日本法在承认商品化权时，也认可了商品化权的可转让性。但实际情况多出现在艺人与其经纪公司之间的合同中。事实上，经纪公司管理着艺人的肖像使用

---

① 〔日〕五十岚清《人格权法》，铃木贤、葛敏译，北京大学出版社，2009年，146页。
② 〔日〕萩萩原·有里《日本法律对商业形象权的保护》，《知识产权》2003年，第5期。

权。这样就会出现未经艺人许可，经纪公司转让艺人商品化权的情况。较为典型的判例是摇滚乐队"黑梦"与经纪公司签订合同，由经纪公司获得乐队成员的肖像使用专属权，经纪公司将乐队成员的肖像转让给了其他公司。后来，乐队中的一名成员以侵害商品化权为由要求进行赔偿，东京高等法院认为，转让作为债权的肖像使用权时，不需要得到本人的承诺，而驳回原告的主张。①

5. 商品化权的继承问题

在日本，肯定商品化权可继承的学者认为，具有财产权属性的那部分商品化权可以成为继承的对象，在权利人死后未经继承人的承诺不得擅自利用死者的商品化权益。而一些否定商品化权的继承性的学者认为，商品化权与主体不可分离，是主体的专属权利，因而不可转让、继承。一些学者还提出，应将商品化权认定为是每个人都享有的自由支配与自己有关的事务、规范自己、实现自己活动的权利，从这个角度理解商品化权作为保护主体自主决定人格特征的支配权，就同时保护了主体的精神利益与财产利益。

6. 商品化权的救济方式

正如前述判例中所言，法院在认可商品化权的保护时，一般都给予原告停止侵害的救济途径。另外，将侵害商品化权的行为认定为侵权行为，请求损害赔偿也是一种救济手段，损害赔偿金的计算标准一般以许诺金相当的金额作为赔偿金额。如果将商品化权定性为知识产权，则一般以侵权行为人获利推断权利人的损害赔偿数额。同时，日本也认可原告通过不当得利请求权来使侵犯商品化权得到救济。在因侵害者无故意或过失或不具有违法性而不构成侵权行为时，或侵权行为请求权因时效而消灭时，损失者可以通过请求不当得利的返还来达到目的。另外，日本也仿照德国法中的准事务管理学说，支持被侵害者对故意侵害商品化利益的侵害者提出利益的全额返还要求。②

---

① 〔日〕五十岚清《人格权法》，铃木贤、葛敏译，北京大学出版社，2009年，149页。
② 同上书，151页。

日本的商品化权主体范围较广，不仅保护人格权的财产利益，同时保护物上的商品化权，其借鉴美国公开权、德国人格权财产利益保护的内容较多，侧重对商品化权的保护而打破原有的体系束缚。在商品化权的性质、物的商品化权等问题上，日本理论界尚未形成有力的论证，各地区的判例也不统一。

（五）WIPO"名人或角色的商品化权"对人格权财产利益的保护

WIPO（世界知识产权组织）在1993年11月对各国有关形象商品化相关的法律适用进行分析的基础上，发布了一份关于知名人物与著名虚构角色法律保护的研究报告——角色商品化（character merchandising）专题研究报告，强调了解决相关法律适用的重要性，表明了在此问题上完善法律保护的必要性。[1]该报告将角色的商品化定义为：由虚构人物的创作者或真实人物或其他一个或几个被授权的第三方，对角色的基本人格特征进行改编（adaptation）和二次性开发利用（secondary exploitation），并使其与不同的商品或服务产生联系，其目的是使潜在的消费者基于对角色亲和力的认可而产生获得该商品或服务的愿望。[2]WIPO于1996年公布了《反不正当竞争示范条例》（以下简称《示范条例》），旨在提供不正当竞争行为的一般判断标准。《示范条例》在第2条行为示例之款中，规定了知名人士与著名虚构角色（a celebrity or a well-known fictional character）的混同行为，该条款将其定义为名人或角色的商品化权（merchandising rights）。WIPO将名人或虚构角色的商品化权归入到"与其他的企业或者其活动引起混淆"的行为之中，对姓名或肖像（图像）未经许可的使用能够引起与著名人士或人物的知名度或名声的混淆或混淆的危险。《示范条例》第3条的注释认为：在盗用知名人士或者虚构形象的公开权的任何情形中，除损害知名人士或者虚构形象的所有者的信誉或者名声外，还存在损害已经过特许的企业的信

---

[1] WIPO, Character Merchandising, WO/INF/108 4800S/IPLD. Annex 1, p.28.
[2] WIPO, Character Merchandising, WO/INF/108 4799S/IPLD, p.6.

誉或者名声的危险。①

(六)国外保护人格权财产利益的立法例之比较分析

第一,美国以公开权制度作为对人格权财产利益的保护手段,其由隐私权发展而来。隐私权是对人格权之精神利益的保护,而公开权则是重点保护人格权所体现的经济价值,从而形成了对人格利益的"双轨制"保护模式。尼莫在其《公开权》的论文中,以洛克的劳动价值理论,分析公开权存在的合理性,而劳动价值理论本身是论证所有权及财产归属的理论。此后,激励理论和效率分配理论,也成为论述公开权合理存在的理论基础。因此,公开权被界定为财产权,其脱离隐私权而独立存在,具有财产属性。可见,美国公开权制度的宗旨在于维护权利人的财产利益,只要借助人格要素经本身的努力或创造,并有可被利用的市场价值,就有被公开权保护的可能性。因此,公开权保护的对象呈现出不断扩张的趋势,从肖像、姓名、声音一直扩及"可识别性"为必要。美国的公开权制度可以说是最大化地保护权利人通过标表性人格要素而产生的私有财产利益,其符合美国本土民主自由的传统。同时,美国判例法的制度也为公开权的开放性提供了条件,美国发达的科技水平和传媒业的迅猛发展又为公开权的发展提供了广泛的司法"素材"。因此,美国公开权制度具有较强的时代特色。

然而,美国的"双轨制"保护模式,在我国却没有可适用性。首先,对公开权的财产性这一定性本身存在质疑。我国的大多数学者都否定人格权财产利益的纯粹财产性。人格权的财产利益产生于权利人的精神利益,是权利人之人格本身所具有的人格特性的外化,其不能脱离人格权而独立存在,一旦权利人之人格遭致贬损或本身没有人格魅力,该标表性人格标识也不会作为特定人格特征而对公众产生吸引力,也就没有被商业利用的可能性,便无财产利益可言。因此,公开权的财产权属性并不科学。其次,公开权在我国逻辑严密的民法体系下存在质疑。公开权

---

① 孔祥俊《反不正当竞争法新论》,人民法院出版社,2001年,520~521页。

是由隐私权发展出的新权利，引进公开权制度，就意味着要在原有的体系下创设新的权利。我国民法体系借鉴了大陆法系的民法制度，具有严密的逻辑性和体系性，公开权的地位和定性会打破原有的权利体系。而且，一项新权利的创设，在立法和司法上都具有高昂的成本。最后，我国现阶段对人格权的法律规制，为人格权财产利益的保护留有余地。这样就可以通过对人格权内涵的扩张，并借助民法典编纂的契机，在人格权编中对标表性人格标识商业利用的内容进行规制，从而完善对人格权的保护。

第二，德国在人格权财产利益的保护方面，采取了法院判例和学理解释的形式，通过扩张人格权内涵的方式，对传统人格权理论制度予以新的解释，拓展人格权的内涵，肯定人格权既具有精神利益同时也具有财产利益，形成了单轨制的保护模式。

由于我国民法制度具有较强的体系性与逻辑性，德国逻辑严密的人格权财产利益的保护模式，可以成为我国人格权财产利益之保护的借鉴模式。我国应采用德国单轨制的统一权利模式，在现有人格权制度内承认某些人格权的经济价值，规定人格权财产利益的相关内容，以解决人格权的商业利用问题。

第三，英国对人格权财产利益的保护散见于若干单行法和普通法中，对人格权财产利益采取反不正当竞争法、知识产权法等间接保护的方式，保护力度较弱。在公共利益与个人利益的平衡方面，英国更注重对社会公共利益的维护，以对消费者权益保护为核心，使人格特征的商业使用在不违背市场竞争秩序、不会误导公众、产生混淆之前提下可以被公众自由使用。

关于人格权财产利益，英国并没有明确、具体的规定，对人格权财产利益的保护不够充分。在构建我国人格权财产利益的私法保护过程中，一方面，要吸取英国对人格权财产利益保护之不充分的教训；另一方面，要借鉴英国对社会公共利益保护的经验，适当地平衡公共利益与人格权人的利益，保护新闻自由与言论自由，宪法上的言论自由权高于普通权利。同时，名人的人格魅力和影响力的形成并非仅仅是人格权人自身的劳动成果，公众和传媒业的推动也为标表性人格标识的商业利用创造了前提条件。

第四，日本的商品化权多借鉴美国公开权制度。对商品化权的界定，以真实人物、虚拟人物以及特定物的"顾客吸引力"为核心。在制定法方面，日本尚无明确的法律规制。在理论界，商品化权的性质仍存在分歧。同时，日本在商品化权的保护对象上，对物上的商品化权是否应予以保护亦尚无定论。在对商品化权的救济手段方面，日本又借鉴德国的"不当得利"和"准事务管理"制度。因此，日本没有形成体系性、制度性的商品化权理论，对该问题仍处于探索阶段。在实践中，各地区的判例也不统一。

第五，WIPO采用反不正当竞争法的调整方式，对其中所包含的人格权的财产利益给予保护，虽然具有很强的国际适用性，但它并不是通过设定权利来保障权利的积极实现，而是设定"禁用"来排除对利益的妨害。[①]《示范条例》给予的保护，没有从正面对人格权的财产利益进行积极保护，而仅有消极的防御性保护显得不够充足。而且，反不正当竞争法所维护的是竞争秩序，主体是具有竞争关系的商人，知名人物与商主体一般不具有竞争关系，很难通过其给予保护。

《示范条例》作为国际性法律文件具有很强的适用性，虽说其从间接防御的角度制止侵权行为的发生，单纯地采用这一保护模式显得单调而不利，但作为国际性法律文件在按照规定转化为国内法后，可以作为国内法的补充，配合人格权法的积极保护，给予符合商主体条件的权利人以救济，也不乏是一个选择。因此，对人格权财产利益的保护，不应仅仅以单独的"禁用"手段，消极地予以禁止和防御，还应辅之以积极的动态保护，"疏"与"堵"相结合，从而对人格权的财产利益给予充分、全面的保护。

综上所述，世界各国对人格权财产利益的保护路径各不相同，在各

---

① 祝建军《人格要素标识商业化利用的法律规制》，法律出版社，2009年，163页。

国人格权理论迥异的前提下，很难形成统一的解决方式。而各种保护路径又都存在可取之处和可供借鉴的经验。当然，在具体问题的处理上，不应采单纯的"拿来主义"，而应做出保留性的取舍和适当的制度创新。因此，根据我国人格权的理论和现状，人格权的财产利益以人格权为其基本属性，属于人格权的衍生利益；在保护模式上，应借鉴德国单轨制的保护路径；在具体问题的处理上，应以我国的现状为基础，构建适合我国的人格权财产利益之私法保护制度。

三、我国对人格权财产利益的法律保护现状

第一，我国《民法通则》对人格权及其法律救济措施做了规定，明确了姓名权、肖像权、名誉权、荣誉权这些具体的人格权。《民法通则》第99条规定，公民享有姓名权，有权决定、使用和依照规定改变自己的姓名，禁止他人干涉、盗用、假冒。第100条规定，公民享有肖像权，未经本人同意，不得以营利为目的使用公民的肖像。第101条规定，公民、法人享有名誉权，公民的人格尊严受法律保护，禁止用侮辱、诽谤等方式损害公民、法人的名誉。第102条规定，公民、法人享有荣誉权，禁止非法剥夺公民、法人的荣誉称号。可见，《民法通则》对具体人格权的保护侧重于权利主体的精神利益，禁止他人对权利主体人格尊严的诋毁与侮辱，维护权利主体的人格自由和人格的完整性。仅在关于肖像权的规定中，出现了对肖像权之营利目的使用的规范。相应地，在《民法通则》第120条的规定中，公民的姓名权、肖像权、名誉权、荣誉权受到侵害的，有权要求停止侵害，恢复名誉，消除影响，赔礼道歉，并可以要求赔偿损失。在对人格权侵权的救济措施中，以精神抚慰为宗旨，没有对人格权中财产利益损害的赔偿进行规定。

《民法通则》颁布于1986年，当时市场经济尚未建立，商品化程度有限，广告及大众传媒技术和产业的发展相对滞后，立法者和社会公众很难想到将姓名、肖像等人格特征用于商业广告、形象代言等产品促销中，使商家吸引更多消费者，使权利主体获取应得的收益。同时，受传

统伦理观念的影响，姓名、肖像、隐私等人格特征标识作为人存在的依附性要素，肯定其流转性，在思想上还有很大的障碍。另外，对人格权与财产权二元权利体系法理传统的继受，很自然地将人格权的财产性予以否定。因此，基于当时经济、政治、社会、法律等原因，不会对市场经济条件下泛商品化的产物——人格权的财产利益做出规制。

第二，1988年，最高人民法院在《关于贯彻执行〈中华人民共和国民法通则〉若干问题的意见（试行）》（以下简称《民通意见》）第150条规定，公民的姓名权、肖像权、名誉权、荣誉权和法人的名称权、名誉权、荣誉权受到侵害，公民或法人要求赔偿损失的，人民法院可以根据侵权人的过错程度、侵权行为的具体情节、后果和影响确定其赔偿责任。第151条规定，侵害他人的姓名权、肖像权、名誉权、荣誉权而获利的，侵权人除依法赔偿受害人的损失外，对其非法所得应当予以收缴。可见，《民通意见》的规定也是在贯彻人格权的非财产性，当行为人侵犯权利主体的人格权时，权利主体仅可以主张精神损害赔偿请求权；当行为人因侵犯权利主体人格权而获取利益时，权利人也不得要求返还不当得利，仅能请求赔偿精神损失，额外的收益由人民法院收缴。也就是说，法律仍不认可人格权的财产利益。

第三，1993年，最高人民法院在《关于审理名誉权案件若干问题的解答》中认可了名誉权兼具非财产性与财产性的特征。第10条规定，公民、法人因名誉权受到侵害要求赔偿的，侵权人应赔偿侵权行为造成的经济损失；公民提出精神损害赔偿要求的，人民法院可根据侵权人的过错程度、侵权行为的具体情节、给受害人造成精神损害的后果等情况酌定。该条肯定了对名誉权侵权造成的经济损失的损害赔偿责任，行为人对他人因名誉权侵权遭受的财产损失，不得借口名誉权的非财产性而拒绝对受害人遭受的财产损害承担赔偿责任。[①]

第四，2001年，最高人民法院在《关于确定民事侵权精神损害赔偿

---

① 张民安《公开权侵权责任制度研究——无形人格权财产性理论的认可》，载张民安主编《公开权侵权责任制度研究：肖像、隐私及其他人格特征侵权》，中山大学出版社，2010年，39页。

责任若干问题的解释》（以下简称《解释》）中依然贯彻否定人格权财产性的理念，仅对权利主体遭受的精神损害予以赔偿，而不承认对人格权的财产损害赔偿。《解释》第10条规定，在决定行为人承担精神损害赔偿责任时，应当考虑的具体因素是：侵权人的过错程度，侵权的手段、场合、行为方式等具体情节，侵权行为所造成的后果，侵权人的获利情况，侵权人承担责任的经济能力，受诉法院所在地平均生活水平。①《解释》第10条有关精神损害赔偿数额的考虑因素，将侵权人的获利情况考虑在内，实际上是借助精神损害赔偿的外衣来平衡和弥补权利主体财产上的损失。其实，这与精神损害赔偿责任制度的性质和功能不符。精神损害赔偿制度的初衷和要旨在于给予受害人精神上的抚慰，安抚受害人的精神痛苦。更何况，在两大法系中，精神损害赔偿的数额一般不会太高。在一些名人的姓名、肖像等人格特征被商业利用时，其本身具有的公众性，决定了他们不会因姓名、肖像的公开使用遭受精神痛苦而希望获得精神上的抚慰，反倒是他们希望人格特征的经济利益的损失给予赔偿，因为他们失去了本应获得的许可使用费、转让费、使用报酬等。因此，借助于该《解释》，权利主体的实质损害并不会得到切实保护，其所提出的精神损害赔偿也因没有足够的心理痛苦、精神郁闷的证据而丧失经济上得以弥补的机会，因为对于知名人物而言，他们受侵害的本来就不是人格权的精神利益。

第五，根据《侵权责任法》第20条的规定："侵害他人人身权益造成财产损失的，按照被侵权人因此受到的损失赔偿；被侵权人的损失难以确定，侵权人因此获得利益的，按照其获得的利益赔偿；侵权人因此获得的利益难以确定，被侵权人和侵权人就赔偿数额协商不一致，向人民法院提起诉讼的，由人民法院根据实际情况确定赔偿数额。"该条所谓"侵害他人人身权益造成财产损失的"，在解释上应当包括侵害人格权上的财产利益，但由于未能指明"人格权上的财产利益"，

---

① 张民安《公开权侵权责任制度研究——无形人格权财产性理论的认可》，载张民安主编《公开权侵权责任制度研究：肖像、隐私及其他人格特征侵权》，中山大学出版社，2010年，33~38页。

因而不免使人产生种种歧义，从而为司法实践带来不确定因素。

综上所述，我国现行法律及司法解释对人格权的规定局限于人格权精神利益的保护，侧重于对人格权的完整性和人格尊严的维护，没有明确的法律依据对人格权的财产利益给予充分的保护。在侵犯人格权财产利益的案件中，权利主体依现行立法及相关司法解释得到救济的可能性非常小，仅能以精神利益受到损害为由，得到一部分经济性的补偿。更多的案件中，对未经许可将权利主体的姓名、肖像、声音等人格特征用于商业广告以及将个人隐私不当披露等的情况，权利主体往往借助于反不正当竞争法的混淆行为、著作权法和商标法的在先权利保护等作为法律依据寻求保护。但是，这些规范本身有其严格的构成要件和明确的证明责任，权利主体只有在具备法律规定的条件时，方可得到救济，这无疑抬高了权利主体获得救济的门槛。因此，现行法律对人格权财产利益的保护存在诸多问题，亟待建立和健全相应的制度。

四、我国人格权财产利益的保护模式

（一）学界对人格权财产利益保护模式的探讨

如何保护人格权财产利益，我国学者从人格权法、侵权责任法以及知识产权法、反不正当竞争法等诸多视角出发，提出了保护人格权财产利益的不同路径和保护模式，诸如商事人格权说、形象权说、人格要素标识的商业化权说等等，并提出了对应的制度设置及救济途径。

1. 形象权说

该说认为，形象本与人格因素或角色因素有关，但在商品经济的条件下，知名形象的某些特征具有"第二次开发利用"的价值。这种利用的目的，并不局限于该形象的知名度与创造性本身，而在于该形象与特定商品的结合而给消费者带来的良好影响，这即是"形象的商品化"。知名形象在商品化过程中，产生一种特殊的私权形态，它已不是人格意

义上的一般形象权，而是具有财产价值的（商品化）形象权[①]。也有学者将形象权称之为商品化权，其意旨在为真实人物与虚构角色的形象要素被商业化利用寻求保护。[②]形象权的诞生离不开形象的商品化过程。形象权的客体是形象利益，保护对象是知名形象，包括真实人物的形象，即自然人在公众面前表现其个性特征的人格形象，以及虚构角色形象；也即创造性作品中塑造的具有个性特征的艺术形象。作为形象权的保护对象，必须具有可指示的完整性、知名度并能够被商业性利用，其中，特别强调特定主体在原有领域须拥有广泛的知名度，从而在二次开发进行商业利用后对公众产生影响力，促使公众对推销的商品或服务产生好感和购买意愿。

形象权是私权领域中，存在于人格权与知识产权之间的边缘地带与交叉的部分，是一种创设的新权利。形象权从人格权中衍生而来，却又体现出不同于人格权的财产权特性，其区别于人格权，保护姓名、肖像等形象特征的财产价值和经济利益。同时，虚构角色一般来源于著作权保护的作品中，但著作权所奉行的"思想表达二分法"和"独特性"的保护原则，对虚构角色的商业利用的保护并不直接和全面，著作权法无法为虚构角色提供与作品相当的法律保护。另外，由于真实人物形象和虚构角色的形象具有识别标志的"可区别性"，其也可以受到商标法的保护，商标法中的"混淆理论"也能为其提供保护依据。但商标法在于保护商品标志，而形象的商品化不仅在于商品识别，还有广告宣传、吸引消费者等功能，因此，商标法也无法对形象权给予充分保护。反不正当竞争法可以为形象权提供间接的防御性保护。反不正当竞争法的调整方式，并不是设定权利来保障权利的积极实现，而是设定"禁用"来排除对利益的妨害。[③]反不正当竞争法的目的，在于规制经营秩序，维护合法经营者与消费者的利益，这与保护形象利益拥有者的法律需求尚有

[①] 吴汉东《形象的商品化与商品化的形象权》，《法学》2004年，第10期。
[②] 谢晓尧《商品化权：人格符号的利益扩张与衡平》，《法商研究》2005年，第3期；刘银良《角色促销：商品化权的另一种诠释》，《法学》2006年，第8期。
[③] 熊伟《形象权法律制度研究》，武汉大学博士学位论文，1992年。

距离。①因此，吴汉东教授主张，通过创设一种新的保护形象利益的权利模式，给予形象商品化充分、周延、直接的保护，即形象权。

形象权是主体对其知名形象进行商品化利用并享有利益的权利，是一种新型的无形财产权。在权能上，形象权可以分为形象利用权和形象禁用权。形象权是一种绝对权，但其应受到公序良俗、表现自由和权利穷竭的限制。②关于形象权的保护期，因真实人物和虚构角色而异。虚构角色的形象权保护期可以参照作品著作权的保护期；对真实人物死后的形象权的期间，可考虑权利人有生之年加死后50年。值得注意的是，对真实人物死后人格特征的商业利用的保护，其保护的形式仍然是权利而非权益，这是由形象权的财产性决定的。侵犯形象权的法律救济，即以诉讼的形式给予补偿性或惩罚性的保护。形象权侵权之诉，诉讼主体即权利主体，包括形象权人、形象权受让人、形象权的独占被许可人。侵权行为即未经授权擅自使用权利主体的形象进行商业利用；造成了财产利益损害的事实；在归责原则上以过错责任或过错推定责任为宜；③法律救济方式包括禁止令和损害赔偿；损害赔偿的计算以填补权利人损害，恢复损害事故未曾发生之原状为标准，同时确立法定赔偿金制度。④

2. 商事人格权说

该说认为，我国应当建立独立的商事人格权制度，以保护人格权中的财产利益。所谓商事人格权，是指公民、法人为维护其人格中包括经济内涵在内的、具有商业价值的特定人格利益——商事人格权利益而享有的一种民（商）事权利。⑤商事人格权以人格利益为保护对象，反映人格因素商品化、利益多元化的社会现实，体现人格权在商品社会中

---

① 吴汉东《形象的商品化与商品化的形象权》，《法学》2004年，第10期。
② 所谓表现自由，是说形象权的独占性不应成为思想表现和信息交流的障碍。权利穷竭，是指含有知名形象的商品以合法方式销售后，无论该商品辗转何人之手，形象权人均无权再控制该商品的流转，即权利人行使一次即耗尽了有关形象权，不能再次行使，这一设计避免了贸易中的无限制垄断，为商品的自由流通消除了障碍。
③ 吴汉东《试论知识产权的"物上请求权"与侵权赔偿请求权》，《法商研究》2001年，第5期。
④ 吴汉东《形象的商品化和商品化的形象权》，《法学》2004年，第10期。
⑤ 程合红《商事人格权——人格权的商业利用与保护》，《政法论坛》2000年，第5期。

的发展变化。一方面，它仍然保留部分传统的普通民事人格权的基本属性，是主体的固有权利，因特定人格本身而产生；①另一方面，它又兼具财产权的属性，具有财产价值，可以转让、继承，并以财产损害赔偿的方式予以救济。但是，商事人格权的财产价值不同于一般财产的财产价值，它具有很强的依附性，与主体的人格本身相联系，以主体人格的存在为基础；其财产价值具有可变化性，特定主体人格特征的影响力因许多因素而发生变动，如法人的商事人格权中商誉所产生的价值，往往因企业的经营业绩而有差异；商事人格权具有永续利用的优势，可以多次使用、重复使用，一般不存在用竭的问题；商事人格利益具有信息性，尤其是法人的商业秘密。商事人格权还具有法定性，它不能由当事人依据意思自治原则自由创设，它的内容和种类、效力都是由法律规定的，当事人不能在法律规定的商事人格权之外再设定新的商事人格权。②

商事人格权是特殊的人格权，其专属性逐渐被淡化，更加凸显经济利益的内涵，因此，具有可转让性和继承性。法人的人格权本身就具有经济属性，其名称、商誉、商业秘密的转让等在理论和实践均无疑问。自然人人格权经济利益的实现，通常以订立许可他人对其人格特征商业利用的授权契约的方式进行。因为姓名（商号）、肖像在事实上会惠及后代，如果不允许后代像享有死者生前的其他财产利益那样享有这一利益，是不公平的。因此，自然人的商事人格利益是可以流传给后代由其继承的。③

商事人格权具有特殊的保护方式，这是由侵害商事人格利益行为的特殊性决定的：其一，多发生在商业或贸易（商事活动）领域，并由其竞争对手所致，同行业间，新闻媒体也常常成为侵权人，因此，要平衡新闻自由与商事人格权保护的关系；其二，主观上多为故意；其三，商事人格权的侵害既有侵权行为，又有违约行为，以侵权行为居多。同

---

① 程合红《商事人格权刍议》，《中国法学》2000年，第5期。
② 同上。
③ 同上。

时，商事人格权不保护权利主体的精神利益，不适用精神痛苦抚慰金的责任方式。相应地，其以财产损害赔偿为侵权人承担责任的主要形式。损害赔偿范围和数额，一方面仍然适用实际损失赔偿的原则，但这种实际损失已经扩大到间接损失的范围；另一方面，在实际损失难以计算时，适用损失额推定的计算方式。根据我国《反不正当竞争法》的规定，实际损失难以计算的，赔偿额为侵权人在侵权期间因侵权行为所获得的利润；在原告损失和被告利润都难以计算时，可以适用法定赔偿金制度；行为人基于故意或恶意侵犯商事人格利益的，适用惩罚性损害赔偿金。商事人格权的保护也适用普通人格权受侵害的责任方式，如停止侵害、赔礼道歉、消除影响等。[①]

3. 商品化权说

许多学者主张以商品化权的形式保护人格权财产利益，认为商品化权是与具体人格权、一般人格权并列的一种权利。商品化权与具体人格权、一般人格权共同构成人格权体系，从不同的角度、以不同的方式对人格利益进行全面保护。[②]对商品化权的保护，在法律适用上，可以适用最高人民法院《关于确定民事侵权精神损害赔偿责任若干问题的解释》中有关其他人格利益保护的规定。而对商品化权在权利人死后的延伸保护，则参照最高人民法院关于保护死者姓名、肖像、名誉、荣誉和隐私利益的方法，由死者的近亲属作为保护人，并界定保护的期限；如果死者没有近亲属，就不再予以保护。

（二）我国应当在人格权的体系内保护其财产利益

形象权说借鉴世界知识产权组织关于角色和知名人物商品化权的有关规定，独立地创立一种新型的无形财产权，作为保护包括人格权财产利益在内的知名形象商品化的方式，使知名人物的形象商品化独立于人

---

① 程合红《商事人格权刍议》，《中国法学》2000年，第5期。
② 杨立新、林旭霞《论人格标识商品化权及其民法保护》，《福建师范大学学报》（哲学社会科学版）2006年，第1期。

格权而单独获得保护,但其割裂了知名人物形象权对人格权的依附性,有违伦理。

商事人格权说具有严密的论证体系,内容完整,逻辑严密,对人格权财产利益的保护在许多方面值得借鉴:其始终肯定商事人格利益的人格权属性,提出商事人格权对特定主体人格的依附性;同时也将商事人格利益的财产属性与一般财产的财产属性做出区分,从而架构不同于一般财产权和人格权的保护模式和路径。因此,商事人格权理论在内容上给予了自然人人格权财产利益全面、充足的保护,只是在形式上将自然人、法人以及合伙组织都纳入到商事人格权的主体中,其保护力度、方式、重点等都有差异。因为法人及合伙组织的人格利益主要是主体利益和财产利益,没有类似于自然人的精神利益,因此,法人及合伙组织的商事人格利益是其固有之义,而自然人的所谓商事人格利益则涉及对传统人格权非财产性的突破与创新。由于商事人格权理论的核心是要创设新的权利——商事人格权,以全新、独立的法律体系规制商事人格利益,这在立法和司法上都要付出巨大的成本。因此,其可操作性比较弱。

商品化权说将商品化权置于与一般人格权、具体人格权并列的地位,意味着诸如姓名权、肖像权等具体人格权,在体现财产利益时,具有经济价值的姓名、肖像就成为了商品化权的保护对象,这在逻辑上存在问题,而且权利的设立也有繁冗之嫌。在现有法律框架内,为商品化权寻找地位和保护依据,较为困难。

综上所述,我国学者对人格权财产利益是否给予保护、权益救济方式等方面没有较大的争议,分歧主要是对于人格权财产利益应通过何种权利模式进行保护。笔者认为,人格权的财产利益是人格权内涵的扩充,应在人格权的框架内进行规制,具体来讲,应采用德国单轨制的保护模式,通过扩大具体人格权的内涵,承认人格利益既包括精神利益也包括财产利益。同时,人格权财产利益的私法保护,不应仅局限于侵权责任法的消极防御，还应对人格权财产利益的法律地位给予正面确认。

五、我国保护人格权财产利益之立法构想

（一）人格权财产利益的积极保护——人格权法的保护

通过人格权法对人格权的财产利益进行保护，就是在人格权的相关规定中，赋予权利主体对人格利益进行商业利用的支配权，肯定权利主体享有人格利益所产生的经济价值、有权获取财产利益，并允许权利主体对人格权财产利益的利用。

1. 人格权财产利益之主体与客体

人格权财产利益的权利主体包括人格权人、转让合同的受让人、授权许可合同的被许可人以及人格权人死后的合法继承人。人格权人不应仅局限于知名人士，普通公众的人格标识也有被商业利用的可能，他们也有权获取因人格特征的商业利用而产生的财产利益。只是知名度越高的权利主体，其人格标识被商业利用的可能性越高，对人格权财产利益予以保护的迫切程度越高。

人格权财产利益的保护对象，应扩大姓名的外延：姓名还应包括曾用名、绰号、笔名、艺名、字、号等，即凡在一定地域范围内能够明确无误地指向特定自然人的称谓都是人格权财产利益保护的对象。[1]此外，还应包括人的声音、整体形象等具有可指示性、可识别性的人格特征。这些人格特征一方面可以表征特定的权利主体，另一方面借助于人格权人业已形成的人格魅力，对公众有广泛的影响力，有被商业利用的经济价值。当然，涉及人格权人声音、形象的模仿问题时，如果这种模仿以营利为目的，并且足以误导公众，产生混淆，使公众误以为是人格权人为商品或服务的广告代言，应认定为对人格权财产利益的侵害。

---

[1] 李林启《人格权商业利用浅析》，《中国经贸导刊》2010年，第14期。

对于许多娱乐节目中出现的"模仿秀"等,虽然电视台借此增加收视率也是以营利为目的,但并未对公众产生误导,也没有使人格权人的人格利益(财产利益)受损,不应认定为侵权。

2. 人格权财产利益之转让与许可

保护人格权财产利益就是肯定权利主体对人格特征商业性使用的权能,承认权利主体自主控制人格特征的支配力。也就是说,人格权人自己可以将本人的人格特征用于商业目的,如将自己的姓名作价投资(例如,袁隆平先生就将自己的姓名折股250万作为投资,允许湖南农科院等5家单位有偿使用其姓名并发起成立"袁隆平农业高科技股份有限公司"),人格权人还可将自己的人格标识转让或授权许可给他人使用,收取转让费、许可费。其中,人格标识的转让、授权许可是获得人格权财产利益的主要形式,只有对此进行全面的规制才能有效、充分地保护人格权的经济价值。人格权只有在转让时,其所包含的商业价值才能被最充分地展现和利用,才能使转让人的人格标识在最佳的人手中发挥最佳的效用,创造出最大的经济利益,使权利人与商业利用人在人格特征的商业利用中各自获得所需的利益,达到双赢的效果,[①]以"疏导"的方式鼓励稀缺的"形象价值"合理配置和使用,变非法为合法。

(1)人格权财产利益的转让。人格权财产利益转让后,转让人与受让人之间产生权利义务关系,人格权人有权利按照转让合同的约定请求受让人支付转让费,受让人有义务支付转让费。对受让人使用人格权人的人格标识获取经济利益的行为,人格权人无权利要求损害赔偿,也就是说,受让人有使用人格权人的人格标识以获取经济利益的特权。受让人取得人格权人的权利后,可以将其受让权利的一部分或全部转由他人行使,以改变其与第三人的法律关系,任何其他人,包括人格权人都有容忍受让人的义务;任何第三人无权干涉受让人对人格标识的使用。然而,因为人格权经济利益的转让不像所有权的转让那样绝对,在转让期

[①] 洪伟、郑星《试论人格权的商品化》,《浙江社会科学》2008年,第12期。

届满时会回复到人格权人身上或终局消灭,所以,德国学者将其称为"限制性让与"。①人格权财产利益的转让,是人格权人获得财产利益的手段,是将权利人自己使用其标表性人格特征的权利转让给他人,由受让人按照自己的意愿在不违反公序良俗的前提下自由支配标表性人格特征的使用价值,从而获取经济利益,同时在获得让与的利益时,受让人要向人格权人以转让费的方式支付对价。人格权人所取得的转让费,就是人格权的财产利益。

(2)人格权财产利益的授权许可。授权许可,即授权他人对自己姓名、肖像等人格标识进行商业性使用。②授权许可合同是人格权人与被许可方以书面形式签订的,合同主要内容在于将人格权人的标表性人格特征,如姓名、肖像、声音等授权他人进行商业性利用和开发,权利人获得相应的许可使用费。在合同中,双方为避免纠纷,应对一些重要问题做出约定,如使用人格标识的商品或服务的范围、具体使用方式、地域、使用时间与范围以及专有使用或非专有使用③。此外,对许可期限届满后的延展期也应根据情况做出约定。被许可人不得以超出许可合同约定的方式、范围、时间等对权利人的标识性人格特征进行使用,否则将构成违约。同时,许可使用合同也可根据双方的意思表示一致而变更。

3. 死者人格权财产利益的保护

一个人的姓名、肖像在其死亡后,事实上仍会惠及他的后代和其他近亲属。既然人格权中有经济利益的内容,而且这种经济利益是作为个人的合法财产的,那么在其死后应当转移给继承人。如果不允许继承人像继承死者生前的其他财产利益那样享有标表性人格权中的经济利益

---

① 钟鸣《论人格权及其经济利益——以霍菲尔德权利分析理论为基础》,载王利明主编《民法典·人格权法重大疑难问题研究》,中国法制出版社,2007年,207页。
② 程合红《商事人格权——人格权的商业利用与保护》,《政法论坛》2000年,第5期。
③ 杨立新、林旭霞《论人格标识商品化权及其民法保护》,《福建师范大学学报》(哲学社会科学版)2006年,第1期。

是不公平的。况且，如果权利人一死，其人格标识就进入公共领域，那么，之前未获得授权许可的人也就可以和已经支付许可价金的受让人一样使用其人格标识，这对受让人无疑是不公平的，也会限制标表性人格标识在人格权人生前的使用，不利于该人格标识的转让。因此，既然承认人格权的经济价值，就应该肯定这些财产利益与其他财产一样能够被继承。[1]

美国公开权制度规定了对公开权的保护期限，权利主体在死亡后的若干年，其人格特征将进入公共领域而不再受公开权的保护。在我国，人格权财产利益是否应设立保护期限尚无定论。从充分尊重与保护人的自主决定、自我控制的角度分析，只要特定的人格特征有经济价值，能够产生财产利益，就应该赋予权利人自主支配其人格特征及其利益的权利，给予其权利人自身以及其合法继承人以保护。然而，不论是知名人士还是普通人，其人格权上的经济价值会随着时间的推移而逐渐淡化，对权利人的标表性人格标识之商业利用的需求也会越少；同时，人格权的财产利益依托精神利益而存在，当精神利益消亡后，财产利益亦失去了存在的基础。因此，人格权财产利益的保护应当有期限限制。人格权财产利益的保护期是对社会公共利益与特定人格权人利益之间的平衡，在何种情况下人格特征尤其是知名人士的人格特征可以作为公共资源在媒体中被广泛使用，这属于立法者的政策选择与考量。

（二）人格权财产利益的消极保护——侵权责任法的保护

对人格权财产利益的侵权法保护，是从权利救济的角度，在发生侵害人格权财产利益的行为后，给予权利人法律救济，填平损害，恢复到侵权行为未发生的权利状态。对侵害人格权财产利益的行为进行民事制裁，可以提高侵权成本，防止行为人以较低的侵权风险擅自商业使用标表性人格标识，也是从消极方面促使行为人以合法的形式使用人格权的

---

[1] 洪伟、郑星《试论人格权的商品化》，《浙江社会科学》2008年，第12期。

形象价值。这样人格权法与侵权责任法的"疏""堵"配合，双管齐下，能为人格权的财产利益提供全面、充足的私法保护，有效地规制标表性人格标识之商业利用的市场运作。

1. 侵犯人格权财产利益的构成要件

在侵犯人格权财产利益的归责上，应坚持过错责任原则。这就决定了侵犯人格权财产利益的侵权行为，其构成要件是四个，即加害行为、损害结果、加害行为与损害结果之间的因果关系以及行为人的主观过错。侵犯人格权财产利益的加害行为，即未经权利人许可，擅自将权利人的标表性人格标识，如姓名、肖像、声音等用于商业目的，谋取商业利益。具体的加害行为的种类会随着市场经济的不断发展、科技手段的不断进步和人们思想水平的提高而出现更多、更隐蔽的手段。因此，在事实认定上应把握人格权财产利益保护的实质，即权利人对个人人格利益的自主控制和自由支配。侵犯人格权财产利益的损害结果，就是权利人转让费、许可使用费或报酬等经济利益的损失，行为人擅自商业性地使用了权利人的人格特征，未向权利人支付对价，使权利人遭受财产上的损失。

2. 侵犯人格权财产利益的责任形式

（1）停止侵害。《民法通则》第134条和《侵权责任法》第21条规定的停止侵害，可以作为侵害人格权财产利益的责任形式，以免侵权行为造成更严重的损害后果。权利人在具体案件中，可以向法院申请侵权禁令，法院裁定侵权人停止正在实施或即将实施的某种侵权行为，从而使权利人免受侵害或侵害危险。其目的在于保护权利人免受继续发生或将要发生的侵害。

（2）财产损害赔偿。人格权的财产利益之所以有别于传统的人格权，在于人格权所发展出的是财产性利益而非精神利益，因此，对侵害人格权财产利益应以财产损害赔偿为主要责任形式，而非以精神抚慰金的方式予以救济。损害赔偿的目的在于弥补权利人的损失，恢复至发生损害前的状态。因此，在确定财产损害赔偿数额时，根据《侵权责任法》第20条的规定，考虑如下因素：权利人因行为人的侵权行为所造成的金钱损失的范围，即权利人在许可使用时应获得的许可使用费或转让费；或行为人因侵权行为所获得的非法利润。同时，可以确立法定赔偿金制度，在人格特征的市场价值与非法所得不易确定时，可由法官根据侵权行为的社会影响、侵权手段与情节、侵权范围与时间等，做出相应的裁量。[①]

如果在损害人格权财产利益的同时，也对权利人的精神利益造成侵害，权利人可以请求精神抚慰金等精神权益的保护方式。人格权内涵的扩充使人格权兼具精神利益与财产利益，二者的救济方式应有所区别，但不可互相取代。

综上所述，通过人格权法对人格权财产利益进行保护，就是在民法典的人格权编中，对涉及姓名权、肖像权以及目前未规定的声音利益、形象利益等可指示性、可识别性的标表性人格标识进行规定，权利人对上述标识有权使用或许可他人使用；他人利用权利人的上述标识，应当征得本人的同意，并以协议方式约定使用费、适用范围等相关事项；未经本人同意，他人商业性地使用权利人的上述权利，应当承担相应的民事责任，并赔偿权利人因此而造成的财产损失。对死者人格权财产利益进行利用、开发，应征得死者合法继承人的同意，并以协议方式约定相关事项；未经继承人同意的，应承担相应的法律责任，并赔偿造成的财产损失。

人格权的财产利益是人格权在市场经济条件下商品化作用的结果，是不断开发的人格权权能的扩充，其依附于人格权固有的精神利益，是人格权的衍生利益，有得到私法保护的必要性和可能性。在我国未来民法典中，应在人格权编中对人格权财产利益给予相应的规制，在平衡公共利益——新闻自由和言论自由——与人的自主支配和自我控制的前提下，对权利主体基于其姓名、肖像、声音等标表性人格标识所产生的财产权益进行合理、适当的保护。一方面，有助于解决现实中已经出现的人格权

---

① 吴汉东《形象的商品化与商品化的形象权》，《法学》2004年，第10期。

财产权益纠纷，防止此类侵权行为泛滥，改善司法滞后的现状；另一方面，也有利于促进人格形象价值的合理配置，维护市场秩序与和谐。

第三节　人格权的合理限制

一、人格权合理限制的正当性依据

人格权设计的基本理念是"成为一个人，并尊敬他人为人"[①]，其关乎"人在法律上应该被怎样对待"的问题，对人格权的保护是人的伦理价值的实现对法律提出的最基本的要求。但是，人格权终究是民事权利谱系中的一支，生长于权利的土壤中，需要遵守权利体系生成及发展的一般规律。权利作为利益平衡的法律工具，它是有限制的，正如拉伦茨所说："原则上，没有权利是不受某种限制的。"[②] 因此，在强调人格权保护的同时，同样需要对人格权进行合理的限制。正如一枚硬币的两面，二者是辩证统一的关系，否则人格权的保护最终也难以真正实现。然而，人格权不同于财产权等其他民事权利，因其与人的内在伦理价值密切联系，使得对人格权的限制必将导致主体人格的缺损，人之为人的完整性将受到影响。由此，对人格权的限制在法律上须持谨慎的态度，在理论上须有充分合理的论证做基础。换言之，人格权限制要在人格权制度中成立，在理论上首先必须回答：什么是人格权限制？为什么要对人格权予以限制？对人格权限制的限度何在？对这些基本问题进行理论上的分析是从根本上对人格权限制存在的必然性、合理性的证成，同时也是对其本身限度性的揭示，从而对人格权限制的规则设计提供理论上的支撑和方向上的指引。

（一）人格权限制的内涵

人格权是民事主体对其生命、健康、姓名（或名称）、肖像、名誉、

[①] 〔德〕黑格尔《法哲学原理》，范扬、张企泰译，商务印书馆，1961年，46页。
[②] 〔德〕卡尔·拉伦茨《德国民法通论》（上册），王晓晔等译，法律出版社，2003年，304页。

隐私、信用等各种人格利益所享有的排除他人侵害的权利。[①]人格权作为一种民事权利，其限制当然适用于权利限制理论。依学界普遍接受的权利限制外在学说的观点，权利本身是以无限制的状态存在的，当要求权利与其他个人的权利或公共利益和谐相处时，权利限制才有存在的必要[②]。权利限制是从私人生活的外部，根据当事人的自愿、客观法秩序、社会公共利益的要求而不得不进行的外部设置，是临时性的、针对特定情景采用的衡平措施。[③]权利限制实际上是对权利行使的限制，包括对行使的主体资格、行使的时间、空间、行使的条件等方面的限制。[④]依此理论，对人格权限制可以从以下三点来理解：第一，人格权是法律对人的伦理价值的制度保障，权利人依自己的自由意思行使权利实现其人格利益，是人格权的本旨和内在要求，人格权限制并非人格权的内在逻辑；第二，人格权是受限制的，人格权的行使或实现要受民法诚实信用、权利不得滥用等基本原则的约束；第三，对人格权的限制是人格权保护的例外，人格权限制是对人格权自由之绝对化的纠偏，是为权利人正当行使权利或为法定的特殊目的而设。

人格权是绝对权，除权利主体之外任何不特定的第三人负有消极的不作为义务，但人格权的绝对权属性并不意指人格权具有绝对性，权利只有在人与人的相互关系中才有意义，在人与人的相互交往中是不可能存在绝对的权利的。同时，人格权是对"本属于人自身的东西"的法律确认与保护，是主体独立人格在法律上的体现，而人格的独立性并不能否定、排斥人格间的相互依存[⑤]，恰恰相反，人格独立只有在社会的土壤中才能孕育、实现。人格权的相对性与社会性决定了人格权在权利保护方式、手段、程度、范围等方面须受到一定的限制。但人格权限制是人格权保护的一种非正常状态，人格权的限制会对主体独立人格产生影

[①] 王利明《人格权法研究》，中国人民大学出版社，2005年，前言第1页。
[②] R. Alexy, *A Theory of Constitutional Rights*, Julian Rivers, Oxford University Press, 2002, p.178~179.
[③] 张平华《私法视野里的权利冲突导论》，科学出版社，2008年，34页。
[④] 张文显主编《法理学》，高等教育出版社，2003年，117页。
[⑤] 张平华《私法视野里的权利冲突导论》，科学出版社，2008年，36页。

响，所以，只能是在明确且严格的特殊条件下，依照法定的标准对相关主体的人格权予以限制，由此决定了人格权限制须是在正当理由基础上经法价值衡量之后的"权宜性"选择，具有暂时性、特殊性和严格性的特点。

（二）人格权限制的正当性依据

人格权的限制关涉人的平等、自由、尊严等基本价值的实现，会影响主体人格的独立性，因此，对人格权的限制必须具有正当性依据，具体来讲有以下几个方面：

1. 保障社会公共利益的必然要求

依美国学者富勒的观点，法律乃是为了满足或有助于满足人们的共同需求而做出的一种合作努力，每一条法律规则都有旨在实现法律秩序某种价值的目的。[1]从权利的社会价值来说，每一种权利都代表或表达着一种价值诉求，权利能否受限制，能否被其他权利所压倒，关键取决于有没有与这一价值同等重要的或较之更高的价值以及此种价值压倒的正当性[2]，而利益评价在这种价值衡量中占据重要的地位。依美国社会法学创始人罗斯科·庞德有关利益的学说，利益被分为三类，即个人利益（直接涉及个人生活并以个人生活名义所提出的主张、要求或愿望）、公共利益（涉及政治组织社会的生活并以政治组织社会名义提出的主张、要求或愿望）和社会利益（涉及文明社会的社会生活并以这种生活的名义提出的主张、要求或愿望）[3]。法律制度所进行的分配权利、限定权利界限、使一些权利与其他权利相协调的安排都是对这些利益的配置和冲突的处理，当这些利益关系出现不和谐的时候，公共福利或共同利益就成为在分配和行使权利时决不可超越的外部界限，否则全体国民就会蒙受严重损害。[4]

---

[1] 〔美〕E.博登海默《法理学——法律哲学与法律方法》，邓正来译，中国政法大学出版社，2004年，202页。
[2] 张勇《论公民基本权利限制的法哲学基础》，《经济与社会发展》2007年，第7期。
[3] 〔美〕E.博登海默《法理学——法律哲学与法律方法》，邓正来译，中国政法大学出版社，2004年，156页。
[4] 同上书，324页。

从法的正义价值看，在个人权利和社会福利之间创设一种适当的平衡乃是关乎正义的主要考虑的因素之一，正义要求在行使其权利和自由时，每个人只服从于那些仅由法律为了确保相应地承认和尊重其他人的权利和自由并且为了确保实现一个民主社会道德、公共秩序和共同福利的正当要求而确定的限制①。人格权权利内容的实现植根于人格的倾向与需要之中，当为了公共利益的需求要求对个人人格权的效力范围给予必要的限制时，人格权的实现须做出一定的让步，此种与共同福利相一致的人格权限制是可以接受的。德国法学家科因（Coing）也认为，国家的义务是保护个人的基本权利和自由，其中包括肢体的完整、个人隐私、个人名誉、私有产权、反对欺诈和哄骗、言论和集会的自由，但不可能无限制地和绝对地实现这些权利，它们要服从增进公共福利所必要的某些限制②。

为保障公共利益或增进公共福利，对人格权施以限制是法律在实现社会控制目的时不得不做出的价值衡量的结果，在一定意义上，对人格权的权利效力予以某些必要的限制与公共利益是相符合的。

2. 化解人格权冲突的必然选择

现代社会从专制统治下的机械团结发展到以平等、自由、分工、合作为特点的有机团结③，"鸡犬之声相闻，老死不相往来"只能是历史教科书中的图景，人与人之间已经形成了高度依存的关系网。依社会连带主义学派的观点来看，在法律意义上，人的行为都会产生连带影响，人们之间的和睦相处是由互不侵害他人的一般注意义务来维系的，一旦注意义务被违反，相互依存的平衡就会被打破，权利冲突势必就会出现。从法律的角度看，法律自身所存在的诸多问题，譬如法律的模糊性、法律冲突、法律不切实际、恶法亦法④等使得权利冲突不可避免。具体到人格权来说，人格权的权利边界不确定，人格权或因本身具有高度的抽

---

① 〔美〕E.博登海默《法理学——法律哲学与法律方法》，邓正来译，中国政法大学出版社，2004年，325页。
② 同上书，211页。
③ 葛洪义《社会团结中的法律——略论涂尔干社会理论中的法律思想》，《现代法学》2000年，第4期。
④ 胡余旺《权利冲突的法哲学思考》，《河北法学》2010年，第8期。

象性，缺乏清晰的边界，如一般人格权；或因其权利内容须从习惯、司法判例等实践中予以总结，并非依赖法律来界定其界限，如隐私权；另外，随着社会的发展，人格权的权利边界会相应地发生变化，边界的不确定难免会使某项人格权与其他权利发生冲突，并且人格权的实现会增进人格独立，而人格的独立必然会在一定程度上和社会利益以及他人利益发生一定的冲突和矛盾①。权利的冲突导致的是利益的失衡、权利秩序的破坏，而要消除权利冲突的直接方法便是对权利进行限制。一旦冲突发生，为重建法律和平秩序，或者一种权利必须向另一种权利让步，或者两者在某种程度上必须各自让步。②

安德列·马莫尔认为："之所以对权利进行限制，关键就是因为权利之间存在冲突。"③德沃金也主张权利冲突是权利限制的正当理由，他认为："一个国家可以根据其他的理由取消或者限制权利，而且，自否定保守的观点之前，我们应该清楚，这些理由是否可以适用。这些理由中最重要的理由——至少是我们所理解的——提出了相互冲突的权利的概念，如果涉及的权利不会受到限制，那么与之冲突的权利就会受到破坏。"④可以说，权利限制是消灭权利冲突的手段，是化解权利冲突的措施和对策，在权利冲突中，对一方或双方的权利进行限制，使权利人不得不受到拘束，从而在权利行使中进行自我限制，对他人的权利行使进行容忍，以达到冲突当事人间妥协、共存的目的。⑤

从平衡利益的角度看，法律是利益协调的工具，正如利益法学派所认为的："法律规范中包含的原理是立法者为解决种种利益冲突而制定的，法律是冲突的人类利益合成和融合的产物。立法者必须保护利益，他要去平衡相互竞争的各种利益。在司法活动中，法官要做出正义的判决，决不应像一台按照逻辑机械法则运行的法律自动售货机，也不应只

---

① 王利明《人格权法研究》，中国人民大学出版社，2005年，210页。
② 〔德〕拉伦茨《法学方法论》，陈爱娥译，商务印书馆，2003年，279页。
③ 张勇《论公民基本权利限制的法哲学基础》，《经济与社会发展》2007年，第7期。
④ 同上。
⑤ 张平华《私法视野里的权利冲突导论》，科学出版社，2008年，62页。

是根据正义感进行判决，而必须弄清立法通过某条特定的法律规制所要保护的利益，并找出优先的利益对其予以认定和保护，从而使各种利益得到合理的平衡。"① 法秩序的和谐与维护在一定意义上来说，是通过权利限制对冲突的利益予以协调来实现的。

3. 私权社会化的要求

近代自由资本主义时期是个人主义盛行的时代，权利神圣不可侵犯、意思自由等价值是支撑法律制度的基本理念，权利具有绝对的效力，以所有权为例，"风能进，雨能进，国王的军队不能进"彰显了权利巨大的威力。20世纪以来，由于科学技术和工业的发展，维护社会公共利益和对雇工、消费者等社会弱势群体利益的保护受到社会的普遍关注，反映在法律制度中，就是诚实信用原则和当事人利益平衡原则等基本价值取向得以确立，权利出现社会化的倾向，权利的社会化是对个人权利极端化的矫正。个人权利是相对于其他个体的权利而存在的，正因为权利只有在社会关系中才有意义，所以权利所欲实现的个人利益须与基本的社会秩序或社会利益相容，私权的社会化要求私权收敛锋芒，对轻微的损害要予以容忍，以减少权利摩擦。"权利之社会化，就人格权而言，亦有此趋势……此应抑制之程度，可称为'国民生活上之容忍界限'，超越容忍界限之人格权侵害，始为侵权行为，而容忍界限以内之小侵害，不足为请求损害赔偿或慰抚金之理由……随都市生活之密集化，而国民之容忍义务逐渐加重，得主张人格权之范围逐渐缩小，人格权无非是19世纪利己主义所生小资产阶级的个人意识，其趋于社会化，恰如所有权之社会化，乃出于不得不尔。"②

人格权是保护人的伦理价值的权利，在当今社会物质生活极大丰富的同时，人们的精神需求在法律上予以表达的愿望日益强烈，人格权成为权利发展最活跃的部分，凡涉及人的精神层面的利益都有可能成为某

---

① 卓泽渊《法理学》，法律出版社，2009年，97页。
② 龙显铭《私法上人格权之保护》，中华书局，1949年，15~16页。

种具体人格权类型，人格权的触角延伸如此之广，加之人格权本身强大的排他效力，使得人们在社会交往行为中所负担的义务稍显繁重，为平衡当事人之间的利益，要求人格权人要负有轻微容忍义务，容忍与接受他人的合法行为所导致自身利益的损害，对人格权施以限制，以此来实现人格权之间的和谐。

4. 协调自由价值冲突的需要

美国著名法学家庞德说过："法律科学无法回避的一个问题就是法的价值问题。"[①]只有通过对法律现象进行价值认知和评价，才能根据价值目标来设计法的理想模式。法律对特殊主体的人格权进行合理地限制，实际上就是平衡各方权利冲突的过程。而各项权利之所以会因为界限不明导致冲突，究其实质，还是因为立法者总是会根据一定的价值取向和利益需求来设定不同的权利，但社会生活的广泛性、复杂性以及法律价值主体的多元化和多样性，决定了各项法律价值不可能各自独立、互不冲突。[②]在某一具体法律关系中，当各项权利所体现的法律价值发生了冲突，例如，在新闻报道中，秩序与自由之间的矛盾，那么优先保护何种权利、如何进行责任界定，就成为法律必须解决的问题。

法律对特殊主体人格权的限制、克减与言论自由、知情权的冲突实际上体现了不同主体之间在追求自由的过程中所产生的冲突。简言之，前者主要体现了个体主体按照自己的意志支配各项人格利益，并不受他人侵害的自由；后者则集中体现了群体主体——公民对一些与国家利益、社会利益有关的现象有了解和发表看法的自由。"法律上的自由是指公民和社会团体在国家权力所允许的范围内按照自己的意志进行活动的能力与权利，是得到法律保障并受到法律约束的。"[③]一方面，这种自由体现在法律上就是一种权利，只有纳入到法律权利体系中去的自由，

---

① 何勤华《西方法学史》，中国政法大学出版社，1996年，135页。
② 孙国华、何贝倍《法的价值研究中的几个基本理论问题》，《法制与社会发展》2001年，第4期。
③ 周旺生《法理学》，法律出版社，2000年，49页。

才能得到保障。正如名誉权、隐私权、肖像权、姓名权等人格权利以及言论自由、知情权，它们都是社会民主法制建设中公民的基本权利。我国宪法就规定了公民的人身自由、人格尊严不受侵犯，公民有言论、出版等自由。另外，民法等部门法对前述权利也有具体而细化的规定。这些法律规定都是对自由的具体体现和保护。另一方面，这种自由不是绝对的，而是相对的，应当受到合理的限制。[1]因此，法律在赋予主体以自由的同时，不仅要界定各项具体权利的范围，还要求主体承担不侵犯他人自由的义务，以及侵犯之后应当承担的法律责任，只有这样，才能切实保障自由的实现，防止自由滥用造成无序的冲突。

在明确了这样一系列关于自由的价值理论后，我们不难得出这样的结论：首先，公众人物等特殊群体在行使人格权时，他们追求的是一种个体的自由，而大众媒体、社会公众在进行舆论监督时追求的是群体的自由。群体是由多个个体组成，个体则是群体的一部分，因此，群体的自由和利益需求也是各个个体价值目标的反映，更全面，更广泛。[2]当二者发生冲突时，应当以维护社会的整体利益为前提。也就是说，当媒体和公众出于维护国家民主法制的需要，对公众人物与公共利益密切联系的言行进行披露和评论时，公众人物行使人格权的自由应当受到合理限制，即使他们的人格权会因此受到一定的损害。否则，那种以牺牲社会民主、自由为代价而存在的人格权，最终只会变成一种与社会整体价值追求背道而驰的极端化个人权利。其次，言论自由也是有限制的，社会公众不能打着公共利益的旗号任意践踏个人的尊严与自由。当个人的自由不保时，群体利益也不复存在。[3]例如，对公众人物进行报道和评论时，与公共利益无关的秘密信息应当受到保护。换言之，面对不同权利的冲突，法律要做的不是保护谁、不保护谁，而是要解决不同自由之间的度量问题，确定一个基本准则：在确保与社会秩序相协调的前提下，法律

---

[1] 付子堂《关于自由的法哲学探讨》，《中国法学》2000年，第2期。
[2] 张文显主编《法理学》（第二版），法律出版社，2004，169页。
[3] 同上书，172~173页。

应当最大限度地保护个人自由，尽可能地尊重个人的人格权。①

5.实现法律正义的需要

法学家柏拉图曾说过："正义是法的核心，正义的原则是国家的基本法"，它既是立法的价值追求，也是立法的伦理道德基础。②正义的内涵是丰富而多样的，从古至今，不同学派的法学家从不同的角度对正义进行了诠释，并赋予正义以自由、平等、利益、秩序等不同的价值，"从而使正义成为一个最为崇高的概念……随时可呈现不同形状并具有极不相同的面貌"。换言之，诸如自由、平等、秩序这些法律价值都有符合正义的方面，都是正义的具体表现形式。③

由上可见，正义作为法律的终极目标，它对法律的要求是多方面的，但笔者认为，具体到法律对公众人物等特殊主体人格权的限制与克减上，主要表现为：正义要求立法不仅要体现机会平等，还要通过对权利义务和责任配置不均的调整来实现结果的平等。也就是说，即使现有的法律规定对权利、义务的分配实现了机会平等，但在具体施行时导致了结果的不平等时，出于对正义的保护，法律应当做出相应的修改或调整，对法律主体的权利、义务进行重新划分以达到结果的平等。例如，法律对公众人物等特殊主体人格权进行的限制与克减，就是因为采用一般的人格权法律来调整这一社会关系不足以公平地保护权利各方，所以才需要法律做出不一样的规定，以实现法律的正义。

二、人格权限制的限制

人格权是人之为人所应当享有的最基本的权利，是公民不可侵犯的人权，人格权是权利主体实现人格利益的法律上之力，对这种法律上之力的限制实际上是对主体人格的限制，会影响到人格权人作为人的完整存在价值，所以，对人格权予以限制须有法律上正当的理由以证成人

---

① 《马克思恩格斯全集》（第1卷），人民出版社，1956年，431页。
② 何勤华《西方法学史》，中国政法大学出版社，1996年，65页。
③ 〔美〕E.博登海默《法理学——法律哲学与法律方法》，邓正来译，中国政法大学出版社，2004年，171页。

格权限制的合理性和必要性。如果对人格权限制的力度拿捏不当，会导致主体人格的缺损，因此，对权利限制这样一种矫正措施必然要加以限制[①]。人格权限制的限制须遵守以下几个原则：

（一）法律保留原则

权利在某种意义上，实际上是设了一道抵御公权力和其他力量干涉的防护墙，权利主体之外的力量或负有消极的不作为义务，或须对权利予以保护、救济以保障权利的实现。权利限制是权利现象的一种例外，"权利一旦被国家法律确认后，就不得被国家、政府、法官以及其他民众随意限缩"[②]，对权利进行限制只能是经民主程序的立法行为才可以实现，正如《世界人权宣言》第29条第2项中所规定："每个人的权利和自由的行使，只受法律确定的限制，这种限制的目的只是为了保证对其他人的权利和自由的应有承认和尊重，以及满足在一个民主社会中道德、公共秩序和一般福利的正当要求。"人格权是公民不可侵犯的基本人权，只有在法律明确规定的条件下，基于公共利益的目的，才能依法予以限制，因此，人格权的限制必须坚持法律保留原则。

法律保留原则要求对主体的人格权进行限制的实体内容只能由国家的法律予以明确规定，该处的"法律"必须是一国国会制定的法律，行政机关或其他组织无权对公民的人格权做出限制规定。具体到我国，则是最高立法机关，即全国人民代表大会及其常务委员会制定的法律，涉及一些关于权利限制的技术性或细节性的内容，也就是权利限制的具体细则时，最高立法机关可以授权行政机关制定法规、命令等，但须遵守授权目的，不得逾越授权权限和范围。同时，法律价值是通过实体内容和程序规制的相辅相成来实现的，对人格权进行限制不仅要有明确的法律根据，而且要符合正当程序的要求。无论是行政机关还是司法机关，

---

① 〔法〕雅克·盖斯丹、吉勒·古博、谬黑埃·法布赫-马南《法国民法总论》，陈鹏等译，法律出版社，2004年，741页。
② Joseph M. Perillo, *Abuse of Rights: A Pervasive Legal Concept*, McGeorge School of Law, University of the Pacific（Pacific Law Journal）Fall, 1995（27 Pac. L.J. 37）.

对权利予以限制只能是以法律规定的限制内容、程序为依据，缺乏法律的明确规定对人格权进行限制是对人格权的侵犯，要承担相应的责任。须注意的是，由于法律本身是有效力层级的，下位法律是否有效取决于上位法的规定，宪法处于我国法律体系金字塔的顶端，具有最高效力，因此，法律规定的权利限制的规定须能经受住违宪的审查。①

（二）比例原则

比例原则是在对权利限制的手段和限制目的之间进行衡量，以使二者之间合乎比例，对人格权的限制要考量且符合比例原则的要求。比例原则具体包括三方面的内容：

1. 妥当性原则

妥当性原则又可称为适应性原则，要求对人格权的限制要具备正当性目的，即合目的性。对人格权的限制只能是为了公共利益、公共安全秩序或居于更高权利位阶的第三人的权利，否则，对人格权的限制就是不正当的，目的不正当的人格权限制是对人格权的侵害。当然，在为了公共利益或第三人的利益限制人格权的时候，要尽可能地兼顾被限制人的权利，以求利益兼顾。人格权的限制手段要以限制目的为导向，与限制目的相适应，手段不能偏离目的，否则也是欠妥当的。在对人格权予以限制，适用妥当性原则时，公共利益常作为人格权限制的理由。但是，由于公共利益是典型的不确定概念，具有极大的模糊性，因此可能会出现借公共利益之名而侵害人格权的现象，法律须对公共利益有相对确定的规定，提供一个可供参考的标准，该妥当性原则才会实至名归，当然，公共利益并不简单地等同于多数人的利益，法律需要兼顾少数人的公平。

2. 必要性原则

必要性原则包含两个要素：一是"相同有效性"，即当存在多种可以达到相同目的的手段时，要采用所产生效果更好的手段；二是"最少侵害性"，要求在所有能达到法律目的的限制手段中，要选择产生最少

---

① 张平华《私法视野里的权利冲突导论》，科学出版社，2008年，67页。

侵害的手段①。具体到人格权限制，要求在法律规定的范围内，当有多种手段可以达到同一立法目的时，必须采用对人格权权益侵害最少的方式。

3. 均衡原则

均衡原则要求在衡量目的所欲达到的利益与侵及相对人的权益二者孰轻孰重时，只有前者重于后者，其行为才具有合理性。②在对人格权进行限制时，所采取的限制手段要与欲达到的目的形成合理的比例关系，不能失衡。依据均衡原则，对人格权的限制要适可而止，不得过度干预人格权人的自由，过度与否可依据利益衡量的方法进行判断。

（三）符合权利位阶原则

法律所保护的权利背后是一个具有内在联系的价值序列和体系，但各个不同的价值在该价值序列体系中的地位并不是平等的，而且权利背后的价值取向及利益不同，当行使某一种权利时就可能影响到另一种权利和价值，于是价值的选择就无法避免了③。价值选择虽具有主观性和不确定性，但是对价值进行衡量的价值位阶序列是能够被感知并且认同的，最后的评价标准是可以依特定社会的主流价值以及以当时的社会需要为基础来加以评定的。德国学者哈拉尔·施耐德曾归纳出下列基本价值序列的衡量标准，这些标准也得到普遍认可："a.公共利益应优先于个人利益，以公共利益为取向的基本权，应优先于以个人利益为取向的基本权；b.政治性、公共性的意见自由，其位阶较高，反之，以追求私利及经济权利为目的的自由，其位阶较低；c.人的精神政治性活动以及人的精神心灵领域的基本权，其位阶较高；d.非物质方面的基本权的评价，又优位于物质方面的基本权。"④我国法律上虽然没有规定权利位阶，但存在基本的权利位阶秩序，为了高位阶权利的需要，要对处于低位阶的

---

① 马特、袁雪石《人格权法教程》，中国人民大学出版社，2007年，66页。
② 陈新民《行政法学总论》，三民书局，1995年，62页。
③ 付子堂主编《法理学进阶》，法律出版社，2005年，110页。
④ 〔德〕迪特尔·梅迪库斯《德国民法总论》，邵建东译，法律出版社，2001年，342页。

权利予以限制。一般来说，人格权的权利位阶高于财产权，如果生命权与财产权发生冲突，要优先保护生命权。当难以得出权利效力差别时，法官须借助价值判断的方法对权利之间的价值轻重进行衡量，以优先保护价值较重的权利。偏重于社会公共利益的权利则是须优先考量的因素，如社会的舆论监督权与公众人物的隐私权相冲突时，隐私权的权利效力可能须做出让步。

人格权限制是为平衡利益、化解权利冲突所做的不得已的选择，以人格权限制为代价来保障公共利益或更高位阶的第三人权利利益的实现，这种"合法的不平等"与平等原则、人权保障之间形成了一定的紧张关系，对人格权的限制如果不能适可而止的话，会矫枉过正，成为侵害人格权的口实。人格权限制须配备相应的限制措施，以对人格权限制保驾护航，保证人格权限制不偏离其存在的基本价值轨道，对人格权限制的限制，或称人格权限制之反限制与人格权限制统一而不可分离。

三、人格权合理限制的典型类型分析

现代社会，人格权的限制离我们每个公民的生活并不远，如国家可以基于公共安全的考虑限制公民的隐私权、自由权，为了新闻监督的自由，肖像权、隐私权、姓名权甚至名誉权都要受到一定的限制，国家在突发事件发生时对公民人身权的限制等。但讲求人格独立的时代，人格权的保护仍是权利的重心，人格权的限制只是在一种非正常（非常态）情况下或特殊情形下才有适用的必要。以下从比较法的视角对人格权限制的一些典型情形予以分析，以期对人格权限制有更为深刻的认识。

（一）公众人物人格权的限制

对公众人物人格权的限制涉及的主要是公众人物的名誉权、隐私权、姓名权、肖像权等与公众言论自由、表达自由之间出现冲突时的限制，对此，各个国家限制的程度并不相同。在英国，通过普通法对权利

予以保护，如果言论自由与公众人物的隐私权发生冲突时，英国偏重于保护隐私权。对公众人物的人格权限制规定比较完备的是美国，美国在1964年的沙利文诉《纽约时报》案中首次提出"公共官员"的概念并提出了"实际恶意"的规则，之后的"巴茨案件"中，提出了"公众人物"的概念，虽然没有对公众人物的概念予以界定，但明确公众人物都涉及公共利益。按照美国判例的分类，公众人物被分为三类：第一类是完全目的的公众人物，主要是在政府机关担任重要公职的人，此类人具有极大的权力和社会影响力，关乎公共利益，其人格权要受到限制；第二类是自愿的公众人物，也称为"有限目的的公众人物"，主要是影星、歌星、体育明星等公众人物，这些人虽不涉及公共利益，但涉及到公众利益、公众兴趣，因此，要限制其人格权；第三类是非自愿的公众人物，是指某些人本身并不是公众人物，并不会引起公众的兴趣，但是由于某些偶然的原因卷入公共事件，成为公众人物，如违反法律、卷入新闻事件的普通公民等[①]。对公众人物的诽谤采取实际恶意的标准，实际恶意是指明知故犯，即明知消息与事实不符，仍不顾一切地将消息发表，即撒谎、造谣。[②]实际恶意通常要由原告予以举证，因此，美国法偏重于保护言论自由，对公众人物人格权的限制是比较严格的，大众媒体因为过失或重大过失毁损公众人物的名誉权等人格权，享有免责的特权。

我国法律中长期以来并没有公众人物的概念，在许多涉及政府官员、演艺明星等公众人物的名誉权侵犯案件中，通常依据民法中关于名誉权的一般理论判决新闻报道者败诉。在具有里程碑意义的"范志毅诉文汇新民联合报业集团侵犯名誉权纠纷案"中，首次提出了公众人物的概念，并确立了公众人物的容忍义务，即如果没有损害其人格尊严，公众人物对媒体采访报道过程中的轻微损害理应予以容忍。对公众人物人格权限制的法律依据是《最高人民法院关于审理名誉权案件若干问题的解答》，其第7、8条规定："因新闻报道严重失实，致他人名誉受到损害

---

① 马特、袁雪石《人格权法教程》，中国人民大学出版社，2007年，73页。
② 王利明《人格权法研究》，中国人民大学出版社，2005年，226页。

的，应按照侵害他人名誉权处理。""文章反映的问题基本真实，没有侮辱他人人格的内容的，不应认定为侵害他人名誉权。文章的基本内容失实，使他人名誉受到损害的，应认定为侵害他人名誉权。"从此规定可知，内容基本真实，评论公正即可成为公众人物人格权侵犯的抗辩事由。

公众人物或是担任公职或是在社会公共生活中具有较高知名度的人，对公众人物的人格权须予以限制，是基于以下几个方面的原因：首先，出于对公共利益或公众兴趣的考虑须对公众人物人格权予以限制。公众人物的行为常会涉及公共利益，为对其行为进行监督就要对其隐私权、名誉权等人格权予以一定的限缩，正如恩格斯所言："个人隐私应受法律保护，但当个人私事甚至隐私与最重要的公共利益发生联系时，个人的私事就已经不是一般意义上的私事，而属于政治的一部分，它应成为新闻报道不可回避的内容。"[1]作为公共利益和公共事务的代言人，公众人物的隐私权与舆论监督发生冲突时，为满足公众知情权的需要，实现舆论监督，公众人物的部分隐私权须予以限制或弱化，由社会大众了解和评论。公众人物所从事的活动通常都和社会公共生活有关，容易成为社会公众关注的焦点，并成为社会公共生活的一部分。公众人物本人及其言行随时具有新闻价值，符合公众的合理兴趣，他们对社会的影响力远远超过普通大众，因而社会公众对这些人的了解和监督也应更多一些。大众有权了解公众人物所参加的活动以及与活动有关的个人情况，获得更多知情权成为必然。这是公众人物在享受传媒带来的利益的同时所要承担的社会责任。其次，媒体和参与公共讨论的其他人需要"喘息的空间"，舆论监督权的有效行使和公众知情权的实现要求当与公众人物的人格权冲突的时候，公众人物的人格权要做出一定的让步。新闻媒体代表民意在进行批评和评论的时候，是在行使一种宪法权利，其善意的批评和公正的评论是可以对抗侵犯名誉权的指控。况且，公众人物因特殊原因而为普通大众所熟悉与关注，他们的活动一般成为社会公

---

[1]《马克思恩格斯全集》(第18卷)，人民出版社，1964年，591页。

共生活的一部分，媒体对他们的生活进行报道，其一般情形下都不得提出隐私权保护的抗辩。如果在媒体舆论监督和公众人物的人格权发生冲突时，强调对公众人物人格权的保护，则会缩小舆论监督的喘息空间，可能形成寒蝉效应，这不利于一国民主的实现。另外，由于公众人物掌握着更多的社会资源，有更多的优势为自己进行辩护，因此，公众人物的人格权有必要进行限制。

在各国法律实践或制度设计中，常通过举证责任分配或公众人物人格权侵权案件的特殊构成要件对公众人物的人格权予以限制。在解决公众人物的侵权案件时，理论上，学者主张采用"实际恶意"的归责原则，即受害人必须证明侵权行为人在主观上怀有恶意，必须证明行为人诽谤时已经知道其所说的话是虚假的，或对其所说的话的真实性有很大的怀疑。要求公众人物证明行为人的"实际恶意"的难度是很大的，在一定程度上限制了公众人物名誉权的胜诉权。但是对公众人物人格权的限制也是有限制的，并非漫无边际，其限制要受到以下几方面的约束：

第一，权利范围的限制。对公众人物人格权的限制，限于对其精神性人格权中的名誉权、隐私权、姓名权、肖像权等权利的限制，对公众人物的物质性人格权，如生命权、身体健康权等不得予以限制。

第二，权利内容的限制。对公众人物人格权的限制仅限于与公共领域、公众兴趣相关或应当受到公众监督的内容，对公众人物纯粹的私人领域以及私人空间不得予以限制，如公众人物的家庭、婚姻等私人生活，其身体，其私人住宅等要受到保护。公众人物虽然将自己置于公众密切的关注之下，但其同样也是正常人中的一员，要享受作为一个普通人所享有的最基本的隐私空间。法律对公众人物保护私生活的权利一般都做出了某种限制，但公众人物的纯私人生活因与社会公共利益无关，则应该享受隐私权的保护，不得随意披露。对公众人物隐私权保护范围的确定，应该具体情况具体分析，但如果新闻媒体过多地介入公众人物的私生活，热衷于对其私人感情频频炒作，甚至刻意搞一些"隐私暴露热",也是应当予以反对的,同时,新闻记者不得为追求猎奇、刺激而去披露与社会公共利益无关的公众人物的隐私,这类报道会对社会产生不良的影响。

第三,正当理由的限制。对公众人物的肖像、隐私的公开须具有正当的理由,如果不是基于公共利益或公众兴趣,而是为了营利,在这种情况下使用公众人物的姓名或肖像,就构成对公众人物姓名权、肖像权等人格权的侵犯。另外,不得基于个人目的恶意诋毁公众人物,却援引公众人物的理由主张免责。对公众人物人格权的限制要限定在合理使用的范围内,不能商业化使用,如未经权利人的同意商业化使用公众人物的肖像或姓名,就构成对公众人物人格权的侵犯。

(二)监狱服刑人员人格权的限制

对监狱服刑人员人格权的限制,是法律对其危害社会公共利益的行为要求其承担责任的代价,换言之,对监狱服刑人员人格权的限制是一种惩罚方式,通过使其遭受精神上的痛苦从而起到教育与威慑的作用。监狱服刑人员人格权受限制主要有以下几方面的原因:(1)自由刑的执行。在监狱服刑,丧失人身自由,一般而言,罪犯不能离开监狱指定的活动范围,这样就限制了监狱服刑人员与外界的接触范围,必然对其人格权的完整实现带来影响。(2)出于改造罪犯的需要。为了改造罪犯,有必要对其人格权进行限制,例如,服刑人员的生活消费必须保持在一定的水平,不能超过该标准过较为奢华的生活。(3)基于监管安全的考虑。为了控制有相当人身危险性的罪犯,防止监管事故的发生,监狱有权力限制服刑人员的人格权,如服刑人员的隐私权、其与外界联系的权利等。

监狱服刑人员人格权的限制主要表现在以下几个方面:第一,监狱服刑人员的人身自由受到限制。人身自由属于一般人格权的范畴,理论上,人身自由主要包含身体自由权、生命健康权、婚姻自由权、通信自由权、通信秘密自由及住宅自由等内容。监狱服刑人员因执行刑罚,其身体自由、通信自由和通信秘密自由受到严格的限制。身体自由是权利主体参加各种社会活动、行使各种权利的前提条件，身体自由构成行使绝大多数权利的基础，[1]尤其像健康权和婚姻自主权这样需要权利主体亲自实现的权利，会因为服刑人员特定的法律身份与其所处的特殊环境而受到限制。[2]第二，监狱服刑人员的隐私权受到限制。[3]服刑人员与普通公民不同，其隐私权必须受到合理且正当的公权力的制约。监狱有权根据必要的监管需要来限制这项权利。服刑人员的私人空间由于被监管，事实上受到最大程度的剥夺，只享有小范围的权利。《中华人民共和国监狱法》第18条规定："服刑人员收监，应当严格检查其人身和所携带的物品。非生活必需品，由监狱代为保管或者征得罪犯同意退回其家属，违禁品予以没收。"第47条规定："服刑人员在服刑期间可以与他人通信，但来往信件应当经过监狱检查，可以扣留。"服刑人员在入监前必须如实交代其生活经历、家庭情况、家庭地址等个人事实，由此可知，服刑人员的私人空间极其有限，其人格权要受到必要的限制。

对监狱服刑人员的人格权进行限制是必要的，但是，相对于国家强大的公权力，服刑人员处于被强制的劣势地位，其人格权的限制常会被过分强调，甚至湮没了其应该受到保护的基本人权。因此，需要理性地把握监狱服刑人员人格权限制的尺度，即监狱服刑人员人格权的限制并非漫无边际，人格尊严受到法律的严格保护，其生命健康、名誉、姓名、肖像权不得被限制。对监狱服刑人员人格权的限制只能是依据法律的明确规定，为了教育服刑人员和监狱管理及安全的目的，依照法律规定的程序采取限制措施，除此之外的行为都构成对监狱服刑人员人格权的侵害。

（三）为调查犯罪需要对人格权的限制

国家的义务是保护公民的基本权利和自由，对犯罪的调查和追究是

---

[1] 何建华主编《宪法》，法律出版社，2006年，193页。
[2] 闵征《理想与现实之间——关于罪犯权利的深层思考》，《中国监狱学刊》2005年，第2期。
[3] 冯金银《隐私权新论——试论罪犯的隐私权》，《行政与法》2004年，第8期。

国家作为公共秩序保护者角色的职责要求，通过对犯罪活动的打击来保障公共安全，为每个人"人之为人"的人格价值的实现提供一个安定有序的社会环境。公共安全得到充分保障，公民的人格权才能真正实现。①公共安全和人格权的实现可以说是唇亡齿寒的关系，为了国家的公共安全和预防犯罪，在一定范围或一定程度上要对人格权予以克减或做出限制。世界上许多国家的立法对此做出了规定，如《欧洲人权公约》第8条规定："每个人都享有私生活、家庭生活、住所与通信获得尊重的权利。行使这项权利时，政府当局不得干涉，除非按照法律规定，并且在一个民主社会中为了国家安全、公共安全或者国家的经济利益，为了防止动乱或犯罪，为了保护身心健康或是道德准则，或是为了保护他人的权利与自由而有必要进行干预的，不受此限。"挪威《通讯和电信控制条例》第1条规定：在涉及危害国家民族安全的案件中，法律授权警方可以采用窃听的手段。瑞士1993年通过的《资料保护联邦条例》中，针对与国家安全保护性措施有关的个人资料处理问题做出了政策性规定，以打击恐怖主义、实施变革、政治情报、极端暴力，抵制武装性走私与非法转让科技，打击有组织的犯罪。我国《宪法》第40条规定："公民的通信自由和通信秘密受法律保护。除因国家安全或追查刑事犯罪的需要，由公安机关或检察机关依照法律规定的程序对通信进行检查外，任何组织或个人不得以任何理由侵犯公民的通信自由和通信秘密。"

当然，为调查犯罪对人格权的限制应当在合理的限度内进行，对此，可以从以下几方面予以考虑：（1）所受限制的人格权的范围有限。为调查犯罪对人格权予以限制的范围只能是人身自由、隐私、通信自由、通信秘密等人格权，不能扩及公民的生命权、身体权、健康权、名誉权等人格权。（2）实施限制手段的主体合法。实施限制手段的主体须是法律规定或授权的有权机关，其他部门不得对人格权进行限制，如果

---

① 马特、袁雪石《人格权法教程》，中国人民大学出版社，2007年，71页。

越权对人格权予以限制的话，就构成对人格权的侵犯。（3）实施限制的程序正当。对人格权限制要符合法定程序，实施机关要严格遵循正当程序的要求进行，如大多数国家法律规定，警察机关和国家安全部门通过窃听、监视等侵犯隐私权的方式进行调查，须获得法院的批准始可进行。

（四）紧急状态下人格权的限制

紧急状态下对人格权的限制是对人格权权利保障的减少或取消，即"减免或者停止履行法律上应保障人格权的义务"。其实，不论是义务的暂时免除，还是对权利的暂停或限制，只是一个问题的两个方面，没有根本上的不同。

1.世界各国紧急状态下人格权限制的立法规定

紧急状态下的人格权限制，是一种非正常状态下以对人格权减损、削减的非正常手段保障国家福利、保护国家安全，以使国家秩序恢复常态的临时性措施。针对国家出现非常态状况时如何协调国家行使紧急权力与保护公民的人格权的关系，从而在人权保障和权力行使之间实现恰当的平衡，各国均有相应的规定。

英国2004年1月7日由下议院通过《国内紧急状态法案》，该法案规定，在发生紧急事件时，由国务大臣对紧急状态进行确认，女王或特殊情况下的内阁高级官员以制定紧急状态规章的方式对紧急情况予以处置，限制或控制公民的权利。紧急状态规章可以制定任何条款，但要符合目的原则和比例原则，必须是出于预防、控制或缓解据以制定规章的紧急状态的各个方面或影响之目的，紧急规章的效果与紧急状态的各个方面或影响之间须保持恰当的比例。此外，明确公民的某些基本权利不得予以克减，公民对处置机构和人员的失职问题可以向最高法院或判决法庭提起诉讼。《俄罗斯联邦紧急状态法》第28条第2款特别规定，紧急状态下的措施不应引起对个别人或居民群体的歧视，特别是对性别、种族、民族、语言、出版、宗教态度、信仰、社会团体属性及其他情况的歧视，即该国的法典明确规定了公民的平等权是不能被克减的。《葡萄牙共和国宪法》第19条第4款规定："宣布戒严决不能侵犯生命权、人格完整、个人身份、个人的公民资格与公民权利、刑法的非追溯性、被告人的抗辩权及信仰自由与宗教自由。"1905年《尼加拉瓜宪法》规定：宪法所规定的一切权利"除关于充公物产与个人生命之保给两条外，当宣告施行军法时可暂时停止之"。1976年1月3日生效的联合国《公民及政治权利国际公约》、1953年生效的《欧洲人权公约》以及1969年11月22日在哥斯达黎加制定的《美洲人权公约》，这三个较有影响的世界人权公约都规定，在紧急状态下，尤其是在实行戒严期间也不得剥夺公民的基本权利，这些基本权利包括：生命权、人道待遇（指任何人不得被施以酷刑，或遭受非人道或侮辱的待遇）、不受奴役的自由、不受有追溯力法律的约束、法律人格的权利、思想以及信念和宗教的自由。《美洲人权公约》还规定不得中止保障公民家庭的权利、姓名的权利、儿童的权利、国籍的权利和参加政府的权利。1984年国际法协会通过了《国际法协会紧急状态下人权准则巴黎最低标准》，为各国制定调整紧急状态的法律提出了指导性的准则，通过规定实施紧急状态和行使紧急权力的基本条件和应遵循的基本原则以及各种监督措施[1]，以期限制紧急权滥用，保障公民人格权不被过分的侵蚀。

2. 紧急状态下人格权的限制与反限制

人类对秩序的追求，时常会为偶然情形所阻碍，有时还会被普遍的混乱状况所挫败，这种规律层面的混乱与失调的情形似乎在人类生活中要比在非有机的自然界中发生得更为频繁。[2]赋予人的自由、平等、安全应当在最大程度上与公共福利保持一致，这是正义提出的要求。[3]当面对危及集体生存和安全的非正常状态时，公共福利的至高价值要求身处其中的每一员须有为"保全大我，牺牲小我"做好准备，正如斯通

---

[1] 徐高、莫纪宏《外国紧急状态法律制度》，法律出版社，1994年，91~92页。
[2]〔美〕E.博登海默《法理学——法律哲学与法律方法》，邓正来译，中国政法大学出版社，2004年，234页。
[3] 同上书，324页。

大法官所言:"人并不是孤立地活着,也并不是仅仅为自己活着。"①为挽救社会或国家于危机,需要集体性的努力,人格权为此受到削弱具有正当性依据。况且,人格权植根于社会的土壤中,如果其赖以存在的社会将遭倾覆的危险,国将不国,固守人格权的强大权利效力,导致的将是"人将不人",所以,在紧急状态下,对人格权予以限制是必要的。

紧急状态需要政府承担起法律赋予的紧急责任,发挥领导和指挥的核心作用,在一定程度上运用政府的权威采取非常的紧急手段(紧急处置权)应对突发事件,从而必然扩大政府的权力。但"绝对的权力,产生绝对的腐败",不受监督的权力必然滋生腐败,稍有不慎,就有可能导致公权力的无限强化,所导致的是权力的滥用和法律权威的弱化,最终会引起更大的社会危机②。紧急状态可能会成为公权力戕害人权的挡箭牌,而公民的人格权在强大的公权力面前是孱弱的,因此,在紧急状态下强调人格权的限制的同时,更要关注对人格权限制的限制,对公权力的行使要有相应的制约,对紧急状态下人格权的限制的反限制可以从以下几个层面予以考虑:

第一,法律要明确规定紧急状态下不得予以限制的人格权。"不得克减原则"是国际社会普遍认可的一项原则,其基本要求是"人之为人"关乎人的基本尊严和价值,乃至生命的基本人权受到绝对的保护,即便是在紧急状态下都不得予以限制,这些权利主要有生命健康权、人格尊严权、平等权、名誉权等。同时,依据针对人格权限制应遵循的法律保留原则,对于何种人格权可以予以限制要有明确的法律规定作为依据。

第二,法律上要形成在紧急状态下对人格权限制的制度体系。首先要对紧急状态予以明确、合理的界定,因为紧急状态的范围决定了是否、以及在多大范围内对公民的人格权予以限制,紧急状态须是公共性的③、现实的或迫在眉睫的、例外的和临时的,换言之,紧急状态下对

---

① Harlan F. Stone, The Common Law in the United States, 50 Harvard Law Review 4, at 22(1936). 转引自〔美〕E.博登海默《法理学——法律哲学与法律方法》,邓正来译,中国政法大学出版社,2004年,303页。
② 王晨光《非典突发事件冲击下的法治》,《清华大学学报》(哲学社会科学版)2003年,第4期。
③ 郭春明《国际人权法中的紧急状态研究》,载《武大国际法评论》,2004年第2卷,138页。

人格权的限制是国家为了应对紧急状态而采取的一种例外性和临时性的应急措施。同时，该紧急状态需要经过正式宣布，受影响的人必须得到公开通知，知晓人格权予以限制适用于哪些具体情形，什么地域或什么时间以及这些措施对人格权行使的影响。总之，在法律制度上，要明确紧急权的权力主体，紧急权的启动条件，决定宣布机构，对人格权限制的方式、程序、范围，对紧急权的监督，权力机关违法责任追究以及人格权受到限制的相对人相应的救济途径，以使紧急状态下人格权的限制能在严格的法律轨道上运行。

第三，由于紧急权的行使实际上是行政权的运行过程，具有一定的灵活性，在对人格权予以限制时要符合比例原则。在紧急状态下，国家对人格权的限制应当符合宪法和法律规定的限制目的。紧急状态下人格权的限制是为了解决危机，无目的地随意限制人格权是违背比例原则要求的。在面临多种多样的危机时，总有某些人格权是与解决危机没有任何关联的，因此，这些人格权是没有必要予以限制的。在存在多种限制方案时，应当选择对公民权益损害最小的方案，而且要权衡所采用方案的利弊得失，确保相应措施能够利大于弊、得大于失[1]。在紧急状态下，依照比例原则的要求，人格权的限制必须在目的和手段之间符合一定的比例关系，不能为了目的不择手段，即使是在危及国家安全的非常时期，国家、政府也应尊重公民的基本人格权，不能任意、过度地限制公民的基本人格权，对人格权的限制应当依照对公民限制最少的方法来进行。

四、我国合理限制人格权存在的问题与立法建议

由于我国长期受传统儒家思想的影响，个人私利在集体主义的理念支配下只能以整体利益的名义出现，因此，不能产生一种真正独立的个人人格，一切都只能消融在宗法"人伦"之中。[2]但是，当民主法治

---

[1] 安玉磊、王志峰《紧急状态下公民权利克减与保障》，《江苏警官学院学报》2005年，第2期。
[2] 杨适等《中西人论及其比较》，东方出版社，1992年，21~27页。

思想启蒙了人们的权利意识时，对"人之为人"的人格权的渴望和狂热，使得人们对人格权的保护予以高度关注，本应同样理性对待的人格权限制却被忽略。以下仅就我国对人格权限制的典型类型谈一些粗浅的看法。

（一）从媒体侵权看我国对公众人物人格权的限制

1.公众人物人格权限制的司法现状和不足

（1）我国公众人物人格权限制的司法现状

我国在20世纪80年代中后期出现了"告记者热"的新闻侵权诉讼高潮，以体育新闻侵权诉讼为例，1992～2007年间，中国体育界发生了十余起体育新闻侵权诉讼，多数体育新闻名誉权诉讼以新闻媒体败诉而告终。如陆俊诉《羊城体育》名誉侵权案[①]（1999年3月一审审结，被告被判向原告公开道歉，赔偿精神损失费85000元，经济损失17832元，二审维持原判）；深圳足球俱乐部诉《足球》名誉侵权案（2001年2月经法院调解，双方达成和解协议，《足球》向深圳俱乐部正式道歉）；中远俱乐部诉《辽宁日报》名誉侵权案（2002年4月一审审结，被告被判向原告赔礼道歉）；李章洙诉《南方体育》名誉侵权案[②]（2001年11月6日一审审结，李章洙胜诉，被告被判向原告赔礼道歉并赔偿精神损失费16万元）。

[①] 1998年3月24日，《羊城体育》刊登了《"首尾"之战场外音》一文，对3月22日甲A联赛第一轮广州松日队主场对大连万达队的比赛进行了披露："对于比赛中大连队得到的那个点球，松日俱乐部赛后还一直耿耿于怀。当晚，该俱乐部的一位负责人致电本报及其他新闻单位，要求记者在文章中反映此球是裁判的误判。他还投诉，赛前这位主裁判收了客队20万元现金，希望新闻界能予以曝光。"陆俊向法院提起名誉权侵权诉讼。被告在诉讼答辩中提出，原告是"公众人物"，应当比一般老百姓接受更严格的舆论监督，但法院最终并未采纳其公共人物的辩称，判决《羊城体育》报社赔偿陆俊精神损失费85000元，赔偿经济损失17832元，被告上诉后二审法院维持原判。

[②] 2001年2月12日，《南方体育》发表的《知情人惊爆旧闻：力帆为何放弃截杀曲圣卿》《收了申花20万放弃曲圣卿？》以及《企业家的本性》等三篇文章，重庆力帆足球俱乐部主教练李章洙认为，这些文章暗示他在今年的球员转会摘牌会上因为收取了申花的20万买路钱而放弃了截杀曲圣卿的行动，对他的身心和形象造成了极大的伤害，严重侵害了他的名誉权，遂以《南方体育》侵犯其名誉权为由将其告上法庭。在法庭辩论阶段，《南方体育》的律师辩称："李章洙作为公共人物必须接受公众的评论、监督，《南方体育》的报道没有任何的侵权。"一审法院以被告南方日报社无法出具其子报《南方体育》在关于李章洙收受黑钱的报道中既无主观过错，也无客观后果的有效证据为由，判决李章洙胜诉，被告赔偿李章洙精神损失费16万元。

据有关业内人士统计，截至2002年6月，在我国发生的132起媒体被诉名誉侵权的案件中，媒体的败诉率为69.23%。[1]在这些败诉的新闻侵权诉讼中，法院一般都会根据最高人民法院关于审理名誉权案件的司法解释，本着保护公民名誉权的原则，对被告提出的原告为"公共人物"的抗辩并不予以采纳，如李章洙诉《南方体育》名誉侵权案、陆俊诉《羊城体育》名誉侵权案等。转机出现在"范志毅诉文汇新民联合报业集团侵犯名誉权纠纷案"，该案判决中首次提出"公众人物"的概念并提出了公众人物的容忍义务："即使原告认为争议的报道点名道姓称其涉嫌赌球有损其名誉，但作为公众人物的原告，对媒体在行使正当舆论监督的过程中，可能造成的轻微损害应当予以容忍与理解。"在臧天朔诉北京网蛙数字音乐技术有限公司等侵害名誉权、人格权、肖像权纠纷案中，法院同样根据"公众人物"理论进行了判决。

（2）我国公众人物人格权限制制度上的不足

第一，缺乏对公众人物人格权限制的专门规定。"公众人物"的产生在很大程度上是为了对其人格权的限制提供合理性，是为了保护言论自由、限制名誉权和隐私权而创设的一个概念。公众人物的界定至关重要，涉及舆论监督权、知情权和人格权之间的价值平衡，公众人物的界定范围过宽，则人格权可能被过分限缩；范围过窄的话，又使得新闻监督没有了喘息的空间，产生"寒蝉效应"。所以，法律在此要提供人们行为确定的预期，立法上对于如何认定公众人物需要有相对明确的判断标准，对公众人物的哪些人格权可以予以限制，哪些人格权不得限制要进行明确的规定。然而，由于我国的现行立法缺乏对公众人物人格权限制的专门的、统一的规定，导致实践中有的法院对公众人物的人格权给予严格的保护，有的法院则认可了对公众人物人格权的限制，司法中的"自成一家""乱象丛生"显然不利于人格权制度价值的实现。

---

[1] 韩勇《体育名人与体育新闻侵权》，载北大法律信息网：http://vip.chinalawinfo.com/newlaw2002/SLC/slc.asp?db=art&gid=335587615，登录时间：2011年11月5日。

第二，没有新闻立法平衡舆论监督权和人格权之间的冲突。作为新闻舆论监督，其监督的范围有多大、监督的对象是谁以及如何合理、恰当地报道被监督者的情况等，这些需要制度上予以明确的规定。由于我国缺乏新闻法、新闻舆论监督法等一系列新闻立法，因此，在实践中法官只能是参考相应的法律条款或者依据新闻政策来审理由媒体引发的侵权诉讼案件。作为社会生活中的一类特殊主体，新闻媒体仅享有一般的民事权利是完全不够的，还应该通过相应的立法赋予他们新闻自由权、知情权等。从另一种视角来看，应该由新闻法来保障媒体的这种特殊权利，在给予公众人物人格权保护的同时，也对其进行一定的限制。

2.公众人物人格权限制的立法建议

公众人物是受公众关注的人，具有公共性，其代表着公共利益或存在着社会公众的兴趣，依学界的普遍观点，在我国可将公众人物分为两类：一是政治公众人物，即担任重要公职的人，此类公众人物涉及国家利益、公共利益以及舆论监督，其人格权应受到限制；另一类是社会公众人物，即因特殊才能、经历、成就或其他特殊原因而为公众所熟知的重要社会人物，如某些商贾名流，知名学者，文学家，科学家，劳动模范，文艺界或娱乐界、体育界的明星等，由于其具有一定的知名度，会受到公众更多的关注，主要涉及公众兴趣的问题。[①]对公众人物人格权的限制，我国在立法上应明确以下几点：

（1）在民法典人格权编中对公众人物人格权的限制予以明确规定

立足于我国公众人物人格权保护和限制的司法实践，可借鉴国外立法的经验，引入"公众人物"这一概念，对公众人物的人格权予以一定的限制。在民法典人格权编中规定公众人物的名誉权、隐私权等人格权的范围，可规定为了公共利益或舆论监督的需要对公众人物的隐私权、名誉权、肖像权、姓名权予以限制，其他法律未规定的不得限制。在对公众人物人格权的侵权案件中引入"实际恶意"原则，由原告对新闻传

[①] 王利明、葛维宝主编《中美法学前沿对话——人格权法及侵权法专题研究》，中国法制出版社，2006年，9页。

媒的故意或重大过失承担举证责任，考虑到我国当前新闻监督机制尚不健全，为鼓励新闻工作者大胆行使舆论监督权利，要对舆论监督权予以适当的倾斜。

（2）制定新闻监督法

为了使新闻舆论监督规范化、法制化，我国应尽快制定新闻监督法，明确规定新闻舆论监督的范围、对象及新闻媒体在舆论监督中的权利义务和责任。为了降低新闻监督法制定和实施的难度，也可以由新闻舆论监督条例过渡到新闻监督法。①为了充分发挥舆论监督的作用，应严格新闻侵权责任的构成条件，确立舆论监督的公共利益抗辩权制度，如，在新闻媒体的责任承担中可规定一条："由于监督的对象是公众人物，监管内容涉及公共利益和公共兴趣，新闻媒体在善意报道的情况下可以免责"②，以有效地实施舆论监督权。

一个完整的行业调整法一般包含主体法、行为法和责任法三大块③，新闻监督法作为一个行业调整法，在主体法中规定新闻从业的资格，行为法中规定新闻工作者的报道和采访的限度，如规定："纯属个人私生活的领域不得采访报道，违者依据《民法通则》相关条款的规定承担责任。"以此来协调新闻舆论监督与公众人物人格权的冲突，使舆论监督不至于侵害公众人物的人格权。侵权之后的救济措施则可规定在责任法中，防止新闻侵权和滥用新闻自由，在新闻舆论监督和公众人物人格权的保护之间寻求一种平衡。

（二）从孙志刚案件看我国对人格权的限制

2003年3月17日，27岁的孙志刚在广州街头行走时，被广州市天河区黄村街以没有暂住证为由进行收容，3月18日被送进收容遣送站，3月19日上午，孙志刚死在广州市收容人员救治站。孙志刚案经媒体披露后，在全国引起强烈反响。5月16日，许志永、俞江、滕彪3位青年法学

---

① 郅琳《试谈舆论监督的现状与改进》，《新闻采编》2006年，第2期。
② 王利明、杨立新主编《人格权与新闻侵权》，中国方正出版社，2000年，195页。
③ 邓小兵等《新闻法立法的几个基本问题研究》，《人大研究》2003年，第12期。

博士以普通公民的名义上书全国人大常委会,提出对《城市流浪乞讨人员收容遣送办法》进行"违宪审查"的建议。5月23日,贺卫方、盛洪、沈岿、萧瀚、何海波5位法学家,同样以中国公民的名义,联合上书全国人大常委会,就孙志刚案及收容遣送制度实施状况提请启动特别调查程序,要求对收容遣送制度的"违宪审查"进入实质性法律操作层面①。2003年6月20日,国务院公布施行《城市生活无着落流浪乞讨人员救助管理办法》,该办法自8月1日起实施,《城市流浪乞讨人员收容遣送办法》同时废止,收容制度就此寿终正寝。但学者期许的对《城市流浪乞讨人员收容遣送办法》的违宪审查并没有启动。

对人格权的限制乃是法律上对一个人人格的减损,是人格权现象的例外,因此,须持谨慎的态度,人格权一旦被国家法律所确认后,就不得被国家、政府、法官以及普通民众随意限缩,只有法律规定才得以对人格权予以限制,即对人格权的限制要符合"法律保留原则",此处的"法律"在我国只能是全国人民代表大会以及全国人大常务委员会制定的法律,其他行政法规、规章无权对公民的人格权做出限制性的规定。我国宪法第37条规定:"禁止非法拘禁和以其他方法非法剥夺或者限制公民的人身自由。"《立法法》第8条明确规定了法律保留的事项,第9条规定了可以授权国务院立法的事项,但限制公民人身自由的强制措施属于法律绝对保留事项,不得予以授权。

人格权的限制须符合"法律保留原则",该原则要求有相应的违宪审查机制,对法律法规不符合宪法的规定进行监督和矫正。人格权限制的法律保留原则要求违宪审查不能仅仅停留在纸面上,而应将其落到实处。

(三)从SARS疫情事件看我国紧急状态下对人格权的限制

1. SARS疫情流行期间对人格权限制存在的问题

2003年SARS(非典型肺炎)突如其来,作为一种传染性极强的疾

---

① 郝宏《孙志刚案还能走多远?》,《人民日报·华东新闻》,2003年5月30日第1版。

病，给全国造成了极大的恐慌，政府采取强制隔离、留验观察等措施积极应对，保障了社会秩序的稳定和公共安全。强制隔离在"非典"流行的非常情势下，对于疫情的传播起到了控制作用，具有一定的必要性和正当性。但其毕竟是行政权力加诸公民的负担，有些采取的强制隔离措施已经具有限制人身自由的性质，公权力在此情形下如果行使不当，便构成对公民人格自由的侵害，而在紧急状态下，公权力侵权的隐蔽性又会对人格权造成更大的威胁和侵害。例如，杭州市从2003年5月4日晚到10日凌晨，实施了一次不该发生但又不得不实施的大范围隔离行动，因为被动接触过一名非典疑似病人和非典临床诊断病人（宋某），该市市民先后有500多人被隔离①。在非典期间对公民采取强制措施的行为，行政权逾越其必要的限度，对人格自由不当限制主要体现在以下几个方面：

第一，对人身自由的限制缺乏合法的法律依据。非典期间对人身采取强制措施在《传染病防治法》及其实施条例、《国境卫生检疫法》及其实施细则、《突发公共卫生事件应急条例》《传染性非典型肺炎防治管理办法》等法律、法规中均难以找到依据。非典作为突发公共卫生安全事件，在性质上可归为紧急状态，在紧急状态下，启动紧急权以恢复正常的秩序是必要的，但是紧急权的行使并非为所欲为，"如果为处理特殊情况，对政府或社会组织的权力没有明确授权和对授权的规范和约束，只是强调情况特殊，各政府和社会组织可以各行其是，各自为政地自行采取各种措施，权力就会无序行使，社会就会出现新的混乱和灾难"②。国家紧急权本身也是法治国家权力的一种，不能超越宪法而行。法律不允许政府以所谓合理的临时非法措施来应对各种突发危机。从维护公民权益、避免权力滥用出发，必须用宪法和法律来规范国家紧急权。但由于《紧急状态法》的缺位，紧急状态决定、撤销程序、紧急措施规

---

① 参见《杭州为一非典患者隔离500人，麻痹大意付代价》，载：http://news.sina.cn/c/2003-05-10/17231043921.shtml，登录时间：2011年8月23日。
② 蔡定剑《非常时期的人大立法》，《法制日报》，2003年5月15日。

定的缺乏，使紧急状态期间政府对人身自由的限制陷入了合理却不合法的尴尬境地①。

第二，公共利益界定不清导致人格权限制失当。公共利益是对人格权限制的正当性依据，但是，公共利益作为人格权限制的价值基础，在实践中多被等同于公共利益至上，而忽视了对少数人利益的兼顾。且在多数情况下，由于长期受传统集体主义思想的影响，缺乏对个人权利的关注，公共利益被简单地理解为集体利益或国家利益，个人的人格权在国家强大的权力面前只能是处于臣服的地位，这在非典期间的规定中有真切的体现。加之公共利益概念本身具有不确定性和模糊性，对公共利益的解释权掌握在国家公权力机关一方，公共利益可能成为公权力任意侵犯人格权的借口，法律对公共利益界定的缺位导致人格权的限制只能是在公权力操控下的任意为之。

第三，过于强调公共利益原则，忽视比例原则。在非典期间，行政机关采取人身隔离措施多是从公共卫生安全的角度予以考虑，在具体的行政执法过程中过于看重了公共利益而轻视了比例原则，前述杭州市的案例充分说明了行政自由裁量权的运用显然有失比例原则的要求，在不具有必要性的条件下不当地扩大了实施隔离强制措施的范围，导致了公共利益和个人人格价值保护之间的失衡。

2. 对于紧急状态下人格权限制的立法建议

针对紧急状态下我国人格权限制所存在的问题，提出以下立法建议：

第一，制定我国《紧急状态法》，为非正常状态下限制权利的行为，特别是限制公民人格权的行为提供合法性依据。在《紧急状态法》中对紧急状态予以明确界定，对紧急状态的宣布，紧急权的启动条件和权力范围、行使程序要予以相应的规定，特别是对公民的基本人格权应当予以保护，应明确规定哪些权利在任何情况下都是不可剥夺的，以及对公民人格权限制发生纠纷时的处理救济机制。

---

① 刘小楠《紧急状态与人权保护》，《法制日报》，2003年6月12日。

第二，为防止公权力借公共利益之名行侵犯公民人格权之实，立法中要对公共利益予以明确规定。尽管法律不可能在人格权与其他权利之间划定绝对清晰的界限，但也应尽其所能地提供依据，在通过实体法限制有较大困难的情形下，要完善和严格执行程序的规定。在一定程度上，程序被认为是法治、正义的核心，实体上的公正要通过程序机制予以弥补，尤其是对公共利益的认定要符合正当程序的要求，从而避免对人格权进行随意的限制。公共利益虽是一个模糊的概念，但并非不可界定，可以借鉴外国和我国台湾地区的法律规定，采概括基本内涵和具体列举的方式对公共利益予以规定。首先，给"公共利益"下一个简要的定义，如公共利益是指涉及国家安全和广大社会公众福祉的利益；其次，尽可能较全面地列举出属于公共利益范畴的事项，如台湾地区的《土地法》列举的事项（当然不限于这些事项）；再次，设立一个概括性（兜底性）条款，即立法时无法列举或难以列举的其他应属于"公共利益"范畴的事项；此外，再设立一个排除条款，即明确排除哪些事项不属于"公共利益"的范围，如企业从事商业性开发，政府兴建高尔夫球场等事项。最后，还可考虑设立一个一般限制性条款，即规定在处理个案中，"公共利益"的范围应以相应事项所必需者为限等。[①]

人格权的限制是法律经过价值衡量之后对人格权的限缩，是人格权保护制度的例外，对人格权的限制必需以正当性依据为支撑，同时，对人格权的限制要把握合理适当的限度，只有明确人格权限制的限度，才能真正达到人格权限制的目的，否则，人格权的限制反而成为对人格权进行侵害的借口。人格权的保护和人格权的限制是辩证统一的关系。人格权的限制是人格权制度中不可缺少的部分，在我国民法典制订过程中，需要对人格权的限制予以相应的法律规定，同时，人格权的限制是一个系统性的工程，需要宪法、行政法、程序法等其他法律部门的积极配合，最终才能真正地落实和实现人权保障的制度价值。

[①] 姜明安《界定"公共利益"完善法律规范》，《法制日报》，2004年7月1日。

法律行为的效力根源及其国家强制

法律行为是以意思表示为要素，因意思表示而发生一定私法效果的法律事实①。法律行为是实现意思自治的工具，它通过赋予当事人自由意志以法律效力，使当事人能够自主安排自己的事务，从而实现了民法主要作为任意法的功能②。然而，在法律行为制度中，有两个最基本的理论问题不能回避：第一，法律行为何以对行为人产生拘束力，这种拘束力的根源在哪里？第二，法律行为既是贯彻意思自治的工具，为何还要受到国家强制？在法律行为制度中，意思自治与国家强制又是如何协调的？对以上两个问题的探讨，不仅关系到对民法中具体制度的理解与认识，而且对于法律行为制度的进一步构架与协调，以及法律行为的司法实践都有重要的价值。

第一节 法律行为效力的根源

一、探寻法律行为效力根源的意义

对法律行为效力根源的探寻不仅关系到民法基本理念的廓清，而且在方法论上也有重要的价值。

---

① 王泽鉴《民法总则》，中国政法大学出版社，2001年，250页。
② 王利明《法律行为制度的若干问题探讨》，《中国法学》2003年，第5期。

（一）有助于走出对法律行为认识的误区，深刻理解法律行为效力的功能

法律行为"这一由法典主义学者精心创制的极为抽象的概念"曾被视为"大陆法系民法学中最辉煌的成就"，又被称为德国民法中"最难理解的基本概念"。[①]但是，其经久不衰的生命力并不仅仅在于它的抽象性与逻辑性，更在于它背后所彰显的私法自治、意志自由的价值理念。法律行为制度在大陆法系的民法中一直被视为贯彻私法自治的工具，是行为人作为哲学意义上的人存在的手段。

但是，如果我们怀着谨慎的态度考察历史的话，就会发现，法律行为制度与其说是为了贯彻意思自治而创制，不如说是对极端的自由主义的一种规范。"在德国民法创制法律行为制度之前，大陆法各国有关法律行为的规则主要是通过非系统化的方式得以表现的，而支配这些规则的基本原则即所谓私法自治"，"意思自治原则在以放任主义为特征的早期民法中的此种概括性调整作用，往往造成民法学者们对其认识的神化。"[②]《德国民法典》对法律行为制度的创立，使得私法自治的这种原则性调整得以规范化与具体化，即只有在符合法律行为成立及生效要件的情况下，才能实现当事人意欲追求的结果，通过法律行为效力制度，使得行为人的意思自由控制在一定的范围之内，实现各种利益的平衡与协调。这也就是我们在此探讨的法律行为效力的功能问题。因此，深刻理解法律行为效力的根源，可以使我们走出对法律行为的认识误区，避免极端的意思自由，实现市民社会的利益均衡状态。

（二）有助于理顺法律行为中各具体制度的关系，架构和谐的法律行为制度

法律行为制度的基本规则，如法律行为的类型、解释规则、履行规

---

① 董安生《民事法律行为》，中国人民大学出版社，2002年，65页。
② 同上书，42页。

则、责任制度等主要是围绕法律行为的效力问题展开的，只有法律行为效力的根源问题得到了解决，才能在其指导下明晰各种具体制度；只有在统一的效力根源认识下，才可能架构和谐的制度体系；只有明确了法律行为的效力根源，在司法实践中法官对行为的具体认定与裁判才不会背离制度的本旨。所以说，对法律行为效力根源的探究是实现法律行为制度上立法和谐与司法公正的理论前提。

（三）有助于突破方法论上的束缚，拓宽部门法学的研究深度

长期以来，部门法的研究都局限在比较法研究、历史分析研究、实证分析研究等传统的研究方法上，侧重于具体制度的实证分析，忽略了制度背后的价值理念；侧重于制度之间的规范冲突，忽略了制度背后的利益冲突；侧重于制度的逻辑构造，忽略了制度的价值协调；侧重于各国制度的表层比较，忽略了制度背后的文化差异。从而使我们对部门法的研究不够深刻和彻底，缺乏哲学的厚重感。本节对法律行为效力的探源，试图从哲学、社会学的角度对具体的民事制度进行剖析，从根源上把握这项制度的功能，以期指导具体的立法与司法实践。

二、法律行为效力根源的学说及评析

（一）意思说

意思说，即法律行为效力的根源在于行为人的意思本身，是行为人依照自己的理性选择为自己创设的权利义务，这种强大的效力既不源于法律的强制规定，也不由任何外部因素所决定。19世纪初，这种学说在德国形成较完备的理论，并且一直具有较大的影响力。如拉伦茨就认为："法律行为之所以能产生法律效力，不仅仅是因为法律确认如此，而首先是因为实施法律行为的人意图通过法律行为引起法律后果。"[①]

[①]〔德〕拉伦茨《德国民法原理（总则）》，慕尼黑出版公司，1980年，282页。转引自董安生《民事法律行为》，中国人民大学出版社，2002年，47页。

意思说之所以能产生巨大的影响，除了当时自由经济的决定性作用外，其所承载的政治哲学及经济学理论也起到很大的作用。第一，从理性主义的角度讲，"理性主义反对把人当作自然的奴隶，致力于发掘人的价值和尊严，认为法现象并不植根于自然和神，而是植根于人本身，即植根于人的理性意识"①。意思说正迎合了这种理性主义思潮。第二，社会契约论为意思说提供了更为有利的论据。即人本身有许多先验的权利，如果人的意志具有足够的力量创造一个社会及法律的一般义务的话，那么，这些固有的权利当然可以使当事人成为他们之间的法律立法者，去创设约束当事人的特别的法律义务。第三，意思说符合自由经济的基本观念。该观念允许人们依照自己的意愿交换相互的财产或服务，即允许人们按照自己的意愿订立合同。自由经济理论认为，以这种观念建立的人与人之间的关系，最为公正，于社会也最为有利，当事人的利益也最能得到保障。因为任何有理智的人都不会订立损害自己利益的合同。强制施加于人的义务可能是不公正的，但在自愿接受义务的情况下，不公正则被假定不会存在。

但是，意思说的缺陷也是十分明显的。第一，意思说指导下的法律行为制度构建以及解释都强调保护行为人的自由，而忽略了相对人、第三人以及整体社会的交易秩序，暴露了其现实局限性。第二，随着民法理论的发展以及法律行为效力的扩展，如附随义务、瑕疵担保义务等庞大义务群的出现，已经超越了当事人在做出法律行为时的意思表示，当事人的意思表示根本无法涵盖法律行为的全部效力。第三，"意思说不能解释法律行为的所有情况。例如遗嘱是以立遗嘱人死亡为生效要件的法律行为，在遗嘱人死亡后，意思无以为在，遗嘱效力却存在，这是意思说无法解释的问题。"②第四，尽管学者们对意思说进行了各方面的论证，但是这些经典理论大多是建立在某个假设或逻辑推理的前提下，例

---

① 李永军《契约效力的根源及其正当化说明理论》，载米健主编《比较法文萃》，法律出版社，2002年，544页。
② 李军《论法律行为的效力依据》，《政法论丛》2004年，第6期。

如社会契约的假设、理性人的假定等等，都不具有实证分析意义上的效力。因此，正如彼得斯所言："意思自由及其表述理论并不能够轻而易举地胜任义务必要性的实践。在实证法上长期贯彻意志具有拘束力以后，虽然该思路还没有绝对过时，但其在今天已经没有重要意义。"①

（二）信赖说

信赖说产生于19世纪最后30年，最初由德国学者里拜针对意思说而提出。这一理论认为，法律行为效力的根源不在于行为人的意思是什么，而在于行为人向外界所做的意思表示，这种表示使得相对人产生了某种信赖，并以此信赖为基础做出了种种行为判断，法律为了保护这种秩序，不得不以这种信赖为基础做出法律行为效力上的规定。即法律行为效力的根源是意思表示所带来的信赖，而不是意思表示本身。

日本学者内田贵认为："通常是未发生某种信赖以前，就不承认契约有拘束力。"②即法律行为（特别是合同行为）效力的根源，在于行为人的意思表示使相对人或其他利害关系人产生某种信赖，并据此做出准备或安排，进入所谓的"法律状态"。行为人违反法律行为设定义务并给相对人造成损失或"信赖损失"时，应当按照诚信原则、公平正义原则或保护交易安全原则（理论上统称为"信赖保护原则"）承担责任，而法律行为的效力正是指违反自己意思表示造成他人损失时应承担责任的必要性。③

信赖说对意思说的修正，是交易安全对私法自治的修正，是学者们在资本主义市场经济经过全面自由竞争暴露出种种流弊之后进行的反思。所以，现代不少民法学者认为，信赖责任理论将法律行为效力的

---

① 〔德〕罗尔夫·克尼佩尔《法律与历史——论〈德国民法典〉的形成与变迁》，朱岩译，法律出版社，2003年，134页。
② 〔日〕内田贵《契约的再生》，胡宝海译，载梁慧星主编《民商法论丛》（第4卷），法律出版社，1996年，218页。
③ 董安生《民事法律行为》，中国人民大学出版社，2002年，49页。

问题进一步抽象为行为人义务的效力或相对人权利的效力，这一构想是"大胆而又不失合理"的，它体现了法律保护的重心已偏向于社会交易安全。从技术层面讲，信赖责任理论对于具体实际问题的解决是有益的，但是，作为法律行为效力的根源却显得单薄和偏颇。一方面，从逻辑上讲，因为人们的观念里认为法律行为具有约束力，才会对他人的法律行为产生信赖，即效力是因，信赖是果。倘若将相对人的信赖作为法律行为效力的根源，就犯了因果倒置的错误。另一方面，信赖说无法周延地解释全部法律行为，"对于遗嘱来说，即使除立嘱人外没有任何人知道其遗嘱存在，它也仍是有法律效力的"[①]。所以说，信赖说更像是一种法律技术上对实际问题的应对方式，而不是根本上的理论溯源。

（三）规范说

规范说认为，法律行为的效力既不由当事人的意思决定，也不由相对人的信赖决定，而是因为法律规范赋予了它这种效力。

规范说的理论所揭示的道理简单而又朴实，它表明："法律行为的效力离不开法律保障制度，将法律行为的效力归结为行为人意志不仅在理论上是虚幻的，而且在实践上也是有害的，因此客观法有必要以原则性方式对法律行为的效力加以确认。"[②]规范说开始突破"意思说"的困境，试图建立"意志"理论破裂后新的理论基石。"虽然温德夏特确实是意志理论的最重要的代表之一，但温德夏特已经看到理性的基石已经破裂、将理性的基石有意识视为主观意志并认为具有法律上的重大意义是没有出路的，因为客观的法律制度决定该理性的基石。"[③]法国学者狄骥指出，"当有一种法律行为时，是客观法把法律的效果，把成立依法申诉权附加到那种构成法律行为的意志行为上去的"，"法律行为在事实

[①]〔德〕科勒《德国民法典·总则》，慕尼黑出版公司，1986年，106页。转引自董安生《民事法律行为》，中国人民大学出版社，2002年，50页。
[②] 董安生《民事法律行为》，中国人民大学出版社，2002年，49页。
[③]〔德〕弗卢梅《民法总则》（第三版），柏林，1979年，5页。转引自〔德〕罗尔夫·克尼佩尔《法律与历史——论〈德国民法典〉的形成与变迁》，朱岩译，法律出版社，2003年，137页。

上只是依照客观法产生某种法律效果的条件","而法律行为中所表示的意志,它本身不可能在法律范围中产生任何效果,不论参与法律行为的是什么东西,意志表示只是为适用法律做出条件,因此人们一般所谓法律行为的效果只不过是适用法律的一种结果"[①]。规范说的观点总体而言即"不是意思具有拘束力,就拘束力系于意志而言,拘束力是通过法律与意志相连接的"[②]。

但是,规范说的缺陷也是显而易见的。尽管是法律规定了法律行为的约束力,"但这只是规范意义上的抽象的约束力,它必须与具体的符合法律行为条件的行为相结合,这种约束力才能从字面上的法律走向社会现实,从而产生现实的约束力"[③]。所以,抽象的客观法规范并不必然导致具体的、实在的法律效力,要产生具体的法律效力还需要一种媒介。并且,效力根源的命题本身就在于要解决为什么国家的法律规范要赋予法律行为以拘束力,规范说不免有循环论证且表面化之嫌。

(四)多元说

在价值多元、利益多元的社会中勃兴的"社会法学派"主张:"(法律行为)拘束力根源不是到意思中或信赖中去寻找,而应该到更广阔的社会背景中去寻找。这就要求对契约关系加以动态的把握(其中合意的意义变弱了),不但权利义务随着契约关系的发生、变化而发生变化,而且在纠纷发生的情况下,要考虑契约关系的全过程来确定权利义务。导出这一判断的原理不只是当事人的意思、信赖或法律,而是从存在于契约背后的社会关系和共同体的规范中去寻找根据,约定和信赖不能成为契约效力的一元性根据,而是多元的根据之一。"[④]

---

① [法]狄骥《宪法论》(第1卷),238页。转引自董安生《民事法律行为》,中国人民大学出版社,2002年,48页。
② [德]罗尔夫·克尼佩尔《法律与历史——论〈德国民法典〉的形成与变迁》,朱岩译,法律出版社,2003年,141页。
③ 李军《论法律行为的效力依据》,《政法论丛》2004年,第6期。
④ 李永军《契约效力的根源及其正当化说明理论》,载米健主编《比较法文萃》,法律出版社,2002年,555页。

"市民社会是在长期的冲突中、在战争与和平中、阶级斗争与阶级调和中、维和与拥抱中、空想与知足中、富有与贫困中作为社会所固有的、作为历史过程而被创造出来,并经过斗争而获得。该结果与巩固似乎很少符合活动家和思想家、战争家和哲学家的意愿。……社会结构是形成的、社会的,而非关于人的冲突和努力的结果。社会结构的制度、法律及其公平只能是形成的并从而就此加以规定。"[1]所以,社会法学派的学者认为,法律行为(主要是契约)的基本根源和基础是社会,没有社会,契约过去不会产生,将来也不会产生。把契约同特定的社会割裂开来,就无法理解其功能。[2]

多元说的理论逻辑是成立的。但是,法律行为效力的根源同行为的产生不是同一个问题。行为的产生与存在是客观的,而效力是法律世界中经过利益衡量之后通过规范所赋予的;行为的产生是不可回避的、多元的,但效力的赋予是主观的、可以选择和取舍的。所以,法社会学的效力根源多元说实际上是混淆了"行为效力的根源"与"行为产生的条件"。

三、利益是法律行为效力的根源

笔者认为,法律行为效力的根源在于当事人对利益[3]的选择与追求。当事人对自己的需求与愿望进行审视之后,通过法律行为将这种追求利益的意思表示出来,国家通过一定的法律标准对该利益进行甄别、判断、取舍,进而赋予各种利益以不同的效力。这种选择过程,体现和渗透着立法者的意志,通过立法技术把法律事实、价值与逻辑有机地结合起来。[4]

---

[1] 〔德〕罗尔夫·克尼佩尔《法律与历史——论〈德国民法典〉的形成与变迁》,朱岩译,法律出版社,2003年,157~158页。
[2] 〔美〕麦克尼尔《新社会契约论》,雷喜宁等译,中国政法大学出版社,1994年,1~3页。
[3] 所谓利益,通俗地讲就是好处、目的。庞德认为:利益是人们个别地或通过集团、联合或亲属关系,谋求满足的一种需求或愿望,因而在安排各种关系和人们的行为时必将其估计进去。
[4] 〔日〕北川善太郎《日本民法体系》,李毅多、仇京春译,科学出版社,1995年,4页。

（一）利益说是对意思说的深入和更为本质的探讨

当事人的自由意思与社会利益之间总是存在着一定的张力。作为社会控制工具的法律，不可能确认当事人所有的意思表示，而只是按照一定的标准对意思表示进行鉴别、评价之后，分别确认其效力。"依照以公平、正义（含平等、公正、公道等意义）为核心的一定伦理道德准则保障人们应当享有的各种权利和合理地调节人们之间的各种利益关系，是隐藏在纷繁复杂的一切法律现象背后的秘密，也是立法者在制定法律时必须考虑和解决的核心问题。"[1]也就是说，当事人的意思表示并没有像意思说所推崇的那么至高无上，法律行为的效力并不是经由意思表示直接获得，而是经过了法律对这种意思表示的评价之后才得以确定，而这种评价根据就是行为所体现的利益追求。即当意思自由不能正确协调个人与个人之间的利益，或无法实现个人利益与社会利益之间的协调一致时，它就会受到法律规范的限制。法律行为理论既在抽象的层面服务私法自治，也在具体的层面提供识别私法自治合理与否的制度标准。[2]当事人的意思表示只是其实现利益追求的技术性手段，法律对这种意思表示所赋予的效力是通过对其背后的利益考察来确立的，法律行为的效力来源于法律对利益的确认与判断。

（二）利益说符合利益多元化的社会现状

现代社会是一个利益多元化的社会，个人利益不断地从对他人利益的依附性中摆脱出来而日益独立化、结构化。不同利益主体之间的冲突越来越多，但他们之间的互动性和依赖性却越来越强；不同利益主体的自主性越来越强，但他们却越来越需要根据地方、行业、职业、身份、性别、年龄等因素，结合成利益共同体，即社群。得到利益的群体努力保持现状，而失去利益或者期望发展的利益群体却努力改变

---

[1] 梁上上《利益的层次结构与利益衡量的展开》，《法学研究》2002年，第1期。
[2] 龙卫球《民法总论》（第二版），中国法制出版社，2002年，429页。

现状，以重新分配利益；同一个利益主体本身也陷入多元化的利益主张和角色冲突之中，裂变、异化的危险时刻存在，个人越来越从自然的我走向社会的我。①

整个社会在急剧变动，经济萧条、局部战争、女权运动、民主运动、消费者运动、环境保护运动此起彼伏，利益冲突逐渐尖锐化。我们的法律世界必须反映冲突或者至少须以这种冲突作为思考的逻辑起点，以确认合理利益、协调各种利益作为价值导向与任务。法律行为是私法主体实现自己利益的典型方式，行为人将自己对利益的选择、追求通过意思表示传达出来，在各种意思的交流中实现彼此的妥协与调和，是最经济平和的社会运行方式。庞德把法学比喻为社会工程学，那么法律行为作为私法世界的基石，确实对协调整个社会的利益冲突发挥着重要作用，将法律行为的效力根源归结为行为背后的利益，有着重要的社会实践意义。

（三）利益说贯穿于整个民法体系

法律事实由自然事实和人的行为两大要素构成。任何可以从自然世界走入法律世界，纳入法律事实范畴的要素都是可能对人的利益产生影响的因素。例如，人的出生之所以能纳入法律事实，是因为随着人的出生，法律世界中产生了一个利益保护主体；时间的经过成为法律事实，是因为时间的存续会对既有利益以及预期利益产生影响，由于时间的存续，现存的、表征出来的秩序和利益会得到稳固；一些特定的自然现象可以作为法律事实，是因为这些现象的存在可能导致某些主体的利益无法实现，并且决定着不利益的承担方式与份额分配；侵权行为作为法律事实，是因为这种行为属于严重的利益侵犯行为，需要通过法律事实的各种效果予以调整和干预；违约行为作为法律事实，是因为它导致了当事人之间的利益不平衡，需要法律规则对这种利益状态进行规范。法律

---

① 高家伟《论证据法上的利益衡量原则》，《现代法学》2004年，第4期。

行为是从正面对利益进行认知和追求，法律认可、接纳、保护的利益，就赋予其完全的效力；与法律绝对对立，违背整个社会、国家利益的行为，法律就否定它的效力。一方在利益追求过程中侵害到微观的、具体的其他当事人的利益，法律就将这种效力决定权赋予利益受到损害的一方，由他决定利益的最终归属和分配；当事人双方甚至更多关系人的利益处于不确定和冲突状态时，法律会赋予各方技术性的权利，由各方自主地协调、平衡利益。总之，利益是法律行为制度中效力类型化的根本依据。

（四）利益判断是划分法律行为效力类型的实质依据

法律行为有不同的效力类型，类型的划分意味着标准的存在。传统民法的区分标准是：表意人决定程度比较充分、标的适当、主体适格的法律行为作为生效的法律行为，确定地发生预期效果；相反，那些在某方面或各方面均不符合法律要求的法律行为，则被视为欠缺生效条件。不符合生效条件的法律行为，或绝对无效，自始确定地不生效力；或相对无效，使有关表意人享有可撤销的权利；或效力未定；或部分无效。[①]但是，如果我们仔细地审视，就会发现，标的、主体、表意程度这三个标准，仅仅是划分法律行为效力类型的形式标准，它们只是一种技术层面上的存在，不具有任何价值论上的意义。

那么，隐藏在这种形式标准背后的实质标准是什么呢？郑玉波先生指出："要而言之，此乃立法政策上的问题，亦即视其所欠缺生效要件之性质如何以为决定"，其目的在于保护社会利益、当事人利益和第三人利益，"总之，法律因事制宜，并不固执一端也"。[②]王泽鉴先生认为，法律行为效力类型的划分"应视其所欠缺生效要件的性质及其严重性的程度而为决定。民法所采取的原则为：其欠缺的要件，如属有关公益，则使之无效；如属有关私益，则使之得撤销；如仅属于程序（如未得他

---

① 龙卫球《民法总论》（第二版），中国法制出版社，2002年，460页。
② 郑玉波《民法总则》，三民书局，1959年，321页。

人同意）的欠缺，则使之效力待定，俾资补正"①。显然，不少学者认识到了法律行为效力的划分背后隐藏着法律对利益追求的判断与取舍。前述形式标准，即主体适格、标的适当、表意决定是否充分等都是基于这种实质标准产生的，这三个具体指数基本上能够决定该法律行为实质蕴含的利益追求与法律的评判态度。因此，利益原则这一实质性标准决定了形式标准或依据，它在很大程度上能够为我们划分法律行为效力的类型提供帮助。

四、利益说与法律行为效力的类型化

法律行为效力的类型化是从规范角度对利益说的印证。当事人的自由意思中包含着对各种利益的追求，而法律的任务就是对这些利益进行评价、确认、协调、保障，对当事人的意思表达做出效力评价，这种评价结果就是所谓的有效法律行为、无效法律行为、可撤销法律行为，以及效力待定法律行为。

（一）有效法律行为包含着国家所欲促进的利益价值

法律行为符合生效要件后，法律便会使其发生当事人预期的确定的法律效果。这种对有效法律行为的肯定性评价缘于此行为包含着国家所欲促进的利益价值。

有效的法律行为首先是当事人表意绝对充分、自由的情况下的行为，赋予其强大的法律效力，是法律对于当事人自由利益的认可。同时，自由的意思表示可以促进社会效率价值的实现。经济发展的历史告诉我们一个经验法则（我们无法在此加以论证）：自主决定是调节经济过程的一种高效手段，特别是在一种竞争性的经济制度中，自主决定能够将劳动和资本配置到能产生最大效益的地方去。其他的调节手段，如国家的调控措施，往往要复杂得多、缓慢得多、昂贵得多，因此，总体上产生的效益也要低得多。②根据自由经济理论，独立主体之间的自由

---

① 王泽鉴《民法总则》，中国政法大学出版社，2001年，476页。
② 董安生《民事法律行为》，中国人民大学出版社，2002年，141~143页。

竞争自发地保护了所有权和社会经济之间的平衡。建立在自由竞争基础上的供求关系的规律，不仅使商品的价格与其价值相适应，而且使生产与需求相适应。换言之，通过法律行为这种技术手段，可以达到社会的高效调控和物质利益的充分实现。

（二）无效法律行为蕴含着国家所否定的利益追求

法律行为所包含的利益追求如果是国家所予以否定的，那么，法律便会对该行为的效力给予否定性评价，即无效法律行为。

我国《合同法》第52条规定，有下列情形之一的，合同无效：一方以欺诈、胁迫的手段订立合同，损害国家利益；恶意串通，损害国家、集体或者第三人利益；以合法形式掩盖非法目的；损害社会公共利益；违反法律、行政法规的强制性规定。《合同法》上所列举的这些行为大体都是对国家利益、公共利益的损害与对抗，法律对这类行为的效力予以直接否定，归为无效法律行为。许多学者对这种把损害国家利益的法律行为评价为无效法律行为，而将侵害当事人一方私人利益的行为评价为可撤销法律行为的立法进行了质疑。这些学者主张，国家利益、社会利益、个人利益是根据利益的归属主体不同而进行的分类，不代表利益的优先与强弱，法律给予不同保护力度的做法是不合适的。笔者认为，这种区别表面上看是对国家利益与个人利益的区别对待，实际上并不能反映立法者对不同利益的强弱评价，它更多的是一种技术上的需要。因为，涉及侵害当事人一方利益的法律行为，当事人可以在综合考虑各种情势变更、利益风险的基础上进行撤销，使其无效，也可以认可其效力，使其成为有效的法律行为。而在损害国家利益的情况下，不存在对利益情况进行考量的具体、特定主体，也不存在对利益变更可能性进行把握的特定主体，所以，不具有规定为"可撤销法律行为"的可操作性。

因此，对这种当事人意欲通过损害国家、社会利益的行为满足自己利益追求的法律行为，法律会给予绝对的否定性评价，以抑制这种与社会不协调的利益追求，维护、保障应存在的利益状态。

（三）可撤销法律行为缘于双方当事人的利益失衡

法律行为中如果涉及到对一方当事人利益的侵害，法律会评判其为可撤销法律行为，将决定这种行为效力的权利赋予利益受到损害的一方当事人。我国《合同法》规定的可撤销法律行为有：因重大误解订立的合同；在订立合同时显失公平的；一方以欺诈、胁迫的手段或者乘人之危，使对方在违背真实意思的情况下订立的合同。主要包括由于意思表示不真实和意思表示不自由所导致的当事人双方利益不平衡的类型。

这种利益的不平衡本身是法律所不欲肯定的，之所以没有简单地将其评价为无效法律行为，是法价值从自由向正义的过渡，是对整个交易秩序和效率的柔性规定的体现。在自由主义的法国民法典时期，自由与公正之间是一种绝对的逻辑关系，意思表示的不自由就意味着行为结果的不公正，以上所列的情形基本都属于无效法律行为。现代法学家在分析上述瑕疵时，更多考虑的是建立在平等基础上的道德评价，以及建立在交易安全基础上的经济秩序。评判当事人之间利益不平衡的状态更为谨慎和科学，如，在考虑到合同无效后恢复原状等繁琐的法律效果，受欺诈或胁迫的一方当事人可能更愿意接受此前合同有效的法律效果；或者合同订立时的不自由、表意不一致，在合同订立后当事人发现并未给自己带来不利的结果等。所以，法律把这种决定权交给在这个法律关系中利益可能受到损害的一方当事人，由其决定这个法律行为的效力。

（四）效力待定法律行为内含多方主体的利益冲突

效力待定法律行为内含着多方主体的利益对立与冲突，是立法者在各种利益间进行平衡后所采取的态度。依据传统民法，效力待定民事行为主要有三种："其一是须第三人追认的民事行为，即无民事行为能力人、限制行为能力人所为的民事行为；其二是须本人追认的民事行为，即无权代理人所为的狭义无权代理行为；其三则是无权处分他人财产的行为。"①以限制行为能力人所实施的行为为例,这种法律行为中至少涉及了三个利益主体,即限制行为能力人、行为人的法定代理人、行为相对人。在效力的确定过程中,关于限制行为能力人,一方面须加以保护,另一方面又须促成其参与社会经济活动,因此,其所为意思表示(法律行为)之效力,应如何适当加以规定,实费斟酌。②所以,为保护限制行为能力人的利益,法律不能直接确认该行为的效力,而是赋予法定代理人以追认权,由其在综合考量各种因素的情形下,对限制行为能力人的法律行为效力做出决定;对于无过错的相对人,如果长期使其处于利益不确定的状态,对其也是一种不公平,所以,法律赋予其催告权,保障其在时间上的利益。但这种催告权实际上是一种消极性的权利,还不足以与对方的利益达成平衡,于是,法律又赋予其撤销权,允许其在限制行为能力人的法定代理人行使追认权之前撤销他与限制行为能力人之间的法律行为。这样,法律通过撤销权、催告权、追认权这三个技术性权利达到了限制行为能力人及其法定代理人与相对人之间的利益平衡。对于无权处分行为,即我国《合同法》的第51条,则是在无权处分人造成的利益不平衡状态下,通过效力待定制度调整真正权利人与受让人之间的利益关系。③无权代理的合同效力待定制度则是在本人、代理人与相对人之间的利益调整。

五、利益作为法律行为效力根源的意义

(一)对法律行为制度的立法意义

我国对于法律行为效力类型的规定是简单和粗浅的,大陆法系的心中保留、虚伪表示、错误、误传等,英美法系的不当影响等在我国现行立法中都没有体现,这些情形与我们既有的规范类型有很多微妙的差

---

① 梁慧星《民法总论》,法律出版社,2001年,224~228页。
② 王泽鉴《纯获法律上之利益》,载王泽鉴《民法学说与判例研究(四)》,中国政法大学出版社,2005年,31页。
③ 梁慧星《如何理解合同法第51条》,《人民法院报》,2000年1月8日。

别，值得我们借鉴和研究。

在纳入新的行为类型时，对每一种情形里的利益状态进行分析，可以指导我们准确地确定行为效力。例如，不当影响（undue influence）制度与我国立法中的胁迫行为有重合之处，但又有一定差异。"后者往往是较外露的表示，对人之意志有较强的穿透力，使当事人一方感到危险或损害发生的紧迫性，从而屈从胁迫，为瑕疵之意思表示；前者的进行较为缓和或隐晦，以一种浸透力影响当事人的意志。因此，不当影响可谓一种次胁迫行为。"[①]如果我们确要引进这种行为类型，对于不当影响的认定标准以及法律效力，就需要从当事人之间的利益状态入手进行衡量，如医生与病人、律师与当事人之间的订约关系，在利益变化达到什么程度时可以称之为前者对后者施加了不当影响，同时，这种状态中的利益侵害关系是通过可撤销还是无效法律行为制度予以救济，都需要我们对所涉利益进行判断。

对于上文提到的心中保留、虚伪表示、错误、误传等在纳入立法体系的考量中，我们至少需要从利益衡量入手进行三方面的工作：第一，考量在上述几种情形下，当事人之间的利益状态是否不平衡以致需要法律通过效力制度予以规范；第二，如果纳入规范体系的话，对于当事人的利益救济需要通过无效、可撤销、效力待定哪种方式进行；第三，每种行为的认定标准的确立，如"错误"在造成何种程度的利益损害时可以上升为法律所确认的标准。因此，利益标准在关于法律行为的立法中起着重要的作用。

（二）对法律行为司法实践的意义

日本学者加藤一郎指出，假如将法律条文用一个图形来表示，这是一个中心部分非常浓厚，愈接近周边愈益稀薄的圆形。在其中心部分，应严格按照条文的原意予以适用，不应变动。如果说中心部分通常可以

---

① 刘守豹《意思表示瑕疵的比较研究》，载梁慧星主编《民商法论丛》（第1卷），法律出版社，1994年，87页。

直接依条文决定的话,则周边部分可能出现甲乙两种难有定论的情形。因此,适用法律时当然要考虑各种各样实质的妥当性。[①]法律行为效力的"利益说",对于法官进行法律解释以及具体案情的考量,都具有积极的意义。

1. 解释法律行为内容的依据

杨仁寿先生曾表示:"法官在阐释法律时,应摆脱逻辑的机械规则之束缚,而探求立法者于制定法律衡量各种利益所为之取舍,设立法者本身对各种利益业已衡量,而加以取舍,则法义甚明,只有一种解释之可能性,自须尊重法条之文字。若有许多解释可能性时,法官自须衡量现行环境及各种利益之变化,以探求立法者处于今日立法时,所可能表示之意思,而加以取舍。斯即利益衡量。换言之,利益衡量乃在发现立法者对各种问题或利害冲突,表现在法律秩序内,由法律秩序可观察而得知立法者的价值判断。"[②]同样,在法律行为的内容理解出现争议时,法官亦应当像探寻立法者在立法中的利益衡量意旨一样,探寻法律行为人在行为时的利益追求,以此对法律行为的内容做出解释。

2. 确定法律行为产生损害的补偿标准

当一种权利受到侵害时,补偿的标准无法从权利本身来确定,而只能从其所包含的具体利益的角度来确定,即使在较为抽象的内容不能规定具体的标准而只能确定一般性原则的情况下,这种倾向也是明显的。[③]由法律行为所引发的纠纷,如合同纠纷,在确定一方给予利益损害方以一定的赔偿时,赔偿的标准以及赔偿的界限,都需要从双方当事人订立合同当时所预期的利益追求以及现实的利益取得和损失情况进行判断。因为,利益追求本身是法律行为的内容,当然也是补偿和赔偿的根据与标准。

---

① 〔日〕加藤一郎《民法的解释与利益衡量》,载梁慧星主编《民商法论丛》,法律出版社,1994年,78页。
② 杨仁寿《法学方法论》,中国政法大学出版社,1999年,175页。
③ 王森波《利益与利益衡量(五)》,载法律教育网:http://www.chinalawedu.com/news/16900/175/2003/11/zh13141563418211300246104_75884.htm,登录时间:2011年6月23日。

第二节　法律行为中的国家强制

一、法律行为中国家强制的正当性

法律行为制度作为德国法的创造，本为贯彻意思自治而生，但受法律行为自身性质的影响，该制度自诞生之日起即始终存在私法自治与国家强制的协调问题。特别是民法外国家强制的介入，使得这种协调更具挑战性。然而，自从法律行为制度创设以来，理论上只注重其贯彻私法自治的功能，忽视了法律行为中潜伏着国家强制的各种关口，正是通过这些关口，国家公权力渗入到了法律行为制度中，使行为人的自由意志受到国家意志的影响，对私法自治原则构成了极大的威胁。

所谓强制，是指"一人的环境或情境为他人所控制，以至于为了避免所谓的更大的危害，他被迫不能按自己的一贯的计划行事，而只能服务于强制者的目的"[①]。国家强制即是为了避免对他人利益以及社会利益造成伤害，而对民法上当事人按照自己意愿自由行动所附加的一种限制。广义的国家强制包含了各种形式的强制类型，甚至包括法的强制力保障作用等。而本文所指的国家强制，是指通过强制性规范对当事人的意志自由予以限制，而强制性规范既包括民法当中的强制性规定，也包括民法以外的公法上的强制性规定。

国家在私法关系的形成到消灭过程中，从来就不是一个旁观者[②]，从民法典到外于民法典的民事规范，国家的强制处处可见，只是强制的性格、目的和效果不尽相同而已[③]。而且，民法本身的性质也决定了其在调整民事主体之间权利义务关系的过程中，特别是在调整市场交易活动的过程中存在一些力所不能及之处。因此，当事人的法律行为事实上

[①] 〔英〕F.哈耶克《自由秩序原理》，邓正来译，生活·读书·新知三联书店，1997年，16页。

[②] Douglass C. North, *Institutions, Institutional Change and Economic Performance*, Cambridge University Press, 1990, p.105.

[③] 苏永钦《私法自治中的国家强制——从功能法的角度看民事规范的类型与立法释法方向》，《中外法学》2001年，第1期。

是在私法自治与国家强制的协调之下完成的。具体而言，在法律行为当中加入国家强制的要素，其正当性主要表现在：

（一）法律行为双重性质的要求

法律行为作为大陆法系的特有概念，乃是德国法学家的理论创造。法律行为理论最早由海瑟（Heise）提出，后经德国法学家萨维尼的发展，使其更加精致化。法律行为制度从其内涵上讲，既体现了私法自治的要求，同时也受到国家强制的影响，具有自治性与强制性的双重属性。

1. 法律行为的自治性。法律行为是指，"以意思表示为要素，并因意思表示而发生一定私法上效果之法律事实。"[①] "法律行为之本质，在于旨在引起法律效果之意思的实现，在于法律制度以承认该意思表示的方式而于法律世界中实现行为人欲然的法律判断。"[②]借助法律行为制度，当事人不仅可以依照自己的意志创设权利义务关系，而且还可以在该制度下的任意性规范中进行选择，以作为意思表示不明时的补充。此外，法律行为制度还针对当事人意思表示的各种瑕疵设计了可撤销、可变更、效力待定等多种效力类型，赋予当事人在某些情形下对法律行为效力的最终选择权。可见，法律关系从创立、变更到最后的终止，始终受到行为人意思表示的支配，致使法律行为制度真正成为全方位地贯彻意思自治的法律途径。法律行为制度不仅是实现意思自治的工具，更是私法自治的具体形态之一，"私法自治的普遍精神就是在这种具体法律行为的运作中由抽象变为现实"[③]。

2. 法律行为的强制性。尽管法律行为是为贯彻意思自治而设计的制度[④]，当事人的意思表示被视为法律关系产生或变动所不可或缺的要

---

① 王泽鉴《民法总则》，中国政法大学出版社，2001年，250页。
② 〔德〕梅迪库斯《德国民法总论》，邵建东译，法律出版社，2000年，142~143页。
③ 李军《私法自治的基本内涵》，《法学论坛》2004年，第4期。
④ "在民法领域，作为法律事实的人的行为本来都属于事实行为，但为了实现私法自治，立法者从这些事实行为中抽取了一大部分将其设计为法律行为，从而导致法律行为与事实行为的分立。"参见汪渊智《论民法上的事实行为》，《山西大学学报》（哲学社会科学版）2003年，第3期。

素,但是,仔细考察私法自治的内涵以及法律行为制度的产生,会发现,其自身亦包含有国家强制性的要求,此种"国家强制"正构成对私法自治的合理限制。意思自治指私法自治,又称私权自治,其基本含义是:私法主体有权自主实施私法行为,他人不得非法干预;私法主体仅对基于自由表达的真实意思而实施的私法行为负责;在不违反强行法的前提下,私法主体自愿达成的协议优先于私法之适用,即私人协议可变通私法。①不可否认,私法自治更多地体现出私主体在意志自由的支配下自由实施法律行为的特点。但是,此种私法自治并不是无限制的绝对自由,在私法的调整范围内,只有不存在法律的禁止事由或者是法定的无效情形,不构成对法律精神的根本违反,法律才能尊重理性的当事人,尊重其创设法律关系的自由意思表示,赋予其法律行为以当事人预期的效果,而不再做进一步的不合理干预。可见,法律行为"允许"自治本身,即蕴含了存在自治的"界限"——"不存在法律的禁止事由或者是法定的无效情形,不构成对法律精神的根本违反"等——的含义,民事主体依照其自由意志追求私益的过程必须在法律规定的范围之内,私行为不得损害公益、不能违反法律的强行性或禁止性规定。"私法自治的核心就是个人的生活事项自主决定、自主实施、自主负责。然而,属于当事人自治的那一部分,如果完全操之于当事人,任由当事人做出决定,不免引起混乱,损害他人或社会利益。"②"一方面私法不能不自治,另一方面私法自治确有堪虑之处;为寻求其间之平衡,遂为私法自治设置门槛,此门槛即法律行为也。"③可见,法律行为制度不仅在价值上遵守私法自治性的要求,而且也在技术上通过其自身的强制性对私法自治予以规范,确保当事人之间民事法律关系的变动始终在合理的轨道上运行。

---

① 江平、张礼洪《市场经济和意思自治》,《法学研究》1993年,第3期。
② 汪渊智《论民法上的事实行为》,《山西大学学报》(哲学社会科学版)2003年,第3期。
③ 曾世雄《民法总则之现在与未来》,中国政法大学出版社,2001年,189页。

(二)矫正私法自治理论假设缺陷的要求

私法自治原则产生于19世纪自由资本主义时期,是在借鉴了亚当·斯密《国富论》的经济学分析方法,以及康德理性哲学中的自由意志理论的基础上得以形成的。其理论的合理性建立在"理性人"的假设基础之上,即法律假设市民社会生活中的每一个人均为理性人,能够理性地处理自己的事务,决定自己的行为,在不对他人和社会造成危害的基础上追求自身利益的最大化,正因如此,在民事领域中始终坚持贯彻意思自治原则。但是,此种理论假设存在固有的缺陷。一方面,现实生活中人的理性总是有限的,而且个体在其"趋利"的行为过程中,个人"意思"并不总是一致,甚至常常是对立的,个人利益之间、个人利益与社会利益之间往往存在一定的冲突,单方面地维护自治,会使得个体在追求私益时仅从个人眼前利益出发,造成对他人利益的损害,严重时还可能危及社会公共利益,何况私主体作为自己利益的判断者,受眼前利益的蛊惑,判断有所偏差也在所难免。因此,片面、绝对地强调私法自治是不可取的。另一方面,由于市场经济的发展,市场竞争带来了一定程度的垄断,市场主体地位事实上的不平等,以及信息不对称性的严重化,使得行为人很难做出理性的决定。为了矫正私法自治理论假设的此种缺陷,国家对法律行为提出了一些强制性的要求。正如英国思想家约翰·密尔所说,禁止对他人和公共的伤害是法律限制自由的根本原因,"人类之所以有理有权个别地或集体地对其中任何分子的行动自由进行干涉,……唯一的目的只是要防止对他人的危害"。[①] 国家强制对于纠正行为偏差、避免个人行为"出轨"造成对他人和社会公共利益的损害具有重要意义。另外,从当事人的自由与平等权利来看,莱斯利·利普森认为,自由主要是一种个人主义的观念,是以个人为主从自己的观点去看别人,而平等与此不同,它是一种社会观念,意味着

---

① 〔英〕约翰·密尔《论自由》,程崇华译,商务印书馆,1959年,13页。

个人在社会结构中与别人的关系。[①]法律行为制度当中的国家强制，有助于确保当事人、第三人和社会公共利益的平衡，真正尊重当事人的自由和平等权利。

（三）私法价值多元化的要求

从法的价值角度来看，私法在贯彻自由、平等价值的同时，仍然与秩序、安全、正义等价值密不可分。

"与法永相伴随的基本价值，便是社会秩序。"[②]社会经济的发展需要稳定的社会秩序作为支撑，离开了秩序就无法满足"人类生活和活动的有规则性、连续性和稳定性的需要"[③]，离开了秩序价值，法的其他价值亦难以实现。私法的秩序价值在于为市场活动提供一种行为规范，以保证市场机制可以自由发挥作用。尽管法律赋予公民的各项权利和自由是一个统一的整体，但当事人在实现某些具体权利时总是不得不放弃部分自由。例如，当行为人的自由可能伤害他人或社会公共权利时，行为人不放弃该部分自由只会导致更大程度和范围内自由的丧失，当事人在权衡利益之后总会做出放弃部分自由的让步，以保障较大权利的实现。为了协调关于公民自由权利的各种立法，保证公民最大自由的实现，法律必须对自由加以某种限制。法律出于对自由的协调而限制自由，实际上即是法律增进秩序的要求。

私主体法律行为的自由需要一个安定、繁荣的社会环境，"任何自由都容易被肆无忌惮的个人群体所滥用，因此为了社会福利，自由必须受到某些限制，这就是自由社会的经验。如果自由不加限制，那么任何人都会成为滥用自由的潜在受害者"[④]。而且，民法作为私法，在调整当事人的交易行为时通常并不直接涉及第三人，但如果当事人的行为已经具备了较大的社会危害性，仍然严格拘泥于意思自治原则的形式要求，

---

① 公丕祥《法制现代化的理论逻辑》，中国政法大学出版社，1999年，177页。
② 〔德〕彼得·斯坦、约翰·香德《西方社会的法律价值》，王献平译，中国法制出版社，2004年，38页。
③ 卢云主编《法学基础理论》，中国政法大学出版社，1994年，206页。
④ 〔美〕E.博登海默《法理学——法律哲学与法律方法》，邓正来译，中国政法大学出版社，1999年，276页。

第三人的利益包括社会公共利益就极有可能遭到损害；在事前可以有效预防的情况下，仍然放任此种损害发生，即使有强有力的事后救济措施作为保障，亦未免显得社会成本过高。国家于事前对行为人的自由做出强制性的要求，可以避免此种可能的损害发生，为法律行为的实施创造安全的环境。

在现实生活中，社会经济发展的不平衡会导致法律行为当事人经济地位的差异，而当事人经济地位的差异又极易造成双方权利义务的不对等，单纯依照私法自治的形式要求，难免会造成实质上的不正义。面对纷繁复杂的社会生活，私法自治在当事人的利益冲突之间、当事人利益与社会公共利益的冲突之间有时会显得无能为力。私法自治的这一不足，客观上需要国家强制在一定程度上的干预以真正维护社会的正义。

可见，国家强制在构建私法秩序的过程中，亦为行为人提供了一个相对安全的交易环境，并对社会正义的实现提供了保障。法律行为作为私法制度当中最重要的内容之一，应当满足私法价值多元化的要求，而且，通过国家强制的手段实现的秩序、安全、正义等价值，最终亦会进一步促进法律行为自由价值的实现。

（四）法律制度无矛盾性的要求

法律行为与国家强制密不可分，亦是实现法律调整的整体性与有机性，确保法律制度无矛盾性的要求。国家强制通常在公法当中表现得更为典型，公法上的强制性要求主要以公法制裁为保障，但从法律规范的体系结构看，在公法中具有强制性效力的规范，尤其是禁止性规范，在私法中亦应当得到效力上的承认，否则，将会出现同一行为公法否定私法允许的尴尬局面，这不仅会导致法律体系本身的矛盾，亦可能出现当事人通过法律规避的手段将公法的强制性内容变为一纸空文，无法正常发挥作用的情况，属于典型的挖公法强制的墙脚。正如梅迪库斯所说："传统上，大陆法系的私法与公法分工明确，界限清晰，但两者又都是国家的强制性规范体系，如果民法不规定适法规范，就会出现法律行为依据民法可为，但依据公法却不可为的矛盾。"① 因此，为了保证公民各项自由的实现，也为了确保公法上国家强制的内容在私法规范当中具有相同的价值取向，保障法律规范调整的整体性与有机性，确保法律制度的一致性，国家强制在民法当中、在法律行为制度当中有所体现是正当的、必要的。

二、法律行为中国家强制的途径

私法对法律行为的调整方式，包括自律调整和他律调整两种。自律调整，体现为当事人根据自己的理性来决定法律行为的有关内容，私法上的任意性规范亦属此类；而他律调整则反映出国家对法律行为的强制性要求。国家强制在私法当中，尤其在法律行为当中均是无法回避的。正如苏永钦教授所说："仅以民法中所谓的多义性，已可说明，当事人的意思自治自由只是在国家设定的高低不同的栅栏中流动私法自治的领域，事实上自始充满了各种国家强制。"② 尽管民法以私法自治原则为核心，但是民法规范在贯彻私法自治的同时，也坚持对私法自治加以限制。法律行为当中的国家强制，主要有两种途径：一是民法规范中的强制性规定；二是通过引致条款从公法当中转介而来的强制性规定。国家强制正是通过此内外两种途径对法律行为的效力予以规范和控制。

（一）民法规范中的国家强制

1. 作为一般条款的国家强制：公序良俗原则

（1）公序良俗的国家强制品格

公序良俗，是现代民法的一项重要原则，是公共秩序与善良风俗的简称。公序是指国家及其社会存在和发展所应有的、起码的秩序要求，它强调某种起码秩序之"规范性"；良俗是指国家及其社会存在和发展

---

① 此处的"适法规范"相当于下文当中的"引致规范""转介条款"的内容。〔德〕梅迪库斯《德国民法总论》，邵建东译，法律出版社，2000年，484页。
② 苏永钦《走入新世纪的私法自治》，中国政法大学出版社，2002年，15页。

所应有的、起码的道德要求，它强调法律或社会秩序之起码的"伦理性"。公共秩序是外部的社会秩序的要求，而善良风俗是社会内部的道德观念要求，二者均以国家社会的健康发展为目标，对违反此目标的法律行为进行否定性评价，即为公序良俗原则。在现代民法上，公序良俗原则具有重要的地位，具有修正和限制私法自治原则的重要功能。公序良俗原则对私法自治原则的修正和限制，是通过对违反其原则的法律行为判决为无效来实现的，其目的在于维护国家社会的一般利益以及一般道德观念①。公序良俗原则性质上属于一般性条款、授权条款。因立法时不可能预见一切损害国家利益、社会公益和道德秩序的行为并做出详尽的禁止性规定，故设立公序良俗原则，以弥补禁止性规定之不足。遇有损害国家利益、社会公益和社会道德秩序的行为而又缺乏相应的禁止性规定时，法院可直接适用公序良俗原则判决该行为无效②。

公序良俗的国家强制品格体现为，"总体来说，不允许当事人以约定排除其适用"③，当事人违反公序良俗的行为在法律上不能发生其预期的效果。事实上，"公序良俗原则通常是对应或派生禁止性规范的基本原则，尤其是善良风俗原则通常是派生效力性禁止性规范的基本原则"④。因此，违反公序良俗的法律行为实为"无效"，且为绝对无效，当事人法律行为的效力始终受到公序良俗原则的限制。通过公序良俗原则的调整，行为人权利与自由的行使界限被确定下来，"行使界限"看似是对私法上意思自由的限制，实为保障行为人意思自由均能得以正确行使的要求。

尽管公序良俗具有强制性的品格，但是作为民法上的一般条款，其本身在司法上不能作为直接的裁判依据，法官在认定法律行为的效力时，不可直接以"行为违反公序良俗"为由做出无效判决，而须借助于

---

① 董学立《民法基本原则研究》，法律出版社，2011年，161页。
② 梁慧星主编《中国民法典草案建议稿附理由——总则编》，法律出版社，2004年，13页。
③ 崔建远主编《合同法》（第四版），法律出版社，2007年，17页。
④ 王轶《民法典的规范配置——以对我国〈合同法〉规范配置的反思为中心》，《烟台大学学报》（哲学社会科学版）2005年，第3期。

已从公序良俗"原则"转化而成的"具体"民事规范。公序良俗的强制性乃是通过价值补充和法律漏洞补充的途径发挥作用，从而影响法律行为的自治效果的。在认定法律行为的效力时，以公序良俗为原则，"其实益在于，能充分考虑个案的具体情况，避免效力判断的概括化、抽象化、简单划一化"①。

（2）我国现行法上关于"公序良俗"原则的规定

我国现行法上并没有关于"公序良俗"的明确规定，类似的规定分散在《民法通则》以及《合同法》中，用语也极为混乱。如《民法通则》第6条："民事活动必须遵守法律，法律没有规定的，应当遵守国家政策"；第7条："民事活动应当尊重社会公德，不得损害社会公共利益，扰乱社会经济秩序"；第55条：民事法律行为应当具备的条件之一，"不违反法律或者社会公共利益"；第58条："违反法律或者社会公共利益的"民事行为无效。其中的"国家政策""社会公德""社会公共利益""社会经济秩序"等均相当于公序良俗的内容。而在《合同法》中，关于公序良俗的规定主要体现为"社会公德""社会经济秩序""社会公共利益""国家利益"等②。尽管《合同法》仍未明确使用"公序良俗"的概念，但较之《民法通则》的规定已有很大进步，例如删去了有关计划经济、国家政策等字眼。《合同法》中"国家利益""社会经济利益"这些带有国家和社会一般利益的概念群，相当于"公共秩序"，"社会公德"则相当于"善良风俗"。③"社会公共利益"的概念则兼有"公序"和"良俗"的性格。④按照我国学者梁慧星教授的总结，违反公序良俗的常见行为

---

① 孙鹏《论违反强制性规定行为之效力——兼析〈中华人民共和国合同法〉第52条第5项的理解与适用》，《法商研究》2006年，第5期。
② 《合同法》第7条规定："当事人订立、履行合同，应当遵守法律、行政法规，尊重社会公德，不得扰乱社会经济秩序，损害社会公共利益。"
《合同法》第52条，"有下列情形之一的，合同无效：（一）一方以欺诈、胁迫的手段订立合同，损害国家利益；……（四）损害社会公共利益。"
③ 耿林《强制规范与合同效力——以合同法第52条第5项为中心》，中国民主法制出版社，2009年，107页。
④ 梁慧星《民法总论》，法律出版社，2001年，52~53页；周林彬主编《比较合同法》，兰州大学出版社，1989年，418页。

主要有：①危害国家公序行为；②危害家庭关系行为；③违反性道德行为；④射幸行为；⑤违反人权和人格尊重的行为；⑥限制经济自由的行为；⑦违反公正竞争的行为；⑧违反消费者保护的行为；⑨违反劳动者保护的行为；⑩暴利行为。①

2. 作为具体规范的国家强制

（1）民法当中的强制性规范

私法自治原则作为近现代民法的核心，贯彻于民法的各项具体制度当中。私法自治不仅在外观上符合法的终极价值——"自由存在"，而且将人类抽象的自由权具体化为民法上的一项特别制度，从制度上对法的自由价值加以保障。法律行为制度正是通过对意思表示的尊重，使个人的权利得到最大程度的实现，这样既满足了个人的自由需求，也可以抵制国家公权的滥用。私法自治原则在本质上即是尊重民事主体的自由选择权，因此，民法规范在立法设计上主要表现为任意性或授权性规范。对于任意性规范，其适用具有选择性，当事人既可以自愿适用，亦可以通过合意排除适用，是一种可供选择的规范；而授权性规范，是对民事主体权利的确认，赋予当事人一定的权利，当事人既可以行使该权利，亦可以放弃。授权性、任意性规范的设立和适用进一步提高了当事人在设立、变更、消灭民事权利义务关系时自由选择的可能性，使民法中意思自治的精神得到了最大程度的体现。

但自由并不是绝对、无限制的，而是一种法律限制范围内的相对自由，为使社会的整体秩序免遭破坏，国家强制有必要对私法自治进行适当干预，因此，在民法规范当中设立强制性规范成为必然。强制性规范通过对当事人主体意志的限制和剥夺，特别是对法律行为的效力加以限制和干涉，将国家对私法自治的干预展现得淋漓尽致。"这些强制性的法律条款通过规定当事人只能选择特定的、法律所规定的法律类型和行为类型，或者通过对当事人根据私法自治建立的法律关系，特别是合同

---

① 梁慧星《市场经济与公序良俗》，载梁慧星《民法学说判例与立法研究（二）》，国家行政学院出版社，1999年，1~21页。

关系，进行具体规定，从而限制私法自治的适用范围。"①强制规范的存在，特别是后文提到的从民法外转介而来的强制规范，密切了公私法之间的联系，缓和了两者之间的矛盾，亦铺设了国家强制介入私法领域的合理的轨道。

但是，所谓"强制规范"并不是"管制人民的私法行为，而是为私法自治提供了一套游戏规则，从另一个角度支撑了私法自治。现代的私法自治和国家管制从来就不是壁垒分明的，民法本身就是国家管制的辅助工具或者替代"②。而且，强制性规范对于社会整体秩序的维护作用，在客观上可以使私法自治原则在民事领域获得更大的生存空间。换言之，无论是任意性规范还是强制性规范，民法规范的设立形式均是以私法自治的精神和要求为出发点和立足点的，国家强制的介入和干预需要与私法自治相协调才具有正当性。

（2）法律行为构成要件中的国家强制

法律行为制度是为贯彻私法自治而生，其与私法自治的特点应当保持高度的一致性，因此，法律行为制度除在价值上承认私法自治的原则外，还须从技术上对其加以保障，通过设计一套规范私法自治的制度，即法律行为规范的成立和生效制度，来确保私法自治的正常有效运行。而民法规范自身包含的国家强制，最主要的体现即是其对法律行为构成要件的限制。法律行为的构成要件主要包括两个方面，一为法律行为的成立要件，一为法律行为的生效要件。行为人实施的法律行为要确定地实现其自治性（发生其预期的效果），成立要件与生效要件，两者缺一不可。在法律行为制度当中，当事人的意思自治始终居于核心地位，法律行为集中体现当事人自己的意思，这构成法律行为成立的基础，亦即法律行为的成立侧重于私法自治的内在要求。但是，一个法律行为在成立后，需要经过国家的法律评价才能确定是否发生当事人预期的法律效

---

① 〔德〕卡尔·拉伦茨《德国民法通论》（上册），王晓晔等译，法律出版社，2003年，588页。
② 苏永钦《私法自治中的国家强制——从功能法的角度看民事规范的类型与立法释法方向》，《中外法学》2001年，第1期。

果，国家的法律评价集中体现了国家对私法自治的干预。为合理规范此种干预，国家在法律行为的成立制度之外，又设有法律行为的生效制度，通过对法律行为效力的规制来对私法自治加以必要限制，以实现国家强制与私法自治的协调与统一，这既满足协调不同个体利益主体的需要，亦有助于社会公共利益的实现。可见，法律行为的生效要件侧重于国家强制的外在要求。

由上可知，从法律行为的构成来看，一项合法有效的法律行为必然要经历"成立"与"生效"两个阶段：第一个阶段只涉及私法自治的问题，成立阶段所设定的各项条件均旨在落实私法自治的精神，因此，成立要件均在当事人的控制范围之内，并不考虑其他外界因素，只须对当事人是否依照其意思表示、针对一定的标的做出了一定行为进行事实判断即可，集中反映当事人的"私人意志"；而在第二个阶段，当事人单方面控制法律行为的格局被打破，外界的法律秩序亦成为影响法律行为效力的重要因素，国家强制于此时开始介入，"成立"的法律行为只有经过国家的肯定性评定，并排除其中的反社会因素后，才可能依当事人的意思发生预期的"生效"后果，"国家意志"在该阶段成为衡量法律行为生效与否的重要因素，整个过程体现为一种价值判断（此种价值判断即是国家强制对意思自治加以限制的典型反映）。关于法律行为的成立，其结果无非是"成立""不成立"两种情形，以保护当事人自由意志为规范的重心；但是，法律行为的生效则不同，其结果存在"生效""无效"——"绝对无效""相对无效""全部无效""部分无效"等多种情形，法律行为的效力规范体现出国家立法限制民事主体意思自治的内容。法律行为的成立和生效，"一从私法自治角度判断行为的'成熟度'而决定是否赋予法效，一从国家管制角度判断行为的'社会价值'而决定是否否定其法效"[①]，可以说，一项有效的法律行为实际上是当事人意志与国家意志共同作用的结果。

---

① 苏永钦《私法自治中的国家强制——从功能法的角度看民事规范的类型与立法释法方向》，《中外法学》2001年，第1期。

（3）法律行为主体资格的国家强制

关于法律行为的主体，国家强制体现为民法规范对行为人的权利能力、行为能力进行了强行性规定，当事人的约定不能排除其适用。法律行为以意思表示为核心，而行为人作为意思表示的形成者和表示者，其意思表示的能力与法律行为的效力直接相关。为了辅助法律行为制度的贯彻和实施，民法又设立了民事行为能力制度，对行为主体独立实施民事法律行为的资格予以限制，行为人行为能力的不足将直接导致法律行为效力的不完全（直至无效）。除行为人欠缺行为能力外，法律行为主体的瑕疵还包括无权处分、无权代理等。

此外，出于对社会整体秩序的维护以及管理上的需要，国家在一些特定的法律行为当中，亦会预先对法律行为主体做出一定的强制性要求。例如，《合同法》第272条第3款规定："禁止承包人将工程分包给不具备相应资质条件的单位"，此处的"资质条件"即是对订立建设工程分包合同人提出的强制性要求。又如《婚姻法》第6条规定："结婚年龄，男不得早于二十二周岁，女不得早于二十周岁。"第7条规定，"有下列情形之一的，禁止结婚：（一）直系血亲和三代以内的旁系血亲；患有医学上认为不应当结婚的疾病。"此处的"结婚年龄"以及"禁止结婚的法定情形"均属于国家对"结婚"这一法律行为的主体提出的强制性要求，前者是从积极方面规定行为主体必须满足的年龄条件，而后者则是从消极方面规定了行为主体的排除情形。未达法定婚龄以及满足禁止情形的人不具有结婚的行为能力，此种强制性要求当事人不可以通过约定加以排除。

（4）法律行为标的物的国家强制

法律行为客体中的国家强制，主要表现为："法律禁止某种行为客体作为法律行为移转的标的物。"[①]特别是民法中关于流通物和限制流通物的区别对待，即直接体现出国家对法律行为客体所做的限制。另外，《物权法》中亦有对法律行为客体的限制，如第184条关于禁止抵押的

---

① 许中缘《民法强行性规范研究》，法律出版社，2010年，190页。

规定,"下列财产不得抵押:(一)土地所有权;(二)耕地、宅基地、自留地、自留山等集体所有的土地使用权,但法律规定可以抵押的除外;(三)学校、幼儿园、医院等以公益为目的的事业单位、社会团体的教育设施、医疗卫生设施和其他社会公益设施;(四)所有权、使用权不明或者有争议的财产;(五)依法被查封、扣押、监管的财产;(六)法律、行政法规规定不得抵押的其他财产。"行为人违反上述法律的强制性要求,约定以此类财产为抵押标的的,抵押行为无效。其他,如质权的客体仅为动产和权利,不动产以及禁止流通物不得质押等等,均是国家对法律行为客体所做的强制性规定。

(5)法律行为方式与内容的国家强制

法律行为的内容,是当事人在一法律行为当中权利义务的具体设定。尽管法律行为的内容主要通过当事人一方的意思表示或双方的合意形成,但这并不表示国家不会对其提出强制性的要求。例如,关于法律行为的方式,"方式自由系私法自治的主要内容。法律行为(尤其是契约)的作成不以践行一定方式为必要"[1]。现代民法均以法律行为方式自由为原则,我国《合同法》第10条第1款即承认了合同订立方式的自由主义原则。[2]但是,基于立法政策的考量,国家针对一些特殊的法律行为设置了法定方式,即学理上所称的"要式法律行为",如《物权法》上规定不动产所有权的转移以登记为要件,抵押权自登记时设立,应当采用书面形式订立地役权合同等,以及《收养法》中"收养应当向县级以上人民政府民政部门登记。收养关系自登记之日起成立"等,均体现出国家的强制性要求。

至于法律行为的具体内容,其中亦不乏国家强制的身影,如《继承法》第19条规定,"遗嘱应当对缺乏劳动能力又没有生活来源的继承人保留必要的遗产份额"等,而《物权法》中的相关规定则更具代表性。如《物权法》第5条规定,"物权的种类和内容,由法律规定",此即物

---

[1] 王泽鉴《民法总则》,北京大学出版社,2009年,242页。
[2]《合同法》第10条第1款规定:"当事人订立合同有书面形式、口头形式和其他形式。"

权法定原则。受物权法定原则的影响，当事人不得创设与法律规定不相符合的物权内容，如第211条："质权人在债务履行期届满前，不得与出质人约定债务人不履行到期债务时质押财产归债权人所有。"又如第126条规定："耕地的承包期为三十年。草地的承包期为三十年至五十年。林地的承包期为三十年至七十年；特殊林木的林地承包期，经国务院林业行政主管部门批准可以延长。"

对于法律行为内容的限制，国家一般要求其不得违反法律中的强行性和禁止性规定，否则法律行为无效。法律规范对行为人权利义务做出的强制性规定，当事人不得通过约定排除。正是通过对法律行为内容的限制，国家赋予了民事强行法甚至是一些公法规范在民法上的效力评价功能：一方面，将私法自治的范围限制在强行法、禁止法构筑的框架内；另一方面，亦提供了民法外的国家强制介入私法自治的契机，为民法外的强制性规范限制私法自治留下了接口。

（二）民法规范外的国家强制

1. 设立引致规范的必要性

根据前文对"国家强制"的界定，国家强制不仅包括民法自身的强制性规定，而且也包括民法外的强制性规定。为了确保法律制度的无矛盾性，民法外的国家强制有时也需要民法规范给予有效的配合。民法外的国家强制，或称公法上的国家强制，对于私法自治的干预亦是不可避免的。尽管此时公法介入私法确属必要，但为了保持私法自治的独立性，此种"介入"应当慎重，方式亦应当合理。在我国，国家公权力始终居于强势地位，国家利益总是被优先强调，甚至遭到恶意的、不恰当的夸大，现实生活中以"国家利益、社会利益"为名，侵犯个人合法私益的现象不胜枚举，因此，在承认公法上的国家强制介入私法不可避免的同时，还应正视在此过程中出现的一系列问题。过去，在我国的私法体系中，植入很多强制性色彩浓厚的规范内容，甚至是公法也常常会直接介入到私法的各种交易当中，但这毕竟不是国家强制干预私法自治的合理方式。在协调私法自治与国家强制的关系过程中，国家强制介入私法自治应当受到必要的限制，主要表现为对公权介入私权的途径加以限制，即要确保在私法自治的理念下，提供公法上国家强制介入私法自治的合理契机，避免公权力对私权的直接干预。

此种途径就是私法中设置的引致规范（学者又称"转介条款"或"适法规范"），通过"引致"，既可以将公法规范与私法规范连接起来，又不失双方各自的独立性，属于私法外国家强制介入私法自治的一种合理路径。在法律行为制度当中，"转介条款"乃其典型表现，正如有学者所言："民法外的禁止性规范并不能对私法主体的行为直接产生影响，而只能以一种外设的轨道对私法主体的行为进行效力评价。这种外设的轨道就是民法中的转介条款，即私法中的'转介条款'承担了公法介入私法的使命。"[①]通过引致规范将公法上国家强制的内容转变为民法当中法律行为的强制性要求，以实现国家强制对私法自治的干预。通过引致规范，国家强制在介入的同时，仍然实现了对私法自治主体利益的维护，不致发生公法对私法的绝对干预，损害当事人意思自治的情形。引致规范事实上是通过立法技术的手段将公法上的国家强制渗透到私法自治当中，强制的渗透不仅仅是对私法自治的一种限制，更是在保障法律调整有机性与体系性的基础上，更深层次地对私法自治的维护。因此，在民法当中设立引致规范具有必要性。

2. 引致规范与法律行为的效力

"引致规范"属于法律行为的效力制度规范，亦有学者称其为"适法规范"[②]。苏永钦关于此种"适法规范"的作用进行了相关论述，他认为，从法律体系的角度看，《德国民法典》第134条的适法规范和第823条第2款（侵权行为的违法性）有关侵权行为的一般条款，是公法进入私法领域仅有的两条通道，也是疏通公法与私法价值的通道，其

---

① 〔德〕迪特尔·施瓦布《民法导论》，郑冲译，法律出版社，2006年，469页。
② 适法规范通过民事基本法的形式，将公法规范引入到私法中，使公法成为法律行为效力的一个限度。参见谢鸿飞《论法律行为生效的"适法规范"——公法对法律行为效力的影响及其限度》，《中国社会科学》2007年，第6期。

原始功能是通过否认法律行为的效力和科处侵权责任维护法律秩序。①最初，引致规范主要用于保障刑法规范在民法领域的贯彻实施，但随着公私法的不断交融，国家强制对民法领域的干预不再局限于刑法规范，公法上的其他禁止规范亦需要通过引致规范，明确其在私法上的效力。正是为了规范此种干预，引致规范的适用较之以往有了进一步的发展。

引致规范作为连接公法与私法的媒介，实现了国家强制对私法自治的合理介入，确保了公法所调整的某些事项在公法效果和私法效力上的一致性，在一定程度上维护了法律体系的整体和谐。另外，由于引致规范本身并不具有独立的内容，其发挥的作用仅仅是将公法规范引入私法领域，因此，对法律行为的效力进行评价时，法官需要找到引致规范映射的具体内容（即需要引入私法领域的公法规范），并对该引致内容的规范目的做出解释，在结合个案事实的基础上，做出此时公法的规定是否应当转化为自治界限，影响当事人法律行为效力的认定。在做出公法规定应当引致的认定后，对于违反公法规范的行为，其私法效果还须具体分析：对于公法明确规定违法行为无效的，其在私法上亦产生无效的后果，若公法未明确其私法效果的，法官即具有自由裁量权，可以依据具体情况来判定该违法行为在私法上的效果（特别注意，违反公法上的禁止规范并非一律无效）。可见，引致规范实际上赋予了民事法官以自由裁量权，通过此种自由裁量，引致规范的作用得以实现，而审判者同时完成了个案当中私法自治与国家强制的协调。

3. 引致内容——民法外国家强制介入限度的确定

由上可知，无论是引致规范还是法官的自由裁量，其基础均在于引致内容的确定。而引致内容的范围表明了民法规范之外公法对私法自治干预的界限，因此，对引致内容的考察实际上即是对民法外国家强制介入私法自治限度的确定。在确定民法外国家强制介入私法自治限度时，

---

① 苏永钦《私法自治中的经济理性》，中国人民大学出版社，2004年，42页。

应当从以下三方面进行衡量：

第一，我们有必要从宪法的角度对民法外国家强制的介入进行分析。根据"基本权保护义务论"的观点，"既然宪法承认个人的基本权，那么国家在宪法上就应该负有以下三项义务：禁止介入义务、基本权保护义务以及基本权支援义务。禁止介入义务是指，在没有充分的正当化理由时，不得侵害个人的基本权。基本权保护义务是指，国家为了保护个人的基本权不受他人的侵害，应当采取积极的措施。而基本权支援义务则是指，国家为了使个人的基本权得以更好的实现，必须采取积极的措施。"[1] 据此，我们可以窥见民法外国家强制干预私法自治的某些限度，国家强制不但无正当理由不得干预私人的基本权利，而且对于个人基本权利的保护和实现均应采取积极措施予以保障，前者对国家强制的干预划定了范围，后者则是对强制干预提出的原则性要求，也再次证明了国家强制存在于民法当中的正当性。但是，这种原则性要求是为了保护和支援个人基本权而必须采取积极措施的要求，仅是一种宏观上的、抽象的规定，对于违反此种原则性规定的行为在私法上的效力如何认定并没有明确规定，因此，还需要法官借助引致规范进行价值衡量，从而对法律行为的效力做出判断。

第二，对于国家强制介入的情形，还应特别注意防止介入过剩。从国家强制与私法自治的关系来看，防止介入过剩对于我们宏观把握国家强制干预私法自治的限度有着重要的指导意义。在具体判断方法上，我们可以参考"比例原则"的做法。德国习惯法发展起来的比例原则是行政法的一项基本原则[2]，并且还是"有限政府的核心原则"[3]，虽然行政法与民法一个属公法，一个属私法，但在判断民法外国家强制对私权的介入是否过剩时，实际上亦涉及行政权力的约束，以及有限政府的建设问题。比例原则要求公法应考虑国家的治理目标和人民的利益，在治理目

---

[1] 解亘：《论违反强制性规定契约之效力》，《中外法学》2003年，第1期。
[2] 〔德〕哈特穆特·毛雷尔：《行政法学总论》，高家伟译，法律出版社，2000年，66页。
[3] Alice Ristroph, *Proportionality as a Principle of Limited Government*, Duke Law Journal, vol.55, 2005, p.264ff.

的的达成可能影响人民的权益时,将不利影响限制在尽可能小的范围和限度内。①因此,在设定国家强制介入私法自治的限度时,亦应当将此种不利影响限制在尽可能小的范围和限度内。结合比例原则的内容来看,在判断国家强制的介入是否过剩时,应当从其介入的目的、手段以及两者的关系来具体分析。综合起来,此种合理介入应当同时满足三个条件:一是介入的目的在法律上或社会上具有重大意义,只有"重大、正当"的理由才能导致强制的干预;二是此种重大目的的实现依赖于国家强制的介入,即只有在"必要时",才可为了获取社会整体的自由而牺牲个人自由;三是介入的手段应与此种重大目的的顺利实现相适应,手段过于严厉亦会导致国家强制介入的过剩。总之,公权介入私权的限度应当符合均衡性、必要性、适合性的要求。②

第三,从解释学的角度对国家强制干预私法自治的限度进行考察。国家强制介入私法、监督干预民事行为,从解释学的角度看,是目的解释的题中之意,民事行为只有与国家目的、社会目的相一致,至少不相违背的前提下才能发生自治的效果。与此同时,国家强制亦应当给予私法自治应有的尊重,在进行目的解释时,应尽可能避免对民事行为的效果造成不必要的扭曲。例如,当国家目的或社会目的在私法中不甚明确时,不应对此种目的进行假设,否则无异于对国家目的或社会目的做扩大解释,从而导致国家强制对私法自治的不合理干预。

尽管私法强调自治性,但此种自治并非毫无限制,在私法体系下实际上包含了两种形式的限制规范:一是私法规范直接对私法自治进行的自我限制;二是公法规范通过引致规范的作用,对私法领域进行间接的外部限制。前者是对自治形式的限制,而后者则是对私法自治内容的限制。总之,在民法规范自身的国家强制,以及民法规范转介而来的国家

---

① 〔德〕哈特穆特·毛雷尔《行政法学总论》,高家伟译,法律出版社,2000年,106页。
② 〔日〕山本敬三《民法中的动态系统论》,解亘译,载梁慧星主编《民商法论丛》(第23卷),金桥文化出版(香港)有限公司,2002年,172~266页。

强制的共同作用下，国家对私法自治的合理干预得以实现。总体而言，我国现行法律中也具备了内容齐备的私法自治的"限制阀"。①

三、我国法律行为制度中的引致规范

私法自治的本意在于赋予法律行为以当事人预期的法律效果，但鉴于国家强制的要求，特别是引致规范带来的民法外的国家强制，使得特殊情形下法官会对当事人的法律行为做出与其预期效力相反的认定。我国有关法律行为效力规范的立法历经多次变更②，其中引致规范经过《民法通则》《合同法》《合同法司法解释一》以及《合同法司法解释二》的四次变更，其立法演变不仅折射出私权观念、民法理念伴随着我国市场经济发展的不断深化，而且反映出我国法律行为中国家强制与私法自治的协调。

（一）现行立法中的规定

虽然我国法律当中尚无"引致规范"或"转介条款"的明确概念，但在法律的具体规定中并不乏其身影。例如，《民法通则》第58条，"下列民事行为无效：……（五）违反法律或者社会公共利益。"《合同法》第52条，"有下列情形之一的，合同无效：……（五）违反法律、行政法规的强制性规定。"最高院《关于适用〈合同法〉若干问题的解释（一）》第4条："合同法实施以后，人民法院确认合同无效，应当以全国人大及其常委会制定的法律和国务院制定的行政法规为依据，不得以地方性法规、行政规章为依据。"最高院《关于适用〈合同法〉若干问题的解释

---

① 耿林《强制规范与合同效力——以合同法第52条第5项为中心》，中国民主法制出版社，2009年，107页。
② 除下文提到的四次变更外，还包括：1985年颁布的《涉外经济合同法》第7条，"违反中华人民共和国法律或者社会公共利益的合同无效。"1987年通过的《技术合同法》，第21条第1项则规定，"违反法律、法规或者损害国家利益、社会公共利益的"技术合同，无效。1993年修订的《经济合同法》，第7条第1项、第4项规定，"违反法律和行政法规的合同"，无效；"违反国家利益或社会公共利益的经济合同"，无效。《合同法》第52条第5项、第4项则分别规定，合同"违反法律、行政法规的强制性规定的"，无效；"损害社会公共利益的"，无效。

（二）》第14条："合同法第五十二条第（五）规定的'强制性规定'，是指效力性强制性规定。"

（二）立法变迁的原因分析

以上关于法律行为的效力规范，即被学者普遍认为担当转介功能的引致规范的立法变化，正是国家排除公权力不当干涉、不断明确国家强制干预限度的反映。此处以《民法通则》第58条第5项的规定（"违反法律或者社会公共利益的"民事行为无效）为例，对我国引致规范立法变迁的原因进行分析。

第一，《民法通则》第58条第5项中的"法律"未做强制性规范与任意性规范的区分，将其一并作为民事行为无效的依据，不符合法律规范的意旨。事实上，任意性规范仅是法律提供给当事人的一种选择，当事人既有权选择适用此种规范，也有权对其不予适用，仅因排除适用任意性规范一点，不足以导致民事行为的无效，否则将违背任意性规范的立法精神。因此，在审判实践中，多从法律解释的角度将"法律"的范围缩小，将影响法律行为效力的法律规范仅限于强制性规范，而不包括任意性规范。直至1999年《合同法》颁布，其在第52条关于合同的无效情形中，第5项才明确指出影响合同效力的法律规范应当是"强制性规定"，至此，对于《民法通则》第58条第5项所指的"法律"不包括任意性规范有了明确的法律根据。

第二，《合同法》第52条规定，违反法律、行政法规的合同无效。但是，"法律行政法规"在字面意义上不仅包括全国人大及其常委会制定的法律、国务院制定的行政法规，而且也包括地方性法规和规章，很显然，将后者包括在内是错误的，因而，1999年12月最高院《关于适用〈合同法〉若干问题的解释（一）》第4条对《合同法》中的"法律、行政法规"做了进一步的解释，明确将导致合同无效的法律依据限定为"全国人大及其常委会制定的法律"和"国务院制定的行政法规"，至于"地方性法规、行政规章"的违反则不影响合同的效力，其他规范性文件更不待言。这是因为，地方性法规、行政规章以及其他规范性文件的立法程序、立法水平，包括立法主体的权威性相较于法律、行政法规均有较大差距，加之庞大的立法数量和多元化的立法主体，以上法律文件之间极易发生矛盾与冲突。因此，无论是市场主体的遵守还是司法机关的适用均存在较大困难，将这些法律文件一律作为认定合同及其他民事行为无效的依据，势必严重阻碍市场经济的正常运行和健康发展。而且，此种司法解释与2000年颁布的《立法法》形成了某种契合，依照《立法法》，合同关系作为一种基本的民事法律关系，只能由全国人大及其常委会制定，故其他有立法权的机关制定的法律法规不能规定合同的无效事由。

第三，我国根据立法目的与重心的不同，将"强制性规定"区分为管理性强制性规定和效力性强制性规定，前者侧重于对交易秩序的维护，而后者则主要对合同的效力产生影响。我国的《合同法》《关于适用〈合同法〉若干问题的解释（一）》仅指出影响合同效力的法律规范为"强制性规定"，至于此种"强制性规定"的性质究竟是"管理性"还是"效力性"却未予明确。《合同法》旨在保障和促进市场交易，如果将"管理性"和"效力性"的强制性规定均作为合同无效的法律依据，必将导致实践中的大量合同被裁定为无效，《合同法》的目的亦不能实现。法律不应成为实践的阻碍，相反，应积极反映市场经济的理念并促进市场经济的发展。为了消除合同效力规范中强制性规定性质的疑惑，2009年最高院《关于适用〈合同法〉若干问题的解释（二）》在第14条中做出了最终认定，明确规定导致合同无效的"强制性规定"仅指"效力性强制性规定"。2009年最高人民法院在《关于当前形势下审理民商事合同纠纷案件若干问题的指导意见》亦指出："人民法院应当注意区分效力性强制规定和管理性强制规定，违反效力性强制规定的，人民法院应当认定合同无效；违反管理性强制规定的，人民法院应当根据具体情形认定其效力。"至此，国家对法律行为的强制干预才有了较为准确的限制，影响法律行为效力的、民法外的国家强制，才最终得以明确。

(三) 我国引致规范存在的问题

尽管我国引致规范的演变使得法律行为制度当中国家强制的限度标准更加明确,然而,不可否认的是,我国的引致规范仍存在一些问题。归根究底,主要是由于我国在民法理论上未对禁止性规范与强制性规范进行明确区分,而对强行性规范类型做出的划分又与规范类型判断的理论不符所导致的。

从学理角度来看,根据否定性评价的指向不同,民法中的强行性规范可以分为强制性规范与禁止性规范。[1]强制规定者,指命令当事人应为一定之法律行为之法律规定,禁止规定者是指命令当事人不得为一定行为之法律规定。[2]在阐述不同规范对法律行为效力的影响时,又根据否定性评价的不同,将禁止性规范分为效力规范与取缔规范。[3]所谓效力规范,是指法律对私法主体从事的法律行为效力进行评价的规范,违反该种规范为无效;取缔规范,顾名思义,是指行为人如有违反将被取缔其行为的禁止规范,违反该种规范的法律行为并不无效,但会导致法律制裁的发生。[4] "前者着重违反行为之法律行为价值,以否认法律效力为目的;后者着重违反行为之事实行为价值,以禁止其行为为目的。"[5]关于效力规范与取缔规范,有学者指出:"其一,法律法规明确规定违反禁止性规定将导致合同无效或不成立的,该规定属于效力规范;其二,法律法规没有明确规定违反禁止性规定将导致合同无效或不成立的,但违反规定以后若继续使合同有效将损害国家利益和社会公共利益,也应当认为该规范属于效力规范;其三,法律法规没有明确规定违反禁止性规定将导致合同无效或不成立,违反该合同以后若使合同继续有效并不损害国家和社会利益,而只是损害当事人利益,在此情况下该

---

[1] 史尚宽《民法总论》,中国政法大学出版社,2000年,12页。
[2] 王泽鉴《民法实例研习(民法总则)》,三民书局,1995年,234页。
[3] 史尚宽《民法总论》,中国政法大学出版社,2000年,329~330页。
[4] 许中缘《禁止性规范对民事法律行为效力的影响》,《法学》2010年,第5期。
[5] 史尚宽《民法总论》,中国政法大学出版社,2000年,329~330页;董安生《民事法律行为》,中国人民大学出版社,2002年,185~186页。

规范就不应该属于效力规范,而是属于取缔规范。"①

我国的引致规范将"违法"限定在"违反法律的效力性强制性规定"上,虽然对于明确国家强制的限度有着积极意义,但是"效力性强制性规定"的解释有违上述法律规范分类的基本法理。如前所述,效力性与管理性(取缔性)规范是针对禁止性规范而不是强制性规范所做的进一步区分。"效力性强制性规定"有将强制性规范与禁止性规范两者混同的嫌疑。

四、法律行为中国家强制的限制

法律行为中的国家强制,势必造成对私法自治的冲击,其中尤以民法外国家强制的介入最为明显。为了协调法律行为中私法自治与国家强制的关系,应当对法律行为中的国家强制做出适当的限制。

(一)限制的必要性

无论法律行为中国家强制的类型如何,其共同的特点即是将对法律行为的效力产生影响,然而意思自治始终是法律行为制度的核心,对其加以限制必须有充分的理由,只有当某种更重要的价值需要实现时才能够牺牲私法自治。原则上,应当坚持维护法律行为的有效性。即在判断和评价一个违反强制规范的法律行为的效力时,应尽量从维护行为存在和效力完全出发,认定当事人意思有效,除非法律有明确的效力否定的规定或者能从法律规定中得出必须否定其效力的合理解释。②

我国的私法自治起步较晚,基础也较为薄弱,我国虽实行市场经济已有一段时间,但一直缺少专门的民法典作为规范市场经济的基本法律,关于私法自治的法律始终处于"饥渴"状态。与此相反,集中体现国家强制性的公法规范却保有强劲的势头,甚至在市场经济的环境中,国家已习惯使用行政手段强制干预私法关系。此种做法,无形中混淆了

---

① 王利明《合同法研究》(第1卷),中国人民大学出版社,2002年,658~659页。
② 耿林《强制规范与合同效力——以合同法第52条第5项为中心》,中国民主法制出版社,2009年,149页。

私法和公法关系，属于变相侵蚀民法的立法空间，特别是自治空间。国家权力的运行规律和扩张性、我国公权强制的传统思维，以及社会主义初级阶段的国情共同导致了我国现阶段民事领域内的立法相对不足，以及实践中私法自治的生存空间狭窄且极易受到压制的情况。具体到法律行为制度当中，即表现为行为人的法律行为动辄被认定无效，极大地损害了人们进行交易的积极性，最终也必将阻碍社会主义市场经济的发展。

因此，基于私法自治的原则，特别是法律行为有效性维护原则，出于确保市场经济健康发展、平衡个人私权利与国家公权力的配置关系、有效解决国家强制干预私法自治过程中出现的各种问题的现实需要，应当将国家强制对法律行为的干预限制在一定的范围之内，特别是对法律行为做出效力认定时，"无效"必须是不得已的、最后的选择。这一点对于私法自治发展不足的我国更为重要。

（二）限制的总体要求

法律行为除贯彻私法自治的功能外，还有平衡各方利益的功能。以合同关系为例，在合同关系当中存在三个层次的利益冲突，即合同当事人与国家、社会公众的利益冲突，合同当事人与合同外第三人的利益冲突以及合同当事人之间的利益冲突。在合同当事人与国家、社会公众之间，由于当事人的利益位阶较低，因此当两者发生冲突时，应当是当事人的利益让位于国家、社会公众的利益，《合同法》关于合同无效的规定即是明证。但是，我们之所以严格市民社会与政治国家的划分，就是因为在不同的领域坚持的原则和处理方法是不同的，市民社会强调的是私法自治，国家强制不应随意介入，因此如果要限制意思自由，影响法律行为的效力，必须有"重大的、正当的理由"。

"法律的主要功能不是指导干预人民的行为，而是赋予人民完成的行为具有某种法的效力。"[①] "国家权利的运行规律和扩张性常常使国家

---

① 〔法〕卢梭《社会契约论》，何兆武译，商务印书馆，1980年，9页。

恣意进入市场主体的自由领域和侵犯市民社会的自治空间，国家与社会、干预与自由、公欲与私欲之间的合理界限常常被打破"①，因此，国家强制对私法自治的介入需要受到法律的合理规制，合理适度的国家强制有助于更好地保障私法自治功能的实现。而这里的"合理、适度"，即是对法律行为中国家强制的限制性要求。

（三）限制的具体途径

尽管对法律行为中国家强制提出了以上原则性的限制要求，但没有具体的限制措施予以保障，对法律行为中国家强制的限制还是一句空话。对此，本文将讨论以下三种限制途径。

1. 效力后果的多元化设定

法律行为中的国家强制，在对私法自治进行干预时，不仅在前提上应当具有"重大、正当"的理由，在过程中也应坚持"合理、适度"的原则，而且在最终的效果上还应做出"多元化"的效力设定。国家强制干预私法自治的程度，通过其对法律行为所设立的不同强度的效力评价得到反映，其中，无效作为否定性最强烈的评价，属于国家强制干预私法自治的最高限度，是认定法律行为效力时的一种最后选择。私法自治的精神在于"赋权"，即赋予私人行为一种法律上的效力，法律的指导和干预功能在此时仅是一种辅助性的功能，但由于我国公权强制长期占据主导，私法自治的精神在其统治之下显得苍白无力，公法上的强制性规定在私法领域遭到了滥用，其动辄即对私法行为横加指责，甚至否定其效力，"违法=无效"成为法官认定私法行为效力时奉行的不二法则，公法上的强制性规定俨然成为"粗暴的野狼，侵占着民法的领域、扭曲着民法的精神、使得民法许多原则在实践中形同虚设，成为一堆具文"②。可见，将违反国家强制的行为一律认定为无效，不仅不利于保护当事人的意志自由，亦有损于民法的独立价值。因此，在现阶段，对违反

---

① 单飞跃、杨期军《中国民法典生成的文化障碍——西方民法文化的反衬》，《比较法研究》2005年，第1期。
② 王涌《私权的分析与建构》，中国政法大学博士学位论文，1999年。

国家强制的行为做出客观、准确的效力认定具有重要意义。

（1）对违反国家强制的行为应当做出多元化的效力评价

由于在民法中评判法律行为的效果时，违法行为的效力是多层级的，除最严厉的无效评价外，还包括不成立、可撤销、效力待定等等，因此，对违反国家强制的法律行为的效力应采不同的效力评价，即不能单纯认定此类法律行为一律无效，而应在无效之外，承认其他效果的评价。至于两者的差别，可以从涉及的法律关系的性质进行分析：产生无效效力的，主要涉及私人与国家的关系；而产生其他效果的，主要是不涉及国家利益的私人与私人之间的关系。后者即使存在某些法律行为上的瑕疵，仍可以通过补救手段使其发生相应的效力，例如法律行为的可撤销、效力待定行为的补充等，其仍坚持以维护当事人的意思自治为重。

（2）做出法律行为无效认定前的多角度衡量

既然无效认定是对法律行为的最严厉评价，是不得已的最后选择，那么，在做出此种评价之前，我们就必须进行多角度的衡量，以反复论证是否存在其他效果的可能性。以违反民法外的强行性规范即公法上的强行性规范为例，在认定该行为的法律效力时，应首先对该强行性规范的立法目的、保护的法益等进行衡量。在探究公法强行性规范的立法目的时，主要是从禁止性规范的立法目的出发，针对"行为模式"与"法律后果"的不同而对法律行为的效力做出不同认定。关于违反禁止性规范的民事法律行为的效力，需要根据禁止的是"特定的行为模式"或"特定的法律效果"，还是对"行为模式"与"法律后果"均予以禁止来进行综合判断。[1]只有后一种情形，即同时禁止"行为模式"和"行为后果"时，该行为才绝对无效，"若法律禁止规定，只在禁止单方面行为者，或禁止其从事之种类与方法，其契约仍应有效"[2]。此外，有些情况下，对于禁止性规范的违反，还需要根据法律

---

[1] 许中缘《禁止性规范对民事法律行为效力的影响》，《法学》2010年，第5期。
[2] 黄立《民法总则》，中国政法大学出版社，2001年，332页。

所保护的利益来判断是否导致法律行为的无效,若该禁止性规范的违反仅涉及当事人之间的利益,此行为并不绝对无效,但若危及到公共利益或秩序,则应当无效。简言之,当公法强行性规范旨在保障秩序时,违反此种强行性规范一般不导致法律行为的无效;而当公法强行性规范旨在限制行为人的活动及其预期后果时,违反强行性规范将导致法律行为的无效。若从公法强行性规范的保护法益角度出发,"权衡时应斟酌法益的次序、个别法益被侵害时的质与量,并具体评估否定其效力的威慑效果,考量受保护的当事人的意思"[1]。亦即,判断违反何种公法属性的强行性规范将导致法律行为的无效,实际是在公法规范的目的——秩序价值,与私法自治的精神——自由价值之间进行权衡和选择。

(3)对于法律行为的无效后果应做出多元化的认定

如前所述,因不具备法律行为生效要件导致的无效结果存在"绝对无效""相对无效""全部无效""部分无效"等多种情形,所以,即使对法律行为做出了无效认定,亦应当对无效后果做出多元化的无效认定。

由于无效行为的大量认定不利于市场交易的正常进行,特别是在合同关系当中,绝对的无效认定亦不利于保护无过错合同相对人的合法权利,甚至会造成社会资源的浪费,因此,有必要从"无效"的角度进一步对违反强行性规范的效力加以限制。对此,可以借鉴德国民法上"无效"与"不生效"的区分模式。前者是指绝对无效,后者是指法律行为或者处分行为相对地不发生效力,如对特定的人或者在特定的方面没有效力。[2]其中,不生效不会带来任何法律上的不利后果,甚至也不妨碍当事人将该行为看成是有效的,只是不能运用法律的强制力来实现这些行为。[3]

---

[1] 苏永钦《私法自治中的经济理性》,中国人民大学出版社,2004年,44~45页。
[2] Creifelds(Hrsg.),Rechtswoeterbuch,12Aufl.C.H.Beck,1994,S. 1242.
[3] 〔德〕梅迪库斯《德国民法总论》,邵建东译,法律出版社,2000年,372页。

2. 无效行为的转换

法律行为的转换，是指一个无效的法律行为在符合其他（有效的）法律行为的要求时，如果可以被认为，在当事人知道该无效时会有期望这一有效的法律行为发生，则该其他法律行为有效。通过此种转换，当事人的行为仍可以发生有效的结果，可见，法律行为的转换制度事实上与法律行为有效性维护原则具有目的上的一致性。鉴于此，我国有必要借鉴《德国民法典》的做法，建立法律行为的转换制度，对部分无效法律行为给予救济。

法律行为转换制度的适用，需要具备以下条件：第一，存在一个已被认定无效的法律行为，该无效行为乃是转换的前提，若法律行为本身有效，则无适用法律行为转换制度的必要，即使当事人希望变更原有效法律行为的内容，亦仅需通过双方的合意即可，不属于适用法律行为转换制度的情形；第二，该无效的法律行为符合另一有效法律行为的要求，即存在一个有效的替代行为，如此，法律行为的转换才具备了可能性；第三，该替代行为效力完全，其本身不存在导致行为无效的理由，否则转换的目的无法实现。需要注意的是，法律行为的转换不仅在目的上是为了贯彻当事人的意思自治，而且在适用上亦是通过对当事人的意思表示进行解释来得以实现，只有在当事人期望有效的替代行为发生时，法律行为的转换才能进行。但是，在现实生活中，当事人通常不会事前就对替代行为做出约定，因此，在没有明确约定的情况下，需要通过扩大解释对当事人的意思进行推定，从而决定替代行为是否可以与无效行为发生转换。

3. 无效行为的确认（承认）

与无效行为的转换相类似，法律行为的确认，亦是对当事人意思自治与法律行为效力救济的方式之一。具体而言，法律行为的确认，是指当事人对于无效的法律行为所做出的承认其有效的意思表示。[①]其适用条件如下：第一，存在一个已被认定无效的法律行为；第二，该无效法

---

① 耿林《强制规范与合同效力——以合同法第52条第5项为中心》，中国民主法制出版社，2009年，348页。

律行为被当事人确认，且确认意思是在当事人明知法律行为无效的前提下做出的，当事人不知法律行为无效而履行不构成"确认"。通过法律行为的确认，无效法律行为发生有效的结果，不过，此种"有效"自当事人确认之时始发生效力，并不溯至无效法律行为的缔结之时。因为，在本质上，确认只是使原来的无效法律行为被看作一个新实施的法律行为。我国现行法上对无效行为的确认并无具体的规定，但从尊重行为人意思自治和法律行为的效率价值上讲，在我国引入无效行为的确认制度未尝不可。对于民法规范自身的国家强制，特别是对法律行为主体的限制，无效行为的确认可以发挥明显的作用。例如，一个无民事行为能力人从事的营利行为无效，此时，若该法律行为的无效仅因行为主体行为能力的不足而引起，则该无民事行为能力人的监护人可以对此行为予以确认，使其产生有效的结果。

总之，违反国家强制性规定的法律行为不能亦无必要一律认定为无效，单方面追求国家强制的威慑力，会忽略和侵害私法自治中自由的价值追求。尽管法律行为的效力规范构成私法自治的界限之一，但正如梅迪库斯所说："超越私法自治的界限并不一定非引起无效的后果不可。毋宁说，首先应当试图通过某种善意的解释或者转换来挽救这种行为的有效性。"[1]法律行为的转换和确认制度，正是此种尝试的反映，体现出私法对当事人意思的精心维护。即使法律行为已被认定无效，但只要存在挽救的可能性，法律即不对该行为予以全盘否定。这既是对当事人意思表示最大限度的尊重，亦是对法律行为中国家强制介入的必要限制。

"法治是一种权利本位的组织机构形式。法律以承认或尊重个体权利为其存在的基础和来源。"[2]法律行为制度作为民法的重要内容，更是如此，行为人的意思自治始终是法律行为制度的核心。但无论是从私法自治本身出发，还是从维护社会的公平和正义、确保弱势群体的利益不

---

[1]〔德〕梅迪库斯《德国民法总论》，邵建东译，法律出版社，2000年，370页。
[2] 王人博、程燎原《法治论》，山东人民出版社，1989年，136页。

受非法侵害出发，国家强制都不可避免地参与到法律行为制度当中。与此相适应，民法上的意思自治原则也做出了一些修正，从近代"浪漫主义的意思自治"过渡到了现代"现实主义的意思自治"。[①]在考虑法律行为的效力时，不仅要保障个人追求自身利益的自由，而且还应保障个人利益与社会利益，以及个人利益与个人利益之间的和谐，而后者就是国家强制的要求。无论是民法规范自身的国家强制，还是民法转介而来的国家强制，从本质上讲，均是为保护私法自治不受随意干预和破坏而存在的，或者可以说，国家强制是对私法主体法律行为的另外一种"呵护"。私人间法律关系的构建与国家强制的目的之间具有相辅相成的牵连关系，通过法律行为制度的规范设计，私法自治与国家强制实现了和谐统一。

---

① 胡浩飞《国家与社会：意思自治原则的历史变迁》，南京师范大学硕士学位论文，2002年。

第五章

经济全球化背景下我国代理法律制度的完善

代理制度是调整本人、代理人和第三人之间代理关系的一项重要法律制度，它产生于市场经济，并服务于市场经济，市场交换越频繁，市场机制越成熟，代理制度也越发达。可以说，市场经济与代理制度是一对孪生姐妹①。在现代市场经济条件下，代理现象无处不在，诸如商品营销、证券、期货、保险、房地产、国际贸易等等均离不开代理，正如美国学者麦克尼尔所言："代理人在经营着现代世界经济的绝大部分。"②在发达的市场经济国家，无论是英美法系的国家，还是大陆法系的国家，虽然在法律传统上差异很大，但都有着能够适应经济发展要求的完善的代理制度。我国在改革开放前实行高度集中的计划经济，社会经济活动全部由政府组织，客观上无代理制度产生的土壤和基础。改革开放以来，尤其是市场经济体制确立以来，投资的扩大、商品交换的繁荣、贸易范围的拓展以及社会分工的精细化，我国迫切需要建立代理法律制度。因此，我国在《民法通则》《合同法》等法律中对代理进行了专门规定。但是，与市场经济发达国家相比，我国代理制度还存在诸多问题，比如现行代理法的体系松散、零乱，部分规定过于抽象、缺乏可操作性，有些规定相互矛盾，甚至有的规定不合理等，这些致使代理制度的功能不能得到有效的发挥。当前，随着经济全球化进程的加快和中国特色社会主义法律体系的形成，我国需要尽快制定民法典，而未来民法

---

① 徐海燕《英美代理法研究》，法律出版社，2000年，1页。
② 〔美〕麦克尼尔《新社会契约论》，雷喜宁、潘勤译，中国政法大学出版社，1994年，71页。

典中如何构建适应我国市场经济快速发展要求的现代化代理法律制度，正是本章要研讨的主要内容。

第一节 经济全球化与代理法律制度的发展

一、经济全球化与法律的趋同化

（一）经济全球化

经济全球化这一术语，最早出现于20世纪80年代中期。世界银行前首席经济学家、诺贝尔奖获得者约瑟夫·斯蒂格利茨曾经对经济全球化做出过如下解释："从根本上来说，经济全球化是将世界各国和人民更加紧密联系在一起的综合过程。在这一过程中，阻碍各国之间货物、服务、资本和人员自由流动的人为障碍将被打破，交易成本（包括运输和通信成本）将大大减少。"[1]由此可知，经济全球化就是指人类经济活动跨越民族、国家界限，在世界范围内相互融合的过程，具体来讲，是指各种生产要素在世界范围内的自由流动和合理配置，逐步以至最终完成消除国家之间各种壁垒，使其相互渗透、相互影响、互相依存并不断加深，从而实现经济上的世界一体化。[2]人类进入20世纪90年代以来，经济全球化的作用更加普遍、趋势更加明显，其特征主要体现在以下几个方面：一是全球大市场的形成和维护，即市场全球化；二是各种生产要素在全球范围内配置，即生产要素全球化；三是劳动力在全球范围内自由流动，即劳动力全球化；四是市场风险波及全球，即风险全球化。经济全球化是历史发展的产物，它反映了生产社会化和商品发展的客观要求，是社会化大生产和现代商品经济发展的普遍规律的体现。经济全球化表明，世界发展的主题由过去的以政治对抗、军事对峙为内容的"政

---

[1] Joseph E. Stiglitz, *Globalization and its Disconents*, Norton & Company, 2002, p. 9~10. 转引自沈四宝、盛建明《经济全球化与国际经济法的新发展》，《中国法学》2006年，第3期。
[2] 陶广峰《经济全球化与中国经济法》，中国检察出版社，2006年，4~5页。

治军事中心主义"转向了以经济发展、经济竞争和经济安全为内容的"经济中心主义",主权国家通过和平竞争的方法和正当的经济往来获取利益,成为影响这个时期国际关系的主要潮流。经济全球化对于各国来说,意味着本国经济发展超越国界,与国际经济的联系不断扩大和深化,进而达到相互融合的过程,其实质是资源配置市场化的延伸,是市场经济发展到一定阶段的必然要求。因此,从发展趋势来看,经济全球化是一个不可抗拒的时代潮流;从本质上看,经济全球化是一场市场化的制度整合,是市场经济规则在全球范围内扩展并发挥基础性调节作用的过程。

(二)经济全球化促进法律的趋同化

随着经济全球化进程的加快,客观上必然要求市场交易规则的统一与趋同。交易规则的统一与趋同,从历史上看有两种途径:一是通过军事战争迫使战败国接受自己的规则要求,二是通过法律的变革使相互之间的规则趋于统一。历史事实表明,战争的途径不仅给交战各国的人民带来痛苦与灾难,而且也无法真正实现交易规则的统一,20世纪以来的两次世界大战就是明证。相反,通过法律变革来实现交易规则的统一是一条正确而有效的途径。二次世界大战结束后,基于市场统一化的需求,相继出现了众多的一个国家与另一个国家之间的双边规则、若干国家之间的多边规则以及为许多国家共同制定和遵守的世界性规则,如《国际货物买卖统一公约》《国际货物买卖合同成立公约》《联合国国际货物买卖合同公约》《联合国国际货物买卖时效期限公约》《承认和执行外国仲裁裁决公约》《关于向国外送达民事或商事司法文书和司法外文书公约》以及《民商事案件国外调查取证公约》等。尤其是在1995年根据"乌拉圭回合"多边贸易谈判达成的《建立世界贸易组织协议》,截止到2008年7月,WTO成员国已达153个,成为迄今为止统一国际市场最具影响力的国际公约。这些公约、协议等在客观上使法律的发展呈现出趋同化的趋势。

（三）法律趋同化的表现形式

法律趋同化是经济全球化的客观反映，是经济全球化进程发展到一定阶段的必然结果，也是各种法律制度和法律规则在全球范围内的趋同化和一体化。法律趋同化不仅标志着世界各国法律发展的趋势、目标、方向和过程，而且也标志着世界各国法律发展所达到的一种状态和程度。当前，世界各国的法律趋于统一的表现形式有：第一，联合国以及众多的国际经济组织制定了大量的国际公约、国际条约，这些公约或条约在一定程度上具有共同法的性质[①]，尤其是WTO规则已成为世界法律趋同化的主要推进器；第二，区域经济组织为了本地区国家间的合作而制定了统一的法律，如以欧盟（EU）、北美自由贸易区（NAFTA）、亚太经济合作组织（APEC）为代表的区域经济组织制定的法律，极大地加速了法律趋同化的进程；第三，英美法与大陆法逐渐融合，两大法系之间无论在法律形式，还是在法律内容上相互借鉴、相互吸收的方面越来越多；第四，主权国家内部不同区域的法律相互统一，例如，美国法学会和美国统一州法全国委员会起草的《统一商法典》，目前逐渐由各州普遍采用，西德与东德统一后，统一适用原西德的法律，中国内部的四个区域，即大陆、香港、澳门、台湾将会随着频繁的经济往来，相互之间的法律也会逐步统一。这种在主权国家内不同区域的法律相互统一，必然会加快法律趋同化的进程。

二、代理法律制度的趋同与融合

进入20世纪以来，尤其是二战以后，随着各国经济的迅速增长、科学技术的飞速发展和现代通信工具的广泛使用，跨国经济关系和交往日益频繁，代理关系突破地域的限制，渗透到世界经济领域的每一个角落，发挥其独有的作用。但是，世界各国政治、经济、文化、社会、法

---

① 江平《经济市场化与法律全球化、现代化、本土化》，载：http://www.cdams.kobe-u.ac.jp/archive，登录时间：2008年2月13日。

律等的重大差异,导致各国代理制度千差万别,特别是两大法系代理制度的差异,为国际民商事活动带来诸多不便。国际经济贸易的快速发展和经济全球化进程的加快,客观上要求消除各国之间在代理制度上的差异,建立统一的国际代理法律规范,为国际经济交往提供一个安全快捷的法律环境。为推进各国代理法趋向统一,有关国际组织致力于以下工作。第一,促进达成国际代理法公约。在这方面,国际统一私法协会做出了重要贡献,起草了以下公约:一是1961年的《国际性私法关系中的代理统一法公约》(简称《代理统一法公约》),二是1961年的《国际货物买卖代理合同统一法公约》(简称《代理合同统一法公约》),三是1967年的《国际货物运输代理人代理合同公约》(简称《运输代理人公约》),四是1983年的《国际货物销售代理公约》,五是1988年的《国际保付代理公约》,六是2004年通过的《国际商事合同通则》。其中,前两个公约因遭到英美法系国家的反对未能生效,后四个公约已经生效。此外,国际法协会也曾于1950年和1952年提出过两项有关代理的公约草案,即哥本哈根草案和卢塞恩草案。第二,促进国际代理合同条款的标准化。这是国际商会在其1960年《商务代理合同起草指南》出版物上及1990年推出的《国家代理合同示范格式》中采用的方法。这种方法以当事人意思自治原则为基础,目的在于协助双方当事人充分利用多数国家所承认的契约自由原则,指出本人和代理人在考虑和制定调整他们之间的内部关系的合同时应该引起注意的若干问题[①]。

除有关国际组织做出的努力外,区域组织也开始致力于代理法在本地区的统一。鉴于欧共体成员国有关商业代理的国内法之间的差异,在很大程度上影响了竞争的条件和在欧共体内部开展这种活动,妨碍了在不同成员国的本人和代理人之间订立和履行商事代理合同,且不利于对相关当事人利益的保护。于是,欧盟进行了一系列立法活动,并取得了可喜的成果:一是欧共体理事会在1986年通过了《关于协调成员国间有关代理商法律的指令》(EC Directive 86/653),该《指令》已于1990

---

① 郑自文《国际代理法研究》,法律出版社,1998年,128页。

年开始实施;二是欧洲合同法委员会在2002年完成了《欧洲合同法原则》,该《原则》在第三章专章规定了"代理人的权限";三是2009年3月完成的《欧洲民法原则、定义与示范条文(共同参考框架草案)》,有学者直接称之为《欧洲民法典(草案)》,该《草案》在第二编第六章专章规定了"代理"。该《草案》虽然没有生效,但无疑将会对欧盟地区的代理制度产生影响。

(一)国际代理法的统一化

1.《代理统一法公约》与《代理合同统一法公约》

这两个公约都是由国际统一私法协会起草。该协会很早就致力于统一代理法的工作,其成员有许多著名的比较法学家。《代理统一法公约》初稿的最后文本由梅杰斯(Eduard Maurits Meijers)提出,并于1952年得到国际统一私法协会委员会的批准。《代理合同统一法公约》草案的最后文本由古扎威勒(Max Gutzwiller)和哈麦尔(Joseph Hamel)提出,1960年得到批准。这两项公约草案经协调后于1961年4月公布。这两个公约是建立在大陆法将代理区分为直接代理与间接代理的基础上,前者规范的是直接代理,后者规范的是间接代理。

(1)《代理统一法公约》。该公约的特色表现在:第一,与英美代理法一样,不区分商事代理与民事代理。第二,只对两大法系没有争议的直接代理进行了规定,而没有涉及英美法上的不公开本人身份的代理和大陆法上的间接代理(即行纪)。该公约最初的设想是,像英国法那样,除显名代理外,还规定隐名代理与不公开本人身份的代理,但这个方案遭到了拒绝,理由是该方案的采用将给不适用普通法的国家带来一系列难以解决的问题[①]。后来,公约保留了隐名代理,并与显名代理同等对待,但剔除了不公开本人身份的代理。第三,没有明确规定表见代理或英美法上的不容否认的代理(agency by estoppel)。尽管该公约第10条

---

① 〔英〕施米托夫《国际贸易代理:比较法研究》,载〔英〕施米托夫《国际贸易法文选》,赵秀文译,中国大百科全书出版社,1993年,365~459页。

规定:"代理人由于他所处的地位而具有代理权的情况下,该代理人拥有以本人名义去做那些由于他所处的地位通常可以去做的法律行为",但该条规定的情形属于英美法上的默示通常权限(usual authority),是实有授权,不是外表授权。第四,原则上不允许复代理,即除非本人同意,代理人无权委托他人代为代理。总之,该公约回避了有争议的问题,对直接代理中的原则问题做了简洁明快的规定。

(2)《代理合同统一法公约》。该公约所调整的是以自己的名义与第三人签订合同的间接代理制度,其特色在于:第一,公约中的代理人类似于德国商法中的行纪人。该公约第5条规定:"佣金代理人是以佣金代理为职业,以自己名义,为他人(本人)利益而买卖商品和有价证券的人。"依此规定,代理人必须以佣金代理为职业和从事货物买卖活动。这与英国的行纪人(factor)有很大的差异,因为英国的行纪人不必以代理为职业,也可以从事货物买卖以外的活动,同时也不限于以自己的名义从事活动。第二,公约放弃了德国商法上行纪合同中的两个合同结构的模式,承认本人与第三人之间的直接合同关系,即本人或第三人都可以创设出一个合同的局面。公约第19条规定:"假如在买卖合同中或签订合同时的种种情况中可以看出,买方或卖方的身份是佣金代理人……本人即可以向作为第三人买方或卖方行使请求权,但该请求权须从属于第三人可以向佣金代理人提出的一切抗辩。"同时,第20条也规定:"在未履行买卖合同项下的义务的情况下,第三人有权向本人主张该买卖合同项下的利益,但本人可以向佣金代理人提出抗辩的情况除外。"第三,公约没有像大陆法中行纪制度那样,允许行纪人在一定条件下行使介入权,而是采用英美法的做法,不允许代理人在不向本人做任何说明的情况下,自己与本人进行交易。第四,公约规定了信用担保代理,即佣金代理人只有在"作为第三人的担保人",或者依其营业地的习惯性做法通常应该给予担保的情况下,才对第三人的付款或合同履行承担个人责任。总之,该公约整体上采用大陆法上的行纪制度,但又有限度地吸纳了英美法上的做法。

上述两个公约之所以未能生效，主要原因在于：首先，公约本身存在缺陷，同时也没有得到商业界或各国政府的支持；其次，国际统一私法协会未能协调大陆法系国家与普通法系国家关于商法上概念的根本分歧，如佣金代理人、不公开本人身份的代理、不容否认代理等；再次，20世纪60年代，人们还没有认识到统一国际贸易法的重要性；最后，国际统一私法协会没有及早地推动这两个公约的实施。尽管如此，它们依然对后来的《国际货物销售代理公约》产生了重大影响。

2.《国际货物销售代理公约》

《代理统一法公约》与《代理合同统一法公约》并没有消除大陆法系与英美法系在代理问题上固有的分歧，其内容和形式带有明显的大陆法痕迹。为解决这一难题，国际统一私法协会自1970年开始，致力于起草一项解决国际货物买卖代理合同中的实际问题的新统一法规。到1972年，国际统一私法协会将《代理合同统一法公约》与《代理统一法公约》合并，制定了新的草案文本。这一草案文本排除了特定类型的代理，仅限于调整国际货物销售中的代理，既规范代理的外部关系，也规范代理的内部关系，同时摒弃了大陆法中直接代理与间接代理的区分。1981年，国际统一私法协会理事会成立了一个由大陆法系、普通法系和社会主义法系三名专家组成的小组，对草案文本进行审查和修改。小组建议删除争议较大的有关代理人与本人关系的内容，仅就代理的外部关系拟定一个统一法规，至于本人与代理人之间的关系留待将来的国际公约规定。协会理事会接受了这一建议，并重新拟定了文本。1983年2月，由49个国家的代表在日内瓦召开的外交会议上最终通过了这一文本，称为《国际货物销售代理公约》(也称《日内瓦代理公约》)。依照公约规定，经10个国家核准一年后生效，目前只有法国、意大利、墨西哥、南非和荷兰批准了该公约，故尚未生效。

《国际货物销售代理公约》共5章35条，分别是"适用范围与总则""代理权的设定与范围""代理人实施的行为的法律效力""代理权的终止""最后条款"。主要内容如下：

（1）公约的适用范围。第一，代理的含义。公约规范的代理是"当某人（代理人）有权或意欲有权代表另一人（本人）与第三人订立货物销售合同时"的代理（第1条第1款）。这一定义避免了大陆法中直接代理与间接代理的划分，更多地采纳了英美法上的代理概念。第二，代理的范围。公约第1条第2款规定："本公约不仅调整代理人订立货物销售合同的行为，也调整代理人旨在订约或有关履行该合同的任何行为。"可见，代理的范围没有像大陆法那样只局限于法律行为。第三，公约所规范的代理只涉及以本人或代理人为一方与第三人为另一方之间的关系（第1条第3款），本人与代理人的内部关系不属于调整范围。第四，公约不区分商事代理与民事代理，但将以下特殊性质的代理排除在国际货物销售代理之外：（a）证券交易所、商品交易所或其他交易所之交易商的代理；（b）拍卖商的代理；（c）家庭法、夫妻财产法或继承法中的法定代理；（d）根据法律上的或司法上的授权发生的、代理无行为能力人的代理；（e）按照司法或准司法机关的裁决或在上述某一机关直接控制下发生的代理。

（2）代理权的设定与终止。第一，关于代理权的设定，按照第9、10条的规定，可以明示（口头或书面），也可以默示，并且无须书面形式或书面证明，也不受其他任何形式要求的限制。第二，关于代理权的终止，有根据当事人的行为终止和根据法律的规定终止两种情形。前者包括本人与代理人之间的协议、交易的完成、本人撤回代理权或者代理人放弃代理权。第三，代理权终止的效力。除非第三人知道或理应知道代理权的终止或造成终止的事实，代理权的终止不影响第三人。代理权虽已终止，但为了保护本人或继承人的利益，代理人仍有权实施必要的代理行为。

（3）代理行为的法律效力。第一，代理在本人和第三人之间产生约束力。根据第12条的规定，代理人在授权范围内代表本人所为的行为，如果第三人知道或理应知道代理人是以代理人的身份进行的，则代理人的行为直接拘束本人和第三人。该情形同时也包括了英美法上的隐名代理。第二，代理在代理人与第三人之间产生拘束力。代理人代表被代理人在其授权范围内订立合同时，第三人不知道并且不应当知道代理人是以被代理人身份实施代理行为，或者代理人承诺该行为只约束自己的（如行纪合同），那么，代理行为只约束代理人和第三人，不能拘束被代理人。但是，(1)当代理人由于第三人未履行合同债务，或者由于其他原因未履行或无法履行其对被代理人所负的合同债务时，被代理人可以行使代理人代表被代理人而从第三人那里享有的权利，但第三人有权对被代理人行使第三人对代理人的抗辩权，此即被代理人的介入权；(2)当代理未履行或无法履行其对第三人所负的义务时，第三人可向被代理人行使第三人对代理人享有的权利，但被代理人有权向第三人主张代理人对第三人享有的抗辩权，也有权向第三人主张被代理人对代理人享有的抗辩权，此即第三人的选择权。

（4）无权代理行为。第一，表见代理。根据公约第14条的规定，当代理人未经授权或超越代理权限与第三人实施法律行为时，该行为对被代理人和第三人没有约束力。但是，如果被代理人的行为导致第三人合理并善意地相信代理人有权代表被代理人时，被代理人不得以代理人缺乏代理权限而对抗第三人。第二，无权代理的追认。按照公约第15条，代理人的无权或越权代理行为可由被代理人予以追认。一经追认，该行为的效力与事先获得授权行为的效力相同。第三，代理人的代理权限默示保证义务。当代理人未经授权或超越代理权限与第三人实施代理行为时，如果代理人的行为未获被代理人的追认，代理人应当对第三人负损害赔偿之责任，赔偿数额相当于第三人在行为人具有代理权限时所应当享有的债权额。但是，如果第三人知道或者应当知道代理人缺乏代理权限或者超越了代理权限的，代理人不负赔偿责任。

《国际货物销售代理公约》正是顺应了消除国际货物销售代理法律冲突的统一化运动，并伴随着《国际货物销售合同公约》的缔结而产生的。它调和了大陆法和普通法上对本人或代理人与第三人之间的关系所做出的不同规定和分歧，在其所及的领域里为国际货物的销售代理提供了一套比较简便、明确且具有一定可行性的规则。这对于协调和促进各国代理法的统一,对于消除国际贸易中的法律障碍,促进国际贸易的发展,无疑具有极为重要的意义[①]。该公约是目前为止国际社会关于国际代理统一实体法方面最为成功、最为完备的国际公约。

3.《国际商事合同通则》中关于代理的规定

罗马国际统一私法协会早在1971年就将《国际商事合同通则》(以下简称《通则》)列入工作计划,以便通过非立法的方式统一或协调各国的合同法律制度,但直到1980年才成立了一个特别工作组,准备《通则》的起草[②]。经过众多国家合同法和国际贸易法专家、学者和律师的共同努力,《通则》终于在1994年5月得以完成并获得通过。《通则》旨在为国际商事合同确立一般规则,可用于解释或补充国际统一法律文件,可作为国内或国际立法的范本。《通则》虽然不是一个国际性公约,不具有强制性,完全由当事人自愿选择适用。但是,由于它尽可能地兼容了不同文化背景和不同法律体系的一些通用的法律原则,同时还总结和吸收了国际商事活动中广为适用的惯例和规则,因而,对于指导和规范国际商事活动具有很大的影响力[③]。1994年版的《通则》并没有规定代理制度,但在10年后,即2004年4月,国际统一私法协会对《通则》进行了修订,增加规定了代理人的权限。2011年5月,罗马国际统一私法协会对《通则》进行了第三次修订,形成2010版《通则》,但有关代理的规定没有新变化。

2004年版的《通则》共10章,分别是"总则""合同的订立与代理人的权限""合同的效力""合同的解除""合同的内容与第三方权利""履行""不履行""抵销""权利的转让、债务的转移、合同的转让""时效期间"。其中第2章第2节规定了"代理人的权限",共10个条文,具体内

[①] 郑自文《国际代理法研究》,法律出版社,1998年,149页。
[②] 张玉卿主编《国际统一私法协会UNIDROIT——国际商事合同通则2004》,中国商务出版社,2005年,47页。
[③] 张月娇《中文译本序言》,载对外贸易经济合作部条约法律司编译《国际统一私法协会:国际商事合同通则》,法律出版社,1996年,1页。

容如下:

(1)适用范围。根据《通则》第2.2.1条规定,第一,《通则》中关于代理的规定只适用于本人与第三人或者代理人与第三人的外部关系,而不涉及本人与代理人之间的内部关系;第二,《通则》避免采用大陆法系国家直接代理与间接代理的区分,"不论代理人是以自己名义还是以本人的名义行事"都适用《通则》;第三,《通则》只适用于本人和代理人基于自愿委托产生的代理权限,不适用于法定代理权限或国家机关任命的代理人的权限;第四,《通则》只适用于有权代表本人缔约的代理人的权限,仅为双方当事人介绍缔约机会的居间人和仅代表本人进行磋商但无权缔约的中介人(如商事代理人)不适用《通则》规定;第五,法人及其他组织的机构、职员的权限适用特别规定(如公司章程等),《通则》仅在未与特别规定相冲突的情况下才可以得到适用。

(2)代理权的授予及其范围。第一,关于代理权的授予,《通则》没有对授予的形式做任何限制,代理权的授予可以是明示也可以是默示。明示的授权方式包括书面形式(如委托书、电传、信件等)和口头陈述。默示的授权需要根据具体情况或本人的具体行为来确定(第2.2.2条第1款)。第二,关于代理权的范围,《通则》第2.2.2条第2款规定,"代理人有权根据情况为一切必要行为,以达到此授权的目的。"可见,《通则》尽力扩大代理权的范围,允许代理人为达到授权目的而采取一切必要行为。当然,如果本人在授权时做出某种限制,代理人应当遵守。此外,代理人的行为不得与法律的强制性规定相违背。

(3)代理的类型与效力。根据《通则》第2.2.3条、第2.2.4条的规定,代理分为公开代理(agency disclosed)和不公开代理(agency undisclosed)。第一,关于公开代理。"代理人在代理权限范围内行事,且第三人知道或应当知道该代理人是以一名代理人的身份行事的,则代理人的行为应直接影响本人和第三人之间的法律关系,而在代理人与第三人之间不产生任何法律关系。但是,代理人经本人同意成为合同的一方当事人的,代理人的行为应仅影响代理人和第三人之间的关系。"(第

2.2.3条）在公开代理的情况下，代理行为只约束本人和第三人，除非经本人的同意，代理人不受其约束。第二，关于不公开代理。"代理人在代理权限范围内行事，且第三人不知道或不应当知道该代理人是以一名代理人的身份行事的，代理人的行为仅影响代理人和第三人之间的法律关系。但是若该代理人以企业所有人的名义代表企业与第三人签订合同，企业真正的所有人一经披露，第三人有权对企业真正的所有人行使其对代理人享有的权利。"（第2.2.4条）不公开代理原则上只在代理人与第三人之间产生效力，不仅本人不得介入合同成为当事人，而且第三人也不能选择本人作为合同当事人，除非代理人以企业所有人的名义代表企业与第三人签订合同，而企业真正的所有人一经披露，第三人有权对企业真正的所有人行使其对代理人享有的权利。依此规定，《通则》没有像《国际货物销售代理公约》那样，规定代理人的介入权和第三人的选择权。

（4）无权代理。第一，无权代理行为的追认。根据第2.2.9条规定，代理人没有代理权或超越代理权的行为可由本人追认，经追认的行为如同代理人自始就依代理权行事产生同样的效力。赋予本人追认权是为了保护本人的利益，第三人的利益也须兼顾，因此，如果在代理人行事时，第三方既不知也不应知代理人无权代理，则第三方可在本人追认前，随时通知本人表示拒绝受追认的约束。第二，表见代理。代理人没有代理权或超越代理权行事时，其行为不影响委托人和第三方之间的法律关系。但是，当本人造成第三方合理地认为代理人有权代表本人行事，且代理人是在该权限范围内行事时，则本人不得以代理人无代理权为由对抗第三方（第2.2.5条）。这一规定与《国际货物销售代理公约》的规定一致。第三，无权代理人的责任。没有代理权或超越代理权行事的代理人，如未经本人追认，则应对第三人承担将其恢复至如同代理人有代理权或未超越代理权行事时第三方应处的同等状况的责任。但是，如果第三方已知或应知代理人没有代理权或超越代理权，则代理人不承担责任（第2.2.6条）。

（5）代理权滥用之禁止。根据第2.2.7条的规定，如果代理人缔结的合同存在代理人与本人的利益冲突，而且第三方已知或应知这一情况，则本人可主张合同无效，除非本人已经同意，或已知或应知代理人涉及利益冲突；或者代理人已经披露与本人的利益冲突，但本人在合理时间内并未提出反对。利益冲突的典型是自己代理与双方代理，这一规定是《国际货物销售代理公约》所没有的。

（6）次代理。按照第2.2.8条的规定，代理人有指定次代理人履行那些非合理预期代理人本身履行的行为的默示权力。依此规定，本人在授权时明确允许代理人可以选任次代理人的，应属当然。如果次代理人在其代理权限范围内行事，则直接约束本人与第三人。

（7）代理权的终止。第一，代理权终止对第三人的效力。《通则》第2.2.10条第1款规定，"除非第三人知道或应该知道代理权限已经终止，代理权限的终止对第三人不发生效力。"据此，代理权限的终止要想对第三人产生效力，必须是第三人知道或应该知道代理权限已经终止。否则，代理人的行为继续对本人及第三人之间的法律关系产生影响。第二，代理权终止对代理人的效力。《通则》第2.2.10条第2款规定，"尽管代理权终止，但代理人仍有权为防止损害本人利益采取必要的行为。"即代理权限终止后，为了使本人的利益免受损害，代理人仍有权实施一定的行为，此系诚信原则的必然要求。

（二）欧盟代理法的一体化

1.《关于协调成员国间有关代理商法律的指令》

为协调各成员国代理法律制度的差异、推进共同市场的自由竞争，欧共体于1986年12月18日发布86/653/EEC号指令，又称为《关于协调成员国间有关代理商法律的指令》（以下简称《指令》）。《指令》为成员国法律确定了一系列最低的标准，是欧盟（欧共体）层面关于商事代理最主要的法律渊源。《指令》主要采纳了大陆法系民商分立的制度，将商事代理与民事代理严格分开，对商事代理中本人（被代理人）

和代理商（商事代理人）之间的关系做了集中规定，并且强调了对代理商的保护。

（1）对于"商事代理"的界定。根据《指令》第1条第2款，代理商是一种"自雇型"中介，它的职责是代表本人的利益持续地与第三方进行交易的磋商、谈判和订立合同等活动。它本身是独立的商事主体，不包括本人内部的工作人员、本人的合伙人以及破产管理人和清算人、商品经纪人、王室代理人。代理商履行其职责的目的是为了获取佣金，那些商业代理组织无偿进行的代理活动不被包括在内。可见，该《指令》指向的代理商仅是独立的商事主体，其行为只限于在商业基础上的活动。

（2）代理商和本人之间的法律关系。商事代理法律关系应该包括相互联系的三个方面：代理商与本人的关系；代理商与第三人的关系；本人与第三人的关系。《指令》的规定主要围绕第一个方面展开。根据《指令》第3条，代理商的义务主要是在履行其职责的过程中始终维护本人的利益，忠实而勤勉地工作。本人必须做到忠实而诚信，必须提供与货物有关的一切必要的文件资料、支付佣金等。本人除了要为代理商提供交易所必备的各种信息外，还要在他预计到交易量明显低于代理商的合理预期时，尽快告知代理商。

（3）代理合同的终止。代理合同可因当事人的行为以及法律的规定而终止，合同期限的届满、双方的合意、一方的破产或死亡均可以导致合同终止。《指令》关于合同终止问题的规定主要集中在一方当事人单方面终止合同（尤其是本人终止合同）的条件以及合同终止后对于代理商的保护。按照《指令》第17条的规定，合同终止后，在一定情形下，代理商有权获得佣金、补偿或损失赔偿：第一，针对合同期间的交易以及合同结束后可归因于代理商的交易，本人仍应向代理商支付佣金；第二，如果代理商在合同存续期间为本人争取到新的客户或使业务量显著提高，本人在合同结束后仍持续地从中获得利益，那么，代理商有权获得补偿，因为合同的结束使得代理商无权获得佣金，而本人却从中受益，基于公平合理的考虑，代理商应该获得补偿，这其实是代理商获得佣金权利的一种延伸[①]；第三，如果代理商因合同的终止而遭受损失，其有获得赔偿的权利。代理商对于佣金或补偿的请求不影响他获得赔偿的权利。

（4）《指令》的效力。根据《欧共体条约》第189条："《指令》在其所要达到的目标上对所发至的特定成员国具有约束力，但成员国有权自主选择实现目标所采用的方式。"《欧盟商事代理指令》是向全体成员国发出的，各成员国有义务在到目前为止规定的期限内通过一定的法律程序将其转化为国内法。到目前为止，各成员国都已按照《指令》的要求修改了国内法，体现了一定的趋同性。

2.《欧洲合同法原则》中关于代理的规定

截止到2002年，《欧洲合同法原则》修订完成了第一部分、第二部分和第三部分，共计17章，其中第3章为"代理人的权限"，下分三节，分别是一般规定、直接代理、间接代理。从标题即可看出，这部分规定主要是借鉴了大陆法系国家的代理制度。

（1）适用范围。本章规定只适用于委托代理，法定代理或指定代理不受本章的约束。由于前述《关于协调成员国间有关代理商法律的指令》主要解决了代理的内部关系，即本人与代理人之间的关系，因此，本章主要就外部关系，即委托人或代理人与第三人之间的关系做出了规定，同时将代理区分为直接代理与间接代理。

（2）直接代理。代理人在授权范围内以被代理人的名义实施的代理行为，其后果由被代理人直接承担，此即直接代理（第3:202条[②]）。第一，关于代理权的产生。代理权可以由委托人实际授权（明示或默示），也可以是表面的授权，即如果委托人的言语或行为导致第三人合理地且善意地相信代理人已被授权从事所进行的行为，则视为委托人已经授

[①] 于丹《欧盟商事代理法律制度评介》，《商场现代化》2005年，第1期。
[②] 条文引自韩世远译《欧洲合同法原则》，载梁慧星主编《民商法论丛》（第12卷），法律出版社，1999年，831~866页。

权。第二，关于代理权的行使。代理人在行使代理权时，不得实施与委托人利益相冲突的行为——自己代理和双方代理。代理人具有默示的授权来任命复代理人，以完成不具有人身专属性的且不能合理地期待代理人亲自完成的任务。第三，关于第三人对确认授权的请求权。根据第3:208条的规定，在委托人的言语或行为使第三人有理由相信由代理人从事的行为是经过授权的场合，但第三人仍怀疑该授权，它可以向委托人发出一份书面的确认书要求其确认。如果委托人没有表示反对或迟延地回答，则代理人的行为被视为已经授权。此外，本章还规定了无权代理的追认及其法律后果、代理权的存续等。

（3）间接代理。中间人（即代理人）基于委托人的指令和为了委托人的利益，但并非以委托人的名义，或者基于委托人的指令，但第三人对此并不知道而且没有理由知道，该合同在中间人与该第三人之间产生拘束力，此即间接代理。本章关于间接代理的规定，虽然在形式上承继了大陆法上的行纪传统，但又巧妙地吸收了英美法上不公开本人身份的代理中的合理内核，即如果中间人破产，或者对委托人构成根本违约、预期违约时，委托人可以行使中间人为委托人的利益而对第三人取得的权利，但应承受第三人可得对中间人提出的抗辩。基于同样的理由，第三人也可对委托人行使该第三人对该中间人拥有的权利，但应承受中间人可得对第三人提出的抗辩以及委托人可得对中间人提出的抗辩。

可以说，《欧洲合同法原则》第3章关于代理的规定，是大陆法系代理法与英美法系代理法的有机融合。如，第3章虽然名为"代理人的权限"，但在关于间接代理的规定中使用了"中间人"的概念，其目的在于有意模糊大陆法与英美法在代理概念上的分歧，从而扩大大陆法上代理的适用范围。还比如，在间接代理中有限度地吸收了英美法中本人身份不公开的代理中的做法，使大陆法上间接代理的僵硬性得到了缓和。

3.《欧洲民法典（草案）》中关于代理的规定

《欧洲民法典（草案）》中有关代理问题的规定分为两个部分，一是在第二编"合同及其他法律行为"的第六章"代理"中,二是在第四编"有名合同及其权利与义务"中的D分编"委托"和E分编"商业代理、特许经营及经销"中。前者是对代理的一般规定,主要涉及代理的外部关系,后者则是对代理内部关系的规定。

(1)关于代理的一般规定

第一,代理权的范围。根据第6:104条[①]的规定,代理权限的范围一般由授权意思决定。授权意思表示不明时,为了实现授权目的,代理人有权从事所有必要的附带行为。代理人在特定情形下有权选任复代理人,该情形是"不能合理地期待代理人亲自完成代理行为的"。

第二,代理权的消灭与限制。根据第6:112条的规定,如果授权消灭的,为保护本人或继承人的利益,代理人仍得在合理的时间内为必要的代理行为;如果代理权消灭与限制的,为保护第三人的利益,在第三人知道或应当知道有关代理权消灭或受到限制的事实之前,代理权对第三人继续有效。即使在第三人已经知道或应当知道有关代理权消灭或受到限制的事实,但本人对第三人负有不使代理权消灭或受到限制的义务的,该代理权对第三人仍然有效。

第三,自己代理与双方代理。代理行为如果存在利益冲突(即自己代理或双方代理),在第三人知道或应当知道代理人所为的行为存在利益冲突时,本人可以主张该行为无效。但下列情形例外:一是代理人的行为事先得到了本人的同意,或者双方事先在委托合同中约定可以实施的;二是代理人已经向本人披露了利益冲突但本人未在合理时间内表示反对;三是本人通过其他途径知道或者应当知道代理行为存在利益冲突但未在合理时间内表示反对。

第四,复代理。根据D分编"委托"第3:302条的规定,代理人可以不经本人的同意,将委托合同中的义务转委托他人,除非委托合同规定代理人应亲自履行。但是,按照第3编第2:106条的规定,债务人委托他

[①] 条文引自唐超、邹双卫等译《欧洲私法:原则、定义和示范规则》,载梁慧星主编《民商法论丛》(第43卷),法律出版社,2009年,501~713页。

人履行债务的，仍应对履行负责。依此类推，代理人应以自己的责任对复代理人的行为向本人负责。

第五，代理的效力。根据第6:105条、第6:106条的规定，代理人在代理权限内，以本人的名义或以向第三人表明影响本人法律地位的意思的方式实施的代理行为，影响本人对第三人的法律地位，其效果如同本人亲自做出的一样。代理人尽管有代理权限，但若以自己的名义或以未向第三人表明其影响本人法律地位的意思的其他方式做出行为的，则该行为不影响本人对第三人的法律地位，而是影响代理人对第三人的法律地位。可见，依据上述规定，《欧洲民法典》不承认本人身份不公开的代理，这与《欧洲合同法原则》的规定恰好相反。

第六，无权代理与表见代理。无代理权限，但以本人的名义或者向第三人表明影响本人法律地位的意思的其他方式实施行为的，该行为不影响本人的法律地位（第6:107条第1款）。但本人可以追认该行为，一经追认，即被视为有权代理且不影响其他人的权利。第三人知道该行为是无权代理的，得以通知形式为本人确定合理的追认期间，未在该期间内追认的，不得再次追认（第6:111条）。如果不能得到本人的追认，无权代理人应赔偿第三人因此所遭受的损害，以使第三人处于如同行为人有权代理时的状况。但是，第三人知道或应当知道行为人无代理权限的除外（第6:107条第2款、第3款）。

《欧洲民法典（草案）》第6:103条规定了表见代理，即"某人使第三人合理且善意地相信其已授权代理人从事特定行为的，则被视为已对表见代理人做如是授权的本人。"

第七，越权代理。根据D分编"委托"第3:201条、第3:202条的规定，代理人为了本人的利益，在特定情形下，超越代理权限实施的行为，也能产生代理的法律效力，即该行为视为有授权的行为。这些特定的情形是：代理人实施该行为有合理的理由；在特殊情况下，代理人没有合理机会了解本人的意思；代理人不知道并且不能合理地被期待知道该行为在特殊情形下违背本人的意思。当然，除上述情形外，代理人的越权行为应属于无权代理,除非本人追认,否则不对本人产生约束力。

(2)关于商业代理

第一,适用范围。根据第3:101条的规定,一方当事人(商业代理人)同意以独立中介人的身份,在一个持续的基础上为另一方当事人(委托人)谈判或订立合同。委托人同意为商业代理人的活动支付报酬的合同,适用本章的规定。依此规定,本章只对商业代理的内部关系予以调整,不涉及商业代理的外部关系。

第二,商业代理人的义务。商业代理人应当尽合理努力,并遵循委托人的指示,为委托人谈判缔约,同时向委托人提供与合同有关的信息。商业代理人应当就为委托人谈判或订立的合同保存适当的账目,并允许独立会计师在一定情形下查阅账目。

第三,委托人的义务。①支付佣金的义务。委托人支付佣金的一般条件是:所订立的合同是代理人努力的结果,并且该合同已由委托人履行或应当履行的,或者第三人已经履行或正当地终止其履行的。如果与客户订立的合同是代理人在代理期间努力的结果,而且该合同是在代理合同终止后合理期限内订立的,委托人仍应当向代理人支付佣金。②提供信息与警示的义务。委托人应当及时向代理人提供订立或履行合同的相关信息与通知,如果预见或应当预见自己有能力订立或履行的合同的规模将显著低于商业代理人能够正常期待的合同规模时,应当在合理期限内向代理人发出警示。委托人还应当提供代理人有权获得佣金的陈述,以及反映代理人佣金情况的委托人账簿的摘录。③保存账目的义务。委托人应当就商业代理人谈判或订立的合同保存适当的账目,并允许独立会计师查阅。④商誉补偿义务。根据第3:312条和第2:305条的规定,合同终止后,委托人因代理人的原因增大了营业规模并且继续从该营业中获得了实质性收益时,应当向代理人进行商誉补偿,补偿数额为最近12个月应得的佣金平均数乘以委托人可能继续从上述合同中获益的年份。⑤支付保付佣金的义务。根据第3:313条规定,如果商业代理人以书面形式保证,其他谈判或订立的合同的客户会支付作为该合同标的的货物或服务之价款，当保证义务履行后，委托人应向代理人支付保付佣金。

第二节　我国代理法律制度的立法现状及存在的问题

一、我国代理法律制度的立法现状

1. 代理制度的一般规定

（1）民法通则。《民法通则》共九章156条，其中第四章的第二节以8个条文（第63～70条）专节规定了代理。该部分规定了代理的意义及效力、代理的类型、授权委托书、无权代理的追认及其后果、转代理以及代理的终止。《民法通则》中关于代理的规定，是目前我国代理制度的基本规定。

（2）合同法。1999年颁布的《合同法》，对代理制度做了新的规定，主要内容有以下几个方面：①《合同法》总则中关于代理的规定。其中，第47条规定了监护人的法定代理权，第48条规定了无权代理，第49条规定了表见代理。②《合同法》分则中关于代理的规定。第21章专章规定了委托合同，对委托合同的含义、委托事务、委托费用、委托人与受托人的权利与义务、委托合同的解除与终止等做了详细的规定，尤其是第402条、第403条引进了英美法上的隐名代理与不公开本人身份的代理。

（3）最高院的司法解释。最高人民法院在1988年发布了《关于贯彻执行〈中华人民共和国民法通则〉若干问题的意见（试行）》，该意见第79～84条针对《民法通则》中关于代理的规定进行了解释，包括共同代理（第79条）、复代理（第80条、第81条）、代理行为在被代理人死亡后继续有效的条件（第82条）、代理人与被代理人承担连带责任的诉讼（第83条）。2009年4月，最高人民法院发布了《关于适用〈中华人民共和国合同法〉若干问题的解释（二）》，对无权代理和表见代理的有关问题做了规定（第12条、第13条）。此外，最高人民法院在1996年和1998年分别发布了《关于如何确定委托贷款协议纠纷诉讼主体资格的批复》

和《关于如何确定委托贷款合同履行地问题的答复》，就委托贷款纠纷的相关问题进行了规定。

2.代理制度的特别规定

（1）《拍卖法》。我国于1996年颁布、2004年修订的《拍卖法》就拍卖法律关系中委托人、拍卖人、竞买人三方之间的权利、义务及责任做了详细规定。

（2）《证券法》。我国于1998年颁布、2004年和2005年两次修正的《证券法》规定了证券发行和证券买卖中的代理制度。

（3）其他行政法律法规中的规定。其一，《关于对外贸易代理制的暂行规定》。1991年，原对外经济贸易部颁布了《关于对外贸易代理制的暂行规定》，全文26条，主要适用于代理人以自己的名义对外签订合同的情形。该规定已于2008年废止。其二，《经纪人管理办法》。2004年，国家工商总局发布了《经纪人管理办法》，其中第2条规定，经纪人是指在经济活动中，以收取佣金为目的，为促成他人交易而从事居间、行纪或者代理等经纪业务的自然人、法人和其他经济组织。全文共25条，主要就经纪人的管理、经纪人的行为进行了规定。其三，《保险代理机构管理规定》。2004年，中国保险监督管理委员会发布了《保险代理机构管理规定》，根据第4条，保险代理机构是指符合中国保监会规定的资格条件，经中国保监会批准取得经营保险代理业务许可证（以下简称许可证），根据保险公司的委托，向保险公司收取保险代理手续费，在保险公司授权的范围内专门代为办理保险业务的单位。全文151条，就保险代理机构的管理做了详细规定。其四，《期货交易管理条例》与《期货公司管理办法》。2007年，国务院颁布了《期货交易管理条例》，依据第18条的规定，期货公司从事经纪业务，接受客户委托，以自己的名义为客户进行期货交易，交易结果由客户承担。同年3月，中国证券监督管理委员会也发布了《期货公司管理办法》，其中也对经纪业务规则做了规定。其五，《关于商业银行开办委托贷款业务有关问题的通知》。中国人民银行于2000年下发了《关于商业银行开办委托贷款业务有关问题的通知》，规定委托贷款是指由政府部门、企事业单位及个人等委托人提供资金，由商业银行（即受托人）根据委托人确定的贷款对象、用途、金额、期限、利率等代为发放、监督使用并协助收回的贷款。商业银行开办委托贷款业务，只收取手续费，不得承担任何形式的贷款风险。根据该规定，中国银行、中国建设银行、中国农业银行相继发布了《委托贷款管理暂行办法》。1993年，中国人民银行还发布了《金融信托投资公司委托贷款业务规定》，规定金融信托投资公司的委托贷款，是信托公司作为受托人，按照委托人的意愿，用委托人的资金，以信托公司的名义发放的贷款。其六，《国际货物运输代理业管理规定》。商务部（原对外经济贸易合作部）于1995年发布了《中华人民共和国国际货物运输代理业管理规定》，对国际运输代理业做了详细规定，到2003年，商务部又发布了该规定的实施细则，规定国际货物运输代理是指，国际货运代理企业接受进出口货物收货人、发货人或其代理人的委托，以委托人的名义或者以自己的名义办理有关业务，收取代理费或佣金的行为。

二、我国代理法律制度存在的问题

（一）现行代理法的体系松散、零乱

从我国现行代理法的立法体系来看，虽然已初具雏形，但由于这些法律是在我国经济体制变革的过程中制定的，因而在整体上呈现出松散、零乱和不统一的局面，没有形成一个完整、严谨和科学的体系。《民法通则》中有关代理的规定，是我国代理制度的基本法律，但由于该法是在我国由计划经济向市场经济的过渡初期完成的，因而对于反映市场经济基本规律的代理现象并没有全部认识到位，结果导致有关代理制度的规定存在许多缺漏。20世纪90年代以来，随着我国市场经济体制的确立，《民法通则》中代理制度的缺陷越来越明显，难以适应市场经济的发展要求，这就迫使1999年制定并颁布的《合同法》再度对代理制度进行了规定。这样一来，同是代理制度的基本规定，却分别体现在两

部法律当中。比如，关于无权代理，在《民法通则》第66条和《合同法》第48条均有规定。又如，关于表见代理，在《民法通则》第66条和《合同法》第49条均有规定。此外，即使在《合同法》内部，有关代理的事项，既有总则上的规定，也有分则上的规定，显得极为分散与零乱，尤其是将部分代理制度规定在第21章"委托合同"之中，更是不伦不类。这样的立法体系，不仅浪费了立法资源，而且也为代理法律的司法实践在适用上带来麻烦。

（二）部分规定过于抽象、缺乏可操作性

我国在立法上一直以来奉行"立法宜粗不宜细"的指导思想，结果导致有关代理的立法原则性规定居多，规定过于抽象，缺乏可操作性。比如，关于本人对无权代理行为的追认，虽然《民法通则》与《合同法》都做了规定，但是追认应当采取何种形式、追认是否可以附条件或附期限、单方法律行为可否追认、是否允许只追认无权代理行为的一部分、涉及代理关系之外的第三人利益时能否追认，以及隐名被代理人是否享有追认权等，均无具体规定。又比如，《民法通则》第64条虽然规定了委托代理权，但是，委托代理权如何产生、授权意思表示有瑕疵产生何种效果、委托代理权的撤回是否允许、基础法律关系消灭时代理权是否仍然存在、代理权消灭后授权委托书是否应收回等问题，都没有明确的规定。

（三）有些规定不合理

例如，我国《民法通则》第65条第3款规定："委托书授权不明的，被代理人应当向第三人承担民事责任，代理人负连带责任。"这一规定显然不合理，因为授权不明的情况下，需要通过对授权意思表示的解释来确定代理人是否获得了授权，解释无非有两种结果，一是没有授予代理权的意思，此时属于无权代理；二是具有授予代理权的意思，此时属于有权代理。在后一种情形下，不存在上述责任问题，而在前一种情形下，如果无权代理符合表见代理的构成要件，代理人对第三人无任何责任。如果无权代理没有经过被代理人的追认，并且也不符合表见代理的要件时，才可能发生对第三人的责任，即使这样，也不是连带责任。又比如，《合同法》第49条规定："行为人没有代理权、超越代理权或者代理权终止后以被代理人名义订立合同，相对人有理由相信行为人有代理权的，该代理行为有效。"这是对表见代理的规定，但也存在问题。因为，表见代理制度虽然是为了保护第三人的利益而设置的，但对第三人利益的保护并不是无条件的，只有在被代理人的行为引发了外表授权的假象时，才能由被代理人向善意第三人承担表见代理责任，否则将是不公平的。

（四）有的规定相互矛盾，甚至冲突

例如，《民法通则》第66条规定，本人知道他人以本人名义实施民事行为而不作否认表示的，视为同意。但是，《合同法》第48条第2款规定，相对人可以催告被代理人在一个月内予以追认。被代理人未做表示的，视为拒绝追认。同样都是针对被代理人对无权代理行为的"沉默"，前者视为"同意"，后者却视为"拒绝"，二者有矛盾。又比如，《合同法》第21章"委托合同"中第403条规定了英美法上的不公开本人身份的代理，依此规定，未公开身份的被代理人在一定的条件下可以直接行使介入权，向第三人主张合同上的权利，第三人也可以在一定的条件下，向身份被披露的被代理人主张合同上的权利。这与第22章规定的行纪合同的二元结构原理是格格不入的，但是，第22章第423条却规定："本章没有规定的，适用委托合同的有关规定。"按照这一规定，行纪合同似乎也可以适用第403条的规定，由委托人行使介入权或由第三人行使选择权。显然，这是不符合立法本意的，但立法却做了这一不合理的规定。此外，中国现行的立法体制受行政体制的制约，除《宪法》《民法通则》等由全国人大常委会法制工作委员会组织起草外，多数法律法规均由国务院所属部委负责起草。负责起草的部委往往不可能从全局考虑，而是较多地考虑本部门、本系统的利益。这就难免导致法律法规互不协调、相互抵触的现象。

第三节　完善我国代理法律制度的指导思想

一、我国的代理制度力求与国际代理立法保持一致

代理制度是市场经济基本的交易规则，其诞生于市场经济、服务于市场经济，并随着市场经济的发展而发展。经济全球化的过程，从法律的角度看，就是市场交易规则的统一化过程，如果哪一个国家或哪一个地区的法律不愿意将自己的规则统一于这一整体规制中，不仅影响了他国与本国的交易，而且也为加入全球大市场设置了法律上的障碍，从而将自己排除在这一市场体系之外。代理制度不仅在国内交易中具有重要的桥梁作用，而且在国际贸易中起着举足轻重的作用。因此，我国代理法律制度应当顺应经济全球化发展的要求，力求与国际通行的代理法律制度保持一致。目前，一些国际组织或区域组织为了适应市场经济全球化的发展要求，为了消除各国代理法的差异，建立统一的代理法律制度，做出了许多努力，并形成了对各国代理法有较大影响的国际公约或区域性立法，比如前文已经提到的《国际货物销售代理公约》《国际商事合同通则》《国际货物运输代理人代理合同公约》《欧洲合同法原则》等。这些立法都是在经济全球化背景下，在总结各国代理法成功经验的基础上形成的，是人类智慧的结晶，是两大法系代理法律制度的精华，值得我们认真的借鉴与吸收。唯有借鉴与吸收国际代理法律制度的先进做法，才能使我国的代理法律制度更加完善、更加现代化，也才能进一步促进我国市场经济健康有序的发展。

二、妥善处理好法律移植与法律本土化的关系

任何被移植来的西方法律制度，只有扎根中国的文化土壤，进而成为本民族法文化的一部分，才是成功的移植。因为任何一个国家或

民族的法律文化及其法律制度都是与其特定的生产方式相适应的，都要受到其经济、文化、思想发展水平以及民族习惯、地理环境、人口状况、历史传统、宗教信仰、道德规范等因素的影响和制约。所以，它必然反映和体现一个民族的文化特质和精神面貌，并成为其法律文化及其法律制度存在与发展的根本。如果在法律移植过程中，忽略一个国家或民族的具体环境和条件以及其经济、文化、传统及其发展规律对法律的需求，而盲目地全盘接受外域法律文化及其法律制度，那么，这种移植就是失败的。只有被移植的法律制度与移植国的社会发展需求及其相关制度存在一定的适配性，制度与运行环境相适应，才能发挥其作用。美国法学家曾指出："要设法牢记，法律是民族的历史、文化、社会价值观念和一般意识与认识的集中表现。没有两个国家的法律体系是确切地相同的。法律是文化表现的一种形式，而且如果不经过某种'本土化'的过程，一种文化是不可能轻易地移植到另一种文化里面的。"[①]所以，法律移植必须以本国的社会需要为标准，做好移植法律的本土化工作，使之与本国的法律文化相吻合。

改革开放以来，为了适应市场经济发展的需要，我国移植了大量国外的法律，有的是法律的整体移植，有的是具体制度的移植，有的移植是成功的，有的移植是失败的，或者至少是有待于进一步研究的。所以，我国在健全和完善代理法律制度的过程中，要认真总结过去成功的经验和失败的教训，系统梳理各国代理法律制度的源与流，深刻分析本国代理制度的利与弊，既要充分借鉴和吸收西方发达国家成功的经验和制度，又要格外注重将被移植的法律"本土化"，使之在我国生根发芽、茁壮成长，最后开花结果。

三、代理法律制度的立法应坚持民商合一

目前我国已经完成了《合同法》《物权法》《侵权责任法》以及《婚姻法》《继承法》《收养法》等的立法工作，下一步就是要制定统一的

[①] 〔美〕M.A.格伦顿等《比较法律传统序论》，《环球法律评论》1987年，第2期。

民法典。在未来的民法典中如何规定代理法律制度，首先遇到的问题是要不要区分民事代理与商事代理，而这一问题的解决则取决于民法典的制定是要坚持民商合一还是民商分立。笔者认为，未来民法典应坚持民商合一的原则。原因在于，第一，法的每一领域都有自身的精神实质和基本特征，而近代民法与商法的分立，并非出于科学的构思和理性的认识，实际上是特殊历史的产物。自瑞士第一个采取民商合一的立法体制后，世界上先后有意大利、俄罗斯等国家纷纷采用民商合一体制，尤其是土耳其全面接受民商合一的瑞士民法，把民商合一立法例推向了高潮，民商合一已成为当代法律发展的趋势。第二，在现代社会，商人这一特殊阶层已经不存在了，甚至连商行为亦失去了特殊性。过去某些为商人所利用的制度，现在已经普及社会生活的各个方面，为全社会所利用。所以，即使在民商分立的国家，也很难确立民事行为与商事行为的严格界线。第三，由于民商分立在区分标准上不够严谨，民商法之间内容多有重复，甚至相互矛盾，造成法律适用上的困难日益明显，同时，也使民事法院和商事法院在司法管辖上经常发生争议，这不符合国际经贸关系发展所提出的规则统一化的要求。基于同样的理由，未来民法典中没有必要区分民事代理与商事代理，应当将代理的一般制度规定于民法总则中，个别特殊规则可以在商事特别法中另做规定。

四、代理法律制度的构建应以大陆法为体、英美法为用

大陆法系的大陆法与英美法系的大陆法，无论从立法精神上、立法体例上，还是从具体制度的设置上，都有相当大的差别。但从总体上看，由于大陆法的成文法传统导致其代理制度特别注重概念的演绎和逻辑的推导，结果束缚了代理制度的发展。相反，英美代理法注重经验和实际运用，加之英美法官及其法律职业家"习惯于具体地而不是抽象地观察事物，相信的是经验而不是抽象概念；宁可在经验的基础上按照每一个案件中似乎正义所要求的从一个案件到下一个案件谨慎地进行，而不是事事回头求助假设的一般概念；不指望从被一般公式化了的命题中演

绎出面前案件的判决"[①]，这种思维习惯导致在其所形成的代理法中，虽缺少抽象的概念、严密的逻辑和严谨的体系，但其具体制度的设计却非常灵活，显现出极强的实用性。英美代理法产生数百年来，随着市场经济的发展而发展，不仅在英美法系国家成长为私法体系中的重要支柱之一，而且在世界范围内获得了推广。不仅是大陆法系国家纷纷借鉴英美代理法的先进理论和制度，而且一些国际代理公约也导入了英美代理法的合理成分。我国是大陆法传统的国家，代理立法受大陆法系民法的影响较大。例如，就立法体系而言，《民法通则》把代理与民事法律行为共同置于总则的第4章予以规定，这与《日本民法典》和《德国民法典》的立法风格一脉相承。《日本民法典》在总则的第4章规定了"法律行为"，"代理"乃为该章的第三节。《德国民法典》也在总则的第3章"法律行为"中设专节规定了"代理和代理权"。这一立法体例，具有高度的概括性与严密的逻辑性，应当予以坚持。但在具体制度的设置上，应当大胆借鉴英美法中灵活而适用的制度，以使我国的代理制度能够顺应时代的变化，并不断地创新。简言之，我国代理法律制度的构建应以大陆法为体、英美法为用。

第四节 完善我国代理法律制度的立法建议

一、关于代理权规定的建议

（一）代理权的产生

我国关于代理权产生的规定，需要从以下两个方面加以完善：一是关于法定代理权的产生；二是关于意定代理权的产生。

1. 关于法定代理权的产生

依照我国现行立法的规定，法定代理权的产生有以下情形。第一，

[①] 转引自〔英〕施米托夫《国际贸易代理：比较法研究》，载〔英〕施米托夫《国际贸易法文选》，赵秀文译，中国大百科全书出版社，1993年，365~459页。

监护人的代理权。最高法院在《关于贯彻执行〈中华人民共和国民法通则〉若干问题的意见(试行)》第10条做了规定,"监护人的监护职责包括:保护被监护人的身体健康,照顾被监护人的生活,管理和保护被监护人的财产,代理被监护人进行民事活动,对被监护人进行管理和教育,在被监护人合法权益受到侵害或者与人发生争议时,代理其进行诉讼。"第二,财产代管人的代理权。《民法通则》第21条规定:"失踪人的财产由他的配偶、父母、成年子女或者关系密切的其他亲属、朋友代管。代管有争议的,没有以上规定的人或者以上规定的人无能力代管的,由人民法院指定的人代管。"第三,破产管理人的代理权。《破产法》第25条第(六)项规定,破产管理人履行下列职责,"管理和处分债务人的财产"。

除了上述三种类型的法定代理权外,我国还应当在相应的法律中规定以下两种法定代理权。一是夫妻日常家事代理权,即夫妻就日常生活事项互相享有代理权。对此,两大法系国家的立法均予以明确规定,我国也应在《婚姻法》中增加规定:"夫妻对于日常生活事项,互为代理人。"二是遗产管理人的代理权。我国现行《继承法》对此未做任何规定,应当增加规定:"遗产管理人有权占有并处分遗产"。

2.关于意定代理权的产生

第一,应当规定代理权授予的方法。意定代理权是基于当事人的授权行为产生的,该授权行为有单独行为说与双方合意说两种观点,我国《民法通则》在第65条第2、3款中规定:"民事法律行为的委托代理,可以用书面形式,也可以用口头形式。法律规定用书面形式的,应当用书面形式。书面委托代理的授权委托书应当载明代理人的姓名或者名称、代理事项、权限和期间,并由委托人签名或者盖章。"依此规定,委托人的授权意思表示,无须代理人或相对人表示同意,因而解释上以单独行为说为宜。至于授权行为应向何人为之,参照大陆法系国家的立法,应该明确规定:"代理权的授予,应向代理人或向其为代理行为的第三人以意思表示为之。"

第二，应当增加代理权授予形式的规定。关于意定代理权的授予形式，大陆法系各国有自由形式和限定形式两种立法例。自由形式是指，对授权意思表示的形式不做任何强行规定，明示的或默示的均可；限定形式是指，法律强行规定授权意思表示应当采用与代理实施的法律行为的相同方式，否则授权无效。其实，法律不应当强行规定授予代理权的意思表示必须与代理人实施法律行为所采取的方式相同，因为这是两个不同性质的行为，前者是产生代理权的行为，后者是与第三人实施的法律行为，只要能够证明代理权的存在，不论代理权的授予采用何种形式，都应当是被允许的。也就是说，无论明示或默示的方式均可。对此，《国际货物销售代理公约》第10条、《国际商事合同通则》第2.2.2条第（1）项以及《欧洲合同法原则》第3.201条第1款均做出了明确规定。依照我国《民法通则》第65条的规定，似乎只承认口头形式和书面形式这两种明示的形式，至于默示形式并未予以规定，所以，应当增加规定："授予代理权的意思表示，可以是明示的，也可以是默示的。"

（二）代理权的范围

我国关于意定代理权限的规定，需要在以下两个方面进行完善：

第一，应增设关于授权意思表示不明时的补充性规定。对于代理权的权限范围，如果被代理人的授权意思表示不明时，大陆法系各国的立法通常都设一些补充性规定，用以解释或补充被代理人的授权意思，以防止当事人或法官做出任意解释，从而破坏意思自治。这些补充性的规定分为两种情形：一是在概括代理的情况下，如无明确约定，仅对管理行为具有代理权，具体包括保存行为、利用行为及改良行为；二是在特别代理的情况下，除明示授予的权限外，代理人可以实施完成受托事务所需要的一切必要行为。所以，我国的现行立法应当增加规定："除法律规定或者当事人明确约定外，概括代理权只包括对管理行为的代理，处分行为不包括在内。但是，如果授予特别代理权者，代理人可以实施完成受托事务的一切必要行为，包括处分行为在内。"

第二，应当废止《民法通则》第65条第3款的规定。该条规定："委托书授权不明的，被代理人应当向第三人承担民事责任，代理人负连带责任。"该条规定存在诸多不合理之处，应当废止，理由在于：（1）授权不明的问题完全可以通过对授权意思表示的解释来解决，解释为有权代理时，由被代理人承担责任；解释为无权代理时，如果既不构成表见代理，也没有经过被代理人追认的，应当由代理人对第三人承担责任，被代理人不负任何责任。（2）在授权不明的情况下，既然被代理人对代理人的行为后果向第三人承担责任，即可推定代理人的行为属于有权代理，如果此时再要求代理人也对此承担连带责任，说明代理人的行为又是无权代理，这样就产生了逻辑上的矛盾。（3）授权行为是单方法律行为，因而授权不明只能是授权人单方面的过错造成的，如果代理人因此承担连带责任，就是代人受过，显然是不公平的。

（三）代理权行使之限制

代理权行使之限制有两种，一种是针对所有代理权而进行的限制，另一种是针对特别代理权所进行的特殊限制。前者属于代理法的一般规定问题，后者则属于特别法的问题。本文只就前者的规定提出如下建议：

1. 应当增设限制自我行为的规定

代理人行使代理权完全是为了被代理人的利益，如果在代理过程中代理人的利益与被代理人的利益发生了冲突，或者根本没有体现被代理人的意愿，法律为了保护被代理人的利益不受损害，往往限制这种代理人与自己进行交易的行为。实践中，自我行为表现为两类：一是代理人以被代理人的名义与自己或者与自己存在利益关系的他人从事交易行为，即自己代理；二是代理人同时代表本人和相对人为同一法律行为，即双方代理。对此，两大法系国家的立法以及国际或区域性的代理立法中普遍做了禁止性规定，而我国《民法通则》和《合同法》对此均没有任何规定。所以，参照上述立法，建议我国未来民法典中应当明确规定:"代理人非经本人的许诺,不得为本人与自己实施法律行为,或就同一法律行为代理双方当事人。但其法律行为系专属履行债务,或者使本人纯获利益者除外。"之所以要规定除外情形,是因为代理人向本人履行债务的行为,或者使本人纯获利益的行为,与本人的利益不发生冲突。即使发生冲突,如果本人允许这样做,或者知道代理人实施了自我行为而不表示反对者,也不属于禁止之列。

2. 建议明确规定共同代理

共同代理,是指两个以上的代理人共同行使一项代理权的代理。本人向数个代理人同时授予一项代理权,如果明确约定必须由数人共同行使时,任何一个代理人擅自单独行使代理权者,则为无权代理。我国《民法通则》未规定共同代理,《合同法》第409条规定:"两个以上的受托人共同处理委托事务的,对委托人承担连带责任。"最高法院《关于贯彻执行〈中华人民共和国民法通则〉若干问题的意见(试行)》第79条第1款规定:"数个委托代理人共同行使代理权的,如果其中一人或者数人未与其他委托代理人协商,所实施的行为侵害被代理人权益的,由实施行为的委托代理人承担民事责任。"这些规定均没有明确在共同代理的情况下,如果代理人中的一人或数人单独行使代理权时,其效力如何。另外,如果代理人有数人时,究竟是共同代理还是单独代理不明确时,代理人如何行使代理权?国外立法例中,有推定为单独代理者,也有推定为共同代理者,我国现行立法中对此也没有任何规定。参考有关国家的立法,我国应该明确规定:"代理人有数人时,除非有明确约定,否则任何一个代理人均可单独为之。如果约定为共同行使者,任何一个代理人均无权单独实施代理行为。"按照这一规定,如果约定为共同代理时,任何一个代理人的单独行为均是无权代理;如果没有明确约定共同代理时,一律推定为单独代理。之所以这样规定,一方面,共同代理实质上是对代理权的限制,如果法律强行推定,可能会违背本人的意愿;另一方面,如果规定为共同代理,不仅会增加相对人调查的难度,费时费力,而且数代理人之间难免彼此扯皮,推卸责任，甚至容易产生纠纷。

3. 进一步完善复代理的建议

第一，应当增加规定委托代理人选任复代理人责任的免责事由。我国《民法通则》第68条与《合同法》第400条规定了委托代理中的复代理，即委托代理人经过委托人的同意，可以直接将受托事务转委托给第三人完成，第三人的行为后果由委托人承担，委托代理人不再对第三人的行为承担责任，但是，应对第三人的选任或者指示向委托人负责，此种责任就是委托代理人选任复代理人的责任。这一规定无疑是正确的，但也存在一定的问题，如果第三人是委托代理人按照委托人的指名而任命的，此时委托代理人是否应对第三人的选任向委托人负责？对于这一问题我国现行立法缺乏相应规定。依照《日本民法典》第105条第2款的规定，委托代理人不承担选任复代理人的责任，但是，如果委托代理人知道该第三人不胜任而不及时将其解任，或者得知该第三人不诚实而怠于向委托人通知的，仍应承担责任。显然，日本的规定是合理的，因为，第三人按照委托人的指名而选任，实际等同于委托人亲自选任，委托代理人当然不应对委托人的选任而负责。不过，选任复代理人后，委托代理人并不当然丧失代理人资格，他对第三人完成受托事务仍负有监督义务，否则也应对委托人承担责任。所以，我国应当增加规定："如果委托代理人按照委托人的指名选任第三人的，不再对委托人承担选任责任。但是，如果委托代理人知道第三人不胜任或不诚实，而没有及时解任或通知委托人的，应承担相应的责任。"

第二，应当增加规定法定代理中的复代理。我国的现行立法只是就委托代理中的复代理问题做了规定，而对法定代理中的复代理问题没有规定。事实上，法定代理比委托代理更需要规定复代理。因为，委托代理是基于当事人之间的信任关系而产生的，正是因为信任，除非委托人同意，原则上不允许代理人转委托，否则就破坏了信任关系。但是，法定代理则是基于当事人之间的身份关系而产生的，并且其代理权属于概括代理权，事务广泛而繁杂，法定代理人的精力与知识又有限，加之法定代理人行使其代理权往往属于履行职责的行为，不能随意辞任。因此，如果不允许其选任复代理人，势必不利于对本人利益的保护。所以，《日本民法典》第106条规定："法定代理人可以以其责任选任复代理人。但是，有不得已事由时，只负前条第（一）款所定的责任。"由于法定代理人选任复代理人未经本人同意，因此，其选任复代理人的责任较委托代理情形下的选任责任为重，即以自己的责任向本人负选任责任。具体言之，只要是因为复代理人的行为给本人造成损失的，即使法定代理人的选任、监督或指示不存在任何过失，也要向本人承担责任。唯有如此，才能使法定代理人尽心尽力地为本人履行代理职责。但是，如果法定代理人是在不得已的情况下选任复代理人，其选任责任与委托代理情形下的责任相同，即只就选任、监督或指示过失向本人承担责任。鉴于上述理由，我国也应规定："法定代理人可以以自己的责任选任复代理人，但有不得已事由时，只就复代理人的选任、监督或指示过失承担其责任。"

（四）代理权的消灭

关于代理权的消灭，我国应在消灭原因以及授权书的返还两个方面增加相应的规定。

1. 应当增加规定代理权的消灭原因

代理权有共同消灭原因，也有特别消灭原因。前者，如本人或代理人死亡、破产或丧失行为能力，导致代理权的消灭；后者，如代理事务的完成、期限届满、代理行为在事实上或法律上已不可能、未成年人已成年、夫妻关系已解除等，也会导致代理权的消灭。我国《民法通则》（第69条、第70条）、《合同法》（第411条）以及其他相关法律对上述消灭原因均有规定。除此之外，还应该规定以下两种消灭原因：

第一，意定代理权基础关系的消灭导致代理权的消灭。前已述及，代理权的授予行为是否受到基础法律关系效力的影响，有无因说与有因说两种观点。依无因说，基础法律关系的消灭并不导致代理权的消灭；

依有因说，基础法律关系的消灭必然导致代理权的消灭。但在各国的立法中，即使采无因说的国家，也把基础关系的消灭作为代理权消灭的原因加以规定。如《德国民法典》第168条规定："代理权之消灭，依其所由授予之法律关系定之。"我国台湾地区民法典第108条第1项也做了相同的规定，我国现行立法中对此未做规定。本文主张有因说，即基础法律关系的消灭应导致代理权的消灭。所以，建议我国未来民法典应当规定："因委任而产生的代理权，因委任终止而消灭。"

第二，意定代理权因本人的撤回而消灭。意定代理权的产生如果有基础法律关系存在，当基础法律关系消灭时意定代理权随之消灭，但是，在基础法律关系存续中，如有必要，授权人也可以通过撤回代理权而使之消灭。究其原因，一方面，代理关系是以本人对代理人的高度信任为基础的，如果这种信任不存在了，再要求被代理人接受代理结果而等到代理事项完成，将不符合代理制度的基本价值要求[①]；另一方面，代理效果只归属于本人，与代理人没有任何利害关系，因而允许本人撤回代理权，对代理人而言并无任何不利益。对此，两大法系的国家大多规定意定代理权可因本人的撤回而消灭。然而，代理权的撤回是被代理人的单方行为，如果当事人预先约定了不得撤回，或者代理权的撤回损害代理人或第三人的利益时，应当不允许撤回[②]。我国现行立法尚未规定代理权的撤回，参考国外立法，也应做如下规定："除当事人另有约定外，委托人可以随时撤回代理权。如果代理权的撤回有损于代理人或第三人的利益时，不得撤回。"

2. 应当规定代理人返还授权书的义务

代理权消灭后，对外部关系产生的法律效果主要涉及的是如何保护第三人的利益，此即表见代理问题，在此不赘。代理权的消灭原则上并不影响代理的内部关系，只是与代理权相关的事项受到影响，这些事

[①] 李永军《民法总论》，法律出版社，2006年，694页。
[②] 《意大利民法典》第1723条规定："委任人得撤回委任，但是如果约定是不可撤回的，则要承担损害赔偿责任，有正当理由撤回的除外。当委任涉及受任人或第三人利益时，委任人将委任撤回并不使委任契约消灭，除非有不同的规定或有可撤回的正当理由；因委任人的死亡或突然发生的无能力不导致撤回。"

项主要包括代理人对被代理人的报酬请求、无权代理时对被代理人的损害赔偿以及授权书的返还。其中，对于前两项当事人一般有约定，无须法律特别规定，而对于代理权证书的返还，通常需要法律做出规定。因为，授权书的作用在于证明代理人代理权的存在，尤其是对于第三人来讲，容易使其相信有代理权，如不返还，有时会依表见代理制度，使本人负有权代理的责任。所以，为了保护本人的利益，代理人于代理权消灭后，应负返还授权书的义务，即使因费用的垫支或其他情事，代理人对于授权书拥有留置权者，也不得留置，以避免权利义务关系更加复杂化[1]。所以，大陆法系各国都有明确规定，如《德国民法典》第175条规定："意定代理人于代理权消灭后，应将授权书交还于代理权授予人，意定代理人无留置权。"我国立法对授权书的返还未做任何规定。所以，建议未来民法典仿照我国台湾地区民法典第109条规定："代理权消灭或撤回时，代理人须将授权书交还于授权者，不得留置。"

二、关于代理行为规定的建议

（一）《合同法》第402条、第403条的修改建议

1. 将第402条、第403条移入《民法通则》或者未来民法典总则中

第一，我国《合同法》借鉴《国际货物销售代理公约》第12条、第13条的规定，在第402条规定了隐名代理，在第403条规定了本人身份不公开的代理。这一规定改变了我国代理类型的格局，至此，我国现行立法中规定的代理有三种，一是显名代理（即《民法通则》第63条第2款的规定），二是隐名代理，三是本人身份不公开的代理。其中，第二种属于公开本人身份的代理，在大陆法系的德国、日本、瑞士等均有明确规定，在英美法中也有该种代理，称之为本人身份公开但姓名不公开的代理或者本人身份不明的代理。第三种则属于英美代理法中特有的类型，我国《合同法》对此也进行了大胆移植。代理的类型发生了重大变

---

[1] 胡长清《中国民法总论》，中国政法大学出版社，1997年，317页。

化,但《民法通则》关于代理制度的一般规定中只承认显名代理,而隐名代理与本人身份不公开的代理却规定在《合同法》的"委托合同"一章中,不仅规定零散,而且在立法体系上造成逻辑矛盾,即代理制度的一般规定中既然只承认显名代理,那么,《合同法》中规定隐名代理与本人身份不公开的代理就缺乏立法依据。所以,如果将《合同法》第402条、第403条移入《民法通则》或者未来民法典总则中,不仅可以消除这一矛盾,而且也可以使我国关于代理类型的规定系统化和统一化。

第二,将隐名代理和不公开本人身份的代理规定于《合同法》的"委托合同"一章中,容易使人认为我国的代理混同于基础法律关系。关于代理与委任的关系,大陆法坚持"独立说",英美法坚持"混同说",我国继承大陆法系的传统,将代理与委任分别规定,如果将隐名代理与本人身份不公开的代理继续保留在《合同法》中,显然与我国代理法的传统相违背。

第三,《合同法》第402条规定的隐名代理,如果第三人在订立合同时知道受托人与委托人之间的代理关系,该合同直接约束委托人和第三人;《合同法》第403条规定的本人身份不公开的代理,如果本人行使介入权或者第三人行使选择权的情况下,该合同也是直接约束委托人和第三人。显然,上述两种代理与行纪合同是截然不同的,一方面,行纪合同无须授予代理权,因为行纪人是以自己的名义签订合同;另一方面,行纪合同直接在行纪人与第三人之间产生效力,委托人不受该合同的约束。不过,行纪合同也是建立在委托的基础上,属于特殊的委托合同,因此,我国《合同法》第423条规定:"本章没有规定的,适用委托合同的有关规定。"但由于第402条、第403条关于隐名代理和本人身份不公开的代理属于本法委托合同的规定,如果行纪合同转致适用委托合同的规定时,就有可能发生行纪合同也适用关于隐名代理或本人身份不公开的代理的规定,由此便发生了冲突。

基于上述理由,建议将《合同法》第402条、第403条移入《民法通则》或者未来民法典总则中,《合同法》不宜再对隐名代理和本人身份不公开的代理进行规定。

2. 将"受托人以自己的名义"修改为"受托人非以委托人的名义"

第402条规定："受托人以自己的名义，在委托人的授权范围内与第三人订立的合同，第三人在订立合同时知道受托人与委托人之间的代理关系的，该合同直接约束委托人和第三人，但有确切证据证明该合同只约束受托人和第三人的除外。"该条是关于隐名代理的规定。之所以建议将"受托人以自己的名义"修改为"受托人非以委托人的名义"，理由在于：

其一，从理论上看，隐名代理无须是"受托人以自己的名义"为之。隐名代理是指代理人所为的意思表示，即使未明示为本人为之，如相对人明知或可得而知其为本人为之，也直接对本人发生效力之代理也。隐名代理的特征是，代理人在代理权限范围内非以本人的名义签订合同，立法之所以认可这种代理，是因为"以本人的名义"只是告知相对人将来承担合同后果的是本人，而不是代理人，相对人据此可知道自己的交易对象以及因此决定采取的措施，简言之，是为了保护相对人的利益。但是，如果代理人没有以本人的名义，但相对人根据情况已经知道或应当知道对方当事人是谁，或者对方当事人是谁对他来讲并不重要时，该合同同样在本人与相对人之间产生效力。

其二，从规定隐名代理的大陆法系国家的立法来看，也没有强调必须是"受托人以自己的名义"进行。《德国民法典》第164条第1款后段规定："其意思表示无论系明示以被代理人名义而为之者，或按情况可断定系以被代理人名义而为之者，并无区别。"《瑞士债法典》第32条第2款规定："代理人在订立合同时未公开代理关系的，则合同对委托人不具有法律约束力。但依据客观情况合同的另一方当事人默示已知代理关系的存在或者订立合同当事人的身份对其没有影响的除外。"《日本民法典》第100条也规定："代理人未明示为本人而进行的意思表示，视为自己所为。但是，相对人已知其为本人或可得而知其为本人时，准用前条第（一）款的规定。"上述都是关于隐名代理的规定，但并没有强调是"受托人以自己的名义",只要是"非以委托人的名义为之"即可。

其三,从立法渊源上看,我国《合同法》第402条的规定直接来源于《国际货物销售代理公约》第12条,该条规定:"代理人于其权限范围内代理本人实施行为,而且第三人知道或理应知道代理人是以代理身份实施行为时,代理人的行为直接约束本人与第三人,但代理人实施该行为时只对自己发生拘束力时,不在此限。"该条既包括显名代理,也包括隐名代理,都没有要求必须是"受托人以自己的名义"为之。

其四,从隐名代理的实践来看,受托人(代理人)可能会直接以自己的名义(如张某某)进行,也可能只表明自己的代理身份(如代理人张某某),但不公开被代理人的具体姓名,还有可能是张某某直接声称自己就是被代理人王某某[①],这三种情形都会产生隐名代理的效果。如果立法上必须强调"受托人以自己的名义",将会使后两种情形排除在外。

基于上述考虑,建议将该条的"受托人以自己的名义"一语修改为"受托人非以委托人的名义"。

3. 对第403条的修改意见

《合同法》第403条规定:"受托人以自己的名义与第三人订立合同时,第三人不知道受托人与委托人之间的代理关系的,受托人因第三人的原因对委托人不履行义务,受托人应当向委托人披露第三人,委托人因此可以行使受托人对第三人的权利,但第三人与受托人订立合同时如果知道该委托人就不会订立合同的除外。受托人因委托人的原因对第三人不履行义务,受托人应当向第三人披露委托人,第三人因此可以选择受托人或者委托人作为相对人主张其权利,但第三人不得变更选定的相对人。委托人行使受托人对第三人的权利的,第三人可以向委托人主张其对受托人的抗辩。第三人选定委托人作为其相对人的,委托人可以向第三人主张其对受托人的抗辩以及受托人对第三人的抗辩。"该条规定

---

① 《国际商事合同通则》第2.2.4条第2款规定:"代理人当代表一个商业与第三方达成合同时,声称是该商业的所有人,则第三方在发现该商业的真实所有者后,可以向后者行使其对代理人的权利。"

的是本人身份不公开的代理，具体修改意见是：

第一，应将第403条中使用的"受托人以自己的名义"一语修改为"在代理权限范围内非以委托人的名义"。理由在于：首先，英美代理法中本人身份不公开的代理，并不要求"受托人以自己的名义"为之，无论以何种方式实施，只要本人的身份没有公开，而且第三人无从得知其真实身份的，就可以适用本人身份不公开的代理规则；其次，我国《合同法》第403条直接来源于《国际货物销售代理公约》第13条的规定，而该规定也没有要求"受托人以自己的名义"为之，只要代理人于其权限范围内代理本人实施行为，第三人不知道、亦无从知道代理人是以代理人身份实施行为的，或者代理人实施该行为只对自己发生拘束力（例如所涉及的是行纪合同）的，都有可能产生本人身份不公开的代理的效果；再次，《欧洲合同法原则》第3:301条规定的本人身份不公开的代理中，也只是要求"基于委托人的指令和为了委托人的利益，但并非以委托人的名义"即可；最后，如果只强调"受托人以自己的名义"订立合同，将会限制这一代理现象的适用范围。

第二，应当修改委托人行使介入权或第三人行使选择权的法定条件。关于委托人行使介入权或第三人行使选择权的法定条件，目前有五种立法模式：其一，英美代理法的模式，按照英美代理法的规定，委托人行使介入权或第三人行使选择权没有任何条件限制；其二，《国际货物销售代理公约》（以下简称《公约》）模式，根据该《公约》第13条的规定，委托人行使介入权的前提条件是，代理人因第三人不履行义务或是因其他理由而未履行或无法履行其对委托人的义务，第三人行使选择权的前提条件是，代理人未履行或无法履行其对第三人的义务；其三，《荷兰民法典》模式，依据该法典第7:420条、第7:421条的规定，委托人行使介入权或第三人行使选择权的条件是相同的，即受托人没有履行义务或者陷入破产；其四，《欧洲合同法原则》模式，依据该原则第3:302条、第3:303条的规定，委托人行使介入权或第三人行使选择权的条件均为受托人破产，或者根本不履行，或者在履行期到来之前情况表明将会发生根本不履行；其五，我国《合同法》的模式，依据第403条的规定，委托人行使介入权或第三人行使选择权的条件均为因对方的原因导致受托人不履行义务。五种模式各有特点，英美法较为自由，荷兰法较为宽松，《欧洲合同法原则》较为严格，中国法偏向于代理人，《公约》则区别对待。五种模式差别如此之大，不是孰优孰劣的问题，而是立法价值的取向问题。

在本人身份不公开的代理中，无论是委托人行使介入权，还是第三人行使选择权，其实真正发生利益冲突的是在委托人与第三人之间，代理人的利益只是过渡利益，法律无须专为保护代理人的利益而设置委托人的介入权或第三人的选择权。我国《合同法》的相关规定就是为了保护具有外贸代理权的企业专门设立的，这是基于部门利益的考虑而设置的不合理制度。本人身份不公开的代理，多数是由于本人不愿意公开而引发的，这样就造成了在对交易信息的获取上二者的不平等，本人是知情者，第三人则是不知情者。信息获取上的不平等，意味着交易地位的不平等，法律为了体现公平正义，应当将保护的重心放在不知情的第三人身上。所以，参考《公约》与《荷兰民法典》的规定，提出如下修改意见：委托人行使介入权的条件是，受托人破产或因第三人的原因不能向委托人履行义务；第三人选择权行使的条件是，受托人破产或者未履行或无法履行其对第三人的义务。理由在于：破产作为行使两项权利的共同条件，是因为受托人只是中间人，不是最终利益的享有者，受托人破产后，允许委托人或第三人越过受托人向对方主张权利，就是要贯彻利益与风险相一致的原则。除此之外，委托人必须在受托人因第三人的原因不能向自己履行义务时才可行使介入权，因为引发本人身份不公开代理的往往是委托人自己，如果无条件地允许委托人行使介入权，将会使不知情的第三人有更多的机会遭到委托人的突然袭击。至于第三人的选择权，其行使条件应当宽松，因为他是不知情者，比较被动，只要是受托人不能向其履行义务时，第三人均可直接行使选择权，向委托人主张权利。

第三,应当修改委托人行使介入权的除外情形。在本人身份不公开的代理中,第三人是不知情的,如果委托人在具备法定条件的情况下,突然对第三人行使介入权时,法律为了保护第三人的利益,通常为其提供两种救济渠道:一是第三人可以向委托人主张自己对受托人的抗辩权,二是第三人可以提出委托人行使介入权的除外事由作为抗辩。对于前者,我国《合同法》第403条第3款参照《国际货物销售代理公约》做出了正确的规定。但对于后者,我国的《合同法》第403条第1款的"但书"规定:"但第三人与受托人订立合同时如果知道该委托人就不会订立合同的除外。"考察英美代理法的规定,委托人行使介入权的除外情形有三种:一是当事人在合同中明示或默示地排除了委托人的介入权;二是第三人特别看重代理人的个人因素,需要代理人亲自履行合同的;三是第三人对身份不公开的委托人特别反感,如果知道其身份就绝对不愿与其订立合同。根据《国际货物销售代理公约》第13条第6款、第7款的规定,在两种情形下委托人不得行使介入权,即第三人若知道本人的身份就不会订立合同以及代理人与第三人在合同中明示或默示排除了委托人的介入权。相比之下,我国的规定较为单一,应当增加规定其他事由,具体条文应为,"但下列情形例外:(1)代理人与第三人在合同中明示或默示地排除了委托人的介入权的;(2)第三人特别看重代理人的个人因素,需要代理人亲自履行合同的;(3)第三人与受托人订立合同时如果知道该委托人就不会订立合同的。"

综上所述,《合同法》第402条应当修改为:"受托人非以委托人的名义,在委托人的授权范围内与第三人订立的合同,第三人在订立合同时知道受托人与委托人之间的代理关系的,该合同直接约束委托人和第三人,但有确切证据证明该合同只约束受托人和第三人的除外。"第403条应当修改为,"受托人在代理权限范围内非以委托人的名义与第三人订立合同时,第三人不知道受托人与委托人之间的代理关系的,受托人破产或因第三人的原因不能向委托人履行义务时,受托人应当向委托人披露第三人,委托人因此可以行使受托人对第三人的权利,但下列情形例外:(1)代理人与第三人在合同中明示或默示地排除了委托人的介入权的;(2)第三人特别看重代理人的个人因素,需要代理人亲自履行合同的;(3)第三人与受托人订立合同时如果知道该委托人就不会订立合同的。受托人破产或者未履行或无法履行其对第三人的义务时,受托人应当向第三人披露委托人,第三人因此可以选择受托人或者委托人作为相对人主张其权利,但第三人不得变更选定的相对人。委托人行使受托人对第三人的权利的,第三人可以向委托人主张其对受托人的抗辩。第三人选定委托人作为其相对人的,委托人可以向第三人主张其对受托人的抗辩以及受托人对第三人的抗辩。"

(二)代理人行为能力要求的立法建议

代理行为就是代他人为意思表示或受意思表示,所以,代理人必须具有意思能力。由于无行为能力人不具有意思能力,因而不能担任代理人。法定代理人必须是具有完全行为能力的人,这是由其监护职责决定的。但问题是,限制行为能力人可否担任意定代理人?大陆法系国家的立法,比如德国、法国、荷兰、意大利、日本等民法典均规定,代理行为不因代理人为限制行为能力人而受影响,或者代理人无须为完全行为能力人。英美代理法的规定更为宽松,依据《美国代理法重述(第三次)》第3.05条的规定,任何人都可以接受授权实施代理行为,并以此影响他人的法律关系,行为能力只是对委托人或第三人承担损害赔偿责任有影响。可见,两大法系的立法都允许限制行为能力人担任意定代理人。对此,我国《民法通则》没有明确规定,只是在第69条、第70条规定,代理人丧失民事行为能力导致代理关系的终止。所以,建议我国未来民法典仿照《德国民法典》第165条的规定:"代理行为的效力,不因代理人为限制行为能力人而受影响。"

(三)代理行为中意思表示瑕疵或是否知情的判断标准的立法建议

代理行为由代理人实施,但代理行为的后果却归属于被代理人,如果因为代理行为中的意思表示有欠缺或者是否善意而导致其效力受影响时，究竟以代理人还是以被代理人为判断标准？代理行为在性质上是代理人的行为，代理人根据自己的利益考量自行做出意思表示，因此，原则上应以代理人为判断标准。两大法系国家的立法大都规定，根据代理人的自身情况来判断其是否具有瑕疵或是否知情。但是，如果代理人在实施代理行为时遵循了被代理人的意思，那么，被代理人为恶意时，就不能以代理人是善意的为理由，主张自己也是善意的。因为，既然代理行为是按照被代理人的指示而为，代理人几乎与使者相同，不能自为意思表示，所以，对是否知情，应以被代理人为判断，法律不允许恶意被代理人主张代理人的善意。我国现行立法对于代理行为中意思表示瑕疵或是否知情的判断未做任何规定，建议参照《德国民法典》第166条的规定："代理行为因意思表示的瑕疵或是否知情而受有影响时，应以代理人的情况进行判断。但是，如果该行为是受被代理人指示的意思而为时，应以被代理人的情况为判断。"

三、关于表见代理与无权代理规定的建议

（一）完善表见代理规定的建议

我国《合同法》第49条规定："行为人没有代理权、超越代理权或者代理权终止后以被代理人名义订立合同，相对人有理由相信行为人有代理权的，该代理行为有效。"《民法通则》第66条规定，"本人知道他人以本人名义实施民事行为而不做否认表示的，视为同意。"这是我国关于表见代理的规定。这些规定存在的问题主要体现在以下三个方面：

一是在表见代理的构成上，没有显示出被代理人的言行具有可归责性这一要件。表见代理制度是在无权代理的情况下，权衡被代理人与第三人利益的基础上建立起来的，其功能在于协调个人的静的安全与社会的动的安全，也就是既要保护善意第三人的利益，也要顾及到被代理人的利益，二者不能偏废。所以，严格表见代理的构成要件，避免被代理

人在任何情况下都承担责任，目的是为了保护被代理人的利益，而在构成表见代理的情形下，由被代理人向第三人承担表见代理责任，目的是保护第三人的利益。如前所述，表见代理的构成要件有三个，一是须有代理权的外部表象，二是第三人合理信赖，三是被代理人的行为具有可归责性。其中，被代理人的行为具有可归责性，是指代理权的外部表象是因被代理人的行为所引起，该行为可以是积极的，也可以是消极的。如果没有这一要件的要求，一方面，让本人承担授权人的责任缺乏正当性，另一方面，将会使第三人获得不应该获得的利益。所以，两大法系国家的立法都强调第三人基于被代理人的行为相信无权代理人具有代理权，《国际货物销售代理公约》《国际商事合同通则》以及《欧洲合同法原则》等均有相似的规定。但是，依据我国《合同法》第49条的规定，只要相对人有理由相信行为人有代理权的就可以构成表见代理，而不论是否因被代理人的行为引起，这样的规定显然是不合理的，对被代理人的利益保护不够。

　　二是在表见代理的后果上，没有与有权代理行为的后果区别开来。表见代理在本质上是无权代理，本应产生无权代理的后果，只是法律为了保护善意第三人的利益，使之产生与有权代理相同的后果，但表见代理的后果毕竟不等于有权代理的后果。表见代理后果的特征在于：第一，表见代理的后果是被代理人向第三人承担的责任，是自己违反注意义务而对代理人的行为所承担的责任，该责任的承担对于第三人而言，在客观结果上如同在有权代理情形下获得的。从这个意义上看，表见代理产生了与有权代理相同的后果。而在有权代理中，被代理人只是按照合同的约定享有权利、承担义务，并无责任可言。第二，既然表见代理的后果是被代理人对第三人承担的责任，那么，是否承担该后果就取决于第三人的主张，如果第三人放弃权利时，被代理人不得主动要求对第三人承担这一责任。而在有权代理的情形下，任何一方均可直接依据合同的约定向对方主张权利。所以，在表见代理的后果上，除《德国民法典》规定"代理权有效"外，大多数的立法，包括国际代理立法，一般规定为本人"对于第三人应负授权人责任",或者"本人不得以代理人无代理权而对抗第三人"。然而,我国《合同法》第49条却直接规定为"该代理行为有效",这一规定是错误的。

三是《民法通则》第66条的规定与《合同法》第48条第2款的规定相矛盾。按照《民法通则》第66条的规定,本人知道他人以本人名义实施民事行为而不做否认表示的,视为同意。但是,按照《合同法》第48条第2款的规定,在无权代理下,相对人可以催告被代理人在一个月内予以追认,被代理人未做表示的,视为拒绝追认。同样都是未做表示,前者视为同意,构成容忍授权型的表见代理;后者视为拒绝,构成狭义无权代理。如此一来,在实践中将会无所适从。

因此,参照多数国家的立法,应当废止《民法通则》第66条的规定,并且将《合同法》第49条修改为:"行为人没有代理权、超越代理权或者代理权终止后以被代理人名义订立合同,相对人基于被代理人的行为有理由相信行为人有代理权的,被代理人应负授权人责任。被代理人知道行为人以被代理人的名义订立合同而不作反对表示的,亦同。"此外,由于该条目前是《合同法》的规定,建议我国在制定民法典时将其置于民法典总则中,以维护代理法律制度的统一性和完整性。

（二）完善无权代理规定的建议

1. 本人对无权代理行为的追认

第一,应当规定追认的方式。追认就是将无权代理行为的后果归属于自己的意思表示,追认的意思表示一经做出,无须相对方同意即可发生法律效力。追认既为意思表示,当然可以是明示的,也可以是默示的。所以,《美国代理法重述（第三次）》第4.01条第2款明确规定,"本人追认的方式:（a）明确同意该行为对其产生法律效果;（b）通过本人的行为,有理由推定本人是同意的。"《国际货物销售代理公约》也规定,本人追认的形式不受任何限制,它可以由委托人明确表示,也可以由其行为做出推断（第15条第8款）。之所以不对追认的方式进行限制,主要是为了方便本人行使追认权。我国《民法通则》和《合同法》对追认的方式没有做出规定，只是最高法院在《关于适用〈中华人民共和国合同法〉若干问题的解释（二）》第12条规定："无权代理人以被代理人的名义订立合同，被代理人已经开始履行合同义务的，视为对合同的追认。"履行义务是默示追认的一种形式，但不是全部，因而有必要做概括性规定。所以，建议我国民法典应当规定："追认既可以是明示的，也可以是通过当事人的行为推定的。"

第二，应当规定追认的形式。无权代理行为经过本人的追认后，就产生了有权代理的后果，所以，追认行为在本质上是对无权代理人的事后授权[1]。追认的形式，一般应与代理权授予的形式相同。如《葡萄牙民法典》第268条第2款规定："追认须以就授权所要求之方式做出，且具有追溯效力，但不影响第三人之权利。"《荷兰民法典》第69条第2款也规定："对实施法律行为的代理权的授予有特定形式要求的，也适用于追认的情形。"我国《民法通则》和《合同法》对追认的形式没有相应的规定，为了避免产生纠纷，我国未来民法典应当规定："追认应当采用与授予代理权相同的形式做出。"

第三，应当禁止对无权代理行为的部分追认。追认不得仅就契约的一部分为之，凡追认一种行为，即有追认其行为全体之效力，一部分的追认，通常可视为追认拒绝。换言之，追认某一行为，必须就其全部予以概括的追认，不能只就其中有利于自己的部分予以追认，其余部分则不予追认。对此，《荷兰民法典》第69条第4款后句规定："该直接利害关系人（即第三人，笔者注）不必接受部分的或附条件的追认。"《美国代理法重述（第三次）》第4.07条规定："除非对整个行为、合同或其他单独交易行为进行追认，否则追认无效。"《国际货物销售代理公约》第15条第4款规定："第三人可拒绝接受部分追认。"允许部分追认，无疑是肯定本人有权修改代理人与第三人已经签订好的合同。我国现行立法对此未做规定，建议未来民法典应规定："追认必须是对全部行为的承认，

---

[1] 史尚宽《债法总论》，中国政法大学出版社，2000年，53页。

对部分的追认无效。"

第四，应当规定单方法律行为不适用追认。追认通常只适用于契约行为，对于单方法律行为则不予适用。因为，无代理权人所为的单方法律行为，对于第三人而言是毫无抵御能力的①，即没有任何救济渠道。如果允许被代理人追认，将使第三人处于更加危险的状态。如果被代理人希望得到其效果，应当重新为之。所以，《德国民法典》第180条、《日本民法典》第118条原则上不允许追认单方的无权代理行为。但是，相对人在无权代理人为单方行为时，对其所主张的代理权表示同意或者没有提出异议，或者同意代理人为无权代理的行为，则可以进行追认。因为，如果无权代理人声称自己具有代理权，而第三人对此没有提出异议，甚至同意与无权代理人从事交易，则应当由第三人承担由被代理人之追认权所产生的不确定后果。参照德国和日本的立法，我国应当规定："对于单方的法律行为，不允许无代理权的代理。在为单方法律行为的当时，如果相对人对代理人所主张的代理权没有提出异议，或同意代理人为无代理权的行为，则可以由本人追认。在对无代理权的代理人为得到其许诺的单方法律行为时，亦同。"

第五，应当规定追认不得有损于他人的利益。法律赋予委托人以追认权只是为了保护他的利益，如果追认权的行使损害了他人的利益，该权利的行使就要受到限制。《美国代理法重述（第三次）》第4.05条规定，追认必须是在不损害第三人利益的前提下进行的，任何因为拖延期限导致对第三人的权利产生不利或不公平后果的情形而实施的追认都将是不被允许的。《欧洲合同法原则》第3:207条第2款也规定："基于追认，在不使他人的权利受有损害的情况下，代理人的行为即被认为是已经授权了的。"我国应当参照《欧洲合同法原则》做出如下规定："追认只在不损害他人利益的前提下才能产生效力。"

第六，应当规定追认一经做出不得撤销。无权代理行为一经追认，除非第三人同意或者第三人并没有因此而采取行动，被代理人不得撤销

---

① 〔德〕迪特尔·梅迪库斯《德国民法总论》，邵建东译，法律出版社，2000年，741页。

其追认。如果允许其撤销追认，一方面，将会使该行为重新回到效力不确定的状态，另一方面，将会使已经确信追认并采取了相应措施的第三人的利益受到损害。对此，《美国代理法重述（第三次）》第4.08条明确规定："如果当事人对另一方的行为做出了追认的意思表示，并且第三人基于对该意思表示的合理理解，对其法律处境做出了不利改变的，禁止前述当事人撤销其追认。"我国现行立法对之缺乏相应规定，可参照《美国代理法重述（第三次）》做出如下规定："无权代理行为一经本人追认，除非第三人同意，否则不得撤销。"

2. 无权代理人对第三人的责任

在无权代理中，如果第三人明知代理人是未获得授权或者超越代理权的，本人拒绝追认或视为拒绝追认无权代理行为时，尽管对第三人造成了损害，法律也不给予保护，此乃咎由自取。但如果第三人对于行为人的无权代理并不知情，在本人拒绝追认时，该善意的第三人就非常被动，并有可能造成损失，此时应为其提供救济渠道。对此，大陆法系各国普遍确立了代理人对第三人的无权代理责任，英美法系国家规定了代理人违反代理权限默示保证义务的责任。我国《合同法》第48条规定："行为人没有代理权、超越代理权或者代理权终止后以被代理人名义订立的合同，未经被代理人追认，对被代理人不发生效力，由行为人承担责任。"该条规定与《民法通则》第66条的规定一致，与两大法系国家的立法和国际代理法中的规定相比，我国现行立法中关于无权代理人责任的规定极为粗糙，主要存在以下问题：第一，责任内容不明。《民法通则》第66条和《合同法》第48条均规定"由行为人承担（民事）责任"，至于承担何种责任，是履行合同的责任，还是损害赔偿的责任，缺乏明确的规定；是可以在二者之间自由选择的责任，还是不可选择的单一的责任，其义不明；如果属于损害赔偿的责任，其赔偿的范围是信赖利益损失，还是履行利益损失，更是无从得知。第二，缺乏免责事由的规定。世界各国的立法普遍规定，如果第三人知道或应当知道欠缺代理权时，无权代理人不承担责任。因为，知道或应当知道代理权有欠缺时，就一定能够预料到将来被代理人不会追认的风险,然而在此情形下,仍然与无权代理人进行交易,属于自甘冒险。我国现行立法对此没有任何规定。

针对上述问题,建议对《合同法》第48条和《民法通则》第66条中关于无权代理人责任的规定修改如下:"行为人没有代理权、超越代理权或者代理权终止后以被代理人名义订立的合同,未经被代理人追认的,除非第三人已经知道或应当知道行为人欠缺代理权,否则应由行为人承担损害赔偿责任,以使第三人处于如同代理人有权行为一样。但是,如果行为人不知自己为无代理权时,其赔偿额不得超过第三人在合同有效时可得到的利益。"

对上述建议,需要说明如下三点:第一,无权代理人所承担的责任既不是履行合同的责任,也不是在履行合同和损害赔偿之间进行选择,而是单一的损害赔偿责任。这是因为,一方面,这一责任形式是大陆法系多数国家和英美法系国家普遍采行的责任形式,我国应顺应这一发展趋势;另一方面,责令承担履行合同的责任也是不现实的,因为无权代理人通常并不从事该种业务。第二,所谓"以使第三人处于如同代理人有权行为一样",是指损害赔偿的范围以履行利益为限,对此本文主要参考了《国际货物销售代理公约》第16条第1款和《国际商事合同通则》第2.2.6条第1款的规定。但是,如果无权代理人在行为时对自己的代理权瑕疵并不知情,则只就第三人信其合同有效成立所产生的损失予以赔偿,即信赖利益损失的赔偿。第三,无权代理人的责任只是针对善意第三人而言的,是为了保护交易安全才设置的,如果第三人已知或应当知道行为人缺乏代理权时仍然与之订立合同,则属于恶意第三人,对此法律无进一步保护的必要,因而无权代理人免于承担责任。

第六章

取得时效制度的构建与侵权诉讼时效

民法上的时效，是指某种事实状态持续存在达到法律规定的时间后，即可产生权利变动的法律后果。时效包括取得时效与消灭时效，前者是指无权利人自主地、和平地、公然地以权利人自居持续地占有他人的财产的事实状态达到法律规定的期间后，将会产生取得该财产的所有权或其他权利的后果；后者是指权利人拥有权利却不行使权利的事实状态持续达到法律规定的期间后，将会产生丧失该项权利的后果。二者都是权利变动的法律事实，属于民法上的重要制度，但二者的旨趣不同，取得时效是为了肯定现存的财产秩序而否定了旧的权利，消灭时效则是为了否定旧的权利而肯定了现存的财产秩序。我国现行立法中，只规定了消灭时效，未规定取得时效。未来民法典总则中，关于时效制度的规定，至少有两个疑难问题：一是是否应当规定取得时效，如何设计这一制度；二是在侵权诉讼时效方面，基于侵权行为的特殊性，其适用对象、时效期间、起算点应当如何规定，以及侵权诉讼时效与刑法追诉时效的关系等。本章主要围绕上述问题展开讨论。

第一节　我国取得时效制度的构建

一、我国建立取得时效制度的理由

由于受苏联民法理论的影响，我国许多学者曾对取得时效制度一直持否定态度，因此，在我国1986年颁行的《民法通则》中只规定了诉讼时效，没有对取得时效做出任何规定。但是自20世纪90年代以来，由于市场经济的发展、理论研究的深入和司法实践的需要等原因，开始有学者主张在我国民法中确立取得时效制度。至此，关于是否应当在我国民法中建立取得时效制度，学界有"否定说"和"肯定说"两种对立的观点。

（一）否定说

在20世纪90年代以前，学者们对取得时效制度主要是持坚决否定的态度，他们认为取得时效制度不过是历史的残留物，[①]其存在仅有一些历史沿革上的理由，没有法理上的根据，并且这个制度所产生的效果往往会与我国的传统道德、民俗观念等相违背，也没有什么现实的存在意义。第一，我国是社会主义国家，而取得时效制度主要是提倡经过一定的期间便可将他人的东西据为己有，这与我国社会主义道德观念不符，规定这种制度利少弊多，可能会对那些行为不轨的人哄抢、私占国家、集体、公民财产起到鼓励作用，[②]因此这种制度的设立会使得法律有为不劳而获的行为提供法律依据之嫌。此外，基于我国社会主义公有制所具有的特殊性，规定取得时效制度还有可能使企业职工占有国有资产合法化，造成国有企业财产的大量流失。[③]第二，我国是具有几千年文明历史的礼仪之邦，"拾金不昧""物归原主"是中华民族自古以来代代传承的传统美德，如果允许依据取得时效制度而对他人之物取得所有权的话，便与这些传统美德背道而驰，有悖于社会主义道德风尚。第三，从民法理论上看，取得时效与消灭时效并行是不科学的，可能产生两个矛盾：一是对一个权利客体来说，一方取得权利，即意味着对方丧失权利，但在两种时效并行的体制下，一方丧失权利，对方却不能因此取得权利，这就造成了权利与客体的脱节，有悖于时效制度的宗旨；二

---

① 孙宪忠《德国当代物权法》，法律出版社，1997年，319页。
② 钱明星《物权法原理》，北京大学出版社，1994年，230页。
③ 陈华彬《民法物权论》，中国法制出版社，2010年，201页。

是只要权利人于消灭时效期间内提出争议，就会阻止取得时效的完成，因此，谈不上取得时效的适用，两种时效并行没有实际意义，只会增加问题的复杂性。①第四，在我国现行立法中，《土地法管理法》对土地所有权进行了必要的限制，《物权法》中规定的善意取得制度可以妥当地保护交易安全和善意第三人的利益、不动产登记制度的完善以及诉讼时效制度的健全，这些都使得取得时效制度失去了存在的空间，如果规定了取得时效，徒然造成法律的庞杂、混乱与重复。第五，建立取得时效制度不利于对法律秩序的维护。在取得时效制度中，当权利被他人侵犯时，不但不依法予以制止或恢复，反而坐视其演变，进而承认其权利取得，这岂不是对法律秩序的公然破坏？②第六，设立取得时效以后，未必有现实意义。因为自德国民法设立该制度以来，实践中案例发生极少，这主要是因为要确定是否以所有人的意思公然、和平的占有，举证十分困难③，所以设立该项制度的实践价值不大。

（二）肯定说

由于学者们看待事物的角度和分析问题的切入点有所不同，因此所持的理由也不尽相同，归纳起来主要有如下几点。第一，取得时效制度的核心在于对长久形成的一种事实状态进行保护，从而在法律上明确民事法律关系，防止因法律关系不明影响社会的稳定和发展，影响交易的效率和安全，损害社会公共利益。所以，在我国立法中应当建立取得时效制度来维护经济和社会的稳定，保护交易安全。第二，取得时效制度可以督促权利人积极主动地行使自己的权利，也有利于人民法院及时、准确地处理民事案件。④第三，对于所有人而言，既然其允许占有人长期地占有其物而不主张权利，就可以推定其已经放弃了该项权利，占有人通过取得时效制度取得所有权并不违背权利人的意思，否则，他就应

---

① 梁慧星《中国物权法研究》，法律出版社，1998年，300页。
② 周兴武《时效制度之基本理论》，台湾《法律论丛》，第700期。
③ 王利明《建立取得时效制度的必要性探讨》，《甘肃政法学院学报》2002年，第1期。
④ 刘心稳《中国民法学研究述评》，中国政法大学出版社，1996年，276页。

当积极主动地主张自己的权利而不是漠视。因此，取得时效制度在惩罚权利人"在权利上睡觉"的同时，保护了占有人对物的占有和使用，进而也有利于充分发挥物的效用，避免物的浪费。第四，废止论从主观臆断出发，认为取得时效会鼓励人们哄抢、私占他人财物，因而有违道德观念，实际上是一种误解。[①]取得时效有着严格的适用条件和适用范围，不存在对不法行为的包庇甚至鼓励，也不会和我国的传统道德相违背。

（三）本文的观点

本文赞同肯定说，理由如下。

第一，就所有权人而言，法律确实应当对其享有的这种合法的权利予以保护，而就占有人而言，他对财产在很长一段时期内进行占有、使用及收益，对于这种劳动的付出和经营成果的取得，法律也有理由进行保护，这时就需要通过法律对二者进行价值判断，解决这种权利人和占有人之间的利益冲突。此时，权利人享有权利却长期不去行使，占有人不享有权利却积极维护权利，与其对前者进行保护，不如保护后者更能体现公平原则。同时，占有人的长期占有导致的是一种稳定的社会秩序和普遍的信赖利益，而权利人的所有权仅表征着其个人权利，因此，应当优先保护占有人的利益。而"取得时效否定论"过于强调所有权绝对不可侵犯的原则，这是一种绝对的、排他的、恒久的个人私有财产权之制度，[②]这一观念已经陈旧，不再适应社会发展的需要了。

第二，在我国的社会主义道德观念中，极为重要的一条就是国家利益、社会整体利益高于个人利益，而取得时效制度正是着眼于对整个社会的交易安全和社会整体利益进行保护，维护经济秩序和社会的稳定，这是符合社会主义道德观念的。诚然，确立取得时效制度使得对所有人合法权益的保护有了一定的局限性，有保护恶意占有人之嫌，但是，这

[①] 张玉敏、田平安《应当尽快建立取得时效制度》，《中外法学》1990年，第3期。
[②] 彭时《世界民法思潮的新趋势（一）》，台湾《法律论丛》，第698期。

是为了对公共利益进行保护而做出的规定，况且，取得时效的完成并非秘密进行，权利人本可以有充分的时间要求返还，权利人放弃对财产的占有，只能说明其对自己的财产漠不关心。因此，法律牺牲个别权利人的利益以维护社会经济秩序是必要的。[①]此外，取得时效很可能会给一些不法分子以可乘之机去侵害国家、集体或个人的财产，但是，只要法律对取得时效的要件、范围等做出明确的规定从而对其适用进行严格的限制，这个问题是完全可以避免的。

第三，建立取得时效制度非但不会破坏法律秩序，反而可以起到维护法律和社会秩序、促进社会和谐的作用。法律虽赋予所有人支配其物的权利，然而，当占有人占有某物达一定期间后，社会常信赖它与真正的权利关系相符，而且占有人在这种事实状态下可能已建立了各种法律关系，若为保护原权利人的利益，势必就要推翻已建立的各种法律关系，这样反而会造成社会交易秩序的混乱。[②]

第四，就立法与司法实践来看，我国一些法律法规已有承认取得时效的倾向。如国家土地管理局印发《关于确定土地权属问题的若干意见》的通知[1989]国土[籍]字第73号第11条规定："农民集体使用其他农民集体所有的土地，凡连续使用已满20年的，应视为现使用者所有；连续使用不满20年，或者虽满20年但在20年期满之前原所有者曾向现使用者或有关部门提出异议要求归还的，由县级人民政府根据具体情况确定土地所有权。"1995年，国家土地管理局颁布的《确定土地所有权和使用权的若干规定》第21条规定："农民连续使用其他农民集体所有的土地已满20年的，可视为现使用者所有。"这一规定说明取得时效对于解决农民集体之间的土地权属纠纷亦有重要作用。又如，最高人民法院审判委员会于1984年8月30日通过的《关于贯彻执行民事政策法律若干问题的意见》第58条规定："承典人可因出典人对有典期而逾期10年，无典期而满30年未赎的出典房屋取得所有权。"这条规定亦属典型的时效取

[①] 尹田《法国民法上的取得时效制度》，《法学评论》1998年，第2期。
[②] 史尚宽《民法总论》，中国政法大学出版社，2000年，623页。

得①。可见，在我国确立取得时效制度，不仅具有理论意义，而且也有很大的实践价值。

二、我国建立取得时效制度的法律意义

取得时效制度肇端于罗马法，其产生之初是为了调节财产所有人和需要人之间的矛盾、平衡有余与不足、鼓励人们使用他人废置之物（如土地、奴隶、牲畜等），以促进物尽其用。随着罗马商品经济的发展，其演进为一种尊重持续的事实状态，维护社会经济秩序的制度。②取得时效的功能之核心，在于奉行"事实胜于权利"的原则，以长久存在的事实状态代替真实权利，以维护社会秩序的稳定，促进物尽其用，并避免举证上的繁琐。因此，取得时效制度既具有实体法上的价值，也具有程序法上的价值，③其建立的法律意义主要表现在以下几个方面。

（一）建立取得时效制度是完善我国民法上的时效制度的需要

民法上的时效制度是由取得时效制度和消灭时效制度共同构成的，二者在发挥各自作用的同时相互衔接。消灭时效制度是在权利人不行使自己的权利的情况下解决权利的消灭问题，而取得时效制度是在权利人不行使权利但占有人持续、公然、和平地占有标的物的情况下解决权利的归属问题。根据这种体系性，时效的完成，一方面使权利人丧失权利，另一方面使他人取得权利，从而将权利的消灭与取得统一起来，使其不致在权利人丧失权利的同时，他人未取得权利，而使权利无所依归，导致权利处于悬而未决的不稳定状态。④所以，在民法时效制度中，二者是缺一不可的。

然而，我国《民法通则》只对诉讼时效进行了规定，没有规定取得时效，并且在后来颁布的《物权法》中仍然没有对取得时效做出明确

---

① 彭诚信、刘智《取得时效的实践价值与立法设计》，《社会科学研究》2007年，第4期。
② 周枏《罗马法原论》（上），商务印书馆，1994年，319~345页。
③ 刘保玉、王仕印《论取得时效的制度构建》，《法学杂志》2007年，第2期。
④ 肖厚国《物权变动研究》，法律出版社，2002年，438页。

的规定。仅规定诉讼时效制度是远远不够的，它根本无法解决在诉讼时效期间届满以后的财产归属问题，而这个严重的漏洞就需要取得时效制度来填补，取得时效制度在这方面的作用是其他制度所无法替代的，因此，在我国未来的民法典中对取得时效做出明确的规定是十分必要的。

（二）建立取得时效制度是促使物尽其用，提高财产利用率的需要

民法作为调整社会主义市场经济关系的基本法，与市场经济的发展有着紧密的联系，因此，在经济发展中所强调的"效率原则"也同样是现代各国民法的价值取向之一。在民事法律关系的领域中，对财产进行合理有效的利用是实现财产价值的最好途径，而这也恰恰是经济发展中效率原则的具体体现。如果允许法律规定在权利人怠于行使其合法权利而使得财产不能得到充分的利用时，由长期对其进行使用收益的占有人取得该财产的权利，那么，从法理学的角度来讲，体现了"法律保护勤勉者，不保护懒惰者"的原则，而从经济学的角度讲，就是将财产分配给了对其价值评价更高的主体，因而对社会有利，[1]可以促使物尽其用，提高财产的利用效率。具体到取得时效制度，在物尽其用方面的作用表现在：一方面，该制度能有效地促使权利人积极行使权利，减少资产的浪费和闲置，从而充分发挥资产的效用；另一方面，因为取得时效允许占有人在一定条件下取得占有物的所有权，这就使占有人敢于把占有物投入流通，参与民事流转，尽可能充分地发挥物的效用。[2]

（三）建立取得时效制度是保护交易安全和维护社会秩序的需要

建立取得时效制度的根本目的在于保护交易的安全和维护社会秩序的稳定，所以，有学者指出，取得时效的意义在于平衡私的所有与社会和平秩序之间的张力，用时间来治愈权利瑕疵给社会生活带来的不便和

---

[1] 孟利民《取得时效制度存废的价值分析》，《法律适用》2005年，第11期。
[2] 王利明《民商法研究》（第1辑），法律出版社，2001年，262~263页。

困扰。①

一方面,取得时效制度的设立可以维护社会秩序的稳定。在罗马法中,取得时效制度的功能在于"通过这个自动机械,权利的缺陷就不断得到矫正,而暂时脱离的所有权,又可以在可能极短的阻碍之后重新迅速地结合起来"②,这个功能被现代民法所采纳。当标的物的所有权人或其他权利人在很长的时间内都不去行使自己的权利,而占有人或是权利的行使者在一定期限内占有标的物并行使标的物上的权利,这种事实状态的长期存在会使他人对占有人的占有或权利行使者的权利形成一种信赖,产生各种各样的法律关系,从而使之在社会上成为一种公认的秩序。如果不设立取得时效制度的话,这种长期存在的事实状态就面临着可能被推翻的危险,而一旦它被推翻,势必造成社会经济与法律秩序的混乱,违背法律维持人类共同生活的和平秩序的目的,于是对永续的一定事实状态加以尊重而承认之。③

另一方面,取得时效制度的设立可以保护交易安全。如上所述,长期在社会上存在这样的事实状态,就会使他人对之产生一种合理的信赖,并基于这种信赖建立各种法律关系,比如,占有人可能将其占有的财产转移给第三人,第三人也有可能再和其他人进行交易活动,这时就涉及了不特定的多数人的利益,即交易的安全。当法律对个体的保护和对交易安全的保护发生冲突时,法律首先应当对代表不特定多数人利益的交易安全进行保护,维护社会公共利益。所以,法律理应保护基于这种合理信赖而产生的法律关系,这就为取得时效制度提供了生长的沃土,只有取得时效制度才可以在法律上赋予这种长期存在的事实状态以正当性,从而使他人可以放心地从事交易活动。

(四)建立取得时效制度是有效降低诉讼成本、提高司法效率的需要

从司法实践来看,如果权利人拥有权利却长期不去行使,反而由

---

① 肖厚国《物权变动研究》,法律出版社,2002年,441页。
② 〔英〕梅因《古代法》,沈景一译,商务印书馆,1959年,163页。
③ 郑玉波《民法物权》,三民书局,2007年,79页。

占有人长期占有或者使用他的财产，那么，随着时间的推移，原权利人的权利证据将难以保存或者不便保存，此时，如果继续保护原权利人的权利，必定会花费大量的人力和物力去证明原权利的存在，这样在付出巨大的诉讼成本以后也未必可以获得具有证明价值的证据。在这种情况下，这些努力仅仅是没有任何必要的徒劳，正如康德所言："很明显，在人间找不到任何历史记载，证明对一种占有资格的探究，必须要追溯到最先的占有者和他的获得行动。"[①]因此，法律有必要直接将占有人持续占有财产的状态作为其享有权利的证据而承认其拥有该项权利，此即取得时效制度。可见，在法律规定了取得时效制度的情况下，当占有人和平、公然地占有标的物经过一定期间以后便可直接适用取得时效的规定，法院在受理案件以后仅需援用法律的具体规定便可解决纠纷，而不再需要为了确定权属兴师动众地调查取证，这在降低诉讼成本的同时又提高了司法效率，满足了及时解决纠纷的需要。

三、我国取得时效制度的立法例选择

取得时效和消灭时效都起源于罗马法，取得时效制度早在《十二表法》颁布以前就已存在于罗马习惯规则中，[②]消灭时效则起源于罗马法务官的命令。[③]当代世界各国和地区的法学理论和民事立法对罗马法中所确立的时效制度予以继承和发展，大体上形成了两种立法模式，即统一主义与分别主义。

所谓统一主义，乃是中世纪注释法学家认为取得时效与消灭时效具有相同的法律本质，即这两种制度都是以一定时间的经过和一定事实状态的持续为基础，一方取得权利，另一方丧失权利，故取得时效制度与消灭时效制度应当作为统一的制度加以规定。奥地利、日本、越南等国民法典均采此制，即将二者统一于"时效"概念之下，并使其成为时

---

① 〔德〕康德《法的形而上学原理》，沈书平译，商务印书馆，1997年，117页。
② 〔英〕梅因《古代法》，沈景一译，商务印书馆，1959年，161页。
③ 郑玉波《民法总则》，中国政法大学出版社，2003年，542页。

效的两种类型，于民法典中设专章集中予以规定。在此需要指出的是，《法国民法典》原来也是奉行统一主义，将取得时效与消灭时效一并规定在"时效"一编中，但进入21世纪以来，修改后的《法国民法典》将取得时效与消灭时效分别置于相互独立的两编之中，由统一主义改采为分别主义[①]。

所谓分别主义，着眼于取得时效和消灭时效的不同之处，将二者在民法典中分别做出具体规定，即将取得时效规定在《物权法》中，消灭时效规定在《民法总则》之中。1900年实施的《德国民法典》首次采用了这种立法模式，之后被许多国家的立法所效仿。《德国民法典》在时效立法问题上之所以采分别主义的立法体例，是受历史法学派理论主张的影响。历史法学派在研究和继受罗马法的过程中，认为取得时效和消灭时效是两种不同的法律制度，注释法学派统一并存的主张是对罗马法的篡改，主张返璞归真。[②]德国历史法学派的创始人萨维尼认为，虽然取得时效与消灭时效在某种程度上具有一定的共性，但若仔细加以分析，就会发现，取得时效与消灭时效在成立的原因、条件以及法律效力方面都有很大差异，二者在本质上是具有不同社会功能的法律制度。所以，《德国民法典》在制定过程中采纳了此种主张，把消灭时效规定在第一编"总则"的第五章部分，而把取得时效规定于第三编《物权法》的第三章"所有权"部分。除德国外，采用这种立法模式的国家还有瑞士、意大利等。

我国学界对时效制度立法模式的选择也不无争议。一些学者支持在我国未来的民法典中采取分别主义的立法模式。他们认为，取得时效和消灭时效在本质上是属于两种不同的制度，它们有各自的功能价值，前者针对物权而设，是原始取得所有权的方法之一，后者则针对债权而设，是权利人行使权利的时间限制。[③]因此，取得时效主要适用于所有

[①] 罗结珍译《法国民法典》第二十编、第二十一编，北京大学出版社，2010年，491~499页。
[②] 李开国《民法总则研究》，法律出版社，2003年，393页。
[③] 秦伟、李功田《论时效利益之归属与抛弃》，《法学论坛》2000年，6页。

权等物权，在民法典中将其规定于"物权"部分较为合适。而消灭时效主要适用于债权请求权，又因民法上的债权请求权种类繁多，零散分布于民法典的各个部分以及一些商事单行法之中，若不将之规定于"总则"部分的话，难以统领其他各编及商事单行法。而另外一些学者则认为，在我国立法中采纳统一主义立法模式更为妥当。因为，取得时效和消灭时效二者共同构成了完整的时效制度，这是自罗马法以来长期被认可的理论，若仅仅因为二者的差别就否认其实质上的共性，确有"只见树木不见森林"之嫌。

笔者认为，从理论上讲，分别主义的立法模式优于统一主义的立法模式。取得时效和消灭时效之间的确存在着一个调整范围各有侧重的问题，把消灭时效置于总则而把取得时效置于物权部分，更能明确地体现二者所调整的范围和适用的领域，这也是法典的体系化要求。但是，就我国目前的立法状况而言，统一主义的立法模式则更为现实可行。因为我国2007年颁布的《物权法》未规定取得时效制度，但2002年的《中华人民共和国民法（草案）》在总则编第八章"时效"中对取得时效和消灭时效分两节做了统一规定①，这也可以看出立法者的意思同样是着眼于两个制度内在的统一性，认为将二者统一规定于民法典的总则编是可行的，赞成采取统一主义的立法模式。所以，笔者主张在未来民法典总则中，应将消灭时效与取得时效统一规定于"时效"一章中。具体而言，在民法典总则的"时效"一章之下设三节，依次为：时效通则，消灭时效，取得时效。在"时效通则"一节对消灭时效和取得时效的一些共性问题做出一般性规定，在"消灭时效"和"取得时效"两节对二者分别做出具体性规定。

---

① 我国《民法（草案）》第105条规定："权利人不行使权利，致使消灭时效期间届满，占有人以所有的意思，公开、持续占有他人不动产经过五年的，取得该不动产的所有权。占有人取得不动产用益物权，参照前款规定。"第106条："权利人不主张权利，致使消灭时效期间届满，占有人以所有的意思，公开、持续占有他人动产经过两年的，取得该动产的所有权。占有人取得船舶、航空器、汽车等动产的所有权，适用本法第105条第1款的规定。"

四、取得时效在我国的适用范围

（一）所有权适用取得时效

自罗马法产生取得时效制度以来，所有权一直是该制度的主要适用对象，包括动产的取得时效和不动产的取得时效，之后在各国的民事立法中也都承袭了这一历史传统。但是，并非所有的所有权都可以适用取得时效制度。

1. 禁止流通物不适用取得时效。禁止流通物，是指在法律中明确禁止作为交易标的进行流转的物，如枪支、弹药、毒品以及淫秽物品等。由于取得时效是对新的事实关系的确定，若使禁止流通物适用于取得时效，就会造成禁止流通物的事实流转，与立法本意相违。因此，"禁止流通物"不适用取得时效是其本质使然。①

2. 在不动产所有权的适用上，未登记的不动产与已登记的不动产是否都可适用取得时效？这是在立法和学界都有争议的问题。从各国立法以及学者的见解来看，未登记的不动产作为取得时效之客体没有什么争议，主要问题是关于已登记的不动产是否可以适用于取得时效。德国与瑞士民法典中均有已登记不动产适用取得时效的法条，而日本民法未区分动产与不动产，直接规定只要20年平稳而公然占有他人物者，取得该物所有权，可见，已登记的不动产已经包括在内。我国台湾地区民法只规定了未登记的不动产可以适用取得时效，明确排除了已登记的不动产。

对此，我国学者之间也是有分歧的。肯定论者认为，取得时效的适用有利于社会经济秩序的稳定和物的快速流转，应将已登记的不动产纳入取得时效中来，②主要理由如下：其一，客观上存在登记权利人与实际占有人不一致的状态，需要通过取得时效消除这种不稳定的权利状

---

① 刘宝玉、钟淑健《取得时效制度若干问题探讨》，载杨振山、〔意〕桑德罗·斯奇巴尼主编《罗马法·中国法与民法法典化》，中国政法大学出版社，2001年，299~341页。

② 温世扬、廖焕国《取得时效立法研究》，《法学研究》2002年，第2期；喻文莉《取得时效之客体研究》，《法律科学》2003年，第2期；吴锦标、许晓芳《取得时效适用范围初探》，《法律适用》2004年，第12期。

态。事实与登记状况不一致，可以分为三种情况，一种是登记名义人为非权利人，占有人为真正的权利人；第二种是登记名义人为真正的权利人，而占有人为非权利人；第三种则是登记名义人与占有人都是非权利人。对于第一种情形，属于登记取得时效的问题，而第二、三种情况则需要将其纳入占有取得时效，以消除不确定的权属关系。由于我国不动产登记制度不健全，存在大量的事实与登记不符的情况，因此，登记的不动产也应适用取得时效，以确定其归属。其二，在登记与事实权利关系长期不统一的情况下，将会妨碍财产的有效利用，适用取得时效可以避免不动产的闲置浪费。其三，我国的不动产登记制度乃是一种形式审查，并非像德国、瑞士等国的实质审查，不动产登记的真实性一定程度上打了折扣，其公示效力自然较弱，取得时效的适用不会对登记公示公信产生较大影响。

否定论者认为，我国在物权变动上采取登记生效主义，不动产的登记具有绝对的公示公信力，一旦将已登记的不动产也纳入取得时效的范围，则与不动产登记的效力产生矛盾，由此会导致权属关系的混乱和纠纷的产生。我国台湾地区通过立法将已登记的不动产排除在取得时效之外，理由自是与公示原则相悖。因此，为保证登记效力的绝对性，我国不应当将已登记的不动产适用于取得时效。

笔者赞同否定论者的观点。但是，已登记的不动产是否应当适用取得时效，应从取得时效的本质和价值功能上进行考察。取得时效作为所有权取得的一种特殊方式，主要是在权属关系纷争不明时的一种判定方法，其主要价值在于维护既有的社会关系。可以说，如果权属关系可以用其他手段判定的，取得时效就不应当适用，毕竟单纯以占有而确定权属争议者为不得已的方法，且剥夺他人所有权的做法在法律的价值和道德上都是存在争议的。所以，在我国，已登记的不动产不应当适用取得时效。

3. 国有财产可否适用取得时效？对此，学界的争议比较大。有的学者认为，应当秉持着对财产平等保护的态度肯定国有财产也可以适用取得时效。有的学者则认为，国有财产不同于一般财产，不可以适用取得时效制度，否则会有损国家利益。笔者认为，应当分情况区别对待，理由在于：第一，对于那些直接由国家控制的、不能进入到流通领域的国有财产，如森林、矿藏、河流、军事设施、警车等公有物以及国家图书馆、博物馆、公园等公用物，不宜适用取得时效。这是因为，公有物关系到国家的整体利益，事关国家安全与社会制度，不能任由他人取得。公用物是为社会提供公共服务的，具有公益性质，如果法律允许公用物适用取得时效制度的话，将会危及社会公共利益。因此，法律应当明确禁止公有物和公用物适用取得时效。当然，在公用物废止公用以后，便可以成为取得时效之标的，[①]因为其已不再具有特殊的公益性质，此时与普通财产别无两样。第二，对于那些国家间接控制的授予法人或其他组织管理、使用的财产，如果不适用取得时效制度，他们的实体权利便不受丧失的限制，从而有可能导致经营管理者对国家财产没有义务感和责任心[②]，因而，有必要适用取得时效制度。第三，国家财产一旦投入企业，就丧失了所有权，国家享有投资人的权利，该财产的所有权由企业享有，如果因为它属于国家投资的财产就不适用取得时效，而非国家投资的财产就适用取得时效，显然违背民法上的公平原则。

  这里还需要讨论我国的土地所有权是否可以适用取得时效的问题。我国实行的是社会主义土地公有制，土地的所有权属于国家或集体，公民个人不能享有土地所有权。同时，土地所有权的流转也受到严格的限制，只有依据法律规定的方式才可以进行土地所有权的流转，比如国家的征收、征用等。但是，这并不意味着取得时效制度在此没有任何适用的空间。诚然，如果允许他人通过取得时效的方式而取得国有土地所有权，是违反宪法规定的，因此，国家所有的土地不能成为取得时效制度的客体，这是毫无疑问的。但是，集体所有的土地在一定条件下可以成为其他集体取得时效的客体。在我国，享有集体土地所有权的各个集体

---

① 谢在全《民法物权论》（上册），中国政法大学出版社，1999年，150页。
② 冯忠明《取得时效制度问题探讨》，《法学杂志》2005年，第4期。

之间是相互独立存在的关系，如果不允许这些土地适用取得时效的话，那么，只要某个集体享有该部分土地的所有权便可以高枕无忧、一劳永逸，这必然会导致大量土地的闲置和浪费，不能发挥其应有的功效与职能。另一方面，对于那些积极主动地开垦利用被闲置土地的集体而言，如果不能适用取得时效，其永远也无法取得所利用土地的所有权，以致使他们丧失合理占有、使用土地的积极性。

4. 共有物可以适用取得时效。关于共有物是否可以适用取得时效，学界大多学者持肯定的态度。就共有物而言，其所有权是属于全体共有人共同所有的，因此，不论是在共同共有还是按份共有中，只要一个共有人以单独所有的意思和平、公然地占有共有物，那么，其占有就可以适用取得时效。但是，如果共有人自己并没有所有的意思，他只是受全体共有人的委托而代为保管共有物，则不符合取得时效的适用条件，在这种情形下，只有当他主观上将为全体共有人保管的意思变为自己个人所有的意思，才会有取得时效的适用。

（二）用益物权适用取得时效

用益物权，是指对他人所有的不动产享有的占有、使用和收益的权利。我国《物权法》中规定的用益物权主要包括土地承包经营权、建设用地使用权、宅基地使用权和地役权四种。学界对于前三种用益物权可以适用取得时效并无异议，而地役权是否可以适用取得时效应当依据不同的地役权类型予以确定。根据我国《物权法》的规定，地役权是指不动产权利人按照合同约定，利用他人不动产为自己不动产提供便利的权利。依权利行使或内容实现之时间是否有继续性为标准，地役权可分为继续性地役权与非继续性地役权，前者是指权利内容之实现，不必每次有地役权人之行为，而在时间上能继续无间之地役权，例如筑有道路之通行地役权；后者是指权利内容之实现，每次均以有地役权人之行为为必要之地役权，此种地役权大抵无固定之设施，例如未开通道路之通行地役权。[1]依权利的存在是否表现在外为标准，地役权又可分为表现地

---

[1] 谢在全《民法物权论》（上册），中国政法大学出版社，1999年，430页。

役权和非表现地役权。前者指地役权的行使,依外形的事实而表现的地役权,如通行、地面排水地役权;后者指权利的行使不能依外部的事实而认知的地役权,如观望地役权。①地役权的这两种分类,与地役权可否适用取得时效制度密切相关。我们知道,取得时效制度的适用要求占有人的占有必须是公然、继续的,因此,就非继续性地役权而言,其不具有继续性,而就非表现地役权而言,其不具有公然性,所以,二者当然不能适用取得时效。可见,地役权之能依取得时效而取得者,须以具有继续性和表现性为必要,②只有当持续性地役权或表现性地役权同时具备持续性和表现性时,方可适用取得时效制度。

(三)担保物权不应适用取得时效

抵押权在设定时不转移物的占有,所以不会产生取得时效的问题。留置权是一种法定担保物权,因而也不可能适用取得时效。对于质权是否可以适用取得时效,在学界存有争议,笔者持否定的观点,理由是:第一,质权的取得时效期间和主债权的期限往往难以衔接和协调,导致在实践中无法认定;第二,法律确立质权的目的是确保债权的实现,当债务人怠于履行债务时债权人就质物之变价优先受偿,是对其交换价值的支配,而非使债权人可以取得质物的所有权。而且,依据《物权法》第211条的规定,我国法律是明确禁止流质约定的,如果把质权纳入取得时效的适用范围,则会与该制度所体现的立法宗旨相冲突。所以,质权也不适用取得时效。

(四)知识产权不应适用取得时效

关于知识产权,多数学者认为其不应当适用取得时效。③否定者认为,知识产权因其性质较为特殊,与传统的物权差别较大,是取得时效

---

① 陈华彬《民法物权论》,中国法制出版社,2010年,384页。
② 梅仲协《民法要义》,中国政法大学出版社,1998年,587页。
③ 刘友华、张歆《论知识产权不应适用取得时效》,《当代法学》2002年,第4期;潘峰《所有权以外财产权对取得时效的准用性》,《福建金融管理干部学院学报》2004年,第2期。

的适用可能会损害公益安全。综合来看，知识产权不适用取得时效，主要有以下几个理由。第一，知识产权的客体是知识或信息，与物权的有体性不同，物权的取得时效可以通过占有物本身而实现对所有权或其他物权的占有。但是，知识产权一经公布，任何人都可以合法使用，但都无法实现独占。若允许时效取得，则权属关系将无从确定。第二，知识产权一般具有一定的期间保护性。在法律规定的期间内，任何人不得非法使用，一旦超过该期间，则法律不再保护，而且为了公共利益，知识产权的保护期间一般比较短，而取得时效的期间一般较长，二者在期间上的矛盾导致知识产权在适用取得时效时会产生极大的不协调。第三，从知识产权的社会性质讲，适用取得时效将导致利益保护失衡。国家保护知识产权，是为了促进科技创新，最终实现经济和技术的全面进步。因此，法律必须对知识产权的拥有人进行严格的保护。若取得时效适用知识产权，则占有人可以无偿获得他人技术，实际上是对知识产权人利益的严重侵害。无论如何都谈不上有促进经济发展或解决权属纠纷的意义。因此，取得时效不应适用知识产权。

也有学者认为，传统意义上的知识产权因其特性显然不适用于取得时效，但一些新型的权利可以适用。其一，创造性成果中的商业秘密权、经营性商标权、经营资信中的商誉权等，可以适用取得时效。因为这些权利并无期间限制，与公共利益关系较远，适用取得时效是适当的。其二，对于新型权利，如顾客权、信用权等可以具体分析，采其善者适用。

笔者认为，知识产权不适用取得时效更符合取得时效的本质与知识产权的特性。第一，取得时效主要是针对有形物权的权属争议而设立的，商业秘密权等知识性权利因其特殊的产生途径，再加上登记等国家管理手段，其权利来源的判定一般不需要通过一定期间的占有外观为条件。第二，取得时效是对权利人权利的一种无偿剥夺，有形物的价值毕竟有限，而知识产权一般价值较大，其经济意义往往无法准确衡量，若允许通过时效取得，则对权利人造成的损失是很大的，与社会公平原则不符。第三，知识产权保护本身有特殊的争议解决措施，如经营性商标权,一般以先登记者为权利人,对于驰名商标还要通过经营时间、影响力等多种途径进行判断,其根本目的在于对权利人进行严格保护。显然,在这种情况下,取得时效的适用显得很不适宜。

(五)人身权不应适用取得时效

人身权包括人格权和身份权。人格权是指主体依法所固有的、以人格利益为客体的、为维护主体的独立人格所必备的权利。[①]身份权是指民事主体基于其特定的身份而享有的权利。在罗马法中,取得时效制度既可适用于财产关系也可适用于人身关系,因此,有学者提出,目前在欧美大陆法系国家中,取得时效制度在人身关系方面运用得很广泛,因而主张我国应当认可取得时效在人身关系上的适用。[②]这种观点是值得商榷的。因为在罗马法中人格具有绝对的不平等性,妇女和奴隶不被视为民事主体,他们都不是民法意义上的"人",所以,罗马法的取得时效制度可以适用于人身领域,人之本身或是人的身份均可以作为取得时效的客体。但是,在现代民事法律理念下,人格权和身份权是与民事权利主体的人格、身份密不可分的权利,二者不属于财产权,因此,绝对不可以成为取得时效制度的客体。

五、取得时效的构成要件

(一)动产所有权取得时效的构成要件

1. 占有人须占有标的物

占有,系指对物有事实上的领管力。占有是取得时效的一项基本条件,取得时效的成立,以占有人对标的物持续不断的占有为前提,无占有即无所谓取得时效。[③]占有是一个内涵和外延都极为广泛的概念,作

[①] 王利明、杨立新、姚辉《人格权法》,法律出版社,1997年,5页。
[②] 徐国栋《论取得时效制度在人身关系法和公法上的适用》,《中国法学》2005年,第4期。
[③] 王效贤、刘海亮《物权法总则与所有权制度》,知识产权出版社,2005年,212页。

为取得时效构成要件的占有，必须同时满足自主占有、和平占有和公然占有才能产生相应的法律效力，具体分析如下。

第一，占有须为自主占有。占有，以是否具有所有的意思为标准，可以分为自主占有和他主占有。自主占有，指以所有的意思而为占有。自主占有，只要是以所有的意思为物之占有即可，至于该占有人是否为真正的所有人，则在所不问。如误认他人之物为自己之物而为占有，甚至盗窃他人之物而为占有均为自主占有。他主占有，即不以所有之意思而为物之占有。他主占有，主要是指基于某种占有媒介关系而占有他人之物的情形，如承租人、借用人等的占有均为他主占有。取得时效之占有为自主占有，而且自主占有的意思不以表示为必要。因为要求占有人证明自己以所有意思占有是一种难度较高的义务，对占有人不甚公平。不过，自主占有并不意味着必须自己亲自占有，"所有意思之占有，得由代理人而取得。代理人得以为本人为物之一般支配之意思，使本人取得自主占有。"[①]例如，监护人可以为限制行为能力人代为接受赠予，在自己则取得直接占有，而为受监护人取得间接占有，亦可成立自主占有。具备自主占有，便具备了取得时效最基本的条件。

第二，占有须为和平之占有。所谓和平占有，是指非以暴力或胁迫手段取得或维持的占有。与之相反，暴力占有或以胁迫手段为占有者自不成立和平占有。和平占有，只是针对物之所有人而言的，对于其他人则并无和平或暴力一说。例如，张三借用李四的电视机，后王五将其夺去，此时王五对于张三占有人而言自然是暴力占有，但对于原所有人李四仍是和平占有。另外应当指出，所谓和平与暴力不仅在对象上是相对的，而且在时间上也是相对的。和平占有还是暴力占有，主要是针对占有的一定期间而言的，并非仅指原初占有的状态。如本为和平占有，但凭借暴力或胁迫维持者，则变为暴力占有；反之，取得占有虽出于强暴胁迫，而保持占有系属和平者，自强暴胁迫情形终止起，属于和平占

---

① 史尚宽《取得时效之研究》，载郑玉波主编《民法物权论文选集》(上)，台湾五南图书出版公司，1984年，139页。

有。①与自主占有相似，和平占有也是采取推定方式，即占有人无须举证，仅以占有之事实便可表明其为和平占有，如果他人欲主张其为非和平占有，则须提出反证加以推翻。

第三，占有须为公然占有。公然占有，是指不带隐秘瑕疵的占有，即将对标的物的占有事实向社会公开，不加隐瞒。②公然占有还是隐秘占有，以一般社会经验即可判断。例如，骑着自行车在大街上闲逛为公然占有，若将其置于仓库，他人难得一见，则为隐秘占有。应予以说明的是，公然还是隐秘主要是针对利害关系人而言的，一般大众不是参照主体。如果按照一般的社会标准，占有人对于占有物的处置为利害关系人所可知，即使利害关系人不知而他人皆知，也可为公然占有。反之，如果占有人对占有物为隐秘之占有，即使利害关系人偶然得知，也不能认为其占有为公然占有。③

2. 占有他人之物

因取得时效为所有权取得方式之一，如为自己之物，自不发生所有权变更，亦无取得时效一说。另外，对于无主之物，先占制度已有规定，无取得时效适用之余地。当然，这里所谓他人之物除应满足主体的特定性外，还要符合前文所论之融通性的条件，即公用物、公有物，如法院办公大楼，公共道路、水流等物，皆不在占有之列，毒品、色情图书亦不可为时效之取得。其余如物之一部分或共有之物，只要满足相应条件，自可为时效取得。

3. 占有须经过一定期间

取得时效设立之目的，在于维持已固之社会关系，因此，如无一定期间之经过，社会秩序尚未安定，则取得时效也成了无源之水，徒增社会矛盾而已。对于占有期间的规定，各国长短不一，有五年、十年、二十年甚至三十年不等。但是，通常情况下，时效期间较长者，不以善

---

① 谢在全《民法物权论》（上册），中国政法大学出版社，2011年，145页。
② 梁慧星《中国物权法研究》，法律出版社，1998年，291页。
③ 史尚宽《取得时效之研究》，载郑玉波主编《民法物权论文选集》（上），台湾五南图书出版公司,1984年，193页。

意且无过失作为条件；反之，时效期间较短者，要求占有人在占有之始为善意且无过失。至于取得时效的起算点，应为占有人开始以自己所有的意思公然、和平占有之时，即占有人开始无瑕疵占有之时。唯在占有合并情形，取得时效的起算应从前占有人（财产的让与人）无瑕疵占有之时开始，依各国通例，后一占有人在主张占有合并时，应一并承继前一占有人占有的瑕疵。唯是否主张占有的合并，应由后一占有人视具体情况自行选择，对此，我国在立法中亦应做此规定。

就我国而言，动产取得时效也需要明确以下两个问题：一是时效期间应该有多长？二是是否应将善意作为条件？对于前者而言，二十年、三十年太长，不利于财产秩序的稳定，也不符合世界各国取得时效制度逐渐缩短的发展趋势，应以五年、十年为宜。以下着重讨论后者。

多数学者认为，善意不应当是取得时效的构成要件，[①]其理由主要有：第一，善意内涵的不确定性与法律的精确性要求相矛盾，在立法时善意的概念界定就成为一件极为棘手的工作，会给立法带来许多难以估计的困难；第二，善意是行为人自身的一种心理状态，即使明确了善意的概念，在实践中如何认定善意，在举证上存在重大障碍，会给司法实践造成法律适用的两难境地；第三，时效取得是通过客观上的占有取得事实上的权利，不管主观状态如何，最终的结果是占有人取得了权利，都是对原权利人权利的一种损害，过多纠缠善意恶意意义不大；第四，取得时效中的善意，仅在占有之初才有意义，一旦实现占有，则善意的价值便很小了，因此，其在整个时效取得制度中的意义并不明显，所以不应将其作为构成要件。

也有人认为，善意应当成为取得时效的构成要件，其理由主要有：第一，取得时效本身为无偿剥夺他人权利的一种方式，在道德上不具有正当性，因此，应设置一定条件对其加以限制。善意作为取得时效的构成要件，可以杜绝恶意侵占他人财产者的贪念，与大众的法律情感相一

---

① 陈年冰《取得时效的概念和构成要件》，《当代法学》2004年，第4期；赵转《取得时效的构成要件》，《商丘师范学院学报》，2004年，第3期。

致。第二，善意要件虽然仅在占有之初才有意义，但占有之初的主观心理状态实际上对整个占有行为的性质有重大影响，善意占有与抢劫、偷盗显然不可相提并论。因此，设立善意要件，可以最大限度地防止取得时效的负面效应。第三，善意的概念难以确定，并不意味着其在取得时效中无法存在。如果说善意概念难以界定，那么善意取得中的善意是如何界定的？难道因为善意难以确定，善意取得制度也没有必要设立了吗？既然德国、瑞士等国可以将善意作为取得时效的构成要件，那么我国也可以做到这一点。

笔者认为，取得时效是否以善意为要件，必须综合考量取得时效的立法意旨与各国国情，权衡取舍。取得时效，从根本上说是以事实的长久存续实现权利更迭，制度重点在于客观上的占有事实以及长久的存续期间。从这一意义上说，占有人是否具有善意，对一定期间内的占有事实并不产生实质性的影响，因此，也就没有必要将其作为必须满足的条件规定下来。但是，从我国的历史传统和国人情感上来说，取得时效在道德上的先天"不当"已经影响到了该制度在我国的推行，而且操作不当确实会产生不劳而获的后果。在这种情况下，适当地以善意限制取得时效的占有条件，对于取得时效功能的最大发挥以及法律实践的顺利开展，无疑具有积极意义。因此，善意不应成为取得时效的构成要件，但可以在期间上对善意占有人进行鼓励，而对恶意占有人进行限制。具体言之，动产取得时效应为十年，但占有人占有动产之始为善意且无过失者应为五年。

（二）不动产所有权取得时效的构成要件

不动产取得时效可区分为登记取得时效与占有取得时效两种。其中，登记取得时效是指于不动产登记簿登记为所有权人或其他权利人者，虽未取得该权利，但占有该不动产并以权利人身份行使其权利达一定期间者，取得该不动产所有权。登记取得时效制度，主要针对在不动产登记簿上已经登记但没有有效法律原因的登记人而言，其目的在于使登记簿名义人与实际权利关系长期不符的事实得以消除。若真正权利人长期不行使其权利，则登记名义人可以在一定期间届满后获得确定的权利。登记取得时效制度原为奥地利及德国黑森州（Hessen）所设，德国、瑞士、意大利以及墨西哥等国均有规定。如前所述，已经登记的不动产不应当适用取得时效，加之我国《物权法》第19条关于错误登记的更正没有时间限制，只要存在登记上的错误，利害关系人在任何时间都可以请求更正，因而无取得时效适用的可能。所以，这里只对占有取得时效的要件进行分析。

占有取得时效，即未登记的不动产取得时效，其构成要件如下：其一，占有不动产。与动产时效取得的要求相同，该种占有须为自主占有、和平占有，此自不赘述。因不动产之特性，其时效取得不可以秘密方式进行，故无须强调公开占有。其二，占有达一定期间。对此大陆法系各国关于不动产取得时效期间的规定长短不一，就我国而言，应以二十年为宜，如果取得人在占有之时为善意并无过失者，取得时效期间应为十年。其三，占有他人未登记之不动产。对于"未登记"，史尚宽先生认为应包括三种情况，一是于总登记时，未为登记；二是其土地所有人不得由登记簿而认知，例如登记为已解散或不存在之公司所有；三是不动产虽已登记，然依法取得所有权之人，则未为登记，如由未登记之继承人买受土地，其出卖人之嗣后登记未能实现，或前所有人之姓名因过失误被涂销，而其继承人未能提出其所有权之证明。[①]就"他人"的界定，可为公有，亦可为私有，但应是应当登记而未登记者，如沙漠、雪山虽为国家所有，但不属于登记范畴，自无取得时效可言。

这里有必要讨论的是，取得时效期间从何时起算？有学者认为，取得时效的起算，应当从占有人以所有人身份公开、善意地持续占有他人之物之日起开始。反对者认为，取得时效的起算应根据情况的不同而分别对待：对于拾得遗失物的，应从公开占有拾得物的次日开始起算；对于依加工承揽合同占有某物的，从合同届满的次日或加工完成的次日开

---

① 史尚宽《物权法论》，中国政法大学出版社，2000年，76页。

始计算；对于依借用、租赁、委托保管等合同占有某物的，则视合同是否规定了期限，从合同届满之次日或合理期间内计算。相比较而言，前一种观点从抽象的角度进行概括，对一般情况的解释比较合理，但过于笼统，对于具体情形似不能完全适用，特别是存在合同关系的情况下，占有人以所有人的身份进行占有并不能确切反映该物的权属状态，这种认定标准较为模糊，而且对真正权利人不太公平；后一种观点针对各种情形分别予以说明，操作性较强，但由于实际情况过于复杂，如此精确的规定反而遗漏了大量其他情形。所以同意第一种观点。

六、取得时效完成的效力

1. 取得动产所有权或不动产所有权的登记请求权。取得时效为法律直接规定的所有权取得方式，性质上为原始取得，其主要效力在于使占有人取得占有物之所有权，排除原所有权的存在。对于动产而言，时效完成后，占有人当然取得其所有权，此点各国规定大致相同。就不动产而言，各国规定差别较大。在法国民法，取得时效完成，则占有人立即取得不动产所有权，并无其他要求，与动产时效取得类似，日本民法效之。德国法上，就不动产而言，不论是占有取得还是登记取得，时效届满后，占有人都必须以登记的方式取得不动产所有权。而且依德国民法第927条的规定，占有人还须通过公示催告程序排除原所有权。而在我国台湾地区，民法第769条规定："以所有之意思，二十年间和平公然继续占有他人未登记之不动产者，得请求登记为所有人。"第770条规定："以所有之意思，十年间和平公然继续占有他人未登记之不动产，而其占有之始为善意并无过失者，得请求登记为所有人。"这表明，我国台湾地区法上不动产时效取得的法律效果是取得所有权登记请求权，而非当然的所有权。之所以为登记请求权，旨在使权利取得的时间明确化，因为取得时效之占有须具有一定的条件，且已历经较长之时间[①]。我国取得时效制度亦应采我国台湾地区民法的规定。

---

① 谢在全《民法物权论》（上册），中国政法大学出版社，2011年，152页。

2. 动产或不动产之原所有权及其物上负担消灭。因取得时效完成而取得所有权乃非基于他人既存之权利而取得，在性质上属于原始取得，原所有权于占有人取得所有权时即归于消灭，该物上原有之物上负担亦同。例如，动产上有抵押权存在之情形，因取得时效取得该动产所有权后，该动产上的抵押权消灭。但是，"为时效基础之事实关系，即占有容认他人之权利时，其因继续占有取得之权利，应解释亦伴有此限制。"①例如，不动产之占有人在允许他人通行的情况下时效取得该不动产，则其取得该不动产后他人之通行权并不消灭。

关于取得时效的效力，是否应溯及于开始占有时发生，仍有争议。我国台湾地区民法上，取得时效的效力于时效完成时当然生效，不发生效力溯及的问题，然而日本民法第144条规定，取得时效完成时，其效力溯及于占有开始时。从利益衡量的角度讲，取得时效为无偿获得权利，本已获利，若取得时效效力溯及，对取得时效以前占有人取得的利益也予以肯定，则对权利人不甚公平。因此，取得时效的效力不应产生溯及力，具体言之，所有权取得之时间，在不动产应为完成登记之日，在动产则为时效完成之日。

3. 因时效取得所有权后，原所有物返还请求权亦归消灭。取得时效的完成不一定与所有物返还请求权的消灭同步，若所有物返还请求权之消灭时效已完成，而占有人之所有权取得时效尚未完成，则此时物之所有权出现了难以确定归属的理论盲点；另一方面，若所有物返还请求权尚未完成消灭时效，而占有人之取得时效已完成时，同样会出现所有权混乱的局面。对此，郑玉波先生认为，不动产所有人之所有物返还请求权，性质上属于所有权之权能，仅能因占有人取得时效之完成而消灭，不宜再适用消灭时效之规定。②因为所有物返还请求权从性质上说乃是所有权效力的体现，与一般之债权请求权有别。物之

---

① 史尚宽《物权法论》，中国政法大学出版社，2000年，83页。
② 郑玉波《论所有物返还请求权》，载《民法问题研究（三）》，三民书局，1982年，77~83页。

所有权因时效完成而消灭，则所有物返还请求权自然无所依靠，与消灭时效无关。

4. 因取得时效而取得所有权后，取得人既无不当得利返还责任，亦无侵权损害赔偿责任。因时效完成而取得他人物之所有权，是否尚有不当得利及损害赔偿责任的适用，乃是学术上有争议的一个问题。该问题的实质，即取得时效是否具有法律上的原因。不当得利，是指无法律上的原因而受有利益，从而致他人以损害，应将没有合法原因的受益返还给受损害的人。从理论上讲，取得时效是法律直接将物之所有权赋予占有人，这种规定本身就是一种法律上的原因，若此时仍可以适用不当得利请求权，则所有权的归属岂非又起争端？在德国法上，曾有一著名判例，即"名画赠予案"，案情大致为：原告于1908年将其继承财产中的66幅名画赠予慕尼黑国家美术馆，1914年原告因精神病被宣告为禁治产人。其监护人以原告赠画时为无民事行为能力人，其赠予行为及移转所有权的行为均属无效，请求慕尼黑国家美术馆返还赠予的名画。在诉讼时，被告主张赠予之画已为时效取得，原告主张该项基于无效契约而取得的所有权为无法律上的原因，构成不当得利。该案地方法院判决原告胜诉，最高法院废弃了原判决，联邦法院后又废弃最高法院判决，维持了原判决，认定被告构成不当得利。[①]德国多数学者认为联邦法院之最终判决是正确的，认为应以构成"取得时效"基础之"自主占有"之取得是否具有法律上之原因，从而决定原所有人是否得主张不当得利请求权。其核心意旨，在于自主占有若无法律上的原因，则容易导致法律适用上的不公平。王泽鉴先生认为，"时效取得制度原在维护法律秩序之安定，就法律规范意旨言，应该为时效取得系终局的、确定的，具有法律上原因，丧失所有权之人无主张不当得利请求权之余地。"[②]笔者同意王泽鉴先生的观点，不当得利与损害赔偿均解决的是特定受害人的利益问题，但取得时效解决的是社会整体经济秩序的稳定问题，两者相较，

---

① 王泽鉴《民法学说与判例研究》（第一册），中国政法大学出版社，2005年，409页。
② 同上书，411页。

应以后者作为优先保护的利益为宜。因此，依取得时效取得所有权的人，不负返还不当得利与损害赔偿的责任。

5. 取得时效之效果可由法官主动援用。法官在诉讼中能否主动援用取得时效？有学者认为，取得时效可以由法官直接援用，做出裁判，无须当事人主张[1]。也有学者认为，所有人起诉要求占有人返还财产时，是否主张时效利益，应当由占有人自己决定，法官不得越俎代庖。[2]若当事人不为引用，则法官不得主动援用时效。笔者认为，取得时效与消灭时效的旨趣不同，消灭时效是积极地否定原权利关系而肯定现存的社会秩序，因此法官不得主动援用时效；但是，取得时效是为了稳定现存的财产秩序而消极地否定原权利义务关系，因而法官应当主动援用时效。基于这一认识，我国取得时效制度应当允许法官主动援用时效完成之效力。

七、取得时效的中断

取得时效中断，"乃于取得时效进行中，有与取得时效要件相反之事实发生，从而使已经过期间，当然失其效力之谓。"[3]取得时效以一定事实之经过为基础，若有与此基础事实相反之情形出现，则取得时效维护社会稳定之初衷不存，取得时效之效力中断。取得时效的中断事由除了可适用消灭时效中断的事由外，还有较为独特的中断事由，理论上称之为自然中断事由。我国取得时效制度应当肯定以下几个方面的中断事由：

1. 占有人自行中止占有。占有人自行中止占有，即占有人以自己之意思放弃对占有物的支配与控制。取得时效，以占有人所有的意思占有他人之物的一种事实状态为基础，占有人自行中止占有，自主占有不再继续，则占有人原先对物的控制便失去了主观要素，取得时效自然无法

---

[1] 谢在全《民法物权论》（上册），中国政法大学出版社，1999年，158页。
[2] 尹田《法国物权法》，法律出版社，1998年，242页。
[3] 谢在全《民法物权论》（上册），中国政法大学出版社，1999年，158页。

持续，故此中断。例如，占有人将占有之动物返还给原主，占有之动物走失，占有人知情而不为寻找等。但是，占有人是否为自行中止占有，必须具体问题具体分析，"若占有人仅放弃其监督，而未全然脱离其管领范围，例如因岁歉开放仓库，任人攫取，则除已携出者外，尚难谓已有占有之中止。"①其他情形，如占有由继承人或受让人承受，则为占有之移转，后占有人可将自己的占有与前占有人的占有合并而为主张，非自行中止占有。占有人将占有物出租或借用他人，则成立间接占有，不构成占有中止。

2. 占有人变为不以所有之意思而占有。不以所有之意思为占有，即占有人不再以自主占有的意思管领其占有物。占有人所有意思的变更有两种情形：一是变更为所有人或他人所有的意思而占有，如承认原所有人的所有权而变为受其指使占有的占有辅助人；二是变为取得他物权的意思而占有标的物，如将取得所有权的占有变为以取得地上权的意思进行占有。因此，所有之意思变更，则自主占有已然发生变化，当然应构成取得时效之中断。需要注意的是，在变为以取得他物权的意思而为占有的情况下，则自意思变更起，开始新的状态的占有，时效完成时，占有人可以据此状态而主张其他财产权的取得时效。

3. 占有物被侵夺或遗失不能回复。所谓占有被侵夺，是指非基于占有人之本意而致占有物被他人夺取，使占有人丧失占有的情形。例如，占有物被他人盗窃、抢劫而丧失占有。占有物的遗失，乃是因占有人意思以外的原因而导致的。取得时效的基础是占有的持续存在，若占有状态因占有人意志以外之因素而断裂，则取得时效的基础发生动摇，自然中断。但依据我国台湾地区民法第771条之规定，占有物被侵夺并非绝对导致时效中断，若占有人能依照第949条或第962条之规定回复占有，则取得时效并不中断。回复之方式如何，在所不问。

4. 占有性质的变更。此点是对以上三点的总结和扩展。取得时效的完成，必须符合其所有之构成要件，缺一不可。一旦要件之一出现异

---

① 史尚宽《物权法论》，中国政法大学出版社，2000年，79页。

常，则取得时效之占有即发生性质变更。因此，除以上所说占有之状态外，当公然占有、和平占有不存在时，取得时效亦发生中断。总而言之，只要不符合取得时效占有要件的情形出现，都可以导致取得时效的中断。

第二节 侵权责任请求权的诉讼时效

一、可适用诉讼时效的侵权责任请求权

侵权行为的发生，依照我国的侵权责任法的规定，必然在行为人与受害人之间产生一种权利义务关系，如果受害人（权利人）怠于行使权利所形成的无权利外观，持续达一定期间时，社会就信其为正当，并在此基础上建立起许多新的法律关系，从而形成一种新的秩序，与此同时，因举证困难、权利者睡眠以及时间的经过使受害人的情绪趋于冷静等原因，旧的权利义务关系（即旧的秩序）也就不足维持了，此时，就需要有侵权责任请求权的诉讼时效制度发挥作用，稳定现存的秩序。然而，基于侵权行为的特殊性，哪些侵权责任的请求权需要有诉讼时效的限制，我国《民法通则》和《侵权责任法》并未做出明确的规定，最高院《关于审理民事案件适用诉讼时效制度若干问题的规定》也没有做出科学的解释。

尽管诉讼时效的适用范围在各国的立法体例上存在分歧，但我国学界普遍认为，只有请求权才能适用诉讼时效[1]。2010年7月1日开始实施的《中华人民共和国侵权责任法》，突破了传统侵权责任单一化的模式，在第15条规定了八种侵权责任形式，它们分别是停止侵害，排除妨碍，消除危险，返还财产，恢复原状，赔偿损失，赔礼道歉以及消除影响、恢复名誉。侵权责任形式的多样化，无疑为受害人提供了更为周到和人性化的救济途径。不过，这里需要讨论的是，与八种侵权责任形式相对

---

[1] 王利明《民法总则研究》，中国人民大学出版社，2003年，715页。

应的八个侵权责任请求权，是否都能适用诉讼时效呢？

一个人实施了侵害他人权益的行为，一方面，从加害人的角度而言，应对他人承担相应的侵权责任，这也是他实施不法行为所应该付出的代价；另一方面，从受害人的角度而言，侵权责任就是法律为其提供的救济渠道。侵权责任请求权就是从后者意义上而言的。前述八个侵权责任请求权，依照所请求的内容为标准可以分为两大类，一是在损害尚未发生的情况下，为阻止或排除损害的发生而产生的请求权，即停止侵害请求权、排除妨碍请求权、消除危险请求权；二是在已经造成损害的情况下，为了填补受害人的损失而产生的请求权，此类请求权又可分为财产性质的请求权和非财产性质的请求权两种。财产性质的请求权，是指以给付财产为内容的请求权，包括返还财产请求权、恢复原状请求权、赔偿损失请求权。非财产性质的请求权，是指给付行为不以财产为内容的请求权，包括赔礼道歉请求权和消除影响、恢复名誉请求权。这些请求权是否适用诉讼时效，应当分别而论。

1. 为阻止或排除损害的发生而产生的请求权，即停止侵害请求权、排除妨碍请求权、消除危险请求权，不应当适用诉讼时效。

有学者认为，诉讼时效制度的核心功能就是保护不特定第三人的信赖利益，由于上述三种侵权请求权都是指向现实存在的妨害和危险的，这种现实存在的妨害和危险一般就排除了向不特定第三人呈现此类请求权不存在状态的可能，不特定第三人也就无法产生相应的侵权请求权不存在的信赖，因此，不存在保护不特定第三人信赖利益的问题，诉讼时效制度的核心功能对于这些类型的请求权也就不存在适用的可能性[①]。笔者认为，上述三种请求权不适用诉讼时效的理由有两点。第一，这三种请求权从其性质上讲，不适宜有诉讼时效的限制。因为只要这些请求权发生，说明现实的侵害、妨碍或危险就存在。如果这三种请求权适用诉讼时效的话，当受害人的权益持续受到侵害、妨碍或者面临侵害的危险时，可能会因诉讼时效的完成而无法行使，从而就出现了受害人眼睁

---

① 王轶《略论侵权请求权与诉讼时效制度的适用》，《中州学刊》2009年，第4期。

睁地看到自己的权益受到侵害却毫无救济渠道的不公平现象。第二，这三种请求权的存在，表明新的社会秩序尚未建立，旧的社会秩序还不足以否定。诉讼时效制度主要不是为了保护不特定第三人的信赖利益，而是为了稳定社会经济秩序。也就是说，诉讼时效制度是从宏观的角度来维持现存的社会经济秩序，而不是从微观的角度去保护第三人的信赖利益，尽管现存社会经济秩序的稳定在客观上已经保护了不特定第三人的利益，但是其出发点是不同的。基于这一出发点，上述三种请求权的存在，说明现实的侵害、妨碍或危险就存在，此时新的社会秩序并未建立，旧的社会秩序虽然有所动摇，但并没有达到被否定的程度，因而不应该有诉讼时效的适用。对此，《俄罗斯联邦民法典》第208条第4项规定，财产的所有人或其他占有人关于排除对其权利侵害的请求权不适用诉讼时效，即使这些侵害并不同时剥夺对财产的占有亦同。这一规定很有借鉴价值。

2. 为填补受害人的损失而产生的请求权，原则上财产性的请求权应当有诉讼时效的限制，而非财产性质的请求权不适宜有诉讼时效的限制。

首先，非财产性质的请求权，即赔礼道歉请求权和消除影响、恢复名誉请求权，不适用诉讼时效。赔礼道歉，消除影响、恢复名誉一般是要求加害人为一定的积极作为行为，以消除对受害人的不良影响，使其受到损害的名誉得到恢复并抚慰其受到侵害的精神的一种责任方式。这种责任方式本身不具有经济方面的内容，因而被称之为"人格意义的民事责任方式"[1]。建立诉讼时效制度的宗旨在于促使权利人及时行使权利，促进社会经济的发展和维护社会经济秩序的稳定，这就决定了诉讼时效的适用范围只能是具有财产性质的请求权。赔礼道歉请求权和消除影响、恢复名誉请求权以恢复受害人人格上的利益为目标，属于人身权请求权，不具有给付财产的内容，不适宜有诉讼时效。更何况，人身权与人的民事主体资格密不可分，丧失或部分丧失这种权利，民事主体就

---

[1] 张新宝《侵权责任法原理》，中国人民大学出版社，2005年，539页。

不复存在或其人格就有缺陷，就不能正常地参加民事法律关系，尤其是随着社会政治、经济和文化的发展，人的尊严备受尊重，人身权的地位日显重要，对人身权的保护更趋周密，民法自然不能对这种权利的保护加以时效限制。对此，《俄罗斯联邦民法典》第208条第1项规定，除法律另有规定外，要求保护人身非财产权利和其他非物质利益的请求权，不适用诉讼时效。

其次，财产性质的请求权，即返还财产请求权、恢复原状请求权、赔偿损失请求权，原则上应当有诉讼时效的限制，这也是由诉讼时效的功能所决定的。赔偿损失请求权属于传统的侵权责任请求权，无疑应适用诉讼时效，理论上没有分歧，在此不赘。有争议的是恢复原状请求权和返还财产请求权的诉讼时效问题。

先讨论恢复原状请求权是否适用诉讼时效的问题。有学者认为，由于该项请求权属于物权请求权，因而不能适用诉讼时效。这种观点是值得商榷的：

第一，恢复原状请求权在性质上不属于物权请求权，而是债权请求权。在我国，恢复原状请求权除了《民法通则》第134条的规定外，还有三处规定：一是《合同法》第97条规定的合同解除后的恢复原状请求权①，二是《物权法》第36条规定的恢复原状请求权②，三是《侵权责任法》第15条规定的恢复原状请求权。上述三处规定中，《合同法》和《侵权责任法》规定的恢复原状请求权当然属于债权请求权，至于《物权法》中的规定，究其实质也是债权请求权，理由在于：（1）物权请求权只有三种，即返还原物请求权、排除妨碍请求权和消除危险请求权，这些请求权存在的目的只有一个，那就是回归物权应有的状态。而恢复原状请求权，由于只是恢复动产或不动产的物理原状，不是恢复权利的原状，所以，不能将其纳入物权请求权的范畴。（2）不能认为它是被规定在

---

① 我国《合同法》第97条规定："合同解除后，尚未履行的，终止履行；已经履行的，根据履行情况和合同性质，当事人可以要求恢复原状、采取其他补救措施，并有权要求赔偿损失。"
② 《物权法》第36条规定："造成不动产或者动产毁损的，权利人可以请求修理、重作、更换或者恢复原状。"

《物权法》中就当然具有了物权的属性,事实上,《物权法》中也有许多属于债的关系的规定。既然将恢复原状请求权定性为债权请求权,就应该有诉讼时效的适用。

第二,物权请求权是否适用诉讼时效,也要根据不同类型的请求权而定,不能一概而论。在三种典型的物权请求权中,排除妨碍请求权和消除危险请求权是没有诉讼时效限制的。至于返还原物请求权是否适用诉讼时效,关键要看返还物上的权利是否进行了登记,如果已经登记,该项请求权就不应当适用诉讼时效,否则就应当有诉讼时效的限制[1]。

也有学者认为,返还原物请求权适用诉讼时效,其前提条件必须是已经确立了取得时效制度。否则,返还原物请求权罹于时效后,如果没有取得时效制度相配合,将会使该物上的权利处于真空状态,不利于财产秩序的稳定。笔者认为,这一观点是站不住脚的:(1)返还原物请求权不适用诉讼时效,将不利于现存社会经济秩序的稳定。一个人拥有某项权利长期不去行使,就会产生一种无权利的外观,人们在此基础上会建立起各种新的社会经济关系,如果此时再允许原权利人行使权利,回复原权利义务关系,势必就要推翻已经建立起来的社会经济秩序。因此,为了稳定现存的社会经济秩序,就需要有诉讼时效的限制。可见,诉讼时效制度的功能就在于保护已经建立起来的新秩序。返还原物请求权如果不罹于诉讼时效,允许在任何时候行使,虽然解决了该物的权利归属问题,保护了请求权人的个体利益,但却是以牺牲社会整体利益为代价的。相反,如果怠于行使权利的人,基于诉讼时效的完成,失去了法律的保护,尽管该物处于权属不确定时期,甚至对于原权利人而言,在实体上有失公正,但是他的利益与社会整体利益相比是微不足道的,也是他怠于行使权利对社会整体利益付出的代价[2]。(2)即使建立了取得时效制度,也不能完全解决返还物的权利真空问题。取得时效的

---

[1] 梁慧星《民法总论》(第三版),法律出版社,2007年,244页;王轶《略论侵权请求权与诉讼时效制度的适用》,《中州学刊》2009年,第4期;汪渊智《我国民法诉讼时效制度之构想》,《法学研究》2003年,第3期。

[2] 〔德〕迪特尔·梅迪库斯《德国民法总论》,邵建东译,法律出版社,2000年,92页。

完成，有自己独立的构成要件，当返还原物请求权罹于时效后，并不意味着立即具备了取得时效的构成要件。这样一来，在未具备取得时效的构成要件之前，该返还物的权利归属仍然无法确定，同样处于真空状态。（3）我国《物权法》第245条第2款规定："占有人返还原物的请求权，自侵占发生之日起一年内未行使的，该请求权消灭"，该条规定的就是占有返还请求权的诉讼时效，而返还原物请求权与占有返还请求权在性质上是一致的，都属于物上请求权，既然占有返还请求权有诉讼时效的限制，同理，返还原物请求权也应当适用诉讼时效。由此可见，认为返还原物请求权适用诉讼时效必须以建立取得时效为前提的观点是不能令人信服的。

所以，笔者认为，恢复原状请求权作为具有财产给付内容的请求权，在性质上属于债权请求权，无疑应罹于诉讼时效。

再看返还财产请求权是否适用诉讼时效的问题。这里首先要区分侵权法中的返还财产请求权和物权法中的返还原物请求权。笔者认为，《侵权责任法》第15条规定的返还财产请求权与《物权法》第34条[1]规定的返还原物请求权是不同的，区别在于：（1）前者的范围比较宽，可适用于一切财产，包括有形财产、无形财产，后者的范围较为窄，只限于有形财产——物，包括动产和不动产；（2）前者依附于因侵权行为所产生的债权，后者则依附于物权；（3）前者的产生，必须是符合侵权责任的构成要件，后者的产生，只要构成无权占有即可；（4）前者产生于债权成立之时，而后者与物权的产生并不同步，只有在物权受到侵害或处于不圆满状态时才产生；（5）前者的实现往往导致其侵权之债的债权消灭，但是后者的实现并不导致其物权的消灭，而是使物权恢复了正常的法律状态；（6）前者的消灭导致侵权之债中的债权陷于不完全状态，而后者的消灭意味着物权已经处于圆满状态。因为债权如果具备全部权能时，即属于完全债权，这些权能是请求力、强制执行力、接受给付力、保持给付力、自力救济力以及处分权能等。如果一项债权丧失其中一项

---

[1]《物权法》第34条规定："无权占有不动产或者动产的，权利人可以请求返还原物。"

或几项权能时，便属于不完全债权。由于丧失返还财产请求权的债权失去了强制执行力，因而使该项债权陷于不完全状态。相反，物权只要处于不圆满状态，其请求权就不会消灭，如果已经消灭，就说明这个物权已经处于圆满状态了。可见，二者存在很大的差异，不能简单地将二者画等号。既然返还财产请求权明确规定于《侵权责任法》中，在性质上属于债权请求权，因而应当罹于诉讼时效。不过，返还的财产如果属于物时，二者会发生竞合。

二、侵权责任请求权的诉讼时效期间

侵权责任请求权的诉讼时效期间，不是一个简单的时间长短问题，而是一个人拥有权利却不行使权利的状态持续存在的问题，这种状态持续多长时间就可以否认该权利的行使，是立法者对受害人和加害人之间的利益进行衡量的问题。诉讼时效的完成，对于加害人而言就是一种利益，他可以行使时效完成抗辩权拒绝受害人的请求，所以，较长的诉讼时效期间是有利于受害人的，相反，较短的诉讼时效期间则是对加害人有益的。如何规定侵权责任请求权的诉讼时效期间，不仅取决于立法者的价值取向，而且还取决于一个国家诉讼时效的一般制度。

（一）国外关于侵权责任请求权诉讼时效期间的规定

虽然诉讼时效适用的请求权类型很多，各国一般不是分门别类地规定每种请求权的诉讼时效，而是对所有的请求权统一做出规定。但是，由于侵权行为自身的复杂性，导致侵权责任请求权有许多特殊性，由此也就决定了许多国家民法除一般的诉讼时效期间的规定外，还对侵权责任请求权的诉讼时效做出了特别规定。

1. 大陆法系国家的规定

近年来，《法国民法典》做过多次修改，在时效制度上首次区分了消灭时效和取得时效，并将其分别规定在第20编和第21编中，其中有许多新规定值得注意①。依据新版《法国民法典》第2224条的规定，普通诉讼时效期间为5年，自权利人知道或应当知道其可以行使权利的事实之日起算。但是，第2226条规定了人身伤害的特殊诉讼时效期间，该条第1款规定："自造成身体伤害之事件，受到该事件引起之损失的直接或间接受害人提起的追究责任之诉讼，时效期间为10年，自最初的损害或者加重的损害得到最后确定之日起计算。"同条第2款又规定："但是，在针对未成年人实施拷打或野蛮行为、暴力或性侵犯造成损害的情况下，提起民事责任之诉讼，时效期间为20年。"此外，第2227条还规定："所有权不受时效限制。除此保留之外，不动产物权诉讼，时效期间为30年，自权利人（持有人）知道或应当知道其可以行使权利的事实之日开始计算。"2002年之前的《德国民法典》在第1编总则中专门规定了诉讼时效，同时又在第852条规定："因侵权行为所生的赔偿请求权，自受害人知有损害事实或确定赔偿义务人之时起，因3年间不行使而消灭；在不知的情形下，自加害行为发生之时起，因30年间不行使而消灭。"2002年德国《债法现代化法》颁行后，该条的内容并入了民法典总则，统一适用第五章"消灭时效"规定的3年普通诉讼时效期间，不过根据第197条的规定，因所有权、其他物权等发生的返还请求权以及用来主张这些返还请求权的请求权，其诉讼时效期间为30年。《日本民法典》第1编总则中也规定了时效（包括取得时效和诉讼时效），又在第724条规定："因侵权行为的损害赔偿请求权自受害者或其法定代理人知道损害及加害者时起3年间不行使时因时效而消灭，自侵权行为之时起经过20年时亦同。"《希腊民法典》除一般的时效规定外，在第937条规定："基于侵权行为的请求权，自受害人知道损害及赔偿义务人之时起，因5年的时效消灭，无论在何种场合均服从自行为时起20年的诉讼时效。"《意大利民法典》第2947条第1款、第2款规定："对违法行为所致损害主张赔偿的权利要在权利发生之日起5年内行使。对任何一种运输工具的运行造成的损害主张赔偿的，权利行使期为2年。"《比利时民法典》原来规定自

---

① 罗结珍译《法国民法典》，北京大学出版社，2010年，491页。

损害事件发生之日起30年，1998年6月10日修改法案生效后改为自知道损害（及损害状况恶化）时起5年，但自损害事件发生之日起20年[①]。《荷兰民法典》规定，自知道损害及加害人之日起5年，最长时效为自导致损害的事件发生之日起20年，但环境损害和危险物责任的最长时效期间为30年。《奥地利民法典》规定，自知道损害及加害人之日起3年，最长时效为自侵权行为及犯罪行为实施之日的30年，涉及国库和教堂的最长时效为40年，但名誉侵害适用1年的特别时效。《葡萄牙民法典》规定，自受害人知道自己可以主张的权利之日起3年，最长为20年。《卢森堡民法典》第2262条规定，自损害发生之日起30年。芬兰《损害赔偿法》规定，自损害发生之日起10年，其他有关严格责任的立法则规定为2年或3年的时效期间。丹麦的《时效法》规定，自债权人可以提出主张之日起5年，但最长时效为20年。

2. 英美法系国家的规定

英美法系国家虽以判例法为主要的法源，但关于诉讼时效的规定一直以来都是成文法。以英国为例，早在1623年就颁布了《时效法案》(《1623 Limitation of Act》)，到1939年进行了较大修改，原则上适用于英联邦范围内所有的民事诉讼，但刑事和衡平法（equity）、海事（admiralty）、遗嘱（Probate）、离婚（divorce）等由其他制定法和判例法调整。该法案后又经过多次修改，目前有效的是《1980 Limitation of Act》。除此之外，还有1833年的《Civil Procedure Act》、1874年的《Real Property Limitation Act》、1986年的《Latent Damage Act 1986》等也是重要的立法[②]。

根据英国1980年《时效法案》第2条的规定，一般侵权行为（如暴力威胁、暴力侵犯、错误拘禁、非法侵占等）的诉讼时效期间为自诉因产生之日起6年（盗窃动产不适用诉讼时效）。该法案针对不同的侵

---

① 〔德〕克雷斯蒂安·冯·巴尔《欧洲比较侵权行为法》（下卷），焦美华译，张新宝审校，法律出版社，2001年，687页。
② 李求轶《消灭时效的历史与展开》，中国法制出版社，2008年，64页。

权行为及不同的损害形态规定了大量的特殊时效，如，文字诽谤、口头诽谤、恶毒谎言、对称号的诽谤和对物的诽谤等损害名誉的侵权行为为1年（1980年《时效法案》第4A条、1996年《诽谤法案》第5条）；对于因过失（negligence）、侵扰（nuisance）或违反法定义务（breach of statutory duty）造成的身体伤害时效为3年（1980年《时效法案》第11（4）条）；对于因过失侵权产生的潜在的、非人身损害赔偿的诉讼时效，受害人可以选择6年或3年的诉讼时效，6年的时效从诉因产生之日开始计算，3年的时效从受害人知道之日开始计算，但不得超过自侵害行为发生之日起15年（1980年《时效法案》第14A条、14B条）。此外，该法案第10条第1款还规定，代其他共同侵权人承担了连带责任的被告，可以向其他共同侵权人行使追偿权，其诉讼时效是2年，从其追索权产生之日起开始起算[1]。除《时效法案》外，1987年的《消费者保护法》（《Consumer Protection 1987》）规定，产品缺陷引起损害的诉讼时效为3年，从损害发生之日或知道相关事实之日起算（以在后者为准），但从产品投入流通起超过10年的，诉讼时效终止。再如，根据1965年《核设施法》（《Nuclear Instations Act 1965》）第15条的规定，核泄漏或核辐射等造成的损害，受害人可在损害发生时起30年内提起诉讼。加拿大大不列颠哥伦比亚省《1960年诉讼时效法》规定，因疏忽、妨扰及违反义务引起的诉讼时效为6年，因侵害、威胁、殴击、伤害、拘禁等引起的诉讼时效为4年，因言辞、损害赔偿等引起的诉讼时效为2年，因行使公权过程中的疏忽或不履行职责的行为引起的诉讼时效为1年。英美法系国家普遍采用成文法的形式规定诉讼时效期间，以便使受害人在一个合理的时间内发现其权利遭受到损害进而要求赔偿。但是，实践中的每个纠纷都千差万别，很难确定一个合理的、普遍适用的时效期间，所以，立法者就通过为不同的诉因规定不同的时效期间来达到这一目的[2]。

---

[1] 胡雪梅《英国侵权法》，中国政法大学出版社，2008年，357页。
[2] Queensland Law Reform Commission, Review of the Limitation of Actions Act 1974（QLD）(September 1998), p. 41~42.转引自葛承书《民法时效——从实证的角度出发》，法律出版社，2007年，112页。

由上可知，世界各国立法关于侵权责任请求权诉讼时效期间的规定，有以下几点值得注意。一是差别非常大，从西班牙的1年到卢森堡的30年不等，不仅有普通时效，而且还有门类众多的短期时效和长期时效。尤其是英美法系国家的立法，根据不同的诉因确定不同的诉讼时效期间，就连英美法系的学者也抱怨，如此多的诉讼时效期间没有什么理性可言，反而容易对法律产生误解，并最终导致消灭有效的请求[①]。二是诉讼时效期间的规定呈现缩短的趋势。比如，1804年的《法国民法典》和1896年制定的《德国民法典》均规定为30年，21世纪以来这两个国家的民法典都缩短了诉讼时效期间，其中法国缩短为5年，德国缩短为3年。在英美法系国家也有这种倾向，如加拿大大不列颠哥伦比亚省《1975年诉讼时效法》，由原来的6个月到60年7种诉讼时效期间改变为2年、6年、10年以及不受诉讼时效限制共四种。澳大利亚昆士兰州法律改革委员会认为，原来6年的诉讼时效期间是在通信和交通比现在花更长时间的时代，而现在继续维持这一规定显然就不合时宜了[②]。三是在欧洲国家，普通侵权责任请求权的诉讼时效期间一般为5年或6年，但严格责任请求权的诉讼时效期间一般较短，为2年或3年[③]。

（二）我国关于侵权责任请求权诉讼时效期间的规定

我国《民法通则》在第7章专章规定了诉讼时效制度，根据该法第153条、第137条的规定，普通诉讼时效期间为2年，最长时效期间为20年。但在第136条针对人身伤害赔偿请求权规定了1年的诉讼时效期间。新颁布的《侵权责任法》没有对侵权责任请求权的诉讼时效做出任何规定，但现行大量单行法规针对特殊侵权行为规定了特殊的诉讼时效期间。

（1）产品责任。《产品质量法》第45条："因产品存在缺陷造成损害

---

① 葛承书《民法时效——从实证的角度出发》，法律出版社，2007年，112页。
② Queensland Law Reform Commission, Review of the Limitation of Actions Act 1974（QLD）（September 1998），p.71.转引自葛承书《民法时效——从实证的角度出发》，法律出版社，2007年版，123页。
③〔德〕克雷斯蒂安·冯·巴尔《欧洲比较侵权行为法》（下卷），焦美华译，张新宝审校，法律出版社，2001年，691页。

要求赔偿的诉讼时效期间为二年,自当事人知道或者应当知道其权益受到损害时起计算。因产品存在缺陷造成损害要求赔偿的请求权,在造成损害的缺陷产品交付最初消费者满十年丧失;但是,尚未超过明示的安全使用期的除外。"

（2）环境污染责任。《环境保护法》第42条:"因环境污染损害赔偿提起诉讼的时效期间为三年,从当事人知道或者应当知道受到污染损害时起计算。"

（3）侵害知识产权的责任。一是侵害专利权的责任。《专利法》第62条:"侵犯专利权的诉讼时效为二年,自专利权人或者利害关系人得知或者应当得知侵权行为之日起计算。发明专利申请公布后至专利权授予前使用该发明未支付适当使用费的,专利人要求支付使用费的诉讼时效为二年,自专利权人得知或者应当得知他人使用其发明之日起计算,但是,专利权人于专利权授予之日前即已得知或者应当得知的,自专利权授予之日起计算。"最高人民法院《关于审理专利纠纷案件适用法律问题的若干规定》（2001年发布）第23条:"侵犯专利权的诉讼时效为二年,自专利权人或者利害关系人知道或者应当知道侵权行为之日起计算。权利人超过二年起诉的,如果侵权行为在起诉时仍在继续,在该项专利权有效期内,人民法院应当判决被告停止侵权行为,侵权损害赔偿数额应当自权利人向人民法院起诉之日起向前推算二年计算。"

二是侵害商标权的责任。最高人民法院《关于审理商标民事纠纷案件适用法律若干问题的解释》第18条:"侵犯注册商标专用权的诉讼时效为二年,自商标注册人或者利害权利人知道或者应当知道侵权行为之日起计算。商标注册人或者利害关系人超过二年起诉的,如果侵权行为在起诉时仍在持续,在该注册商标专用权有效期限内,人民法院应当判决被告停止侵权行为,侵权损害赔偿数额应当自权利人向人民法院起诉之日起向前推算二年计算。"

三是侵害著作权的责任。最高人民法院《关于审理著作权民事纠纷案件适用法律若干问题的解释》第28条:"侵犯著作权的诉讼时效为二年,自著作权人知道或者应当知道侵权行为之日起计算。权利人超过二年起诉的,如果侵权行为在起诉时仍在持续,在该著作权保护期内,人民法院应当判决被告停止侵权行为,侵权损害赔偿数额应当自权利人向人民法院起诉之日起向前推算二年计算。"

(4)侵害占有的侵权责任。《物权法》第245条第2款规定:"占有人返还原物的请求权,自侵占发生之日起一年内未行使的,该请求权消灭。"

(5)海事侵权责任。我国《海商法》第13章专章规定了"时效",涉及侵权责任的时效主要有以下四种情形:

一是承运人的侵权责任。《海商法》第258条,"就海上旅客运输向承运人要求赔偿的请求权,时效期间为二年,分别依照下列规定计算:(一)有关旅客人身伤害的请求权,自旅客离船或者应当离船之日起计算;(二)有关旅客死亡的请求权,发生在运送期间的,自旅客应当离船之日起计算;因运送期间内的伤害而导致旅客离船后死亡的,自旅客死亡之日起计算,但是此期限自离船之日起不得超过三年;(三)有关行李灭失或者损坏的请求权,自旅客离船或者应当离船之日起计算。"

二是船舶碰撞的侵权责任。《海商法》第261条:"有关船舶碰撞的请求权,时效期间为二年,自碰撞事故发生之日起计算;本法第169条第3款规定的追偿请求权,时效期间为一年,自当事人连带支付损害赔偿之日起计算。"

三是海难救助与共同海损的责任。《海商法》第262条:"有关海难救助的请求权,时效期间为二年,自救助作业终止之日起计算。"第263条:"有关共同海损分摊的请求权,时效期间为一年,自理算结束之日起计算。"

四是船舶油污损害责任。《海商法》第265条:"有关船舶发生油污损害的请求权,时效期间为三年,自损害发生之日起计算;但是,在任何情况下时效期间不得超过从造成损害的事故发生之日起六年。"

(6)国家赔偿责任。新修订的《国家赔偿法》第39条规定:"赔偿请求人请求国家赔偿的时效为两年,自其知道或者应当知道国家机关及其工作人员行使职权时的行为侵犯其人身权、财产权之日起计算,但被羁押等限制人身自由期间不计算在内。在申请行政复议或者提起行政诉讼时一并提出赔偿请求的,适用行政复议法、行政诉讼法有关时效的规定。"

(三)确定侵权责任请求权诉讼时效期间的价值取向

我国关于侵权责任请求权诉讼时效期间的规定,基本上还是维持了二年的普通诉讼时效期间,很多立法只是重复了《民法通则》中的规定,针对侵权行为的特殊性规定特别的诉讼时效期间的地方不多,没有拉开档次规定合理的时效期间。诚然,一国诉讼时效期间的规定取决于该国的经济发展水平、法律文化传统、市民的法制意识以及交通、通信状况等,但是归根结底,还是取决于立法者的价值取向,这是诉讼时效期间是否合理的决定性因素。侵权责任请求权诉讼时效期间的确立,涉及多种法律价值的冲突,比如效率与安全、自由与正义、个体利益与社会整体利益等,如何决定取舍,应当遵循以下思路。

第一,侵权责任请求权的诉讼时效期间应当长于违约责任请求权的诉讼时效期间。我国有学者指出,侵权的损害赔偿请求权的消灭时效不宜与违约的损害赔偿请求权等的消灭时效同样对待,理由是:损害赔偿请求权的消灭时效,主要考虑的是当事人双方之间的公平和社会秩序的安全稳定,而违约损害赔偿请求权的诉讼时效,则是侧重于保证交易的安全和迅速有效。所以,法律应对侵权损害赔偿请求权的消灭时效单独做出规定[①]。笔者完全赞同这一观点,并进一步认为,违约责任是在交易不能正常进行的情况下,违约方应当向非违约方承担的责任,其目的在于保护非违约方的债权,即相对权;侵权责任则是行为人侵害他人人身或财产权益,应对受害人承担的法定责任,其目的在于保护他人的绝

---

① 于敏《侵权损害赔偿请求权的消灭时效》,载梁慧星主编《民商法论丛》(第22卷),金桥文化出版(香港)有限公司,2002年,191~241页。

对权。相对权多数情况下属于约定的权利，不具有公开性，难以为第三人所得知，权利人如果不及时行使，极容易引起他人的信赖，并在此基础上产生新的法律关系、建立起新的社会秩序，因而，为了维持新建立起来的秩序，需要较短的诉讼时效期间。相反，绝对权都属于法定的权利，其中有些权利无须公示，人皆知之，如生命权、名誉权等，而有些权利通常有一定的公示方式向社会公开其存在，如物权、知识产权等，行为人一旦侵犯了这些权利，即使受害人在一定期间内没有主张权利，也不会很快就引起他人的信赖并产生新的法律关系，也即旧的秩序不会很快被人遗忘，新的秩序还没有立即建立起来，因而相对于违约责任请求权，侵权责任请求权需要有稍长一些的诉讼时效期间。在这里，违约责任的诉讼时效应追求效率，侵权责任的诉讼时效应注重正义。

第二，侵害人身权的诉讼时效期间应当长于侵害财产权的诉讼时效期间。根据我国《侵权责任法》第2条的规定，侵权的客体主要是财产权益和人身权益两个方面。与财产权益相比，人身权益更为重要。在民事权益中，人身权益是第一位的，财产权益只是人身权益得以维护的物质基础，任何法律制度都应当将人身权益的保护作为重中之重，这也是当代法律尊重人权、保护人权的发展趋势。诉讼时效制度也不例外，在设置侵权责任诉讼时效期间时，也应当优先考虑保护人身权益，避免因时效期间过短，将人身权益受到侵害的人拒于法律救济的大门之外。

第三，侵害物质性人格权的诉讼时效期间应当长于侵害精神性人格权的诉讼时效期间。作为人格权，以其客体的属性为标准，可以分为物质性人格权与精神性人格权[1]。前者是指以物质性人格利益为客体的权利，具体指身体权、生命权和健康权三种，这些人格权的客体是依附于人体自身的；后者是指以精神性人格利益为客体的权利，具体指姓名权、肖像权、名誉权、隐私权、人身自由权等，这些人格权的客体是独立于人体之外的。同样是侵害人格权，侵害精神性人格权并不像侵害物质性人格权那样具有持续效应，治疗精神性人格利益的创伤的速度显然

---

[1] 张俊浩主编《民法学原理》（上册），中国政法大学出版社，2000年，138页。

快于物质性人格利益①。正是基于这样的原因，可以考虑将物质性人格权的诉讼时效期间规定得适当长一些，而对于侵害精神性人格权的诉讼时效期间规定得短一些。当然，这也不是绝对的，有些侵害精神性人格利益的诉讼时效期间不但不能短，反而应更长一些方可体现公平，比如侵害性自主权。

三、侵权责任请求权诉讼时效期间的起算

（一）侵权诉讼时效期间起算点的立法模式

诉讼时效期间的起算点，不仅具有开始诉讼时效期间的意义，而且还是决定诉讼时效期间长短的灵活的调节器。考察世界各国关于侵权责任请求权诉讼时效期间起算点的规定，大致有两种：

一是客观起算点，即将诉讼时效期间开始的时间确定在一个客观的时点上，如损害发生时、义务违反时、实施侵权行为之时或诉因产生时等，如《意大利民法典》第2947条规定："对违法行为所致损害主张赔偿的权利要在权利发生之日起5年内行使。"卢森堡、芬兰规定为损害发生时，瑞典则将时效的起算点确定为加害行为发生时。不过，采用客观起算点的国家，多数规定为损害发生时，采用加害行为实施时的比较少。因为重要的不是违反义务发生的时间，而是损害发生的时间，只有在损害发生时才成立侵权，受害人最早在此时也才可以主张权利。

二是主观起算点，即将诉讼时效期间开始的时间确定在受害人主观认识之时，如受害人知道或应当知道自己受到侵害之时、知有损害及赔偿义务人时等。

在大陆法系，依据最新《德国民法典》第199条第1款的规定，3年普通诉讼时效在同时满足下列两个条件的当年的年末开始起算：（1）请求权在该年内发生；（2）受害人在该年内知道或在无重大过失的情况下

---

① 〔德〕克雷斯蒂安·冯·巴尔《欧洲比较侵权行为法》（下卷），焦美华译，张新宝审校，法律出版社，2001年，691页。

本应知道请求权成立的情事和债务人本人的。然而，由于这种主观的起算点很难确定，同时在受害人不知道的情况下，时效的届满可能会被推迟到一个无法预测的时间[①]，因此，在涉及侵权损害赔偿时，依据所侵害的权益的不同，又设置了最长时效期间，并且确定了相应的起算点：如果侵害的是生命、身体、健康或自由权益时，自侵权行为实施时、义务违反时或引起损害的其他事件发生时起，经过30年时效完成；如果侵害的是其他权益，自请求权发生时起20年时效完成，但自侵权行为实施时、义务违反时或引起损害的其他事件发生时起，经过30年时效完成（二者以最先完成的时效为准）。又如，依据最新《法国民法典》第2224条的规定，普通诉讼时效期间为5年，自权利人知道或应当知道其可以行使权利的事实之日起算。但是，第2226条第1款规定："自造成身体伤害之事件，受到该事件引起之损失的直接或间接受害人提起的追究责任之诉讼，时效期间为10年，自最初的损害或者加重的损害得到最后确定之日起计算。"《荷兰民法典》（2004年2月1日修订）第310条规定，损害赔偿请求权的诉讼时效为5年，自受害人得知所受损害之日的次日起算，但无论何种情形，从造成损害的事由发生之日起经过20年消灭（第1款）。但是，如果因环境污染、高度危险物、地质灾害产生的损害赔偿请求权，自导致损失的事件发生时起经过30年消灭（第2款）。尽管有前述规定，但因伤害或死亡造成的损害赔偿请求权的诉讼时效从受害人知道或应当知道有损害发生和责任人之日的次日5年才消灭。《奥地利民法典》第1489条就损害赔偿请求权消灭时效规定为："自知道损害及加害人之日起的3年；最长时效为自侵权行为及犯罪行为实施之日起30年。"《瑞士债法典》第60条第1款规定："损害赔偿请求权或者一般赔偿金请求权，应当在受害人知道受损害的情况和责任人之日起1年内行使，但无论如何自造成损害的行为发生之日起10年内不行使的，该权利消灭。"《日本民法典》第724条规定："因侵权行为的损害赔偿请求权自

[①] 朱岩编译《德国新债法条文及官方解释》，法律出版社，2003年，25页。

受害者或其法定代理人知道损害及加害者时起3年间不行使时因时效而消灭，自侵权行为之时起经过20年时亦同。"我国台湾地区民法典第197条第1款规定："因侵权行为所生之损害赔偿请求权，自请求权人知有损害及赔偿义务人时起，2年间不行使而消灭。自有侵权行为时起，逾10年者亦同。"我国澳门地区民法典第476条规定："损害赔偿请求权，自受害人获悉或应已获悉其拥有该权利及应负责人之日起经过3年时效完成，即使受害人不知损害之全部范围亦然。"

在英美法系，英国虽然规定，一般侵权行为（如暴力威胁、暴力侵犯、错误拘禁、非法侵占等）的诉讼时效期间为自诉因产生之日起6年（1980年《时效法案》第2条），但对于因过失（negligence）、侵扰（nuisance）或违反法定义务（breach of statutory duty）造成的身体伤害的3年时效从受害人知道之日起算（1980年《时效法案》第11（4）条）。这里所谓"知道之日"，是指受害人首次全部知道或发现如下四项事实之日：（1）损害是严重的；（2）损害全部或部分肇因于被告的作为或不作为；（3）被告身份；（4）如果损害是由于第三人的作为或不作为引起，则包括明确该第三人身份并获得可以对被告提起诉讼的相应事实材料。美国诉讼时效的起算点早期也是采取诉权"形成规则"（accrual rule）、"事件规则"（even-based rule），但晚近以来，至少是在人身损害赔偿案件中，美国越来越多的州倾向于采取"发现规则"（discovery rule），以保护权利人的利益[①]。主观起算点将时效开始的时间确定在受害人对损害及义务人的认知上，这一认知当然不可能发生在损害发生前而只能在损害发生时或发生后才能获得，因而，从法律技术上看，这一起算点应该是比较精确的[②]。

通过考察各国关于起算点的立法，可以得出以下结论：其一，时效期间较长者，往往采用客观起算点，相反，时效期间较短者，采用主

---

① 谢鸿飞《论潜在损害的诉讼时效》，《社会科学研究》2007年，第3期。
② 〔德〕克雷斯蒂安·冯·巴尔《欧洲比较侵权行为法》（下卷），焦美华译，张新宝校，法律出版社，2001年，696页。

观起算点居多。这是因为,如果时效期间较长时,已经充分考虑了受害人的利益,为了兼顾行为人的利益,需要规定一个客观上确定的时间点,便于行为人预测法律风险,早日做出安排;如果时效期间较短,显然有利于行为人,但为了保护受害人的利益,规定一个主观时点,避免受害人在尚未认识到自己的权利受到侵害时完成时效。可见,时效起算点既是衡量冲突双方利益的标尺,同时也是决定时效长短的调节器。其二,相比之下,采用主观起算点的国家占多数,尤其是当代各国诉讼时效期间普遍呈现缩短的趋势,原来时效期间较长的国家,在时效期间缩短后都将起算点由原来的客观时点转变为主观时点。其三,由于主观起算点是一个不确定的时间点,诉讼时效期间可能会因为受害人在主观上没有认识而一直不起算,这样一来,无疑变相延长了诉讼时效期间,这对加害人而言显然是不利的。因此,为了避免这一弊端的出现,各国又以一个最长时效期间予以限制,并且这一期间的起算点为客观时点。其四,主观起算点是站在受害人的立场上所确定的时间点,是以受害人主观上的认知为界限的,但是认知的内容是什么,各国的规定基本上又可分为两种,一是只要知道损害事实即可,如法国、荷兰、西班牙、葡萄牙等;二是除知道损害事实外,还应当知道责任人是谁,如德国、瑞士、日本、英国以及我国台湾地区等。相比之下,后一种立法例较有利于受害人利益的保护,符合采用主观起算点的立法宗旨。其五,德国虽然采主观起算点,但起算的时间不是"知道之日",而是请求权产生的当年年末,并且在该年内,债权人知道或者因重大过失不知道使请求权产生的情况以及债务人是谁。在此,立法者采取了所谓"月底时效"(Ultimoverjährung)规则的思维方式,这一规则减轻了权利人对时效届满的控制压力,因为权利人无须总是查阅自己的有关资料确定时效是否会到来,只须在年底这样做即可[①]。这种年末计算法很有借鉴价值,不仅省事,而且也符合生活常情。

---

① 〔德〕马克西米利安·福克斯《侵权行为法》,齐晓琨译,法律出版社,2006年,245页。

（二）我国法上侵权诉讼时效期间的起算点

1. 我国现行立法对起算点的规定

（1）主观起算点为原则。我国《民法通则》并未对侵权诉讼时效期间的起算点做出专门规定，而是直接适用第137条的规定："诉讼时效期间从知道或者应当知道权利被侵害时起计算。但是，从权利被侵害之日起超过二十年的，人民法院不予保护。"按照这一规定，我国侵权责任请求权的诉讼时效期间的起算点为主观时点。此外，我国其他的单行立法也大多规定为主观起算点。如《产品质量法》第45条第1款、《环境保护法》第42条、《专利法》第62条、《物权法》第245条第2款、新修订的《国家赔偿法》第39条等均与《民法通则》的规定保持一致。

需要指出的是，最高院在《关于贯彻执行〈中华人民共和国通则〉若干问题的意见（试行）》第168条规定："人身损害赔偿的诉讼时效期间，伤害明显的，从受伤害之日起算；伤害当时未曾发现，后经检查确诊并能证明是由侵害引起的，从伤势确诊之日起算"，从字面上看，侵害人身权益的时效起算点为受伤害之日，是一个客观时点，似乎改变了《民法通则》规定的主观起算点，但是，受伤害之时同时也是自己知道受害之时，二者通常都是一致的，因此，该司法解释并没有突破《民法通则》的规定，仍然属于主观起算点的范畴。

（2）客观起算点为例外。我国《海商法》第13章专章规定了"时效"，对于海事侵权的诉讼时效期间的起算点均规定为客观时点，主要有以下三种情形。一是承运人的侵权责任。《海商法》第258条，"就海上旅客运输向承运人要求赔偿的请求权，时效期间为二年，分别依照下列规定计算：（一）有关旅客人身伤害的请求权，自旅客离船或者应当离船之日起计算；（二）有关旅客死亡的请求权，发生在运送期间的，自旅客应当离船之日起计算；因运送期间内的伤害而导致旅客离船后死亡的，自旅客死亡之日起计算，但是此期限自离船之日起不得超过三年；（三）有关行李灭失或者损坏的请求权，自旅客离船或者应当离船之日起计算。"二是船舶碰撞的侵权责任。《海商法》第261条:"有关船舶碰撞的请求权,时效期间为二年,自碰撞事故发生之日起计算;本法第169条第3款规定的追偿请求权,时效期间为一年,自当事人连带支付损害赔偿之日起计算。"三是船舶油污损害责任。《海商法》第265条:"有关船舶发生油污损害的请求权,时效期间为三年,自损害发生之日起计算;但是,在任何情况下时效期间不得超过从造成损害的事故发生之日起六年。"

我国《海商法》之所以将海事侵权诉讼时效起算点规定为客观时点,主要是参照了当时通行的国际公约的相关规定,如第258条就是参照了《1974年海上旅客及其行李运输雅典公约》第16条的规定[①],第261条主要是参考了《1910年统一船舶碰撞若干法律规定的国际公约》(《布鲁塞尔公约》)第7条[②],第265条主要是参考了《1969年国际油污损害民事责任公约》第VIII条的规定[③]。

2.对我国法上主观起算点的理解

《海商法》中规定的起算点是一个客观时点,在实践中容易确定。但是,《民法通则》中规定的主观起算点在实践中往往存在一些问题,理解和适用我国法上的主观起算点,需要从以下几个方面把握:

第一,从"知道"的程度上看,除实际知道外,还包括推定知道。所谓推定知道,就是应当知道而不知道者也视为知道,换言之,原告虽

[①]《1974年海上旅客及其行李运输雅典公约》第16条,"1.因旅客的死亡或人身伤害或行李灭失或损坏而引起的损害赔偿金的诉讼,其诉讼时效期间为二年。2.上述诉讼时效期间应按下述日期起算:(a)对人身伤害,自旅客离船之日起算;(b)对运输中发生的旅客死亡,自该旅客应离船之日起算;对运输中发生的导致旅客在离船后死亡的人身伤害,自死亡之日起算,但此期间不得超过自离船之日起三年;(c)对行李灭失或损坏,自离船之日或应离船之日起算,以迟者为准。3.有关时效期间的中止和中断的事由应受受理案件的法院地法律的制约,但在任何情况下,在旅客离船之日或应离船之日三年后(以迟者为准),不得根据本公约提出诉讼。4.虽有本条第1款、第2款和第3款的规定,在诉因产生后,经承运人声明或经当事各方协议,时效期间可以延长。该声明或协议应以书面做出。"

[②]《1910年统一船舶碰撞若干法律规定的国际公约》第7条,"损害赔偿的起诉权时效两年,自事故发生之日起算。为行使第4条第3款所准许的取得摊款的权利而提起的诉讼,须自付款之日起一年内提出。上述时效期限得以中止或中断的理由,由审理该案法院所引用的法律决定。各缔约国有权以本国立法规定:如在上述时效期限内未能在原告住所或主要营业地所在国家领海内扣留被告船舶,便应延长上述时效期限。"

[③]《1969年国际油污损害民事责任公约》第VIII条:"如果不在损害发生之日起三年内提出诉讼,按本公约要求赔偿的权利即告失效。但是无论如何不得在引起损害的事件发生之日起六年之后提出诉讼,如该事件包括一系列事故,六年的期限应自第一个事故发生之日起算。"

不明了其受侵害的事实，但根据所处环境，有理由认为他已明了其权益被侵害，原告对其权益被侵害不知情，乃是出于对自己权益未尽必要的注意与照料，与怠于行使权利相同，因此诉讼时效开始计算①。推定知道，按照德国法上的表述，就是不知道是由于重大过失造成时即可由法律推定其已经知道，此之"重大过失"，即如果在非同一般的程度上违反了交往中应尽的注意义务，没有进行与情况紧密相关的考虑，或者忽视了这种考虑，结果导致没有注意到在这种情况下每一个人都应当注意到的情况②。按照英美法上的规定，就是原告虽然在实际上不知道，但如果一个理性人站在原告的位置上当然能够认识到该种情形时，就认为原告已经知道了，实践中往往通过以下事实判断他已经知道：原告可以观察到的事实以及他确认的事实；原告符合情理地寻求医学或其他适当专家的意见而确认的事实③。推定知道既然是一种法律的推定，只能由法官在审理具体案件时推定，抽象的推定以及当事人自己的推定都是无意义的，同时，这一推定是不可推翻的推定。当然，如果不知道是由于自身以外的原因造成时，即无重大过失时，时效不起算。例如，英国1980年《时效法案》第32条规定，如果被告故意欺骗或隐瞒相关事实真相，或者对相关事实做了错误的陈述，以致原告无法得知损害的真相或相关事实，从而导致其无法提起诉讼，则诉讼时效不予计算，直到原告发现了相关事实或有合理的根据可以发现相关事实时才开始计算。这一规定值得借鉴。

第二，从"知道"的主体上看，对于无行为能力人、限制行为能力人而言，法定代理人的知道即是受害人本人的知道，如果没有法定代理人的，应当从法定代理人确定之时作为知道之时④；对于法人而言，法人机构或法定代表人的知道就是法人的知道。德国司法还就法人认知的

---

① 冯恺《时效制度研究》，山东人民出版社，2007年，129页。
② 〔德〕马克西米利安·福克斯《侵权行为法》，齐晓琨译，法律出版社，2006年，245页。
③ 葛承书《民法时效——从实证的角度出发》，法律出版社，2007年，151页。
④ 英国1980年《时效法案》第28条规定，如果诉因发生时受害人处于无能力状态，则诉讼时效从其无能力状态消除或死亡之日开始计算。《荷兰民法典》第310条也规定，受害人在知道损害和责任人之日是未成年人的，损害赔偿请求权的诉讼时效从受害人成年之日的次日起经过5年才消灭。

问题额外发展了所谓"认知代理人"的范畴，通过这一范畴，除法人机构外，并无法人机构地位的雇员的认知也可以被归因为法人本身的认知①，这一范畴值得我国借鉴。此外，在共同代理中，代理人中的一人知道，是否也为被代理人知道？从代理法原理上看，主动代理时，共同代理人中一人的意思表示不对被代理人产生代理的效力，但是在被动代理的情况下，共同代理人中一人的意思表示也对被代理人产生效力。就侵权损害的认知而言，可以适用被动代理的原理，即共同代理人中的一人知道可视为被代理人知道。

第三，从"知道"的内容上看，除所受到的损害之外，还必须知道责任人是谁。关于知道的内容，各国的立法是不一致的。法国规定为"可以行使权利的事实"，德国规定为"请求权成立的情事和债务人本人"，瑞士、日本及我国台湾地区与德国的规定基本一致，都规定为"所受损害及赔偿义务人"。英国要求知道的内容更多，除要求知道损害的严重性、责任人外，还要求知道因果关系等。荷兰则是根据不同侵权责任，规定不同的知道内容：如果是人身损害责任，需要知道"损害发生和责任人"；如果是其他侵权责任，只需要知道"所受损害"即可。相比之下，英国的要求过于细致，不利于保护行为人的利益，而法国的规定虽然简单，但在具体操作上不好把握。荷兰的区别对待模式，虽然显示了对人身权益保护的重视，但忽略了在其他责任情形下受害人可能会因为不知道侵权人无法行使权利但已超过时效的问题。我国《民法通则》第137条规定了知道的内容是"权利被侵害"的事实，但学界主张应当扩大解释为"权利被侵害及责任人"②，笔者同意这一观点，其理由如下：

（1）从诉讼时效制度的宗旨上看，只有当权利人能够行使权利却怠于行使权利时，才应承受时效不利的后果，如果权利人只知道自己的

---

① 〔德〕克雷斯蒂安·冯·巴尔《欧洲比较侵权行为法》（下卷），焦美华译，张新宝审校，法律出版社，2001年，698页。
② 梁慧星《民法总论》（第三版），法律出版社，2007年，248页；王利明《民法总则研究》，中国人民大学出版社，2003年，729页。

权利遭受了侵害,但无法得知侵害人是谁时(比如在交通事故中受害,肇事者驾车逃逸),就开始起算时效,显然是不符合诉讼时效制度的宗旨的。

(2)从程序法上看,不知道侵害人是谁就无法提起民事诉讼。根据我国《民事诉讼法》第108条的规定,向法院提起诉讼必须有明确的被告,否则法院不予受理,因此,只有在确知侵害人的情况下才开始起算诉讼时效才能与《民事诉讼法》的要求相一致[①]。

(3)从起算点与诉讼时效期间的关系上看,宽泛的主观起算点无法灵活调节我国的诉讼时效期间。前已述及,起算点不仅具有开始诉讼时效期间的意义,而且还是决定诉讼时效期间长短的灵活的调节器。我国的普通侵权责任的诉讼时效期间为2年,人身侵害责任的诉讼时效只有1年,与世界其他国家的诉讼时效期间相比,我国属于最短的国家之一[②]。短期时效期间的弊端,必须借助起算点这一调节器发挥作用才能克服。如果不要求权利人知道侵害人(或责任人)是谁,就会发生受害人还根本不知道应当向谁主张权利时诉讼时效就已届满的现象。因此,这种宽泛的起算点注定要牺牲受害人的利益,从而放纵责任人的侵权行为。

(4)从各国的立法趋势上看,多数国家规定,必须知道"赔偿义务人"才能起算诉讼时效。法国在原来的民法典中规定的起算点为客观时点,即"自损害发生之日或损害加重之日起计算"(第2270-1条),但后来又修改为"自权利人知道或应当知道其可以行使权利的事实之日起算"(第2224条),这为扩大解释知道的内容留下了很大的空间。所以,我国在实践中解释《民法通则》规定的起算点时,应将"责任人"包括到知道的内容中,这也是顺应国际立法发展趋势的要求。

(5)从我国的司法实践看,应当遵从"类似问题做相同处理"的原则,将责任人纳入知道的范围。我国最高法院在《关于审理民事案件

[①] 葛承书《民法时效——从实证的角度出发》,法律出版社,2007年,157页。
[②]《朝鲜民法典》第260条规定:"机关、企业、团体和公民之间,或公民相互之间的民事时效期间为1年。"

适用诉讼时效制度若干问题的规定》第8条规定："返还不当得利请求权的诉讼时效期间，从当事人一方知道或者应当知道不当得利事实及对方当事人之日起计算。"第9条第1款规定："管理人因无因管理行为产生的给付必要管理费用、赔偿损失请求权的诉讼时效期间，从无因管理行为结束并且管理人知道或者应当知道本人之日起计算。"特别是第9条第2款规定："因不当无因管理行为产生的赔偿损失请求权的诉讼时效期间，从其知道或者应当知道管理人及损害事实之日起计算。"上述规定表明，在我国的司法实践中已经在返还不当得利请求权、无因管理请求权诉讼时效的起算规定中将责任人作为知道的内容，尤其是将因不当无因管理行为产生的侵权责任请求权的诉讼时效明确规定为从知道或者应当知道管理人及损害事实之日起计算，根据"类似问题做相同处理"的原则，我国应将侵权责任请求权诉讼时效起算点规定的知道的内容扩张解释为"权利被侵害及责任人"。

知道责任人（或赔偿义务人），根据实际情况的需要，不仅要知道其姓名，而且还应知道其具体的住所。对此，我国台湾地区的法院在一些判例中指出，所谓知有赔偿义务人，不仅指知其姓名而已，并须请求权人所知关于赔偿义务人之情形达于可得请求赔偿之程度，时效始能进行[①]。日本也有类似的判例，受害人为调查赔偿义务人的姓名经过了9年，进一步地了解到其住所则是19年以后的事了，远远超过了3年的诉讼时效期间，但法院认为，受害者确认了加害者的住所姓名之时才构成知道加害者。之所以需要知道加害者的住所，法院在另一判例中指出，所谓知道加害者，意味着事实上处于对加害者进行赔偿请求是可能的状态下，在该可能的基础上知道加害者[②]。

此外，知道权利受到侵害，"非仅指单纯知有损害而言，其因而受损害之他人行为为侵权行为亦须一并知之，若仅知受损害及行为人，而

[①] 我国台湾地区最高法院2000年台上字第485号，转引自黄立《民法总则》，中国政法大学出版社，2002年，465~466页。
[②] 于敏《侵权损害赔偿请求权的消灭时效》，载梁慧星主编《民商法论丛》（第22卷），金桥文化出版（香港）有限公司，2002年，191~241页。

不知其行为之为侵权行为，则无从本于侵权行为请求赔偿，时效即无从进行。"①从我国台湾地区这一判词中可知，知道加害人的行为属于侵权行为也属于知道的内容。对此，日本的司法实践也持相同的态度。日本的法院在判决中指出，"基于国家赔偿法的损害赔偿请求权的消灭时效的起算点，不是受害者单纯地知道损害发生，而应该解释为在认识到加害行为是侵权行为的时期。"（1967年6月23日盛冈地方裁判所判决）因为即使因他人的行为蒙受损失，但在不知道该行为是违法的侵权行为时，受害者就没有可能要求赔偿。当然，知道权利受到侵害，只须知道受有何种损害即可，对于损害额则无认识之必要，故以后损害额变更而于请求权消灭时效之进行并无影响。

（三）特殊情形下侵权诉讼时效期间的起算

起算点确定为主观时点并没有解决所有的问题，在实践中，基于侵权行为的特殊性与复杂性，尤其是侵害人身权益的侵权行为，侵权责任请求权诉讼时效的起算面临更多疑难问题，在此专门就持续性侵权行为、损害继续型侵权行为、损害潜在型侵权行为诉讼时效期间的起算予以讨论。当然，这些特殊情形下侵权诉讼时效的起算，只是就损害赔偿请求权而言的，至于恢复原状请求权和返还财产请求权并无特殊性，因为这两种请求权诉讼时效的起算只适用前述一般的主观时点即可。

1. 持续性侵权行为诉讼时效期间的起算

实践中，侵权行为具有多样性，按照不同的划分标准可以分为不同类型的侵权行为，由此导致了诉讼时效的起算也较为复杂。如果按照侵权行为是否一次性实施为标准，可分为一次性侵权行为和持续性侵权行为。一次性侵权行为是行为人一次实施即结束的加害行为，如交通事故、盗窃、公布他人隐私等。持续性侵权行为是行为人实施的不间断地、持续存在一定时间的加害行为，如非法占有他人房屋、持续的噪音

---

① 吴启宾《"最高法院"判例要旨》（1927~2003年）（上册），我国台湾地区"最高法院"印，119页。

或振动、长时间排放污染物、侵害知识产权等。在诉讼时效的起算上，一次性侵权行为不存在问题，需要探讨的是持续性侵权行为。

所谓持续性侵权行为，是指对同一权利客体持续、不间断地进行侵害的行为。持续性侵权行为给权利人造成的侵害是不断延续的，权利受侵害的状态也是不固定的，因为权利人无法判断该持续性侵权行为何时会结束，权利人所受的侵害也就随着侵权行为的持续而不断增加。如果说一次性侵权所造成的侵害状态为"一时之痛"，那么持续性侵权所造成的侵害状态就是一种"长久之痛"。持续性侵权行为的诉讼时效期间从何时开始起算，在理论上有以下几种观点：

（1）应从侵权行为实施终了之日起计算[1]。因为持续发生的侵权行为是一个完整的行为，在该行为终了之前，损害后果无法确定，难以请求损害赔偿。对此，我国台湾地区"最高法院"认为，在持续性侵权行为终止前，损害仍在继续状态中，被害人无从知悉实际受损情形，自然无法请求损害赔偿，而其请求损害赔偿之消灭时效自应待损害程度确定后起算。亦即在连续侵权行为中，在侵权终止前并无请求损害赔偿诉讼时效的问题[2]。

（2）应从受害人知道或应当知道最初受到损害时起算，即不管是否连续侵权，均要对《民法通则》第137条进行严格的文义解释，从知道或者应当知道权利被侵害时起计算。因为如果有证据表明权利人已知或应知权利被侵害，诉讼时效应当开始计算，如果以行为终了之日计算，无异于纵容权利人不受诉讼时效规定的拘束，违背诉讼时效制度的宗旨和精神。在日本也有判例认为，在持续性侵权场合，诉讼时效也从受害人知道最初的损害及加害者时开始起算。

（3）加害人之侵权行为如连续发生，则被害人之损害赔偿请求权亦

---

[1] 张佩霖主编《中国民法》，中国政法大学出版社，1994年，497页；李开国《中国民法学教程》，法律出版社，1997年，227页。
[2] 我国台湾地区"最高法院1997年度台上字第1798号""2002年度台上字第2507号"和"2003年度台上字第1553号"判决，皆持相同之见解。转引自朱江村《论连续侵权损害赔偿诉讼时效之问题》，《重庆工学院学报》2007年，第1期。

不断发生，因此，针对不同请求权的诉讼时效亦应分别计算，而超过诉讼时效部分的请求权亦不断消灭，亦即超过诉讼时效的侵权部分，因罹于时效而不得请求损害赔偿①。对此，日本的判例也认为，持续性侵权行为造成的损害，只要是个别产生的，则对于各个损害的赔偿请求权的诉讼时效，从个别损害起算②。

上述三种观点中，第二种观点明显是错误的，因为此种侵权行为在一定时间内呈现继续的状态，如果从最初的损害发生时就起算时效，很可能当诉讼时效届满后该侵权行为还存在，但却因时效届满而无法获得法律救济。第一种观点着重于持续性侵权行为的完整性，有其合理之处。最高人民法院曾于1990年12月5日内部讨论过《关于贯彻执行〈民法通则〉若干问题的意见（修改稿）》，其中第194条规定："侵权行为是持续发生的，诉讼时效从侵权行为实施终了之日起计算。"可惜该修改稿未正式生效③。另外，我国《刑法》第89条第1款规定："追诉期限从犯罪之日起计算；犯罪行为有连续或者继续状态的，从犯罪行为终了之日起计算。"刑法上的追诉时效虽然与民法上的诉讼时效有本质上的差异，但这种起算方法值得借鉴。不过，严格固守持续性侵权行为终了之日作为时效的起算点，在一定程度上可能会放纵权利人怠于行使权利的行为，不利于现存秩序的稳定。至于第三种观点，其理论根据则是持续性债权中"个别债权"的独立性。因为持续侵权行为的发生使得权利人对侵权人享有了损害赔偿之债权，从这种债权的性质来看应属于继续性债权。对于这种债权应从两个角度把握：一方面，应把继续性债权作为一个整体，也必须如此；另一方面，在诉讼时效的适用上应将该债权区分为若干个债权，每个这样的债权可以取名为"个别债权"，每个"个别债权"具有某种程度的经济上和法律上的独立性。随着侵权行为的持续发生，权利人的损害赔偿请求权不断发生，由于每个"个别债权"具有

---

① 朱江村《论连续侵权损害赔偿诉讼时效之问题》，《重庆工学院学报》2007年，第1期。
② 〔日〕园谷峻《判例形成的日本新侵权行为法》，赵莉译，法律出版社，2008年，146页。
③ 《关于贯彻执行〈民法通则〉若干问题的意见（修改稿）》，载北大法律信息网：http://law.chinalawinfo.com/newlaw2002/slc/slc.asp?db=chl&gid=44426，登录时间：2010年8月16日。

某种程度的经济上和法律上的独立性，因此，在诉讼时效的适用上就可以就每个"个别债权"分别适用诉讼时效①。这种观点可以使受害人及时获得相应的救济，但问题是，持续性侵权行为所产生的损害后果无法确定为个别产生时，此种起算方法还是不能发挥作用。

所以，笔者建议，将第一种观点和第三种观点折中，即如果能够确定个别的损害时，则以受害人知道个别损害的产生及责任人时起算，如果无法确定个别损害时，则以持续性侵权行为最后结束并由受害人知道时起算。例如，租赁合同到期后，承租人拒不返还租赁财产而继续使用，则构成侵害出租人财产权的侵权行为，这种持续性侵权行为导致损害赔偿的继续性债权的产生，但该继续性债权可按月或年区分为各个"个别债权"，每个个别债权可以分别起算诉讼时效。又如，邻居的手工作坊长期以来发出一种蜂鸣声，起初受害人觉得刺耳，但碍于邻居情面没有计较，以后也就习惯这种声音了。三年后，那个手工作坊迁出，但蜂鸣声仍然萦绕在受害人的耳边，导致其精神发生错乱，此时距离最初听到噪音已超过三年的时间。对于此种持续性侵权行为，由于无法确定个别的损害，难以区分"个别债权"，因此，应当以持续性侵权行为结束后并由受害人知道时起算时效。至于如何确定个别损害，关键是看所造成的损害是否因时间的经过而有规律地增加，也就是可否以时间为计量单位预测其损害赔偿的数额，如果可以，应认定该持续侵权行为可以产生"个别损害"。

2. 损害继续型侵权行为与损害潜在型侵权行为诉讼时效期间的起算

如果以侵权损害后果的表现程度为标准，可分为损害明确型侵权行为、损害继续型侵权行为以及损害潜在型侵权行为三种。损害明确型侵权行为，是指损害后果在侵权行为终了之际即可确定的侵权行为，如毁损他人财物、侵害他人名誉、交通事故等。损害继续型侵权行为，是指加害行为结束后，损害无法立即确定，而是继续进行或者间歇性发作，

---

① 崔建远《继续性债权与诉讼时效》，载：http://www.lawtime.cn/info/lunwen/mfmsssflw/2006102653029.html，登录时间：2010年12月19日。

直到较长时间以后才稳定下来，如环境污染侵权事件，污染行为虽结束但污染的后果可能在一定时期内持续损害受害人的健康权；又如，有毒物质致人身体患病，该种病症随着年龄的增长而逐步恶化等。损害潜在型侵权行为，是指侵权行为结束时并未表现出明显的损害后果，而是处于潜伏状态，直到经过一段时间后，才显现出某种后果来，如硅肺病、动物致人损害引发的狂犬病等，都有一定的潜伏期[①]。上述三种侵权行为中，损害明确型侵权行为并无特别之处，在时效的起算上也不存在问题，需要讨论的是损害继续型侵权行为和损害潜在型侵权行为。

（1）损害继续型侵权行为。这一侵权行为的特征有二：一是加害行为已经结束，不再继续进行；二是损害并未因侵权行为的结束而终止，而是继续延伸，目前无法确定最终的损害结果。例如，在日本九州岛熊本县水俣市，某工厂向水俣湾长期排放含汞废液导致人或其他生物摄入有机汞，使有机汞侵入脑神经细胞而引起一种综合性疾病，起初临床症状为运动共济失调，随着病情的加重，逐渐出现知觉、视力、听力、步行、语言等障碍，继而发生神经错乱等。

对于损害继续型侵权行为，其诉讼时效期间的起算可以比照持续性侵权行为的起算方法，即可以区分阶段性损害的，则以知道该阶段损害及责任人时起算，如果无法区分阶段性损害的，应当从知道最终确定损害结果及责任人时起算。例如，被告在玩鸟枪时，迸射出金属弹伤及原告。经医院X线检查，原告"左手软组织弥漫性分布数十枚砂粒状高密度金属弹影"，诊断意见为：左手软组织金属弹残留。经常规的清创消炎处理，原告于次日出院。之后，原告又经民间草药治疗，伤口逐渐愈合。14年后，原告左手突然发炎发黑甚至失去了握力。经医院诊断，确认原告"左掌软组织内多发性金属异物，伴发炎"。并经CT检查，原告

---

① 硅肺病的潜伏期很长，一般5~10年，有的可达15~20年才发病，潜伏期的长短决定于粉尘浓度和接尘时间。狂犬病是由狂犬病毒引起的急性中枢神经系统的传染病，潜伏期短为10天，一般为31至60天，15%发生在3个月以后，有的长至2年或更长，视被咬部位距离中枢神经系统的远近和咬伤程度，或感染病毒的剂量而异。上海市第五人民医院在1998年发现一起潜伏期长达14年的狂犬病例（见《中国计划免疫》2000年，第6期），浙江省东阳市人民医院在2008年发现一起潜伏期长达39年的狂犬病例（见《疾病监测》2009年，第6期）。

体内分布着140多粒金属异物。该医院对其实施了5次手术，共取出铁砂弹37粒，花去医疗费12841.52元[①]。本案涉及的就是损害继续型侵权行为，由于损害继续进行，如果从知道最初受到伤害时起算时效，显然是不公平的，受害人全身散布的金属弹砂140多粒，残留的其他弹砂的侵害仍在继续，5次手术取出37粒所形成的损害赔偿债权可以单独起算诉讼时效，所以，受理法院认为医疗费债权的诉讼时效从手术取弹时开始计算是正确的。又如，患者在医院接受阑尾手术治疗后，长期以来感到肚子疼并伴有低烧，3年以后才查明是当年做手术时遗留的纱布所致。此时受害人请求损害赔偿的诉讼时效，既不能从最初知道受到伤害时起算，也无法区分个别债权起算时效，只能以最后清除损害源并确知最终损害后果时起算诉讼时效。

（2）损害潜在型侵权行为。此种侵权行为最主要的特征是，在侵权行为结束之际，损害后果没有表现出来，而是处于潜伏状态，经过一定的潜伏期后才能被人发现。此种侵权行为多发生在有毒物质致人损害的情形中。对于损害潜在型侵权行为，其诉讼时效从何时开始起算，在英美法的司法实践中先后发展出三种起算规则：一是接触理论，即诉讼时效应从最后接触有害物质时起算；二是发现理论，即诉讼时效从发现或应当发现受到损害时起算；三是症状暴露理论，即诉讼时效应当从致人损害的症状完全暴露时开始起算[②]。其中，接触理论的缺陷是，在潜伏期很长的情况下，从最后接触有害物质之时起到出现损害后果起诉到法院之时，很可能诉讼时效已经完成。发现理论也存在同样的弊端，即经过较长的潜伏期后，受害人发现了自己所受到的损害，但此时已经完成了法律规定的最长诉讼时效期间。因此，为了避免这一缺陷，症状暴露理论应运而生。目前，这一理论被各国的立法与司法实践广为适用。例如，《日本制造物责任法》第5条规定："1.第三条所规定的损害赔偿请求权，从受害者或其法定代理人知有损害及赔偿义务人之时起三年间不行

[①] 李艳雯《铁砂弹残留伤害的诉讼时效起算点如何把握》，《中国审判》2006年，第5期。
[②] 陈泉生《论环境侵权的诉讼时效》，《环境导报》1996年，第2期。

使时，因时效而消灭。从其制造业者交付该制造物时起经过十年，亦同。2. 前项后段的期间，对于在身体中逐渐蓄积而损害人的健康的物质所致损害或须经过一定的潜伏期间后才出现症状的损害，从其损害发生时起算。"

我国的侵权诉讼时效起算点是主观时点，即从知道或者应当知道权利被侵害时起算，不会出现英美法上的接触理论因为过早起算诉讼时效而发生的弊端。但是，由于主观起算点的不确定性，可能导致诉讼时效期间被无限延长，因而我国又设置了最长时效期间，以弥补主观起算点的不足。《民法通则》第137条规定："诉讼时效期间从知道或者应当知道权利被侵害时起计算。但是，从权利被侵害之日起超过二十年的，人民法院不予保护。有特殊情况的，人民法院可以延长诉讼时效期间。"《产品质量法》第45条也规定："因产品存在缺陷造成损害要求赔偿的诉讼时效期间为二年，自当事人知道或者应当知道其权益受到损害时起计算。因产品存在缺陷造成损害要求赔偿的请求权，在造成损害的缺陷产品交付最初消费者满十年丧失；但是，尚未超过明示的安全使用期的除外。"上述最长诉讼时效期间的限定，虽然在一定程度上可以避免主观起算点的不足，但是在潜在损害的情况下，如果潜伏期很长（例如10年以上或20年以上），当受害人知道或应当知道自己的权利受到侵害时，最长时效期间已经完成，受害人将得不到法律的救济。对此，有学者提出"潜在损害应不罹于最长诉讼时效"①的观点。这一设想固然可嘉，但是在现行立法体系内还不具有可行性，因为没有相关的规定能为其提供法律依据。

笔者认为，应当扩张解释第137条关于20年最长诉讼时效的起算点，即"权利被侵害之日"应包括"潜在损害完全暴露之日"。对此，最高院在《关于贯彻执行〈中华人民共和国通则〉若干问题的意见（试行）》第168条规定："人身损害赔偿的诉讼时效期间，伤害明显的，从受伤之日起算；伤害当时未曾发现，后经检查确诊并能证明是由侵害引起

---

① 谢鸿飞《论潜在损害的诉讼时效》，《社会科学研究》2007年，第3期。

的，从伤势确诊之日起算。"这一规定，针对人身损害赔偿责任的时效起算无疑是正确的。

（四）侵权诉讼时效期间的起算与知识产权的保护期

知识产权都有法定的保护期限，一旦保护期限届满，权利即自行终止，成为社会公众可以自由使用的知识，也即成为任何人都能够自由利用的公共财产。在知识产权有效期限制的制度框架中，存在一个以一定的保护期换取长久的信息接近之间的对价，它表明知识产权的权利主张只是在信息进入公有之前对某些使用的临时限制，思想产品的财产权在一定的期限之后将被自动地"归还"给公有[①]。知识产权保护期限的实质在于平衡知识产权人的专有权利与社会公众永久性地不受限制地获得公共知识财富的利益。知识产权保护期限的长短，依各国的法律确定。例如，我国发明专利的保护期限为20年，实用新型专利权和外观设计专利权的期限为10年，均自专利申请日起计算；我国公民的作品著作权的保护期为作者终生及其死亡后50年。这两个权利期限届满后，该发明和作品即成为公有领域财产。我国商标权的保护期限自核准注册之日起10年，但可以在期限届满前6个月内申请续展注册，每次续展注册的有效期为10年，续展的次数不限，由此可见，商标权的期限有其特殊性，可以根据其所有人的需要无限地续展权利期限。如果商标权人逾期不办理续展注册，其商标权也将终止。当然，知识产权的保护期只是针对其财产性权利而言的，人身性的权利是永久的，比如著作人身权中的署名权、发表权、保护作品完整权等。

侵害知识产权的行为只能发生在知识产权的保护期限内，否则，不在保护期内就谈不上侵权的问题。理解知识产权的保护期与诉讼时效期间起算的关系，须注意以下几点：第一，知识产权的保护期是专利权、商标权、著作权的有效存在期限，诉讼时效期间则是侵害知识产权

[①] 冯晓青《知识产权有效期限制的理论思考》，《兰州学刊》2007年，第6期。

的侵权责任请求权的有效行使期间，二者分别存在，独立起算，互不影响；第二，侵害知识产权的诉讼时效期间届满后，即使该知识产权仍在保护期内，侵权责任请求权也会因时效的完成而消灭；第三，侵权行为发生于知识产权的保护期内，在侵权责任请求权的诉讼时效进行中，知识产权保护期已经到期，只要受害人的侵权责任请求权诉讼时效期间尚未届满，仍然受到法律的保护；第四，即使侵权行为发生于知识产权的保护期内，但权利人在知识产权保护期结束后才知道自己的权利受到侵害及责任人是谁，那么，侵权诉讼时效应当从此时开始起算，经过2年后届满。

我国最高法院《关于审理专利纠纷案件适用法律问题的若干规定》第23条、《关于审理商标民事纠纷案件适用法律若干问题的解释》第18条、《关于审理著作权民事纠纷案件适用法律若干问题的解释》第28条均规定，侵犯专利权、注册商标专用权和著作权的诉讼时效为2年，自权利人知道或者应当知道侵权行为之日起计算。权利人超过2年起诉的，如果侵权行为在起诉时仍在持续，在该知识产权有效期限内，人民法院应当判决被告停止侵权行为，侵权损害赔偿数额应当自权利人向人民法院起诉之日起向前推算2年计算。这一规定认可了侵害知识产权的行为是一种持续性侵权行为，并且以时间为单位区分了继续性债权中的"个别债权"，并分别起算其诉讼时效，无疑是正确的，但也存在以下问题：

第一，将侵害知识产权诉讼时效的起算点确定为"权利人知道或者应当知道侵权行为之日"，在知道的内容上只要求知道侵权行为即可，而不要求知道"责任人"是谁，在实践中就无法主张请求权而中断时效，不利于对权利人的保护；第二，"权利人超过2年起诉的"所指不明，容易使人误解为无论诉讼时效是否届满，只要经过2年的时间即可，很显然，自知道或者应当知道侵权行为之日起虽已超过2年，但一直存在中断事由以致诉讼时效并未届满，此时损害赔偿额只计算2年的时间，是没有道理的；第三，2年的诉讼时效期间虽然已经届满，但是起诉到法院后，如果侵权人不主张时效完成抗辩权，受诉法院应当判赔全部侵权期间的损失,而不应当只判赔2年的损失;第四,既然侵权行为还在继续,同时知识产权仍在保护期内,权利人向法院提起诉讼要求赔偿现在因遭受侵权所产生的损失,而不是已超过2年诉讼时效的损失,受诉法院就不能判赔自起诉日向前推算2年的损失,否则就将过去的那个"个别债权"混同于现在的这个"个别债权"了。例如,假冒他人注册商标的侵权行为发生于2007年5月,权利人在2008年5月发现后一直到2010年5月未中断诉讼时效,诉讼时效已经届满,但期间侵权行为一直持续,2010年5月权利人起诉到法院要求损害赔偿。从理论上讲,这一侵权行为所产生的继续性债权可以区分为两个"个别债权",一个是从2007年5月到2008年5月因侵权所产生的损害赔偿债权,另一个是从2008年6月到2010年5月所产生的损害赔偿债权,依据"个别债权"的相对独立性理论,这两个债权应当分别起算诉讼时效。这样一来,前一个债权的诉讼时效已经届满,起诉到法院后,如果侵权人不行使时效完成抗辩权,就应当判决赔偿这一时期的损失。至于后一个债权,由于没有完成诉讼时效,当然应该判决赔偿。但是,依照上述最高法院的司法解释,受诉法院只能判决起诉日向前推算2年的损失赔偿,即只对后一个债权予以保护,对于前一个债权,无论责任人是否行使时效完成抗辩权,都不能获得救济,这在实质上破坏了法院不得主动援用时效的规定。

基于以上存在的问题,前述三个司法解释的相关规定应当修改为:侵犯专利权、注册商标专用权和著作权的诉讼时效为2年,自权利人知道或者应当知道侵权行为及责任人之日起计算。权利人超过2年诉讼时效期间起诉的,对于超过诉讼时效期间的损失不予保护,但如果侵权行为在起诉时仍在持续,在该知识产权有效期限内,人民法院应当判决被告停止侵权行为,并赔偿未超过诉讼时效期间的损失。

(五)侵权诉讼时效中断后的重新起算

侵权诉讼时效进行中,有与时效基础相反的事实发生时,使已进行的诉讼时效期间全归无效,换言之,在有法定事由发生时,此前已经过的时效期间统归无效，待中断事由终止后时效期间重新起算，此即侵权诉讼时效的中断。所谓诉讼时效的基础，是指请求权持续不行使的事实状态，如果在时效期间进行中，出现了与此事实状态相反的事实，比如权利人行使其权利，那么，所建立起来的秩序就被推翻，重新恢复了原来的权利义务秩序，当事人之间的法律关系得以确定，使已经过的时效期间失去意义。

侵权诉讼时效中断后，新的诉讼时效期间从何时开始起算？我国《民法通则》第140条规定："诉讼时效因提起诉讼、当事人一方提出要求或者同意履行义务而中断。从中断时起，诉讼时效期间重新计算。"所谓"从中断时起"是指中断事由"发生时"还是"终止时"，其义不明。对此，国外立法多数规定应从中断事由终止时起重新计算，如《德国民法典》第217条规定："时效中断后，在中断前已经过的时间不予计算；新的时效自中断终止后重新开始计算。"《日本民法典》第157条第1项也规定："中断的时效，自中断事由消灭时起，重新开始进行。"《俄罗斯联邦民法典》第203条第2款规定："在诉讼时效期限中断结束之后，诉讼时效期限重新计算，在中断前的时间不计入新的诉讼时效期限。"依据比较法的解释方法，笔者认为，我国《民法通则》第140条所谓"中断时"应区分两种情形：一是中断事由瞬间即可完成者，即中断事由的发生和消灭是在同一时间完成者，"中断时"即为发生时。如因请求或承认而中断者，请求或承认通知到达相对方时，中断事由在发生的同时就消灭，那么应从该通知到达之日起重新计算时效；二是中断事由不会瞬间完成，而是持续进行者，那么所谓"中断时"应是指中断事由终止时，因为在中断事由持续期间所出现的事实状态，与时效进行期间呈现的事实状态完全相反，所以，在中断期间不能计算诉讼时效。例如因起诉而中断者，权利人从一审到二审终审判决生效前一直处于积极地行使权利的状态，直到判决生效之日中断事由才结束，因此，应从判决生效之日起重新计算诉讼时效[①]。依此类推，因仲裁而中断者，

---

① 张驰《诉讼时效重新计算及其相关问题》，《法学》1995年，第1期。

时效应自裁决做出之日起算；因申请支付令而中断者，时效应从法院向债务人发出支付令之日起算；因申请强制执行而中断者，时效应从执行程序终止时起算；因申报破产债权而中断者，时效自破产程序终结时起算；因申请诉前财产保全和先予执行中断者，时效自生效判决做出时起算；因债权人提起代位之诉或撤销之诉而中断者，亦应自生效判决做出时起算新时效。此外，时效中断后重新起算时，尚须注意以下几个问题：

第一，因权利人向人民调解委员会或者有关单位提出保护民事权利的请求而中断者，根据前述最高院《关于贯彻执行〈中华人民共和国民法通则〉若干问题的意见（试行）》第174条的规定，如果调处达不成协议的，从调处无效果时重新起算；如果调处达成协议，义务人按协议所订期限履行义务的，应自履行期限届满时重新起算。

第二，因权利人向公安机关、人民检察院、人民法院报案或者控告而中断者，上述机关决定不立案、撤销案件、不起诉的，诉讼时效期间从权利人知道或者应当知道不立案、撤销案件或者不起诉之日起重新计算；刑事案件进入审理阶段，诉讼时效期间从刑事裁判文书生效之日起重新计算（最高院《关于审理民事案件适用诉讼时效制度若干问题的规定》第15条）。

第三，除承认之外，其他中断事由必须均无"视为不中断"的情形，才可以重新起算，否则旧时效仍照旧进行，并由最初开始时连续计算。所谓"视为不中断"的情形，如为起诉，权利人撤诉或被驳回起诉；如为仲裁，申请人撤回仲裁申请，或者有视为撤回申请的情形，如申请人经书面通知无正当理由不到庭，或者未经仲裁庭许可而中途退庭的；如为申请支付令，申请人撤回申请或者债务人提出异议的；如为申请强制执行或先予执行的，法院裁定不予执行；如为申请诉前财产保全的，申请人在法院采取保全措施后15日内不起诉的，等等。出现上述情形时，诉讼时效不中断，自然无重新起算的必要。

第四，如果有数个中断事由并存，其中一个或数个事由终止，还有其他事由持续时，则时效一直处于中断状态，只有在最后一个事由终止时，才重新起算诉讼时效。

（六）侵权诉讼时效期间起算规则的立法建议

随着《合同法》《物权法》《侵权责任法》《涉外民事关系法律适用法》的颁行，我国民法典的出台已为时不远。未来民法典中如何设计侵权诉讼时效期间的起算规则，不仅关系到行为人与受害人之间的利益平衡，而且也关系到我国整个诉讼时效制度的成败。在我国现行法律体系中，除《民法通则》外，众多的单行法以及最高法院的司法解释，都有关于侵权诉讼时效期间起算的规定，这些规定在司法实践中发挥了重要作用。但是，如前所述，也存在诸多问题，有的规定不合理，有的缺乏可操作性，甚至有些规定暂付阙如，这些缺陷严重制约了侵权诉讼时效制度功能的释放。鉴于此，我国未来民法典应当在已有的立法和司法实践的基础上，参照域外相关立法的成功经验，结合我国的实际情况，确立科学合理的侵权诉讼时效期间的起算规则。

1. 立法体例选择

纵观世界各国关于诉讼时效期间起算的规定，不外乎两种立法体例，一是统一主义，即将普通诉讼时效期间的起算与侵权诉讼时效期间的起算统一在一起进行规定，不对侵权诉讼时效期间的起算进行特别规定，即侵权诉讼时效期间的起算统一适用普通诉讼时效期间起算的规定。采此例者，如现行《德国民法典》（2002年修订后）、《法国民法典》《意大利民法典》《葡萄牙民法典》等。二是单独主义，即在普通诉讼时效期间起算规定之外，对侵权诉讼时效期间又进行了特别规定，即侵权诉讼时效期间的起算不适用普通诉讼时效期间起算的规定。如2002年之前的《德国民法典》第198条规定，普通诉讼时效期间自请求权产生之日开始计算。然后又在第852条第1款规定，因侵权行为所生的损害赔偿请求权的诉讼时效，自受害人知悉损害事实或者赔偿义务人时起算。采此例者，还有《日本民法典》《瑞士债法典》《荷兰民法典》《俄罗斯联邦民法典》以及我国台湾地区民法典等。我国的《民法通则》未对侵权诉讼时效期间的起算做专门规定，2009年12月颁布的《侵权责任法》也没有对侵权诉讼时效做任何规定，因而，我国属于统一主义的立法体例。考虑到我国现行的立法体例以及法律的延续性，我国未来民法典关于侵权诉讼时效期间起算的规定宜继续坚持统一主义。

2. 起算点的确定

起算点作为平衡侵权案件中冲突各方当事人利益的标尺，主要是通过它灵活调节侵权诉讼时效期间的长短来体现的。起算点有客观起算点与主观起算点之分，其中，客观起算点适合于诉讼时效期间较长者，而主观起算点则适合于诉讼时效期间较短者，这是因为客观起算点比较稳定，对诉讼时效期间的调节幅度小，相反，主观起算点较为灵活，对诉讼时效期间的调节幅度大。也正因如此，采主观起算点的国家，往往又设置了最长诉讼时效期间，以弥补主观起算点无限拉长诉讼时效期间的不足。我国学者梁慧星教授主持起草的《民法典草案建议稿》规定了客观起算点，即普通诉讼时效期间自权利能够行使时开始计算（第192条）[1]，人身伤害的损害赔偿请求权从加害行为发生时、义务违反时或者损害被发现时开始计算（第198条）。王利明教授主持起草的《中国民法典学者建议稿》则规定了主观起算点，即诉讼时效期间从当事人知道或应当知道其权利或者受法律保护的利益受到侵害之日开始计算（第245条第1款）[2]。2002年12月，由九届人大常委会第31次会议第一次审议的《中华人民共和国民法（草案）》在《总则》部分规定的诉讼时效期间的起算点主要是参考了新修改的《德国民法典》采用的"月底时效"规则，即如果受害人知道或应当知道权利被侵害是在上半年的，则于该年的7月1日起算；如果受害人知道或应当知道权利被侵害是在下半年的，则于次年的1月1日起算。上述三个草案中的规定，笔者认为，九届人大常委会的审议稿中规定的主观起算点较为合理，理由在于：一方面，我

---

[1] 梁慧星主编《中国民法典草案建议稿》，法律出版社，2003年，37页。
[2] 王利明主编《中国民法典学者建议稿及立法理由·总则编》，法律出版社，2005年，430页。

国的诉讼时效期间普遍较短，需要缩放幅度较大的起算点；另一方面，"月底时效"规则有一定的缓冲余地，可以减轻权利人对时效届满的压力，所以应当采用。但在知道的内容上，不仅要知道自己的权利受到侵害，而且还应知道责任人是谁，否则不得起算。

3. 特殊情形下时效的起算

在特定情形下，有些侵权行为具有持续性、潜伏性、长期性、复杂性、间接性等特征，如果适用普通的起算点，将会产生不公平现象，因而需要有特别的起算点。（1）对于持续性侵权行为，应当规定：如果能够确定个别的损害时，则以受害人知道个别损害的产生及责任人时起算，如果无法确定个别损害时，则以持续性侵权行为最后结束并由受害人知道时起算。侵害知识产权的，权利人超过诉讼时效期间起诉的，对于超过诉讼时效期间的损失不予保护，但如果侵权行为在起诉时仍在持续，在该知识产权有效期限内，人民法院应当判决被告停止侵权行为，并赔偿未超过诉讼时效期间的损失。（2）对于损害继续型侵权行为，可准用持续性侵权行为的规定。（3）对于损害潜在型侵权行为，普通诉讼时效期间应当坚持主观起算点，但是为了避免知道或应当知道自己的权利受到侵害和责任人之时可能会超过法律规定的最长时效，应当把《民法通则》规定的最长时效的起算点修改为"权利被侵害或损害完全确定之日"。

4. 时效中断后的重新起算

诉讼时效的中断事由一般为诉外请求、诉讼请求和债务人承认等，这些事由的出现之所以能够导致以前经过的时效期间全部无效，就是因为它们打破了权利人不行使权利的事实状态，使得时效期间的进行失去了意义。如果这些中断事由一直持续时，说明权利人行使权利的状态在持续，此时就没有理由重新开始起算诉讼时效期间。但是，我国《民法通则》第140条规定："诉讼时效因提起诉讼、当事人一方提出要求或者同意履行义务而中断。从中断时起，诉讼时效期间重新计算"，如前所述，时效中断后从中断时起开始起算新的时效是不合理的。因此，建议我国未来民法典应当规定：从中断事由结束时起，诉讼时效期间重新计算。

四、侵权诉讼时效与刑法追诉时效

侵权行为同时构成犯罪的,将发生侵权责任与刑事责任的聚合。刑法规定了刑事责任的追诉时效,除法律另有规定外,超过规定的时效期限的,不再追究其刑事责任。我国《刑法》第87条规定,"犯罪经过下列期限不再追诉:(一)法定最高刑为不满五年有期徒刑的,经过五年;(二)法定最高刑为五年以上不满十年有期徒刑的,经过十年;(三)法定最高刑为十年以上有期徒刑的,经过十五年;(四)法定最高刑为无期徒刑、死刑的,经过二十年。如果二十年以后认为必须追诉的,须报请最高人民检察院核准。"可见,根据罪行轻重的不同,刑法规定了不同的追诉时效。但是,根据《刑法》第88条的规定,以下情形不受追诉时效的限制:一是在人民检察院、公安机关、国家安全机关立案侦查或者在人民法院受理案件以后,逃避侦查或者审判的;二是被害人在追诉期限内提出控告,人民法院、人民检察院、公安机关应当立案而不予立案的。由于诉讼时效与追诉时效在起算点、期限等方面有很大的不同,因而在实践中可能会出现同一行为追诉时效尚未完成,但诉讼时效却已到期的现象,这样一来,刑事责任尚且追究,如此严重的侵权行为人却可以不承担侵权责任,显然是不公平的。所以,有必要协调好二者的关系,以使社会公共利益与受害人的个人利益同时兼顾。

对此,有许多国家的民法典做出了专门规定。如,《瑞士债法典》第60条第2款规定:"基于侵权行为提起的诉讼,刑法上对诉讼时效有不同规定的,适用刑法上的规定。"《意大利民法典》第2947条第3款规定:"在任何情况下,如果一种行为被法律认定为犯罪行为,并针对该犯罪行为确定了一个较长的消灭时效,则该时效亦准用于民事诉讼。但是,如果犯罪行为因非消灭时效引发的各种原因而消灭或者在刑事诉讼中做出了不可改变的判决,损害赔偿的权利要在前两款[1]规定的期间内

---

[1] 《意大利民法典》第2947条第1款、第2款规定:"对违法行为所致损害主张赔偿的权利要在权利发生之日起5年内行使。对任何一种运输工具的运行造成的损害主张赔偿的,权利行使期为2年。"

行使，自犯罪行为消灭时起或者自不可改变的判决发出时起算。"此外，基于法院所追究的刑事犯罪行为而产生的精神损害赔偿请求权时效，自刑事判决生效之日起计算①。《荷兰民法典》在第310条第4款也规定："造成损害的事件根据《刑法典》第240条b项，第242条至第250a条构成犯罪并且该犯罪的实施涉及未成年人的，如果刑事诉讼的追诉时效尚未届满，则针对犯罪行为人的损害赔偿请求权的诉讼时效并不消灭。"根据《西班牙民法典》第1092条的规定，因刑事犯罪行为而引起的赔偿责任的时效规定适用刑法有关时效条款②。《希腊民法典》第937条规定："侵权行为同时是依据刑法服从更长期间的消灭时效的犯罪行为时，刑法上的消灭时效也可以适用于损害赔偿请求权。"法国法则规定，侵权行为同时构成应受刑罚的犯罪的场合，请求损害赔偿的民事诉讼，适用《治罪法》第637条以下有关时效的规定。我国澳门地区民法典第491条第3款规定："如不法事实构成犯罪，而法律对该犯罪所规定之追诉时效期间较长，则以该期间为适用期间；然而，如刑事责任基于有别于追诉时效完成之原因而被排除，则损害赔偿请求权自发生该原因时起经过一年时效完成，但在第一款第一部分所指期间届满前不完成。"③

依照上述各国的规定，构成犯罪的侵权行为的诉讼时效可以直接适用刑法有关追诉时效的规定。我国的现行立法对此未做任何规定，根据《刑事诉讼法》第77条的规定，被害人在刑事附带民事诉讼过程中，有权提起附带民事诉讼；人民检察院在提起公诉的时候可以提起附带民事诉讼。依此规定，如果被害人单独提起民事诉讼时，诉讼时效可能已经完成，但是，如果被害人提起附带民事诉讼的时候，因刑法追诉时效

---

① 参见Feola对米兰上诉法院1994年4月15日判决的评论，载Resp. Civ. e Prev. 1995年，136~154页。转引自〔德〕克雷斯蒂安·冯·巴尔《欧洲比较侵权行为法》（下卷），焦美华译，张新宝审校，法律出版社，2001年，689页。
② 于敏《侵权损害赔偿请求权的消灭时效》，载梁慧星主编《民商法论丛》（第22卷），金桥文化出版（香港）有限公司，2002年版，690页。
③ 我国澳门地区民法典第491条第1款规定："损害赔偿请求权，自受害人获悉或应已获悉其拥有该权利及应负责人之日起经过3年时效完成，即使受害人不知损害之全部范围亦然；但不影响自损害事实发生时起已经过有关期间而完成之一般时效。"

未完成而被允许。如，在轻伤害案件中，自诉人未在一年内提起民事诉讼，时效即已完成，但由于未超过刑法追诉时效，因而它可以提起刑事自诉并附带民事诉讼。在这种情况下，我国司法实践可参照上述各国的立法经验做如下处理：第一，如果是刑事附带民事诉讼，诉讼时效可直接适用刑法有关追诉时效的规定①。但是，我国刑事附带民事诉讼只能就物质损害请求赔偿，精神损害赔偿则不予支持，即使在刑事案件审结后也不允许另行提起精神损害赔偿的民事诉讼。②第二，如果是独立进行民事诉讼，可区分为两种情形。（1）如果权利人向有关机关报案、提起自诉或者控告的，可以直接适用民法诉讼时效中断的规定。对此，我国最高法院《关于审理民事案件适用诉讼时效制度若干问题的规定》第15条规定："权利人向公安机关、人民检察院、人民法院报案或者控告，请求保护其民事权利的，诉讼时效从其报案或者控告之日起中断。上述机关决定不立案、撤销案件、不起诉的，诉讼时效期间从权利人知道或者应当知道不立案、撤销案件或者不起诉之日起重新计算；刑事案件进入审理阶段，诉讼时效期间从刑事裁判文书生效之日起重新计算。"不过，最高院的这一规定有两点需要改进：一是应该将刑事自诉作为诉讼时效中断的事由，因为自诉与控告、报案等具有同等的效力；二是中断事由结束后，不应当从权利人知道或者应当知道不立案、撤销案件或者不起诉之日起重新计算，这一起算点很不确定，既然已经提起了自诉或者进行了控告、报案的，就应当关心其结果，而且作为有关司法机关也会告知其结果，因此，重新起算的诉讼时效应当从不立案、撤销案件

---

① 刘金友、奚玮《附带民事诉讼原理与实务》，法律出版社，2005年，229页。
② 我国《刑法》第36条第1款规定："由于犯罪行为而使被害人遭受经济损失的，对犯罪分子除依法给予刑事处罚外，并应根据情况判处赔偿经济损失。"《刑事诉讼法》第77条也规定："被害人由于被告人的犯罪行为而遭受物质损失的，在刑事诉讼过程中，有权提起附带民事诉讼。"上述两部法典所规定的赔偿"经济损失"或"财产损失"，未将精神损失包括在内。这一立法态度明显地影响了司法实践，最高院于2000年12月发布的《关于刑事附带民事诉讼范围问题的规定》第1条第2款就规定："对于被害人因犯罪行为遭受精神损失而提起附带民事诉讼的，人民法院不予受理。"随后在2002年7月，最高院在《关于人民法院是否受理刑事案件被害人提起精神损害赔偿民事诉讼问题的批复》中又一次重申了这一观点，该批复指出："根据《刑法》第36条和《刑事诉讼法》第77条以及我院《关于刑事附带民事诉讼范围问题的规定》第1条第2款的规定，对于刑事案件被害人由于被告人的犯罪行为而遭受精神损失提起的附带民事诉讼，或者在该刑事案件审结以后，被害人另行提起精神损害赔偿民事诉讼的，人民法院不予受理。"

或者不起诉、刑事裁判文书生效之日起开始计算为宜。(2)如果权利人未向有关机关报案、提起自诉或者控告的,要区分两种情况处理:如果是自诉案件,应当自知道或应当知道自己的权益受到侵害及责任人时起算一年;如果是公诉案件,应当从不立案、撤销案件或者不起诉、刑事裁判文书生效之日起算诉讼时效。总之,无论何种情形,都应当立足于保护受害人的利益,妥善协调诉讼时效与追诉时效之间的关系。

五、侵权责任请求权诉讼时效完成之限制

(一)侵害人身权益的诉讼时效可以酌情排除

诉讼时效制度主要是针对社会经济秩序而设计的一项制度,其目的是早日确定当事人之间的法律关系,稳定现存的社会经济秩序,而在人的生命、身体、健康等受到侵害的情况下,只涉及加害人与受害人的损害赔偿法律关系,一般与社会经济秩序无关,因此,在适用诉讼时效之时应与其他请求权有所区别,即在案件事实清楚、证据明确、受害人对自己遭受的损害充满悲愤,但由于某些特殊事由致使时效期间经过,法官可基于公平正义的考量,运用自由裁量权酌情排除诉讼时效的适用,以便保护弱者的利益[①]。对此,朝鲜《损害补偿法》第53条规定:"财产或人身被侵害者,应于时效期间内提起损害补偿请求。但财产或人身严重受侵害者,可不拘于时效,请求补偿损害。"不过,大陆法系国家囿于成文法的规定,法官很难突破法律的明文规定排除诉讼时效的适用,最多只是严格解释时效的起算点,不让诉讼时效不合理地届满。相反,英美法系的法官有较大的自由裁量权,在立法上也为其留下了较大的空间。例如,依据英国1980年《时效法案》第33条的规定,对于人身损害(基于过失侵权、妨害侵权及违反法定或约定义务等情况所致)赔偿案件,法官可以斟酌多方面的因素排除诉讼时效的适用,这些

[①] 汪渊智《我国民法诉讼时效制度之构想》,《法学研究》2003年,第3期。

因素包括：(1)原告耽搁诉讼时效的时间长度与理由；(2)时效耽搁后，可用证据的充分性或说服力；(3)损害发生后被告的相关行为表现；(4)受害人身体损伤或残疾程度；(5)原告在知道损害发生后所采取的相关行为或措施是否迅速合理；(6)原告是否采取了适当措施以获得医疗、法律或其他专业人士的建议或帮助。对于英国的这一规定，有学者评论道："如果法官批准排除诉讼时效期间的适用，则往往对被告造成损害，然而被告不过是失去了一个意外的横财而已，除非他的抗辩能力因诉讼时效期间的延后受到影响。"[1]

在我国，有学者提出，潜在损害不应罹于最长时效，这是工业社会中风险分配制度化和民主化的体现。潜在损害通常发生在企业与个体之间，基于以下三个方面的原因，应当将潜在损害的风险转移给企业：一是潜在损害发生前，有关损害的知识几乎都为厂商所掌握，消费者和劳动者可能一无所知；二是厂商往往因风险而获得巨大的利益，他们已被豁免了与技术有限性有关的责任，再免除其潜在损害的责任，社会政策上未免失衡；三是如果厂商不承担潜在损害的赔偿责任，可能会造成败德行为，尤其是在市场经济初期信用失范的时期[2]。值得注意的是，由梁慧星教授主持起草的《中国民法典·总则编（条文建议稿）》第201条规定："人身伤害的损害赔偿请求权，虽然诉讼时效期间届满，但认定请求权基础事实的证据完整、确凿，且加害人有赔偿能力，适用时效完成的效果显然违反社会正义的，人民法院有权决定不适用时效。"[3]这一建议有利于保护弱者的利益、维护实质上的公平正义，是对诉讼时效制度的创新，具有重要的参考价值。

（二）时效完成抗辩权滥用之禁止

诉讼时效完成后，义务人就获得了时效完成抗辩权，即以时效完成

---

[1] Preston, Newsom, *Preston and Newsom on Limitation of Action*, Longman Group UK Ltd, 1989, p.26. 转引自葛承书《民法时效——从实证的角度出发》，法律出版社，2007年，205页。
[2] 谢鸿飞《论潜在损害的诉讼时效》，《社会科学研究》2007年，第3期。
[3] 梁慧星主编《中国民法典草案建议稿》，法律出版社，2003年，39~40页。

为由拒绝权利人的履行请求。时效完成抗辩权既是一种权利，就有被滥用的可能，应受诚实信用原则、权利不得滥用原则的限制。所谓权利滥用，是指民事权利主体外表上虽属于行使权利，但在实际上是背离权利本旨或超越权利界限的违法行为，因而法律不认可其行使权利的行为，甚至否认或剥夺该权利。时效抗辩权应当以诚实信用的方式行使，如其行使有悖于此原则，权利人可以恶意之再抗辩对抗之[1]，此即时效完成抗辩权的再抗辩。例如，债务人装作为清偿之模样，因而使权利人怠于提起诉讼或为其他诉讼行为，其债务人之态度可认为默示的债务承认，从而否认其行使时效抗辩权。又如，债务人以欺骗的手段妨碍权利人中断时效，或因其行为致使相对人未及时中断时效，或依其行为使相对人相信其不行使拒绝给付权，或以中断行为为不必要者，致使时效期间经过，债务人以时效完成进行抗辩的，不予支持。

由于时效完成抗辩权之滥用情形在实践中较为复杂，不可能在立法上做概括规定，因而各国一般是通过法官，运用诚实信用原则、权利不得滥用原则，结合具体的案件进行个案判断。如，日本有一判例：东京都立航空高等专科学校在作为山岳部的活动实施登山活动中，由于雪崩造成了山岳部成员死亡的事故。事故经过8年之后，受害者方才对国家与地方自治体提起损害赔偿诉讼。其原因是教育厅的职员们曾对受害方言明，只要查清了事故的原因，即使完成了时效，也一定予以补偿，受害方相信被告方不会援用消灭时效才未及时提起诉讼。但后来被告却以时效完成予以抗辩，法院认定其行为违背了诚实信用原则，属于滥用权利的行为[2]。日本的另一判例（1982年1月26日东京地方裁判所民事第27部判决）是：由于对方当事人的虚伪供述，原告被指控犯有交通事故的业务上过失致死伤罪，因此，直至被确定为无罪的5年间，原告一直处于被嫌疑人、被告人的地位。原告自无罪判决

---

[1] 史尚宽《民法总论》，中国政法大学出版社，2000年，704页。
[2] 1988年3月24日东京地方裁判所民事第5部判决，转引自于敏《侵权损害赔偿请求权的消灭时效》，载梁慧星主编《民商法论丛》（第22卷），金桥文化出版（香港）有限公司，2002年，191~241页。

确定之日起4个月之后，向在该刑事事件中被当成受害者的上述对方当事人，提起了因上述交通事故以及基于上述虚伪供述的损害赔偿请求。对此，被告主张原告的损害赔偿请求权已经消灭，法院认定被告援用时效是权利滥用。

尽管时效完成抗辩权的样态繁多，但是一些典型的恶意抗辩情形，法律也会明确做出禁止的规定。如《德国民法典》第853条规定："某人以其所实施的侵权行为取得对受害人的债权的，即使该债权的废止请求权已完成消灭时效，受害人也可以拒绝履行。"我国台湾地区民法典第198条也规定，因侵权行为对于被害人取得债权者，被害人对该债权之废止请求权，虽因时效而消灭，仍得拒绝履行。该条理由书称："因侵权行为，对于被害人取得债权，例如因诈欺而对于被害人使为债务约束时，被害人对于加害人，有债权废止之请求权。然在请求权有因时效而消灭者，以原则论，既已消灭，则被害人不能据此请求权提出抗辩，以排除债权人履行之请求，然似此辩理，不足以保护被害人，故本条特设例外之规定使被害人债权废止之请求权因时效消灭后，仍得拒绝债务之履行也。"[①]在我国，《民法通则》第7条规定："民事活动应当尊重社会公德，不得损害社会公共利益，扰乱社会经济秩序。"实践中，可由法官结合具体的案情，对该条进行价值化补充，禁止时效完成抗辩权之滥用。

（三）责任竞合下时效完成的效力限制

诉讼时效完成后，只是为了稳定现存的社会秩序，才需要否定过去的权利义务关系。换言之，诉讼时效完成后的效力，法律并无积极追求之意，而是不得已为之。可见，诉讼时效制度不是目的，而是手段[②]，其功能不在于否定过去，而在于肯定现在。基于这一认识，诉讼时效完

---

① 郑玉波编纂《分类六法·民法》，台湾五南图书出版公司，1990年，91~92页。
② 〔德〕即默格丹编《德国民法典资料总汇》（1899~1900年），（第1卷），512页。转引自〔德〕迪特尔·梅迪库斯《德国民法总论》，邵建东译，法律出版社，2000年，91页。

成后的效力只能消极对待，而不能积极扩大，否则就不符合诉讼时效制度的宗旨。尤其在侵权场合下，受害人遭到了非法侵害，基于公平正义的要求，因时效完成而否定受害人的侵权责任请求权更应慎重。在此主要讨论责任竞合下，时效完成的效力限制问题。

基于社会生活的复杂性，同一社会关系可能会有不同的立法从不同的立场去规范，这就发生了法律规范的竞合，由此也就形成了同一行为依据不同的立法要承担不同的责任，此即责任竞合现象。在我国，侵权责任与其他民事责任竞合的可能性更大。这是因为，我国《侵权责任法》突破传统侵权责任的单一化模式，规定了八种侵权责任形式。其中，停止侵害、排除妨碍、消除危险三种责任形式必然要与物权法上的物权请求权发生竞合；返还财产的责任形式除了与物权法上的原物返还请求权竞合外，还可能与不当得利返还请求权发生竞合；恢复原状、赔偿损失的责任形式还会与合同法上的违约责任请求权发生竞合。如此广泛的竞合现象，对受害人而言，虽然多了一条法律救济渠道，但是，如果处理不当，反而会使受害人陷于更为不利的境地。在德国，当多个请求权同时存在时，基本规则是，对于每个请求权都各自适用对其进行规定的时效规范[1]。例如，《德国民法典》第852条规定："赔偿义务人以侵权行为使受害人蒙受损失而自己取得利益的，在因侵权行为而发生的损害的赔偿请求权完成消灭时效后，赔偿义务人也依关于返还不当得利的规定负有返还义务。该项请求权自发生时起，经过10年而完成消灭时效；不论发生于何时，自侵权行为实施或其他引起损害的事件发生时起，经过30年而完成消灭时效。"《希腊民法典》第938条规定："因侵权行为应该实施损害赔偿的人，即使在基于侵权行为的请求权因时效而消灭的场合，也负有基于不当得利法的规定返还自己取得之物的义务。"《葡萄牙民法典》第498条第4款规定："损害赔偿请求权的消灭时效，在物权性的交付请求权及基于不当得利的返还请求权的要件得到满足时，对这

---

[1] 〔德〕马克西米利安·福克斯《侵权行为法》，齐晓琨译，法律出版社，2006年，250页。

些请求权没有影响。"我国台湾地区民法典参照《德国民法典》的规定，在第197条第2款也规定，损害赔偿之义务人，因侵权行为受到利益，致被害人受损害者，于前项时效完成后，仍应以不当得利之规定，返还其所受利益于被害人。该条理由在民法典中称"至损害赔偿之义务人，因侵权行为而受利益，致被害人蒙损害时，于因侵权行为之请求权外，更使发生不当得利之请求权，且此请求权，与因侵权行为之请求权无涉，依然使其能独立存续。"我国澳门地区民法典第491条第4款也规定："损害赔偿请求权之完成，不得导致倘有之请求返还物之诉权或因不当得利请求返还之诉权之时效完成。"

上述国家和地区的立法表明，侵权责任请求权的诉讼时效完成后，其效力不及于其他责任请求权。我国对此没有明文规定，只是在《合同法》第123条规定："因当事人一方的违约行为，侵害对方人身、财产权益的，受损害方有权选择依照本法要求其承担违约责任或者依照其他法律要求其承担侵权责任。"本条只是规定了在责任竞合的情况下，受损害方享有选择权，至于做出选择后未获胜诉判决时，是否还能行使另外一种责任的请求权，本法未做明文规定。笔者认为，侵权责任请求权的诉讼时效完成后，不能影响其他责任请求权的诉讼时效，受害人因侵权责任请求权的诉讼时效完成而败诉后，应当允许其另行主张其他责任请求权。例如，主债务人因窃取债权人之财物，债权人对之既得基于损害赔偿之法律关系，请求回复原状，同时又得基于不当得利之法律关系，请求返还其所受之利益，此即学说上所谓请求权之并存或竞合，有请求权之债权人，得就二者选择行使其一，请求权之行使已达目的者，其他请求权即行消灭，如未达目的者，仍得行使其他请求权[①]。因为，"各请求权既为相互独立之权利，则不特其时效期间有长短之别，其起算点亦有差异，故其消灭时效之完成时期未尽一致；在此情形，其中一请求权纵使因时效完成而消灭，另一请求权在其消灭时效未完成前，亦不受影

[①] 见我国台湾地区最高法院1948年台上字第1179号判决。

响，仍得行使之。"① 此外，一种形式的侵权责任请求权完成时效后，也不应当影响其他形式请求权的效力。例如，侵权损害赔偿请求权的诉讼时效完成后，不应当影响受害人依据债法上规定的返还不当得利的请求权的效力。

---

① 洪逊欣《中国民法总则》，三民书局，1992年，579页。

参考文献

一、著作类

1. 〔罗马〕查士丁尼:《法学总论——法学阶梯》,张企泰译,商务印书馆,1989年。
2. 〔美〕约翰·亨利·梅利曼:《大陆法系》,顾培东、禄正平译,法律出版社,2004年。
3. 〔德〕维亚克尔:《近代私法史》,陈爱娥等译,上海三联书店,2006年。
4. 〔意〕彼得罗·彭梵德:《罗马法教科书》,黄风译,中国政法大学出版社,1992年。
5. 〔德〕茨威格特等:《比较法总论》,潘汉典等译,贵州人民出版社,1992年。
6. 江平、米健:《罗马法基础》,中国政法大学出版社,2004年。
7. 周枏:《罗马法原论》,商务印书馆,2004年。
8. 〔德〕卡尔·拉伦茨:《法学方法论》,陈爱娥译,商务印书馆,2003年。
9. 杨仁寿:《法学方法论》,中国政法大学出版社,1999年。
10. 曾世雄:《民法总则之现在与未来》,中国政法大学出版社,2001年。
11. 〔德〕拉伦茨:《德国民法通论》,王晓晔等译,法律出版社,2002年。
12. 龙卫球:《民法总论》(第二版),中国法制出版社,2002年。
13. 梁慧星:《民法总论》(第四版),法律出版社,2011年。
14. 〔德〕迪特尔·梅迪库斯:《德国民法总论》,邵建东译,法律出版社,2000年。
15. 王泽鉴:《民法学说与判例研究》(第四册),中国政法大学出版社,

1998年。

16. 李永军:《民法总论》,法律出版社,2006年。

17. 尹田:《民法典总则之理论与立法研究》,法律出版社,2010年。

18. 梅仲协:《民法要义》,中国政法大学出版社,1998年。

19. 王泽鉴:《民法总则》,北京大学出版社,2009年。

20. 黄立:《民法总则》,中国政法大学出版社,2002年。

21. 王泽鉴:《侵权行为》,北京大学出版社,2009年。

22. 〔日〕星野英一:《私法中的人》,王闯译,中国法制出版社,2004年。

23. 马特、袁雪石:《人格权法教程》,中国人民大学出版社,2007年。

24. 王利明主编:《民法典·人格权法重大疑难问题研究》,中国法制出版社,2007年。

25. 张新宝:《隐私权的法律保护》(第二版),群众出版社,2004年。

26. 王利明、杨立新主编:《人格权与新闻侵权》,中国方正出版社,2000年。

27. 梁慧星主编:《从近代民法到现代民法》,中国法制出版社,2000年。

28. 周云涛:《论宪法人格权与民法人格权——以德国法为中心的考察》,中国人民大学出版社,2010年。

29. 程合红:《商事人格权论》,中国人民大学出版社,2002年。

30. 王利明:《人格权法》,中国人民大学出版社,2009年。

31. 〔日〕五十岚清:《人格权法》,铃木贤、葛敏译,北京大学出版社,2009年。

32. 〔澳〕胡·贝弗利-史密斯:《人格的商业利用》,李志刚、缪因知译,北京大学出版社,2007年。

33. 〔德〕罗伯特·霍恩等:《德国民商法导论》,楚建译,中国大百科全书出版社,1996年。

34. 郑玉波:《民法总则》,三民书局,1979年。

35. 苏永钦:《走入新世纪的私法自治》,中国政法大学出版社,2002年。

36. 〔德〕迪特尔·施瓦布:《民法导论》,郑冲译,法律出版社,2006年。

37. 苏永钦:《私法自治中的经济理性》,中国人民大学出版社,2004年。

38. 徐海燕:《英美代理法研究》,法律出版社,2000年。

39. 郑自文:《国际代理法研究》,法律出版社,1998年。

40. 张玉卿主编:《国际统一私法协会UNIDROIT——国际商事合同通则2004》,中国商务出版社,2005年。

41. 〔德〕海因·克茨:《欧洲合同法》(上卷),周忠海等译,法律出版社,2001年。

42. 郑玉波:《民法债编总论》(修订二版),中国政法大学出版社,2004年。

43. 王泽鉴:《债法原理》(第一册),中国政法大学出版社,2001年。

44. 佟柔主编:《中国民法学·民法总则》,人民法院出版社,2008年。

45. 〔日〕我妻荣:《新订民法总则》,于敏译,中国法制出版社,2008年。

46. 陈自强:《代理权与经理权之间——民商合一与民商分立》,北京大学出版社,2008年。

47. 王利明:《民法总则研究》,中国人民大学出版社,2003年。

48. 胡长清:《中国民法总论》,中国政法大学出版社,1997年。

49. 姚瑞光:《民法总则论》,中国政法大学出版社,2011年。

50. 史尚宽:《民法总论》,中国政法大学出版社,2000年。

51. 郑玉波:《民法物权》,三民书局,2007年。

52. 谢在全:《民法物权论》(上册),中国政法大学出版社,2004年。

53. 罗结珍译:《法国民法典》,北京大学出版社,2010年。

54. 〔德〕克雷斯蒂安·冯·巴尔:《欧洲比较侵权行为法》(下卷),焦美华译,张新宝审校,法律出版社,2001年。

55. 王利明主编:《中国民法典学者建议稿及立法理由·总则编》,法律出版社,2005年。

56. 洪逊欣:《中国民法总则》,三民书局,1992年。

57. 梁慧星主编:《中国民法典草案建议稿》,法律出版社,2003年。

58. 张民安主编:《公开权侵权责任研究:肖像、隐私及其他人格特征侵权》,中山大学出版社,2010年。

二、论文类

1. 张彤,"欧洲一体化进程中的欧洲民法趋同和法典化研究",《比较法研究》,2008年1期。

2. 〔德〕汉内斯·勒斯勒尔,"私法在欧洲的超国家化——基于基础和原理的分析",孙博译,《中德法学论坛》,2007年5辑。

3. 傅俊伟,"欧盟民法典草案之述评",载梁慧星主编:《民商法论丛》(第43卷),法律出版社,2009年。

4. 〔德〕赖纳·舒尔策,"欧洲私法",孟翰译,《南京大学法律评论》,2003年春季号。

5. 〔德〕克里斯蒂·冯·巴尔,"欧洲:多部民法典的大陆,或者走向单一民法典的大陆?",张小义译,《法学家》,2004年2期。

6. 〔德〕于尔根·巴泽多,"欧洲私法基础",金振豹译,《比较法研究》,2006年4期。

7. 朱淑丽,"欧洲民法典运动及其对传统法制的冲击",《比较法研究》,2010年5期。

8. 梁慧星,"制定民法典的设想",《现代法学》,2001年2期。

9. 高圣平,"立法论视野下的中国民法学:兴起与繁荣——以改革开放三十年民法学之发展为中心",《法学杂志》,2009年1期。

10. 王利明,"论中国民法典的制订",《政法论坛》,1998年5期。

11. 江平,"制订一部开放型的民法典",《政法论坛》,2003年1期。

12. 王利明,"债权总则在我国民法典中的地位及其体系",《社会科学战线》,2009年7期。

13. 徐国栋,"民法典草案的基本结构——以民法的调整对象理论为中心",《法学研究》,2000年1期。

14. 王利明,"中国民法典的体系",《现代法学》,2001年4期。

15. 马俊驹,"法人制度的基本理论和立法问题之探讨(上)",《法学评论》,2004年4期。

16. 方流芳,"从法律视角看中国事业单位改革——事业单位'法人化'批判",《比较法研究》,2007年3期。

17. 江平,"法人与团体人格",载《江平文集》,中国法制出版社,2000年。

18. 马俊驹、刘卉,"论法律人格内涵的变迁和人格权的发展——从民法中的人出发",《法学评论》,2002年1期。

19. 马俊驹,"从身份人格到伦理人格——论个人法律人格基础的历史演变",《湖南社会科学》,2005年6期。

20. 〔日〕星野英一,"私法中的人——以民法财产法为中心",王闯译,载梁慧星主编:《民商法论丛》(第8卷),法律出版社,1997年。

21. 曹险峰,"论德国民法中的人、人格与人格权——兼论我国民法典的应然立场",《法制与社会发展》,2006年4期。

22. 曹险峰,"论1804年《法国民法典》中的人格与人格权——兼论我国民法典的应然做法",《社会科学战线》,2007年5期。

23. 尹田,"论一般人格权",《法律科学》,2002年4期。

24. 关今华,"'人格权单独成编'的论争与'人身保护单独成编'的立法构想",《福建师范大学学报》(哲学社会科学版),2006年1期。

25. 尹田,"论人格权的本质——兼评我国民法草案关于人格权的规定",《法学研究》,2003年4期。

26. 龙卫球,"论自然人格权及其当代发展进路",载《清华法学》(第2辑),清华大学出版社,2003年。

27. 马俊驹、张鹤、赵克祥等,"关于人格、人格权问题的讨论",载马俊驹:《人格和人格权理论讲稿》,法律出版社,2009年。

28. 李永军,"论民事权利能力的本质",《比较法研究》,2005年2期。

29. 尹田,"论法人人格权",《法学研究》,2004年4期。

30. 〔德〕霍尔斯特·埃曼,"德国法中一般人格权的概念和内涵",杨阳译,《南京大学法律评论》,2000年1期。

31. 〔德〕霍尔斯特·埃曼,"德国民法中的一般人格权制度——论从非道德行为到侵权行为的转变",邵建东等译,载梁慧星主编:《民商法论丛》(第23卷),金桥文化出版(香港)有限公司,2002年。

32. 薛军,"揭开'一般人格权'的面纱——兼论比较法研究中的'体系意识'",《比较法研究》,2008年5期。

33. 张新宝,"人格权法的内部体系",《法学论坛》,2003年6期。

34. 王泽鉴,"台湾的民法与市场经济",《法学研究》,1993年2期。

35. 谢怀栻,"论民事权利体系",《法学研究》,1996年2期。

36. 王利明,"公众人物人格权的限制和保护",《中州学刊》,2005年2期。

37. 冉克平,"一般人格权理论的反思与我国人格权立法",《法学》,2009年8期。

38. 王军,"舆论监督与公众人物名誉权保护——从'范志毅名誉权'官司说起",《法学杂志》,2005年1期。

39. 张新宝、康长庆,"名誉权案件审理的情况、问题及对策",《现代法学》,1997年3期。

40. 隋彭生,"论肖像权的客体",《中国法学》,2005年1期。

41. 王可菊,"略论国际法上的战俘待遇",《环球法律评论》,2005年1期。

42. 周佑勇,"紧急状态下的人权限制与保障",《法学杂志》,2004年4期。

43. 王利明,"试论人格权的新发展",《法商研究》,2006年5期。

44. 马俊驹、曹治国,"人权视野中的人格权",《政治与法律》,2006年5期。

45. 蔡维音,"德国基本法第一条'人性尊严'规定之探讨",台湾《宪政时代》,第18卷第1期。

46. 张翔,"基本权利的双重性质",《法学研究》,2005年3期。

47. 〔德〕Christian Starck,"基本权利之保护义务",李建良译,台湾《政大法律评论》,第58期。

48. 蒋学跃,"人格与人格权的源流——兼论宪法与民法的互动关系",《法学杂志》,2007年5期。

49. 郑永流,"人格、人格的权利化和人格权的制定法设置",《法哲学与法社会学论丛》，2005年8期。

50. 王泽鉴，"人格权保护的课题与展望——人格权的性质及构造：精神利益与财产利益的保护"，《人大法律评论》，2009年1期。

51. 吴汉东，"形象的商品化与商品化的形象权"，《法学》，2004年10期。

52. 程合红，"商事人格权——人格权的商业利用与保护"，《政法论坛》，2000年5期。

53. 李明德，"美国形象权法研究"，《环球法律评论》，2004年冬季号。

54. 〔德〕福尔克尔·博伊廷，"德国人格权法律保护问题及其最新发展"，欧阳芬译，《中德法学论坛》，第1辑。

55. 〔美〕凯文·M.费希尔，"美国和英国公开权保护的比较研究"，郭钟泳译，载张民安主编：《公开权侵权责任研究：肖像、隐私及其他人格特征侵权》，中山大学出版社，2010年。

56. 〔日〕荻荻原·有里，"日本法律对商业形象权的保护"，《知识产权》，2003年5期。

57. 谢晓尧，"商品化权：人格符号的利益扩张与衡平"，《法商研究》，2005年3期。

58. 刘银良，"角色促销：商品化权的另一种诠释"，《法学》，2006年8期。

59. 吴汉东，"试论知识产权的'物上请求权'与侵权赔偿请求权——兼论《知识产权协议》第45条规定之实质精神"，《法商研究》，2001年5期。

60. 程合红，"商事人格权刍议"，《中国法学》，2000年5期。

61. 钟鸣，"论人格权及其经济利益——以霍菲尔德权利分析理论为基础"，载王利明主编：《民法典·人格权法重大疑难问题研究》，中国法制出版社，2007年。

62. 易军，"私人自治与法律行为"，《现代法学》，2005年3期。

63. 苏永钦，"私法自治中的国家强制——从功能法的角度看民事规范的类型与立法释法方向"，《中外法学》，2001年1期。

64. 江平、张礼洪，"市场经济和意思自治"，《法学研究》，1993年3期。

65. 谢鸿飞，"论法律行为生效的'适法规范'——公法对法律行为效力的影响及其限度"，《中国社会科学》，2007年6期。

66. 单飞跃、杨期军，"中国民法典生成的文化障碍——西方民法文化的反衬"，《比较法研究》，2005年1期。

67. 解亘，"论违反强制性规定契约之效力——来自日本法的启示"，《中外法学》，2003年1期。

68. 〔日〕山本敬三，"民法中的动态系统论"，解亘译，载梁慧星主编：《民商法论丛》（第23卷），金桥文化出版（香港）有限公司，2002年。

69. 许中缘，"禁止性规范对民事法律行为效力的影响"，《法学》，2010年5期。

70. 〔英〕施米托夫，"国际贸易代理：比较法研究"，载〔英〕施米托夫：《国际贸易法文选》，赵秀文译，中国大百科全书出版社，1993年。

71. 方新军，"对我国合同法第402-403条的评说——关于两大法系代理理论差异的再思考"，《北大法律评论》，2001年2期。

72. 王利明，"建立取得时效制度的必要性探讨"，《甘肃政法学院学报》，2002年1期。

73. 彭时，"世界民法思潮的新趋势（一）"，台湾《法律论丛》，第698期。

74. 尹田，"法国民法上的取得时效制度"，《法学评论》，1998年2期。

75. 刘保玉、王仕印，"论取得时效的制度构建"，《法学杂志》，2007年2期。

76. 史浩明，"取得时效制度研究"，《天津社会科学》，1994年3期。

77. 刘宝玉、钟淑健，"取得时效制度若干问题探讨"，载《罗马法·中国法与民法法典化》，中国政法大学出版社，2001年。

78. 王轶，"略论侵权请求权与诉讼时效制度的适用"，《中州学刊》，2009年4期。

79. 于敏，"侵权损害赔偿请求权的消灭时效"，载梁慧星主编：《民商法论丛》（第22卷），金桥文化出版（香港）有限公司，2002年。

80. 谢鸿飞，"论潜在损害的诉讼时效"，《社会科学研究》，2007年3期。

81. 张驰，"诉讼时效重新计算及其相关问题"，《法学》，1995年1期。

82. 崔建远，"继续性债权与诉讼时效"，《人民法院报》，2003年6月27日。

三、外文类

1. European Parliament Resolution on action to bring into line the private law of the Member States, 1989,O.J (C 158).
2. European Parliament Resolution on the harmonization of certain sectors of the private law of the Member States, 1994,O.J (C 205).
3. Conclusion of the Tampere European Council (15 and 16 October 1999).
4. Martijn W. Hesselink, *The Politics of a European Civil Code*, European Law Journal, Vol.10, No. 6, November 2004.
5. William Langen, *Public Guardianship Protecting the Interests of the Ward*, Law and Human Behavior, Vol.2, No.3,1978.
6. Michael Rroomkin, The Death of Privacy, 52 Stan . L. Rev. 1461 (1999~2000).
7. Michael Henryed, *International Privacy, Publicity and Personality Laws*, Reed Elsevier(UK), 2001.
8. Yearbook of the European Convention on Human Right(1969).
9. Basil S. Marksinis, *Protecting Privacy* , Oxford University Press, 1999.
10. Stephen Gardbaum, *The "Horizontal Effect" of Constitutional Rights*, 102 Mich. L. Rev.403(2003).
11. William L. Prosser, *Privacy*, 48 Columbia Law Review(1960).
12. Melville Nimmer, *The Right of Publicity*, Law & Contemporary Problems 203 (1954).
13. Douglass C. North, *Institutions, Institutional Change and Economic Performance*, Cambridge University Press , 1990.
14. Alice Ristroph, *Proportionality as a Principle of Limited Government*, Duke Law Journal, vol.55, 2005.
15. George Appleby, *Contract Law*,London: Sweet & Maxwell, 2001.
16. F.M.B. Reynolds, *Bostead on agency, fifteenth edition*, London: Sweet & Maxwell,1985.

致谢

本书是在国家社科基金项目"民法总论疑难问题研究"（项目批准号：08BFX023）成果的基础上进一步修改完成的。在此，首先感谢国家社科规划办提供的这一研究机会，能够获得该项目的资助是笔者的莫大荣幸，这一项目不仅为本课题的研究提供了资金保障，而且也为本课题的顺利完成坚定了信心；其次，还要感谢本书稿中所引用的著作和论文的作者，这些著述使本书对民法总论的认识得以加深和提高，如果说本书有一些理论价值和应用价值的话，都应该归功于这些著述给我们的启发和引导；再次，特别感谢为本课题付出艰辛努力的下列同学，她们在资料的收集、整理和翻译以及部分章节的研究等方面起了重要的作用，她们是（按照参与章节的先后顺序）：刘月（第一章第二节、第三章第三节）、任中秀（第二章第一节）、田甜（第二章第二节、第四章第二节）、牛玲玲（第三章第一节、第三节）、张豪（第四章第一节）。如果没有上述同学的无私奉献和热情参与，本书无论如何都是不可能完成的。当然，必须申明的是，本书中的任何错误和问题，都由本人负责，与上述同学无关。

最后，由于笔者的知识水平和研究能力有限，本书一定存在诸多缺陷和遗憾，在此恳请学界同仁批评指正，以便进一步修改和完善。

汪　渊　智
2013年11月16日